贵州五星酒业集团志

《贵州五星酒业集团志》编纂委员会　编

方志出版社
Publishing House of Local Records

图书在版编目（CIP）数据

贵州五星酒业集团志/《贵州五星酒业集团志》编纂委员会编.—北京: 方志出版社, 2022.12
ISBN 978-7-5144-5657-8

Ⅰ.①贵… Ⅱ.①贵… Ⅲ.①酿酒工业—工业企业—企业集团—概况—贵州Ⅳ.①F426.82

中国版本图书馆CIP数据核字(2022)第257451号

责任编辑：张颢
责任校对：张玉霞
责任印制：梅中英
出 版 者：方志出版社
地　　址：北京市朝阳区潘家园东里 9 号（国家方志馆4层）
邮　　编：100021
网　　址：http://www.zgfzcb.cn
发　　行：方志出版社图书营销中心（010-67110500）
印　　刷：成都市天金浩印务有限公司
开　　本：889毫米×1194毫米　1/16
印　　张：16
字　　数：387千字
版　　次：2022年12月第1版
印　　次：2022年12月第1次印刷
定　　价：298.00元

· 版权所有　侵权必究 ·

（如有印装质量问题，请与我社图书营销中心联系）

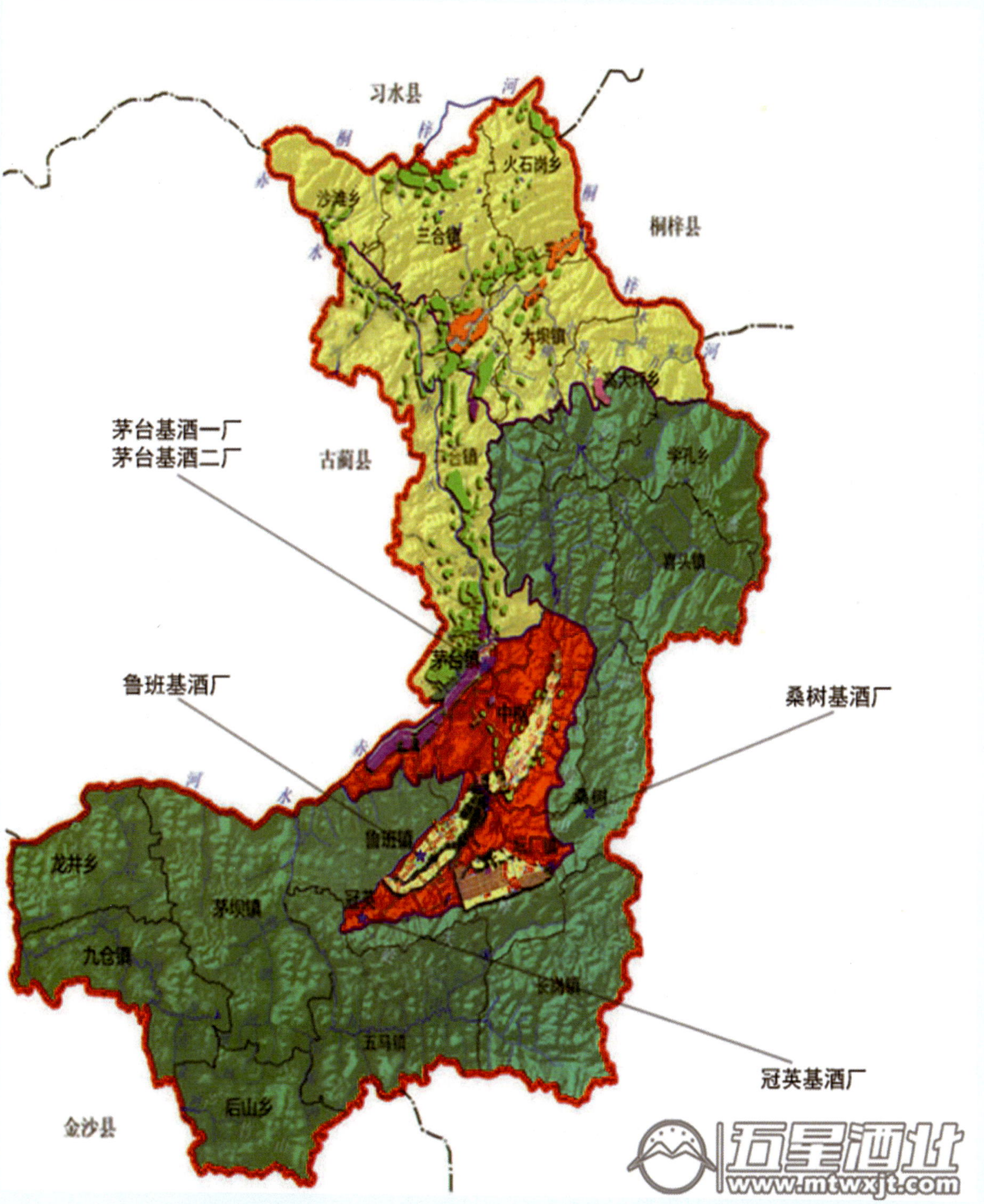

2014年11月7日，五星酒业集团基酒厂分布图

贵州五星酒业集团茅台镇五星酒厂 2023 年机构设置图

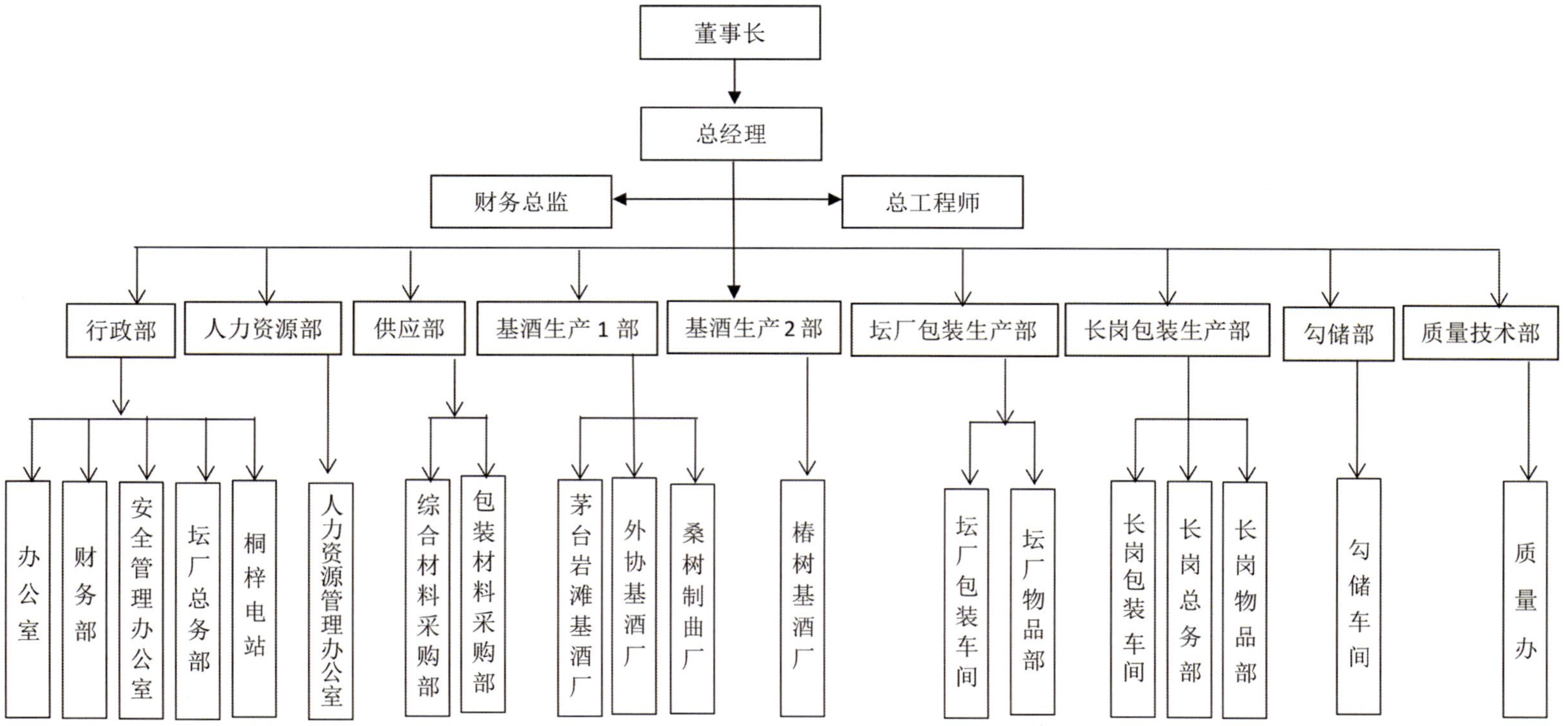

贵州五星酒业集团茅台镇五星酒厂 2023 年机构设置图

童年时代的焦永权（左一）

学生时代的焦永权

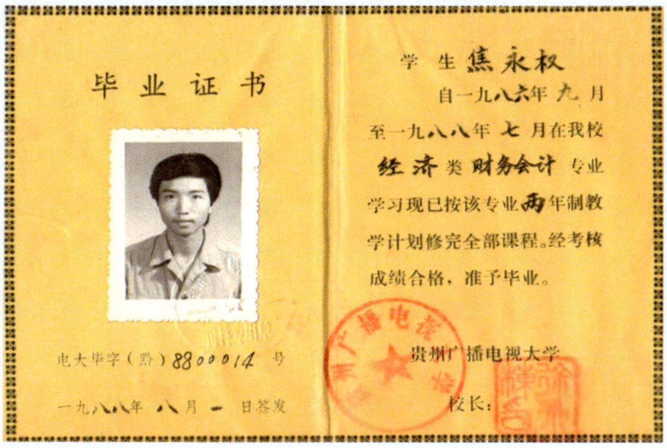

毕业证书

学生 焦永权
自一九八六年九月
至一九八八年七月在我校
经济类财务会计专业
学习现已按该专业两年制教
学计划修完全部课程。经考核
成绩合格，准予毕业。

贵州广播电视大学
校长：

电大毕字（黔）8800014号
一九八八年八月一日签发

1988年，焦永权毕业于贵州广播电视大学

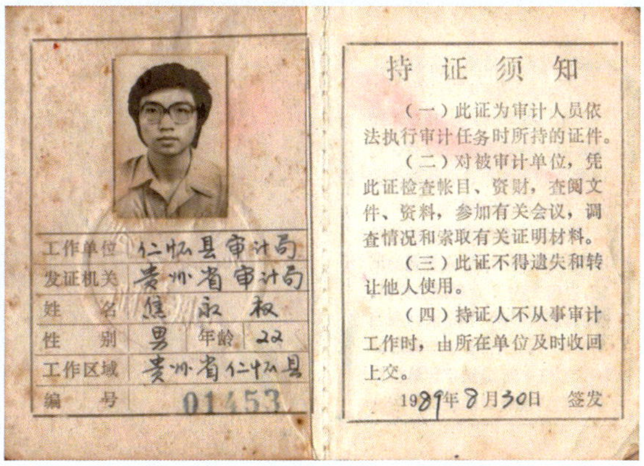

工作单位	仁怀县审计局
发证机关	贵州省审计局
姓名	焦永权
性别	男　年龄 22
工作区域	贵州省仁怀县
编号	01453

持证须知

（一）此证为审计人员依法执行审计任务时所持的证件。
（二）对被审计单位，凭此证检查帐目、资财，查阅文件、资料，参加有关会议，调查情况和索取有关证明材料。
（三）此证不得遗失和转让他人使用。
（四）持证人不从事审计工作时，由所在单位及时收回上交。

1989年8月30日　签发

1989年8月30日，焦永权的工作证

This is to certify the qualification level of speciality and technology of the bearer who has passed the national examination.

approved & issued
by
Ministry of Personnel
People's Republic of China

持证人签名
Signature of the bearer

姓名 Full Name 焦永权
性别 Sex 男
出生年月 Date of Birth 1968.2
出生地点 Place of Birth 贵州

专业名称 Speciality 审计
资格名称 Qualification Level 审计师
授予时间 Conferment Date 1995.11.28

专业主管部门
Conferred by

1995年11月28日，焦永权获审计师资格

工作证

编号仁人字（1999）第027号

姓名 焦永权
性别 男　年龄 31
籍贯 贵州省仁怀市　族别 汉
工作单位 仁怀市人大常委会
职务 财经工委科员
地址 仁怀市市府路

发证日期 1999年10月10日

注意事项

1. 本证系证明本人身份之用，不作其它用途。
2. 本证应妥善保存，不得涂改、抵押或转借他人。
3. 本证如有遗失、损坏，必须立即报告工作单位声明作废，待调查确定后，始得补发。
4. 调动或离职时，应将本证缴还原工作单位。

1999年，焦永权在仁怀市人大常委会财经工委的工作证

2016年9月，焦永权获贵州省首届“黔酒大师”称号

2012年12月18日，焦永权获酿酒工程师资格

2015年7月31日，焦永权获高级工程师资格

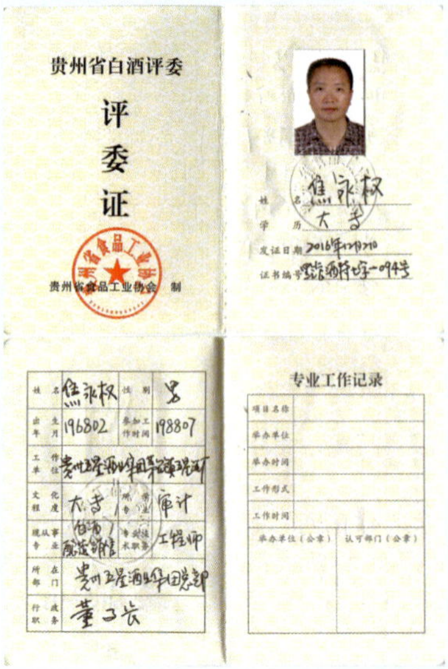

2016年12月2日，焦永权的贵州省白酒评委证

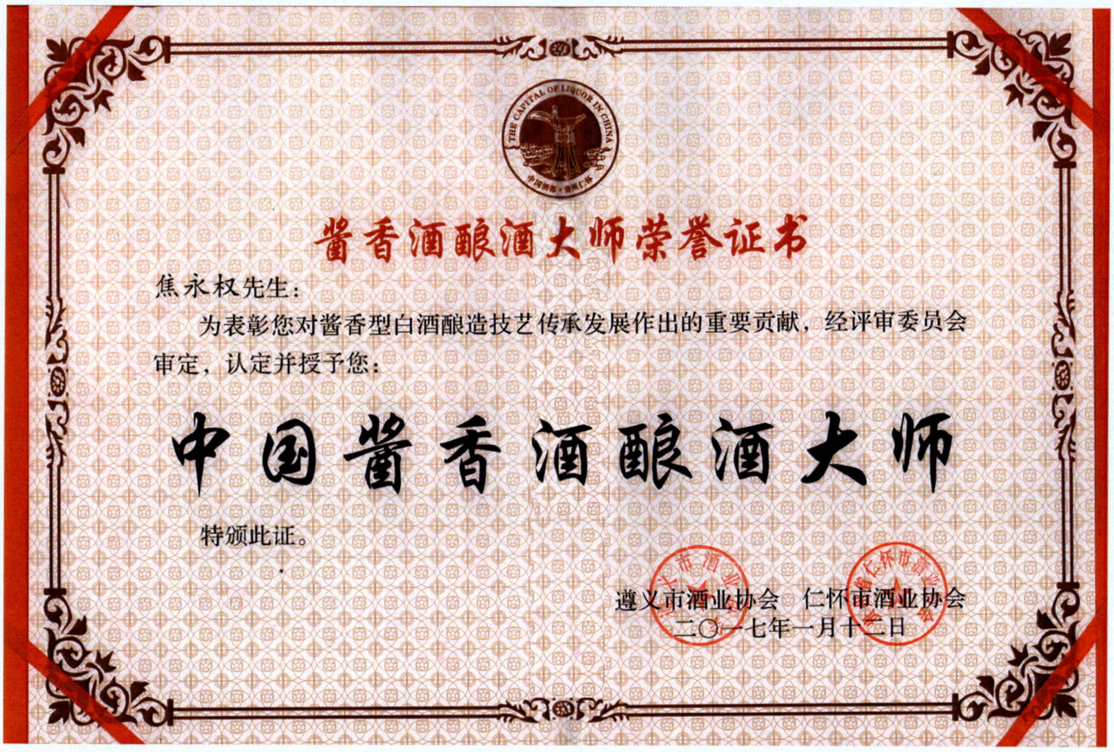

2017年1月12日，焦永权获“中国酱香酒酿酒大师”称号

2006年5月，焦永权获贵州省第二届创业之星称号

2010年6月，焦永权获贵州省第四届创业之星称号

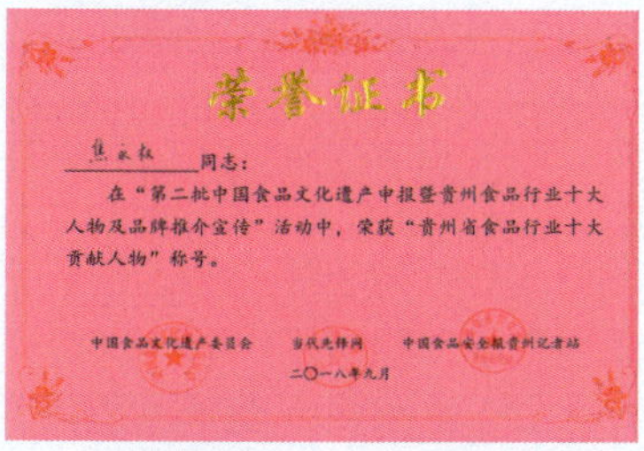

2018年9月，焦永权获“贵州省食品行业十大贡献人物”称号

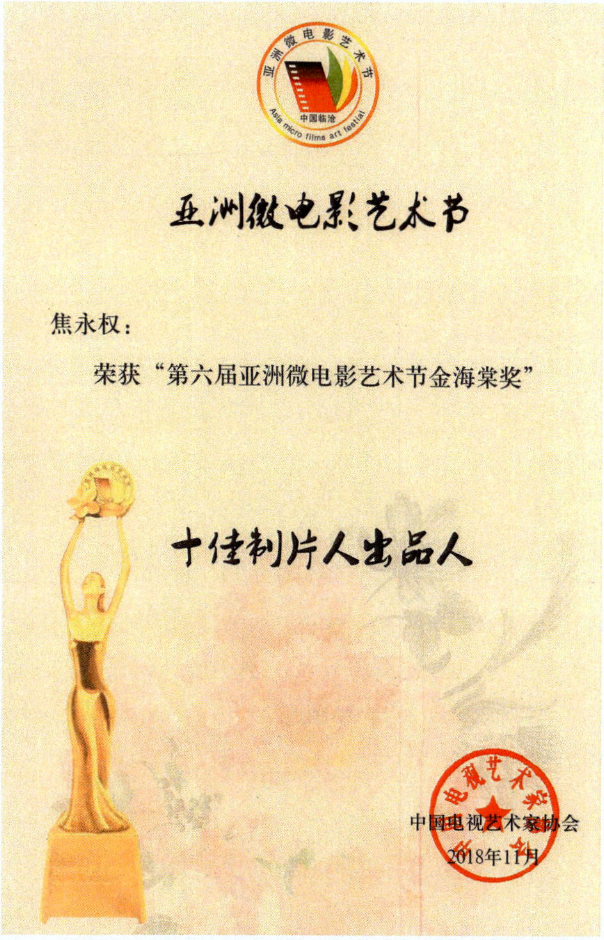

2018年11月，焦永权获“第六届亚洲微电影艺术节金海棠奖”十佳制片人出品人奖

2019年1月29日，焦永权获“中国酒都仁怀市酒业改革开放40年40人”榜样人物称号

1996年，焦永权前往河南郑州交易中心，了解全国礼品酒市场

2009年12月10日，焦永权与爱人王永红合影

2010年2月17日，焦永权全家照

2018年11月，焦永权获评第六届亚洲微电影艺术节金海棠奖十佳制片人出品人

2018年11月7日，焦永权在五星酒业集团酒库品酒

焦琼工作照（2019年7月8日摄）

2010年2月，原贵州省省长、省人大常委会主任王朝文（左）在“仁怀市文化研究会顾问座谈会暨镇酒品鉴会”期间与焦永权合影

2010年2月25日，镇酒品鉴会合影。前排：周高廉（右一）、王录生（右二）、王朝文（中）、严深福（左二）、焦永权（左一），后排：易涌（右三）

2012年12月26日，五星酱酒成都专家品鉴会合影。左起：钟杰、赖登燡、曾祖训、焦永权、胡永松、李克明

2023年3月，仁怀市经济开发区党工委书记刘进与五星酒业董事长焦永权（左一）合影

2023年3月，遵义市酒业协会副会长吕玉华与五星酒业董事长焦永权（右一）合影

基础设施

1993年的五星酒厂（鲁班酿酒作坊）

1996年的五星酒厂一分厂（原仁怀市怀南酒厂）

1996年的五星酒厂二分厂（仁怀市怀琼酒厂）

1998年的五星酒厂长岗包装厂

2006年10月的五星酒厂中枢办事处办公楼

2009年3月7日，贵州五星酒业集团茅台岩滩基酒厂

五星酒业集团茅台岩滩基酒厂（2013年3月7日摄）

2014年5月24日，五星酒业茅台岩滩基酒厂全景

2014年6月12日，五星酒业集团办公大楼落成典礼

火焰洞电站隧洞（2022年10月19日摄）

2005年改建后的鲁班分厂（2023年3月31日摄）

企业生产

2012年，长岗包装车间

2012年，桑树基酒厂储酒罐区

2012年，长岗灌装车间

2014年，坛厂勾储车间

五星酒业坛厂万吨酒库（2014年5月24日摄）

五星酒业坛厂包装车间（2014年5月25日摄）

2014年，坛厂万吨酒库酒坛区

2014年，桑树基酒厂储酒库

2014年，桑树基酒厂发酵窖池

五星万吨酒罐区（2016年10月6月摄）

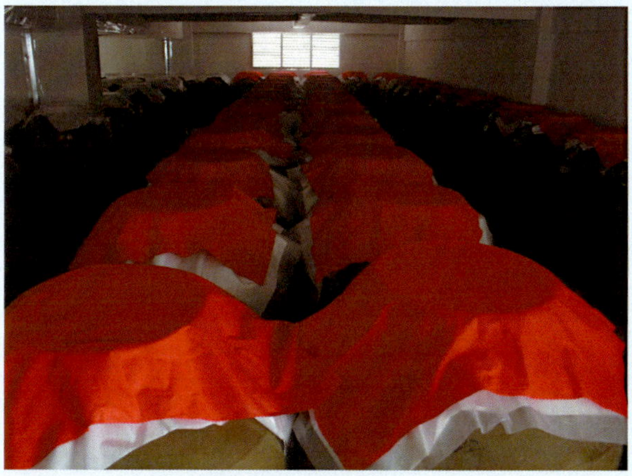

2016年的万吨酒库

2017年的万吨酒库

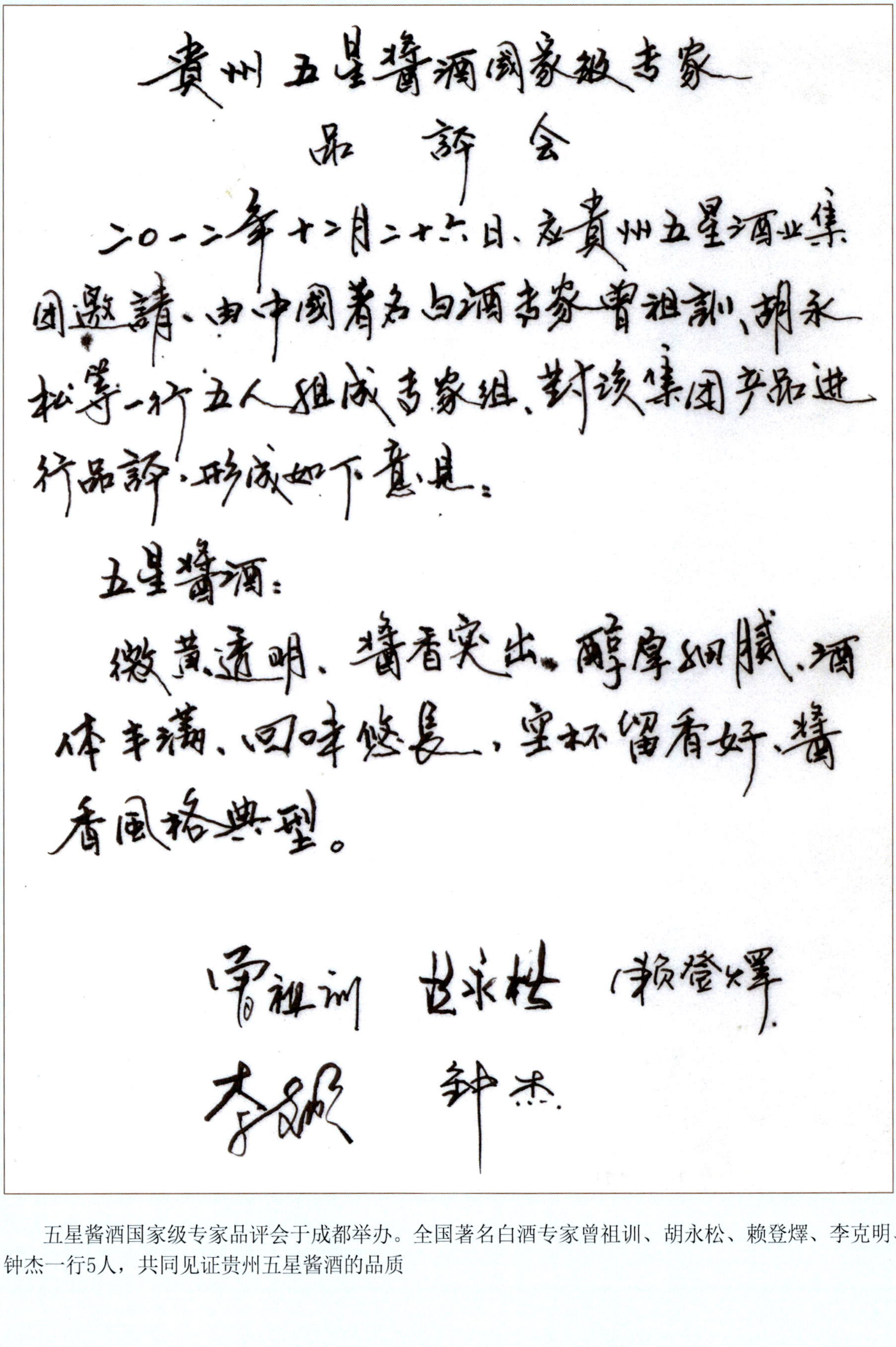

贵州五星酱酒国家级专家
品評会

二〇一二年十二月二十六日，应贵州五星酒业集团邀請，由中國著名白酒专家曾祖訓、胡永松等一行五人组成专家组，對该集团产品进行品評，形成如下意見：

五星酱酒：

微黄透明、酱香突出、醇厚细腻、酒体丰满、回味悠長，空杯留香好、酱香風格典型。

曾祖训 胡永松 赖登燡

李克明 钟杰

五星酱酒国家级专家品评会于成都举办。全国著名白酒专家曾祖训、胡永松、赖登燡、李克明、钟杰一行5人，共同见证贵州五星酱酒的品质

2015年5月18日，“紫荆同学会合影

2015年11月29日，融情商务之旅参观五星酒业集团留影

2015年，五星酒业集团营销工作会议暨表彰大会会场

2016年4月26日，技能竞赛员工合影

2016年4月26日，技能竞赛颁奖会员工合影

2016年12月17日，贵州五星酒业集团董事长焦永权向龙里县岱林民族小学献爱心

2017年3月28日，经销商座谈会会场

2017年4月18日，营销工作表彰会现场

2017年度五星酒业年会合影（2018年4月4日摄）

2018年5月14日，贵州镇酒公司经销商大会

2019年8月17日，知名歌手谢军（中）与五星集团张鹏（右）、赵浪合影

2018年11月7日，第六届亚洲微电影艺术节金海棠奖获得者焦永权（左一）与斯琴高娃合影

2018年11月7日，焦永权（左四）指导车间工人生产

五星酒业投资拍摄公益微电影《为生命负责》

中央电视台军事农业频道播出的镇酒广告

2023年4月27日，五星酒业与国家一级演员何政军（右一）在上海举行品牌形象大使签约仪式

2018年9月11日，五星酒业集团焦琼接受中央电视台品质栏目专访

焦永权接受中央电视台第二频道《经济半小时》栏目采访

员工悬挂“镇酒”灯笼广告（2011年8月10日摄）

2012年9月，五星酒业的“五星酱酒”“国宾”“国礼”“国宴”品牌

“镇酒”广告（2015年3月15日摄）

五星酒厂广告（2017年5月3日摄）

“金质小镇酒带你看大海”活动广告（2013年11月7日摄）

贵阳邮电大楼LED大屏全天滚动播放镇酒广告（2013年8月17日摄）

整条街安装镇酒灯箱广告(2013年8月19日摄)

2013年酒博会五星酒厂展厅

“镇酒”获驰名商标广告（2014年3月2日摄）

五星酒业集团灯笼广告（2014年11月14日摄）

2014年5月20日，张鹏、王永红、焦琼参加“贵州省赴法国梅多克地区与萨河拉市酒文化交流会”

2014年6月12日，来自全国各地的五星经销商参观五星酒厂

2016年6月11日，山东省国家级国画大师信德胜莅临五星酒厂，并现场挥毫留墨宝

2016年8月8日，“中国酒都第二届酱香文化月”赛酒会活动，千商走进五星酒厂参观考察

2017年3月25日，清华大学酒业总裁班学员走进五星传经送宝

2017年4月6日，著名书法家焦学龙莅临五星酒厂，即兴挥毫留墨宝

2017年7月13日，爱尔兰友人莅临五星酒厂品鉴五星美酒

2017年8月19日，中山大学黎红雷教授莅临五星酒厂参观考察

2017年10月17日，江南大学生物工程学院院长许正宏莅临五星酒厂品鉴五星美酒

2018年3月25日，中国酒业协会原白酒专家组组长，著名白酒专家梁邦昌莅临五星酒厂指导工作

2018年6月20日，北京圣德书院、诚信百企联盟一行莅临五星酒业集团考察调研

2019年5月12日，五星酒业集团董事长焦永权邀请50余名焦氏宗亲参加“焦氏资源项目现场洽谈会”

2021年3月22日，五星支部参加经开区党史学习教育活动动员大会

企业证照

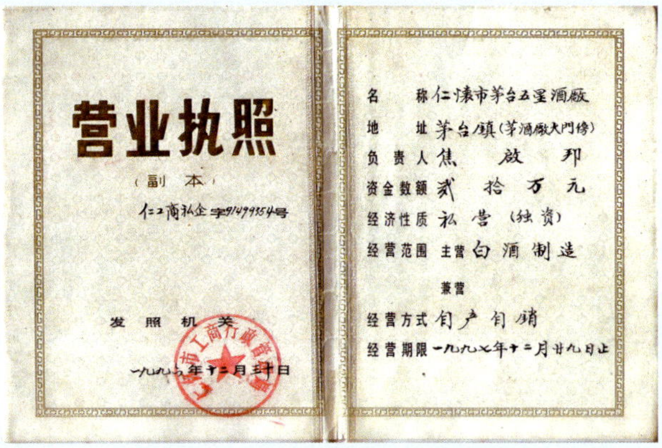
营业执照

（副本）

仁工商私企字91479354号

发照机关

一九九六年十二月三十日

名称 仁怀市茅台五星酒厂

地址 茅台镇（茅酒厂大门侧）

负责人 焦启邦

资金数额 贰拾万元

经济性质 私营（独资）

经营范围 主营 白酒制造

兼营

经营方式 自产自销

经营期限 一九九七年十二月廿九日止

1996年12月30日，仁怀市茅台五星酒厂营业执照

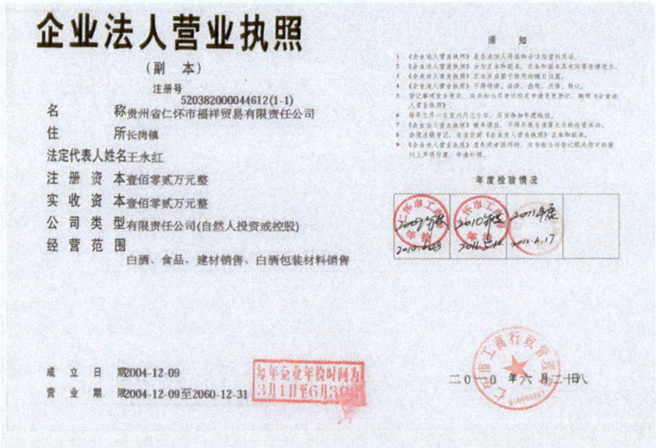
企业法人营业执照

（副本）

注册号 520382000044612(1-1)

名称 贵州省仁怀市福祥贸易有限责任公司

住所 长岗镇

法定代表人姓名 王永红

注册资本 壹佰零贰万元整

实收资本 壹佰零贰万元整

公司类型 有限责任公司(自然人投资或控股)

经营范围 白酒、食品、建材销售、白酒包装材料销售

成立日期 2004-12-09

营业期限 2004-12-09至2060-12-31

每年企业年检时间为3月1日至6月30日

二〇一〇年六月二十八

年度检验情况

2010年6月28日，福祥公司营业执照

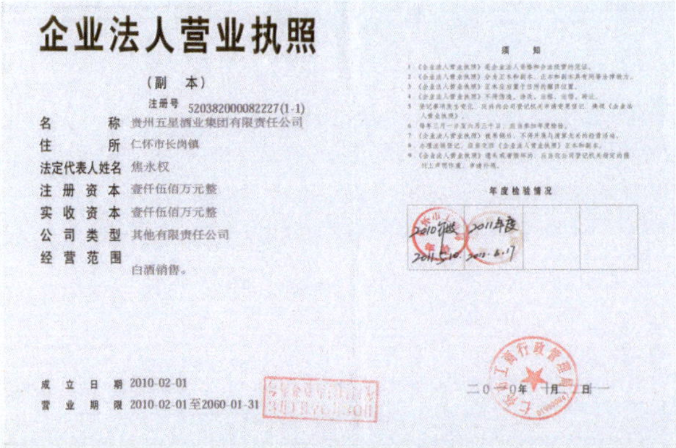
企业法人营业执照

（副本）

注册号 520382000082227(1-1)

名称 贵州五星酒业集团有限责任公司

住所 仁怀市长岗镇

法定代表人姓名 焦永权

注册资本 壹仟伍佰万元整

实收资本 壹仟伍佰万元整

公司类型 其他有限责任公司

经营范围 白酒销售。

成立日期 2010-02-01

营业期限 2010-02-01至2060-01-31

年度检验情况

2010年10月21日，贵州五星酒业 集团有限公司营业执照

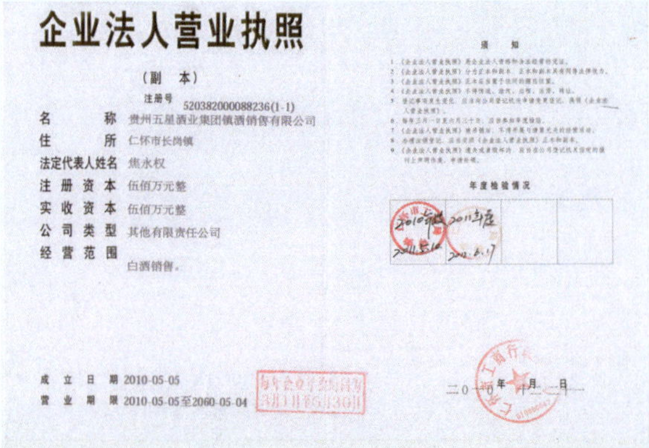
企业法人营业执照

（副本）

注册号 520382000088236(1-1)

名称 贵州五星酒业集团镇酒销售有限公司

住所 仁怀市长岗镇

法定代表人姓名 焦永权

注册资本 伍佰万元整

实收资本 伍佰万元整

公司类型 其他有限责任公司

经营范围 白酒销售。

成立日期 2010-05-05

营业期限 2010-05-05至2060-05-04

每年企业年检时间为3月1日至6月30日

年度检验情况

2010年12月21日，贵州五星酒业集团镇酒销售有限公司营业执照

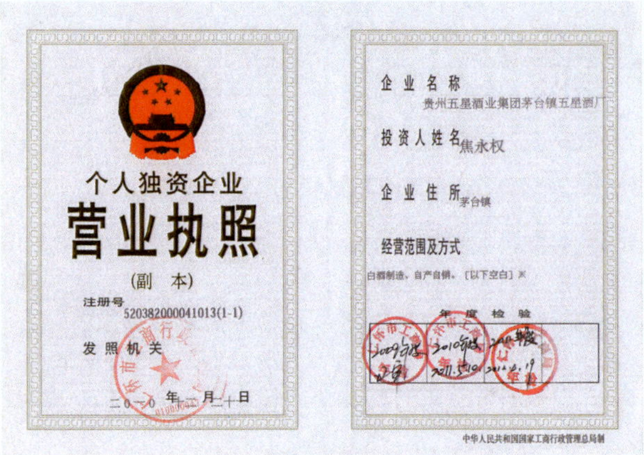
个人独资企业

营业执照

（副本）

注册号 520382000041013(1-1)

发照机关

企业名称 贵州五星酒业集团茅台镇五星酒厂

投资人姓名 焦永权

企业住所 茅台镇

经营范围及方式 白酒制造，自产自销。（以下空白）

年度检验

中华人民共和国国家工商行政管理总局制

2010年12月21日，五星酒厂营业执照

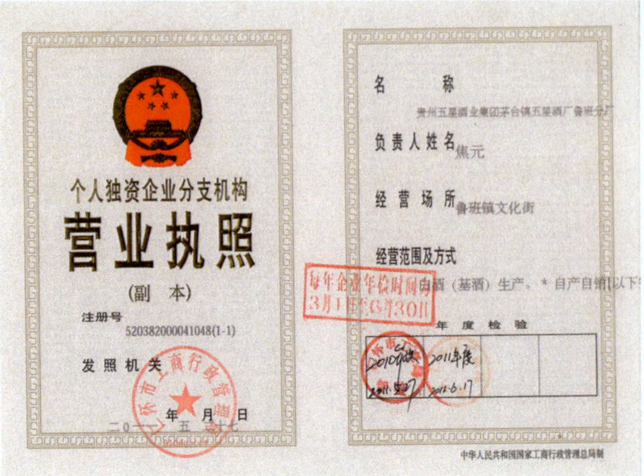
个人独资企业分支机构

营业执照

（副本）

注册号 520382000041048(1-1)

发照机关

名称 贵州五星酒业集团茅台镇五星酒厂鲁班分厂

负责人姓名 焦元

经营场所 鲁班镇文化街

经营范围及方式 白酒（基酒）生产。＊自产自销（以下空白）

每年企业年检时间为3月1日至6月30日

年度检验

中华人民共和国国家工商行政管理总局制

2011年5月17日，鲁班分厂营业执照

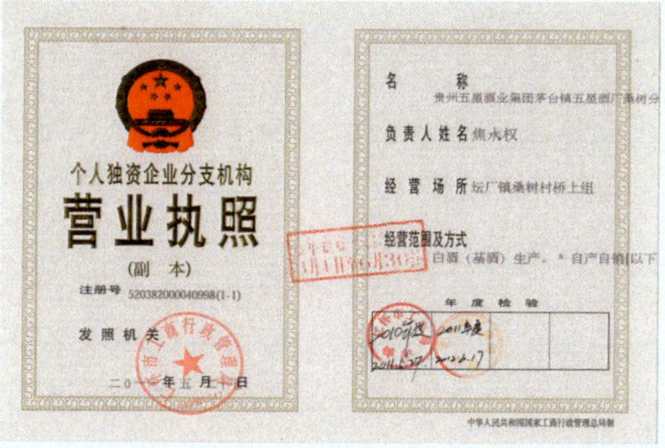

2011年5月17日，桑树分厂营业执照

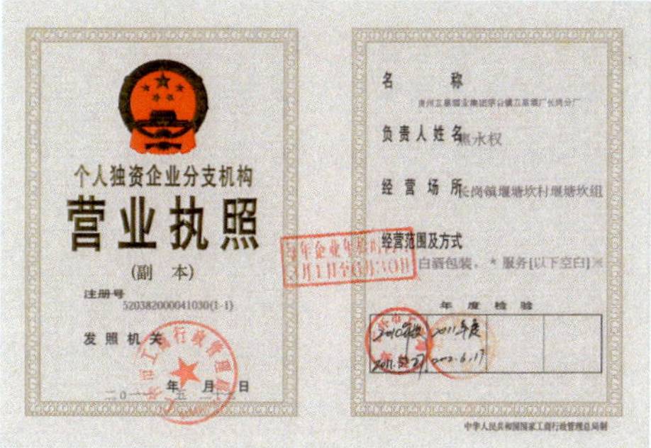

2011年5月27日，长岗分厂营业执照

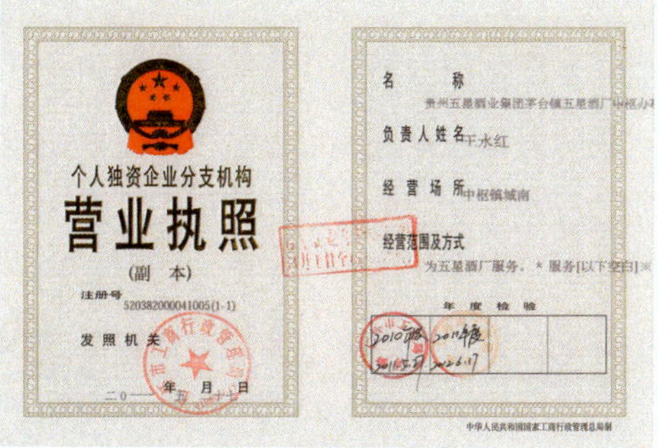

2011年5月27日，中枢办事处营业执照

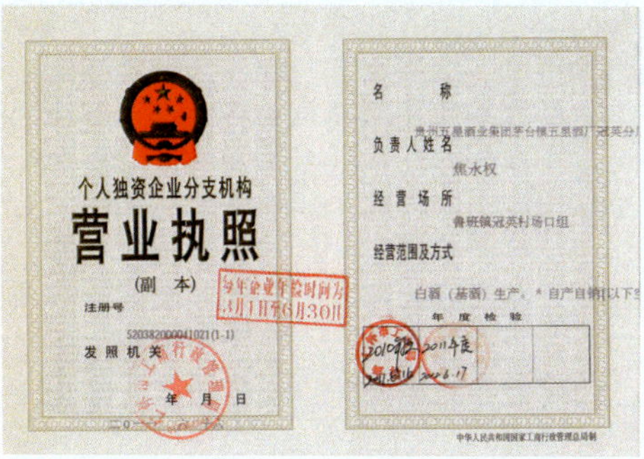

2011年6月16日，冠英分厂营业执照

企业荣誉

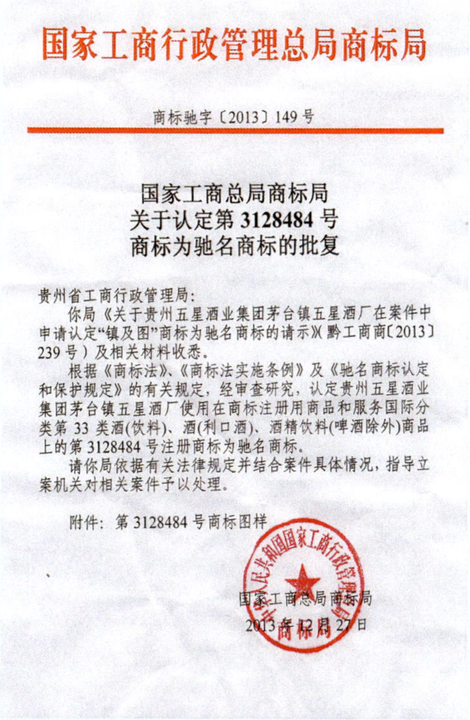

国家工商行政管理总局商标局

商标驰字〔2013〕149号

国家工商总局商标局
关于认定第3128484号
商标为驰名商标的批复

贵州省工商行政管理局：

你局《关于贵州五星酒业集团茅台镇五星酒厂在案件中申请认定"镇及图"商标为驰名商标的请示》（黔工商商〔2013〕239号）及相关材料收悉。

根据《商标法》、《商标法实施条例》及《驰名商标认定和保护规定》的有关规定，经审查研究，认定贵州五星酒业集团茅台镇五星酒厂使用在商标注册用商品和服务国际分类第33类酒(饮料)、酒(利口酒)、酒精饮料(啤酒除外)商品上的第3128484号注册商标为驰名商标。

请你局依据有关法律规定并结合案件具体情况，指导立案机关对相关案件予以处理。

附件：第3128484号商标图样

国家工商总局商标局
2013年12月27日

2013年12月27日，镇及图获驰名商标文件

2008年12月，镇牌镇酒获贵州省名牌产品

2012年9月，五星牌白酒获贵州省名牌产品

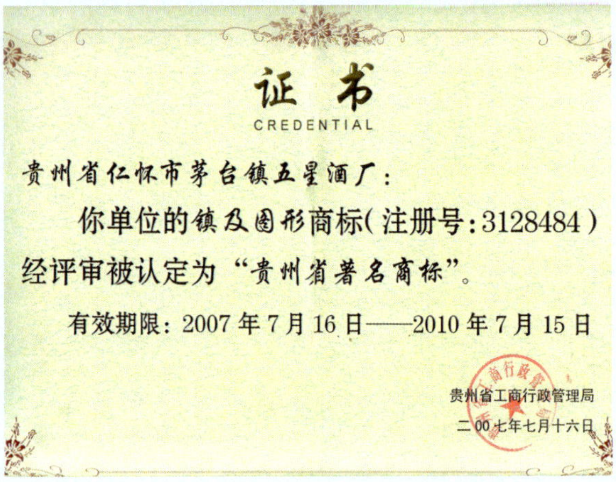

证书
CREDENTIAL

贵州省仁怀市茅台镇五星酒厂：

你单位的镇及图形商标（注册号：3128484）经评审被认定为“贵州省著名商标”。

有效期限：2007年7月16日——2010年7月15日

贵州省工商行政管理局
二〇〇七年七月十六日

2007年7月16日，镇酒获贵州省著名商标

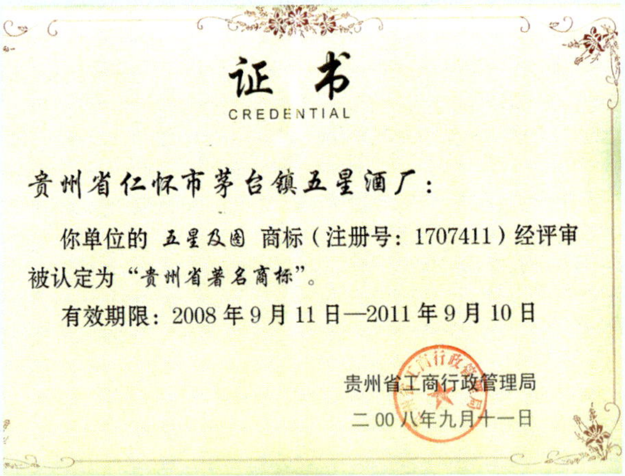

证书
CREDENTIAL

贵州省仁怀市茅台镇五星酒厂：

你单位的 五星及图 商标（注册号：1707411）经评审被认定为“贵州省著名商标”。

有效期限：2008年9月11日—2011年9月10日

贵州省工商行政管理局
二〇〇八年九月十一日

2008年9月11日，“五星及图”商标获贵州省著名商标

证书
CREDENTIAL

贵州省仁怀市茅台镇五星酒厂：

你单位的 五星图形 商标（注册号：1631519）经评审被认定为“贵州省著名商标”。

有效期限：2010年10月8日起至2013年10月7日

贵州省工商行政管理局
二〇一〇年十月八日

2010年10月8日，五星获贵州省著名商标

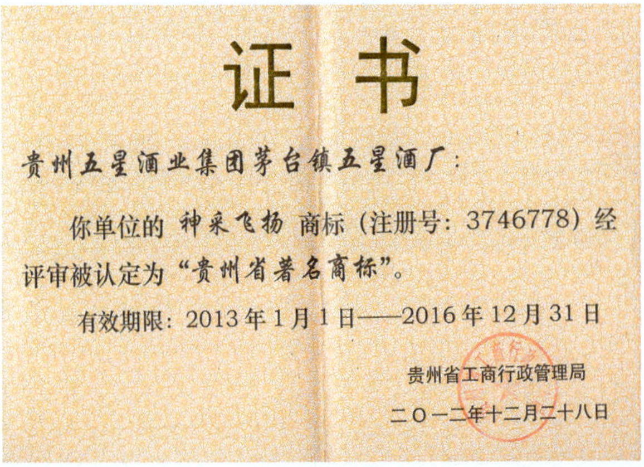

证书

贵州五星酒业集团茅台镇五星酒厂：

你单位的 神采飞扬 商标（注册号：3746778）经评审被认定为“贵州省著名商标”。

有效期限：2013年1月1日——2016年12月31日

贵州省工商行政管理局
二〇一二年十二月二十八日

2012年12月28日，“神采飞扬”商标获贵州省著名商标

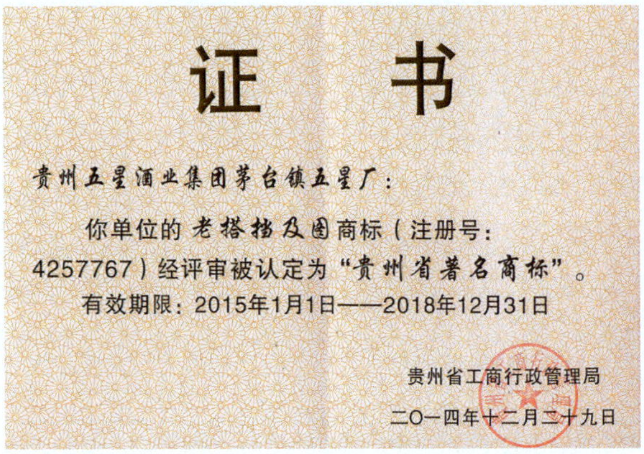

证书

贵州五星酒业集团茅台镇五星厂：

你单位的 老搭档及图 商标（注册号：4257767）经评审被认定为“贵州省著名商标”。

有效期限：2015年1月1日——2018年12月31日

贵州省工商行政管理局
二〇一四年十二月二十九日

2014年12月29日，“老搭档及图”商标获贵州省著名商标

2016年，获贵州第二届十大名酒银质名酒奖

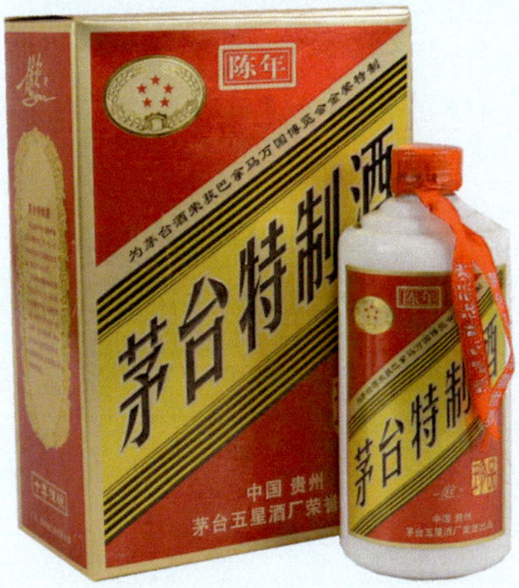

1996年生产的五星茅台特制酒，为五星第一款单支礼品酒

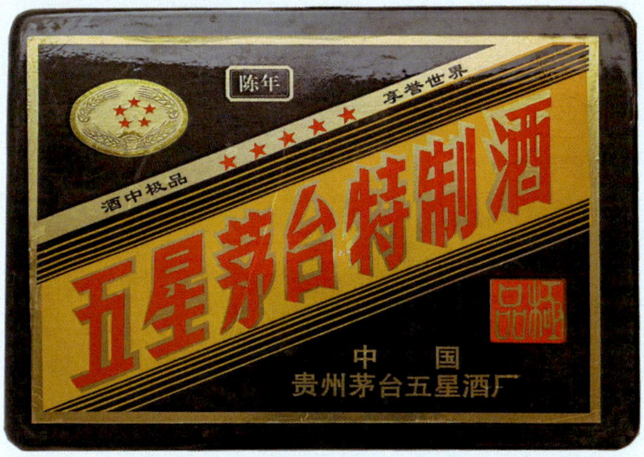

1996年生产的五星茅台特制酒（木盒）

老搭档酒

五星怀金系列酒

五星珍品·五十年陈酿

五星珍品酒

贵州五星酒·珍品

五星酱酒·尚品

五星酱酒·佳品

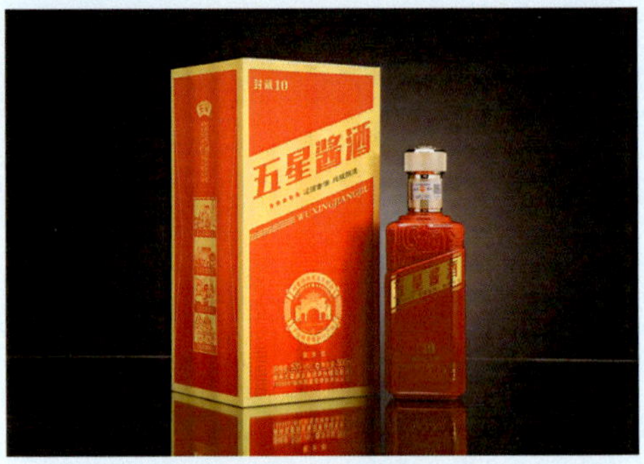

五星酱酒·封藏10年

五星酱酒·封藏15年

贵州五星酱酒·封藏20年

贵州五星·星15

贵州五星·星20

《贵州五星酒业集团志》编纂委员会
（2023年3月）

主　　任　焦永权

常务副主任　张　鹏

副 主 任　王永红　赵　浪　刘有才

成　　员　熊寿贵　李明德　李长生　张　伟　李明金
焦　伟　李光友　张宣松　徐相彬　田少飞
焦　琼　应亚明　李　垚　冯万鹏　方思桥

《贵州五星酒业集团志》编辑部

主　　编　焦永权

执行主编　穆升凡

副 主 编　陈再海　张　杲　张　鹏　王永红　赵　浪

摄　　影　胡永根

编　　务　熊寿贵　李明德　李长生　张　伟　李明金
焦　伟　李光友　张宣松　徐相彬　田少飞
焦　琼　刘有才　应亚明　李　垚　冯万鹏
方思桥

序

焦仕贵于明嘉靖元年（1522年）来到茅台，先经营盐业，后兼营酒业，后成立较有规模的“镇隆烧房”。

1993年5月19日，焦启帮作为法定代表注册了“仁怀县茅台五星酒厂”。

三十年来，仁怀市茅台五星酒厂发展壮大成为“贵州五星酒业集团”，麾下有茅台椿树基地、茅台岩滩基地、鲁班分厂、长岗分厂、冠英分厂、桑树分厂、桐梓县飞龙水能开发有限公司等基地。贵州五星酒业集团有限公司总部在仁怀市名酒工业园区坛厂配套园区，其销售公司有“贵阳销售公司”“仁怀市福祥贸易有限责任公司”“贵州仁怀市骄阳贸易有限公司”“贵州五星酒业集团茅台镇五星酒厂中枢办事处”等。

公司秉承祖先“镇隆烧房”五星理念，坚持“星产区”“星原料”“星工艺”“星基酒”“星勾调”原则，利用茅台镇自然环境，二次投粮，七次取酒，八次发酵，九次蒸馏，长期储存，精心勾调，三年陈酿窖藏，匠心酿造而成。产品无色清亮，窖香浓郁，醇厚丰满，绵甜爽净，回味悠长，融色、香、味三绝之风韵，在白酒风格中独树一帜，品位卓越。五星酒厂产品分为礼品酒、瓶装酒两大系列，高、中、低档共有100多个品牌。

五星酒厂以“求真务实、敢于拼搏、与时俱进、开拓创新”为企业精神，以“以质量求生存，向管理要质量”为经营之本，恪守“诚实守信，信誉第一”的经营之道，打造一流品牌，让五星系列行销全国，走向世界，把五星酒厂做大做强。

三十年来，五星酒厂先后荣获“仁怀市十强民营企业”“遵义市白酒工业十星企业”“贵州省民营企业100强”“贵州民营制造业100强”“工匠传承十强企业”“贵州十佳诚信企业”等殊荣。

2002年，五星酒厂提出“树品牌，创名牌”的品牌打造战略，创立第一个酱酒品牌“老搭档”，开启了五星品牌创建之路。2004年，传承茅台镇酿酒文化和焦氏酿酒遗风的“茅台镇镇酒”诞生。“镇酒”自推出以来，销售逐年递增。2008年，镇酒覆盖贵州全省，销售总额达5000万元，2012年达1.2亿元。“镇酒”的成功打造，树立了五星酒厂“用心酿造，五星品质”的企业文化核心。

集团公司取得多项认证资格，2003年通过ISO 9001国际质量管理体系认证，2005年通过国家计量系统C标认证，2006年通过HACCP国际管理认证。先后获得“质量、服务、信誉AAA品牌”“消费者信得过产品”等多项荣誉。

公司以“老搭档”“镇酒”“五星”为主打品牌，在江西、江苏等地设办事处。2015年1月，“老搭档”被评为“贵州省著名商标”。“镇酒”品牌文化底蕴深厚，品质基础扎实，经过多年的务实创新和市场耕耘，相继于2007年、2010年、2014年被评为“贵州省著名商标”，并于2008年、2011年、2015年连续三届被评为“贵州省品牌产品”。2010年“镇酒”品牌被评为“消费者喜爱的贵州白酒品牌”。2011年，贵州省人民政府授予“镇酒”品牌“贵州提名奖”。2013年，国家工商总局授予“镇酒”品牌为中国品牌商标领域的最高荣誉“驰名商标”。2016年，“镇酒”品牌被贵州酿酒工业协会评为“第二届贵州十大名酒银质名酒奖”。2017年，“镇酒”品牌被中国酒业协会评为“首届中国酒都十大质量奖”。“镇酒”系列产品2012年销售额达2.5亿元。

“五星”白酒品牌于2012年、2015年连续两届被评为“贵州名牌产品”，2008年、2011年、2013年被评为“贵州省著名商标”。“五星”系列产品获中国食品工业协会等国家权威机构质量认证“信得过好产品”。

集团公司近年生产的100多个产品以酱香口味为主，包装个性鲜明，独特新颖，酒品品质不凡。贵州五星酒、五星酱酒等已经占领省内外主要市场，拥有较高的质量和市场声誉。同时，积极向全国拓展，至2020年，已设立贵州镇酒公司、贵州直营公司、山东公司、河南公司、北京公司、酱酒网、福祥贸易、神盉酒业、北斗贸易等多家分公司，在省外20多个大城市建立了销售客户服务网络，产品深受广大消费者青睐，在全国白酒界享有盛誉。至2020年，五星酒业成为拥有总资产15亿元的大型专业化、集团化公司。

五星酒业为国家创造税收，参与精准扶贫，关心下一代发展，参与农村水电路建设、贫困大学生、四川汶川地震灾区、河南郑州二七区强降水灾区等的捐赠或资助。安置大学生、无业市民、农村剩余劳动力、退伍军人就业。参与拥军活动，促进军民团结，加强军民情谊，支持国防建设。

五星三十载，风雨兼程，创业不易，成果丰硕。五星风华正茂，当历久弥坚、踔厉奋发、砥砺前行。为铭记峥嵘岁月，特编纂《贵州五星酒业集团志》。

焦永权
2023年3月15日

凡 例

一、本志以马克思列宁主义、毛泽东思想、邓小平理论、“三个代表”重要思想、科学发展观、习近平新时代中国特色社会主义思想为指导，坚持辩证唯物主义和历史唯物主义的立场、观点和方法，全面、客观、系统记述贵州五星酒业集团创建、改革、发展的历史与现状。

二、时限，上限不限，下限2022年，部分事项、领导任职断限至2023年3月。

三、体裁，综合运用述、记、志、传、图、表、录七种体裁。以志为主，采用章节体，设章、节、目三个层次，横分门类，纵述史实，述而不论。

四、称谓，人名、地名、事物名记述如常例，专用名词术语均用全称。本志中所称市为贵州省仁怀市。

五、纪年，中华民国及以前纪年，采用朝代年号纪年，括注公元纪年。中华人民共和国成立后，一律采用公元纪年。

六、本志资料来源，一是五星酒业集团档案资料和下属单位提供的资料；二是仁怀市、乡镇（街道）、部门地方志文献资料；三是焦氏家族资料；四是通过采访、考察等获得。

七、本志一律使用规范语体文记述，使用第三人称和规范汉字，行文力求朴实 、严谨、简洁、流畅。

八、数字用法、标点符号分别采用国家标准《出版物上数学用法》（GB/T15835—2011）、《标点符号用法》（GB/T 15834—2011），计量单位采用国家技术监督局1993年12月发布的《量和单位》系列国家标准。

目 录

概　述

贵州五星酒业集团，由贵州省茅台镇酿酒世家传人焦永权兴办。

茅台焦氏，祖籍陕西西安。明弘治、正德年间（1488—1521 年），焦氏先祖迁至四川富顺安居。

明嘉靖元年（1522 年），茅台焦氏的先祖焦仕贵再次举家迁徙，来到川盐入黔的重要集散地赤水河畔茅台。

当时属四川的茅台，赤水河虽未疏浚通航，但凭借水路交通，占尽天时地利之便，商业已很繁荣。自贡食盐沿沱江而下，溯赤水河而上，进入今川南黔北一带销售。焦仕贵一家定居茅台星宿坎，以盐为生。贵州不产食盐，老百姓所用食盐完全依赖外省。贩卖食盐利润极为丰厚。焦仕贵从食盐产地而来，凭借其广泛的人脉关系，顺理成章地获得官府的食盐专卖权，开设了商号经营盐业。

清乾隆元年（1736 年），四川巡抚黄廷桂在今贵州边境开设四大口岸，专门运输和销售四川食盐。茅台是川盐由合江经赤水河至贵州的水运终点，同时又是陆运起点，川盐由此转运贵州境内各地销售。清乾隆十年（1745 年），云贵总督张广泗向清廷奏请疏浚赤水河道。此后，赤水河虽未完全疏通，但是，川盐得以更加通畅地通过赤水河进入销售区，以茅台为中心的“仁岸”基本形成。焦氏家族的食盐生意，在此期间得到了大发展。

清光绪三年（1877 年），四川总督丁宝桢为了把贵州和云南的铜、铅、木材等运到中原及北京，再把川盐运到贵州，奏请光绪皇帝批准，再次动工治理赤水河。三年后，即清光绪六年（1880 年）工程完工，赤水河交通运输条件大大改善，货运量增加。茅台成为盐的集散地，每年由赤水河运到茅台的盐 650 多万千克。茅台镇在盐业的带动下日渐兴盛起来，四面八方商贾云集，运盐背夫、马帮和航船络绎不绝，百业兴旺，市场繁荣。焦仕贵后裔焦明福、焦国源、焦国塘兄弟经营的“永盛隆”商号生意进一步做大，成为“仁岸”八大盐号之一。

清乾隆年间（1736—1795 年），焦国塘继承了父母的大部分财产和生意，实力雄厚。因生意需要，焦国塘经常宴请盐商，于是在茅台马耳坳修建了烧房，酿酒宴请客商和亲朋好友。酿出的酒品质上乘，客人饮后赞不绝口。

因所酿的酒品质很好，广受客户喜爱，焦国塘又将其作为礼品馈赠给往来的客户。清嘉庆年间（1796—1820 年），焦国塘扩大烧房生产规模后，才将所酿之酒作为商品卖给盐夫解乏疗伤，卖给行商坐贾往来贸易，达官贵人请客送礼。客商、盐夫们沿着赤水河，将酒带到了赤水河下游合江一带的广大地区。后来，焦国塘将其烧房命名为“镇隆烧房”。

《遵义府志》记载：“仁怀城西茅苔村制酒，黔省称第一。其料纯，用高粱者上，用杂粮者次之。制法：煮料，和曲，即纳地窖中，弥月出窖熇之。其曲用小麦，谓之白水曲，黔人又通称大曲酒，一曰茅苔烧。仁怀地瘠民贫，茅苔烧坊不下二十家，所费山粮，不下二万石，青黄不接之时，米价昂贵，民困于食，职此故也。”焦氏的“镇隆烧房”便是其中之一。

清道光年间（1821—1850 年），焦国塘经营的“永盛隆”盐号在茅台镇已站稳了脚跟。在数十家盐号中，“永盛隆”盐号历史悠久，资金雄厚，是当时较大的盐号之一。盐业兴盛后，酒的需求量进一步增加，“镇隆烧房”的规模也有所扩大。

清末民国初，焦洪坤成为仁怀首屈一指的大地主，名下田地延伸到今四川古蔺、合江一带，每年可收租谷万石。他所经营的“镇隆烧房”盛极一时。在激烈的市场竞争中，酿酒原料高粱成为竞争焦点。焦洪坤要求佃户以高粱、小麦抵作地租，保证了烧房的原料。“镇隆烧房”所酿的酒，酒质醇和、口感甘洌，声誉颇高。

民国 15 年（1926 年），焦洪坤病故。贵州军阀周西成在茅台设立十师护商处，“统筹赤（水）仁（怀）习（水）各项税捐以裕军饷而护行商”。处长彭起铿一方面要满足周西成对茅台酒的需要，另一方面却大肆敛财，处处刁难焦家经营“镇隆烧房”。加上市场竞争日趋激烈，焦氏烧房逐渐衰落。此后，家中虽然酿酒，但只是为了满足生活需要。中华人民共和国成立后一段时间，还曾作为家庭副业经营，所酿酒销往毗邻的四川古蔺等地。

1993 年，乘改革开放的春风，以经济建设为中心之大好形势，供职于仁怀市人大常委会的公务员焦永权趋时代之大潮，走下海之路，毅然决然地辞去公职，秉承先祖之业，办起了酿酒厂。

焦永权贷款 3 万元作为本金，在鲁班开设窖池酿造基酒，名“仁怀县茅台五星酒厂”。

1996 年 12 月，办理“仁怀市茅台五星酒厂”营业执照，厂址在茅台镇（茅台酒厂大门旁），法定代表人焦启帮。1998 年 12 月，厂名变更为“仁怀市茅台镇五星酒厂”，厂址茅台镇。1999 年厂名变更为“贵州省仁怀市茅台镇五星酒厂”，厂址茅台镇，注册资金 1000 万元。2009 年 5 月 10 日，酒厂法定代表人焦启帮变更为焦永权。

2010 年 10 月 20 日，由茅台镇五星酒厂发起，设立贵州五星酒业集团。集团以贵州五星酒庄有限责任公司为母公司，贵州省仁怀市茅台镇五星酒厂、贵州五星酒业集团有限公司、贵州省仁怀市福祥贸易有限责任公司、桐梓飞龙水能开发有限公司为子公司。注册资金 5152 万元。总部设在仁怀市，董事长、总经理、法定代表人均为焦永权。

随着茅台镇五星酒厂的发展，酒厂重点推出了镇酒系列、五星系列等系列产品。

五星酒业，以红色文化为根，以五星品质为叶，在虔诚的开拓中，创造属于镇酒的文化标志。

五星标准涵盖了星产区、星原料、星工艺、星基酒、星勾调，囊括了产品从前端原粮种植到末端包装出厂的全过程，让每一瓶贵州五星产品真正达到“五星”品质标准。

星产区：都在茅台镇，不都在核心位。基酒厂距茅台镇酿酒最核心区 0.5 千米，和茅台酒同享一样的水土、气候和微生物群。

星原料：都是红缨子高粱。贵州五星酒业集团自建万亩高粱基地种植红缨子糯高粱，支链淀粉含量确保≥90%。

星工艺：都是12987，精细到毫厘。焦氏500年酿酒工艺传承165道酱香标准工序。

星基酒：都是基酒兑，基酒储备都到位。贵州五星酒业集团年产50000吨基酒，有30年老酒储备。

星勾调：都是酱香味，顶级勾调团队。拥有白酒泰斗梁邦昌、中国酿酒大师焦永权等一流酱酒专家勾调团队。

文化：镇酒，用茅台镇的自然、茅台镇的文化，酿制出茅台镇的味道。

镇酒的生命力，在于对悠久历史文化的传承和超越。“镇酒”汉藏系列营造出震人心魄的永恒与美丽，带您回味不朽的历史传奇，复苏的文化记忆，令人神往。汉藏系列乃“镇酒”精心酝酿的盛世美酒，它以博大深远之怀，完美演绎着中国汉唐年间的美酒底蕴。

对于“镇酒”，环境是孕育珍酿的温床。五星酒业与中国贵州茅台酒厂仅一墙之隔，同享得天独厚的水土、气候等自然条件和空中微生物资源，绿色健康的原生态环境和得天独厚的自然条件，成就了“镇酒”的绝佳酿造环境。

酿造“镇酒”，恪守的第一道征程，就在于对原料的严格筛选。为了确保“镇酒”的上等品质，五星酒业精选采摘黔北高原独有的天阶梯田之上的优质糯高粱和小麦作为主要原料，经过精心配比，恪守原料的投放次序，只为让每一道成分的作用发挥得恰到好处。酱香“镇酒”，融汇多种酿酒精华，酒体醇厚丰满，窖香浓郁，余味悠长。

焦氏一家有世代祖传的秘笈《近泉居杂录》载：纯用高粱作沙，蒸熟和小麦面三分纳酿地窖中，经数月而蒸熇之，即熇而复酿，必经数回然后成。初曰生沙，三四轮曰燧沙，六七轮曰大回沙，以次概曰小回沙，终乃得酒可饮，品之醇、气之香，乃百经自具，非假曲以香料而成。造法不易，他处难以仿制。五星酒业正是秉承了这一工艺，即2次投料，7次取酒，8次发酵，9次蒸馏，长期贮存，精心勾兑，经3年陈酿窖藏，匠心酝酿而成，因而无色清亮、窖香浓郁、醇厚丰满、绵甜爽净、回味悠长，融汇色、香、味三绝之风韵，在白酒风格中独树一帜，尽显品位卓绝。

中国白酒已形成清香型、浓香型、酱香型、米香型、兼香型、芝麻香型等12种香型。

贵州五星酒业集团坐落于中国酒都——仁怀市，是一家集白酒生产、研发、销售于一体的综合性酒类企业。贵州五星酒业集团有限责任公司的前身是贵州省仁怀市茅台镇五星酒厂。据《史记》载：西汉建元六年（前135年），唐蒙出使南越国，得喝茅台所产之酒，后到蜀地取枸酱酒献与武帝，帝饮后赞曰“甘美之”，茅台从此名扬天下。唐代以来，茅台酒更是酒乡贵州的上品；宋代年间，茅台已经可以生产大曲酒类的“风法曲酒”，并以其酒质佳美而载入北宋人张能臣的《名酒记》；到了清代，枸酱更被文人骚客、朝野内外交相称颂。建厂于1993年，占地面积15783平方米，建筑面积12653平方米。贵州五星酒业集团法人代表焦启帮，总经理焦永权，建厂初期个人投资50万元，经过十多年的艰苦创业，由一个小作坊发展壮大，2005年投资规模1000万元，拥有固定资产2000万元，流动资金3000万元，成为年生产销售能力2000多千升白酒的明星乡镇企业。

2005年，五星酒厂有桑树、冠英、鲁班、茅台4个基酒厂，内设传统发窖池200多个，年生产优质基酒2000千升，储酒能力3000多千升；有现代化勾兑、灌装设备和一流的产品检验、化验设备；包装厂建于长岗镇，配有两条包装生产线，厂部办公大楼在中枢镇，营销公司设在省城贵阳，营销网络辐射全国各地，实现了办公系统现代化，走上了现代企业管理之路。

五星酒厂产品分为礼品酒、瓶装酒两大系列，高、中、低档共有100多个品牌。礼品酒包装高雅、时尚，文化内容丰富，因而深受消费者青睐；瓶装酒采用有茅台酒风味的酱香酒包装生产的茅台镇“镇酒”系列，是五星酒厂的主要产品，曾经的浓香型大曲酒“老搭档”“镇酒”“笑仙”“礼仪天下”等品牌包装个性鲜明、独特新颖。

五星酒厂以“求真务实、敢于拼搏、与时俱进、开拓创新”为企业精神，以“以质量求生存、向管理要效益”为经营之本，恪守“诚实守信、信誉第一”的经营之道，打造一流品牌，让五星系列酒行销全国，走向世界，把五星酒厂做强做大。

“镇酒”生产环境，气候、红土、净水、适宜酿酒微生物生长的特殊环境、天然优等高粱是茅台镇酱香酒卓越品质的不二条件。

酱香型酒产于黔北赤水河畔的茅台镇。茅台镇的地质地貌结构，主要是侏罗白垩系紫色砂页岩、砾岩。土壤受海拔高度和岩石分化后成土母质的影响，广泛发育着的紫色土层，酸碱适度，特别是土体中砂质含量很高，具有良好的渗透性。因而无论地面水和地下水都通过两岸的红层流入赤水河中，既溶解了红层中多种对人体有益的微量元素，又经过层层过滤，滤出了纯净无毒、香甜可口的清冽泉水。茅台镇海拔400米左右，气候冬暖夏热，风微雨少，形成一个相对封闭、有利于酿酒微生物生长的小环境。加之酿酒活动在茅台地区千百年的传承不息，使得空气中活跃着大量的微生物群，在酿酒开放式发酵过程中被充分网罗到曲醅中，据专家鉴定，至少有100多种微生物对酱香型酒主体香（酱香）的形成有着直接影响。以至茅台镇数千米范围内，都长年笼罩在浓郁的芳香之中。茅台镇的特殊地理环境对酿酒的品质起着重要作用。历史上，海内外许多地方曾多次试图克隆、复制茅台酒，但最后都以失败而告终，根本原因就在于酿造茅台酒的特殊地理环境无法克隆。

赤水河从茅台镇依山而过，随着季节变化，河水也会有一些改变，每年阳春三月以后，伴随气候的炎热、降雨的增多，河水逐渐变成棕红色。到了九月重阳，赤水河又变成纯净透明的本来面貌。而这时正是茅台“镇酒”酿造投料，需要纯净的河水来发粮、蒸粮的时节，所以河水的变化十分有利于茅台“镇酒”的酿造。赤水河（特别是茅台镇以上地段），之所以能保持优良水质、没有被污染，除了前面所讲的赤水河两岸红层土壤具有独特的层层渗透过滤作用外，还有一个重要原因是国家领导人对茅台“镇酒”的生产及发展十分关心。1972年，周恩来总理在全国计划会议上特别指示，为了确保茅台“镇酒”的质量，使茅台“镇酒”生产不断发展，赤水河上游不再建厂。

酱香型白酒的酿造工艺是十分独特、科学合理的。与其他白酒工艺相比，在顺应茅台当地环境、气候、原料外，又有其独特巧妙的工艺内涵。酱香型白酒工艺的特点概括为“三高三长”。“三高”是指生产工艺的高温制曲、高温堆积发酵、高温馏酒。酱香型白酒工艺中的“三长”主要是指基酒的生产周期长、大曲贮存时间长、基酒酒龄长。基酒生产周期长达一年，共分下沙、造沙两次投料，一至七个熇酒轮次，概括为二次投料、九次蒸馏、八次发酵、七次取酒，历经春、夏、秋、冬一年时间。而其他白酒只需几个月或十多天即可。季节性生产是酱香型白酒工艺区别于中国其他白酒工艺的地方。

酱香型白酒新烤出来后，必须装入酒坛，经过长期存酿这道关键工序。通过陈酿贮存的过程，酒液自身的氧化还原和脂化等化学变化、物理变化，可以在有效保存许多高沸点物质的同时，排除酒的低沸点物质，除去新酒的刺激性气味，使乙醛缩合，辛辣味减少，酒体变得柔和、绵长、芳香增加。随着贮存时间的延长，加强了水分子的充分融合，减少了刺激，越陈越好。

原料：茅台镇酱香型酒生产所用高粱为糯高粱。此高粱主要产于贵州仁怀境内及相邻县（区）北纬27°~28°、东经105°~106°的低山地。该山地海拔高度为700~1000米，属中亚热带湿润季风气候，土壤为紫色土、石灰土、黄壤，肥力中等，适宜糯高粱的种植。糯高粱的颗粒坚实、饱满、均匀、粒小皮厚，支链淀粉含量达88%以上，其截面呈玻璃状，十分有利于酿酒工艺的多轮次翻烤，使其每一轮的营养消耗有一合理的范围。富含2%~2.5%的单宁，通过发酵使其在发酵过程中形成儿茶酸、香草醛、阿魏酸等酱香型酒香味的前体物质，最后形成酱香型酒特殊的芳香化合物和多酚类物质等。这些有机物的形成与高粱及地域微生物群系密切相关，也是酱香型酒幽雅细腻、酒体丰满醇厚、回味悠长、留香持久的重要因素。医学研究证明，酱香型酒富含一定的多酚类物质，适量饮用，不伤肝，能治糖尿病、感冒等疾病。

制曲：酱香“镇酒”采用优质小麦制造高温大曲，与其他酒所用大曲比，有三个独特之处：一是生产季节性强，要求“伏天踩曲”，即选择在炎热的夏天——每年端午节前后开始踩曲，重阳节结束。这是因为这段时间内气温高、湿度大，空气中微生物的种类和数量多且活跃。实践证明，这段时间生产的曲酱香好。二是制曲需用优质小麦，不加任何铺料。因小麦黏着力强，营养丰富，适宜于菌种的生长，也符合前人总结酿酒经验中指出的“得自然之曲，乃称第一品”的要求。三是制曲温度高峰在60℃以上，俗称高温大曲。酱香酒传统的高温制曲工艺，十分科学。

特点：从作用和原理上讲，白酒中占主要成分的就是醇类物质，还含有酸、酯、醛、酮、酚等微量成分。它们之间的量比关系决定着产品的风格。酒中的微量成分失调，可明显影响其风格。但是，由于各轮次、各甑酒的质量不尽相同，各种香型不同的酒，不是经生产出来就具备了它所需求的微量成分及其一定的比例，有可能是某种微量成分较多，而另一种微量成分较少。要把各具不同微量成分和不同量比的酒达到适宜的比例，使其风格完善，色香味俱佳，就必须用精心勾兑这一生产工艺。而酱香“镇酒”精心勾兑最独特的地方是在整个勾兑过程中，用本厂所酿制不同轮次、不同酒度、不同年龄的酱香酒相勾兑，相互取长补短，达到完美。

五星酒厂自1993年成立以来，仁怀市茅台镇五星酒厂先后荣获“仁怀市十强民营企业”“遵义市白酒工业十星企业”“贵州民营企业100强”“贵州民营制造业100强”“工匠传承十强企业”“贵州十佳诚信企业”等称号。

2002年起，五星酒厂提出了“树品牌、创名牌”的品牌打造战略，注册了五星酒厂的第一个酱酒品牌“老搭档”，开始了五星品牌之路的新探索。

2004年，传承了茅台镇酿酒文化和焦氏酿酒遗风的“茅台镇镇酒”诞生了。“镇酒”自推出以来，销售量逐年递增，2008年覆盖贵州全省，销售总额达5000万元，2010年达9000万元，2012年上升至1.8亿元。“镇酒”的成功打造，树立了五星酒厂“用心酿造，五星品质”的企业文化核心。

2008年五星酒厂生产能力：五星酒厂系酒都仁怀十大民营企业，有基酒厂7间，窖坑142个，年生产酱香白酒1470吨，包装成品酒2000吨以上。其中，桑树基酒厂拥有窖坑43个，年产麸曲酱香500吨；冠英基酒厂拥有窖坑22个，年产大曲酱香酒220吨；鲁班三间基酒厂，拥有窖坑32个，年产大曲酱香酒300吨；茅台3间基酒厂，拥有窖坑45个，年产大曲酱香450吨。包装厂一间，库容8000平方米，包装能力为2000吨/年。

集团公司于2010年3月规划入驻“仁怀名酒工业园区”，其总用地面积达138000平方米，建筑规模达156000平方米。2011年4月8日，遵义市仁怀名酒工业园区管委会批复，同意贵州五星酒业集团茅台镇五星酒厂入园，产业定位为白酒收储、酒类产品包装、仓储，单位土地平均投资强度原则上应达到每亩200万元以上。

2012年，五星酒厂固定资产5000多万元，流动资产5000多万元，年生产销售白酒2000吨。下设骄阳贸易、福祥贸易、飞龙水能3家公司。有4间基酒厂，内设传统发酵池300多个，年产优质基酒2000多吨，储酒能力5000多吨，有2条现代化灌装和包装生产线。全厂占地105.58亩，有员工600多名。

2014年6月12日，集酱酒生产、包装储存、酒质检验、招商洽谈、酒厂观光、酱酒文化体验等功能于一体的集团公司总部正式落成使用，行政综合大楼、招商中心、技术中心、万吨酒库、勾储车间一应俱全，两条现代化灌装生产每小时可生产6000余瓶酱香白酒。

2015年，五星酒业集团从业人员200人，科技活动人员30人，高级职称10人，中级职称5人，大专学历35人，本科学历5人，研究生学历3人，研发人员20人，外聘研发人员10人，累计申请专利17件。

集团公司旗下基酒厂位于茅台镇15.3平方千米酱酒核心产区，共享茅台镇得天独厚的水土、气候等自然条件和空气中的微生物群资源，产品均选用本地优质高粱、小麦为原料，按照焦氏世代酿酒秘笈纯粮酿造，由酱香、窖底、醇甜三大特殊风味长期窖藏融合而成，故酒质香醇味美、回味悠长、空杯留香、别具风格。

集团公司取得多项认证资格，2003年通过ISO 9001国际质量管理体系认证，2005年通过国家计量体系C标认证，2006年通过HACCP国际管理认证，2013年通过有机产品认证，2014年通过国家3A级标准化行为体系认证。先后获得“质量、服务、信誉AAA品牌”“消费者信得过产品”等多项殊荣。

2002—2015年，“老搭档”“镇酒”“五星”成为五星酒业集团主打品牌打造阶段。五星提出了“树品牌、创名牌”的品牌打造战略，开始打造五星的第一个品牌“老搭档”，在江西、江苏等地设办事处，开启了五星的品牌创建之路。“老搭档”在2015年1月被评为贵州省著名商标。

集团公司主营品牌“镇酒”，品牌文化底蕴丰厚，品质基础厚实，是五星酒业重点打造品牌。通过多年不断的务实创新和市场耕耘，“镇酒”品牌相继在2007年、2010年、2014年被评为贵州省著名商标；2008年、2011年、2015年连续三届被评为贵州省名牌产品；2010年被评为“消费者喜爱的贵州白酒品牌”；2011年，被贵州省人民政府授予“贵州提名奖”；2013年，被国家工商总局授予中国品牌商标领域的最高荣誉“驰名商标”荣誉称号；2016年，被贵州省酿酒工业协会评为“第二届贵州十大名酒银质名酒奖”；2017 年，被中国酒业协会评为“首届中国酒都十大质量奖”。“镇酒”于 2004 年开发，是五星酒业集团主营品牌。2008 年“镇酒”销售覆盖贵州全省，销售总额 5000 万元，2009 年达 9000 万元，2010 年达 1.4 亿元，2011 年达 2 亿元，2012 年达 2.5 亿元。

“五星”白酒品牌于 2012 年、2015 年连续两届被评为贵州省名牌产品；2008 年、2011 年、2015 年被评为贵州省著名商标。“五星”系列产品被中国食品工业协会等国家权威机构质量认证为信得过好产品。集团公司近年生产产品 100 多种，以酱香型口味为主，包装个性鲜明、独特新颖、品质不凡，贵州五星酒、五星酱酒等已经占领省内外主要市场，有极高的质量保证和市场声誉。同时，积极向全国市场拓展，至 2020 年，已设立贵州镇酒公司、贵州直营公司、山东公司、河南公司、北京公司、酱酒网、福祥贸易、神盃酒业、北斗贸易等多家分公司，在省外 20 多个大中城市建立销售客户服务网络，所售产品深受广大消费者青睐，在全国白酒界享有盛誉。

2020 年成为拥有总资产达 15 亿元的大型专业化、集团化公司。

集团公司下辖茅台基酒一厂、茅台基酒二厂、桑树基酒厂、鲁班基酒厂和冠英基酒厂五大基酒厂。有传统发酵池 600 多个，年生产优质酱香型白酒 6000 多吨，储酒能力 30000 多吨，基酒储存量名列茅台镇前三位。配备有 5 条现代化灌装和包装生产线，现代化勾兑、过滤设备和一流的产品检验、化验设备，是茅台镇历史悠久的酱香白酒企业之一。

至 2023 年，五星酒业集团，从一间小作坊起步，经过 30 年的开拓、开发、创新，坚守传统工艺，以诚实守信的经营理论，推出系列品牌，占领市场，发展成拥有总资产 15 亿元的大型专业化、集团化公司。

1993 年

5 月 19 日　五星酒业创始人焦永权贷款 3 万元创业，投资将位于仁怀县鲁班镇老家的房子改建成一间酿酒作坊。

9 月 19 日　鲁班酿酒作坊建成投产，生产酱香型白酒。

1994 年

9 月　鲁班酿酒作坊因市场原因，改产小曲清香型酒（苞谷酒、高粱酒），生产的白酒以散酒销售为主。

1995 年

1 月 11 日　成立“贵州省仁怀县茅台骄阳有限公司”，注册号：仁工商企字 21499355 号，法定代表人焦启帮，住所仁怀县鲁班镇，注册资本 50 万元。

8 月　在仁怀县糖酒公司租赁门面销售散酒。

12 月 30 日　“仁怀市茅台五星酒厂”（以下简称“五星酒厂”）在仁怀市工商行政管理局注册登记，注册号：仁工商私企字 91499354 号；地址：仁怀市茅台镇（茅台酒厂厂大门旁）；投资及经营人：焦永权；负责人：焦启帮；资金数额：20 万元；经济性质：私营（独资）；经营范围：白酒制造；经营方式：自产自销。

1996 年

12 月 25 日　在中枢镇东大街租赁办公室。1996 年 12 月至 2000 年 9 月期间在此办公。

是年　五星酒厂生产的第一批成品酒产品：五星茅台特制酒（木制礼品盒装）上市。

是年　五星酒厂的礼品酒，年销售额最高达到 9000 万元。焦永权成为中国最早将礼盒白酒推向市场的人物之一，并被业内人士称为“礼盒酒先驱”和“礼盒酒教父”。

1997年

10月28日 贵州省仁怀市茅台五星酒厂经仁怀市卫生局颁发卫生许可证。

是年 五星茅台特制礼盒酒畅销全国，签约代理经销商十多家，开启五星品牌酒销售元年。

1998年

4月27日 将“贵州省仁怀县茅台骄阳有限公司”变更为“贵州省仁怀市茅台骄阳酒业有限公司”。

7月1日 五星酒厂租赁长岗供销社位于长岗堰塘坎的仁怀市怀琼酒厂厂房，作为五星酒厂包装厂；租赁位于桑树的仁怀市怀琼酒厂桑树分厂厂房，作为五星酒厂基酒厂。

8月6日 五星酒厂首次由遵义市酒类生产许可证验审委员会颁发“怀金牌”白酒“酒类生产许可证”。

12月30日 将“仁怀市茅台五星酒厂”变更为“仁怀市茅台镇五星酒厂”。负责人焦启帮，注册资金20万元。注册号为仁工商私企字91499354号；地址由仁怀市茅台镇（茅台酒厂大门旁）变更为仁怀市茅台镇。

是年 在仁怀市中枢镇一号区选址修建五星酒厂中枢办事处办公楼。2000年9月建成迁入办公。

是年 五星酒厂开发单支装“老百姓的酒”。

1999年

7月30日 将“仁怀市茅台镇五星酒厂”变更为“贵州省仁怀市茅台镇五星酒厂”。负责人焦启帮，注册资本由20万元变更为200万元。

10月1日 五星酒厂租赁仁怀市鲁班供销社位于冠英的“仁怀市怀南酒厂冠英分厂”厂房生产基酒。

10月4日 “贵州省仁怀市黔宝绿色食品开发有限公司”经仁怀市工商行政管理局颁发《企业法人营业执照》。住所：仁怀市鲁班镇冠英街上；法定代表人：焦永权，注册资本100万元，企业类型为有限责任。经营范围：果脯蜜饯、饮料、蔬菜脱水。

是年 收购长岗供销社位于长岗堰塘坎的“仁怀市怀琼酒厂”厂房和位于桑树的“仁怀市怀琼酒厂桑树分厂”厂房，设立五星酒厂长岗分厂和五星酒厂桑树分厂。

是年 “老百姓的酒”畅销西北市场，发货使用火车皮。

2000年

5月26日 成立贵州省仁怀市骄阳贸易有限公司，法定代表人：焦永权，注册资本50万元，统一社会信用代码为915203827221230969，企业地址位于贵州省遵义市仁怀市鲁班镇，所属行业为零售业，经营范围：白酒销售、家电、五金建材。该公司于2007年注销。

8月11日 贵州省仁怀市茅台镇五星酒厂首次由贵州省工业产品生产许可证办公室颁发准产

证，编号：黔准（2000－16－106）。有效期：2000年8月11日至2001年2月10日。

8月25日 仁怀市人民法院（2000）仁法裁字18号文书，裁定将仁怀市鲁班供销社位于冠英的“仁怀市怀南酒厂冠英分厂”以102800元的价格变卖给五星酒厂，设立五星酒厂冠英分厂。

8月 五星酒厂与福建潘才卓合作，在茅台集团技术开发公司开发“33度茅台醇”。

9月21日 贵州省仁怀市茅台镇五星酒厂生产的“怀金牌”系列——“五星极品酒”“五星特制酒”“老百姓的酒”“三家醉酒”“小笑仙酒”等获中国食品工业协会认定为“中国知名白酒信誉品牌”。

是年 开发“老搭档酒”品牌系列产品。

2001年

1月16日 贵州省仁怀市茅台镇五星酒厂位于长岗镇的1200吨包装技改建设项目建成并投入使用。

4月2日 贵州省仁怀市茅台镇五星酒厂在仁怀首批获贵州省质量技术监督局颁发“全国工业产品生产许可证”，证书编号：XK16－030 0018，有效期：2001年4月2日至2006年4月1日。

5月 五星酒厂在江苏江阴成立五星酒厂江苏办事处，负责“老搭档酒”产品运营。

5月 五星酒厂与长沙经销商张海清合资成立酒典酒营销公司。

7月 五星酒厂开启规范化管理，实行岗位工资制和绩效考核工资制。

是年 开发生产的品牌有“老百姓的酒”“三家醉”“笑仙”“小笑仙”“五星极品酒”“老搭档”“五星珍品酒”。

2002年

1月 五星酒厂获仁怀市人民政府颁发的“仁怀市市级模范工业企业”荣誉匾牌。

6月28日 在上海成立上海九章贸易公司。

9月17日 根据仁怀市人民法院〔2002〕仁法执第字155号民事裁定书，法院委托拍卖成交的茅台镇一家酒业有限公司的厂房及设备归买受人焦永权所有；五星酒厂业主焦永权签订158万元拍卖成交确认书，支付3.16万元佣金，取得位于茅台镇岩滩村的一家酒业公司。

11月15日 “五星老作坊”“酒典酒”“老搭档酒”“笑仙酒”“五星珍品酒”“三家醉酒”被中国质量认证标准协会评为“国家权威机构认证质量信得过好产品”。

是年 成立五星酒厂品牌贵阳营销公司，并将机构及人员从仁怀搬迁到贵阳，开始品牌化运营。

是年 五星酒厂提出了“树品牌、创名牌”的品牌打造战略，开始了五星品牌创建之路。

是年 桑树基酒厂启动厂房工程扩建，增加窖池35口。

2003年

3月25日 五星酒厂在茅台集团技术开发公司开发贵州特醇酒系列产品。

是年 五星酒厂成为仁怀市民营企业首家通过ISO 9001：2000国际质量管理体系认证的企业。

2004 年

2 月 4 日　从茅台镇教育辅导站站长孙大江处收购第 1631519 号企徽注册商标。

2 月 10 日　启动修建长岗包装车第二期技改工程。

4 月 12 日　五星酒厂获仁怀市科学技术局颁发的“贵州省民营科技企业证书”。

5 月　从泸州杜女士处收购“镇牌商标”，启动开发“镇酒”品牌系列产品。

6 月 23 日　成立桐梓县飞龙水能开发有限公司，法定代表人：焦永权，注册资本：50 万元人民币，统一社会信用代码为 9152032266296819２A，企业地址位于贵州省遵义市桐梓县水坝塘镇三会村小明月村民组，经营范围：水力发电。

8 月　五星酒厂的销售公司——贵州省仁怀市骄阳贸易公司获贵州省国家税务局和贵州省地方税务局联合颁发 2002—2003 年度“A 级纳税信用等级证书”。

10 月 22 日　五星酒厂与武汉江南公司合作开发茅台集团技术开发公司 45 度茅台醇系列产品。

11 月　五星酒厂生产的老搭档酒［38%（v/v）、45%（v/v）］，经中国食品工业协会白酒专业委员会授予“中国白酒质量优秀产品”称号。

2005 年

1 月　贵州五星酒业集团主营品牌“镇酒”系列正式投入贵州市场。

6 月　五星酒厂产品“镇酒”，被国家体育总局、中国拳击冠军争霸赛组委会评为“中国拳击冠军争霸赛唯一指定专用白酒”。

10 月 10 日　五星酒厂被仁怀市人民政府授予“中国酒都首届十强民营白酒企业”。

10 月 14 日　在宜宾五粮液集团保健酒公司开发“富贵大吉”品牌系列酒产品。

12 月 9 日　贵州省仁怀市福祥贸易有限责任公司成立，法定代表人王永红。

2006 年

3 月 31 日　五星酒厂与四川成都鼎晟酒业合作在宜宾五粮液集团股份公司开发纳福品牌系列酒产品。

5 月　五星酒厂投资人焦永权荣获贵州省第二届“创业之星”称号。

5 月　五星酒厂被仁怀市食品安全协调委员会评为诚信单位。

10 月　五星酒厂的销售公司——贵州省仁怀市骄阳贸易公司获贵州省国家税务局和贵州省地方税务局联合颁发 2004—2005 年度“A 级纳税信用等级证书”。

12 月 1 日　五星酒厂焦永权被推选为仁怀市第四届政协委员。

2007 年

2 月 1 日　五星酒厂焦永权当选遵义市第三届政协委员。

6 月 6 日　五星酒厂经贵州省质量技术监督局评审认定为标准化良好行为 AA 级企业。

7月16日　五星酒厂的“镇及图形”商标（注册号：3128484）首次被贵州省工商行政管理局评审，认定为“贵州省著名商标”。

2008年

2月29日　五星酒厂焦永权被仁怀市工商局聘为行风义务监督员。

3月8日　仁怀市人民政府对五星酒厂2007年“镇及图”荣获贵州省著名商标，以资鼓励并颁发荣誉证书。

9月11日　五星酒厂的“五星及图”商标（注册号1707411）首次被贵州省工商行政管理局评审，认定为“贵州省著名商标”。

12月8日　五星酒厂被中国酒都品牌文化节组委会，授予2008年中国酒都“十强民营白酒品牌企业”荣誉称号。

12月20日　五星酒厂的销售公司——贵州省仁怀市福祥贸易公司被贵州省国家税务局和贵州省地方税务局联合授予2006—2007年度“A级纳税信用企业”。

12月　五星酒厂的“镇牌镇酒”被贵州省名牌战略推进领导小组首次评为“贵州省名牌产品”。有效期三年，即从2008年12月起至2011年12月止。

2009年

1月　五星酒厂被遵义市人民政府评为遵义市白酒工业企业“十星企业”。

5月10日　贵州省仁怀市茅台镇五星酒厂营业执照的投资人变更为焦永权。

6月　启动茅台镇岩滩基酒厂污水处理站建设。

2010年

1月28日　五星酒厂的“镇酒”荣获多彩贵州100强品牌推选活动组委会评选为2009—2010年度“多彩贵州100强品牌”及“十大名酒”。

1月29日　五星酒厂被中共茅台镇委员会、茅台镇人民政府评为茅台镇2009年度回报社会先进企业。

2月1日　成立贵州省仁怀市五星酒业销售有限公司（以下简称“五星酒业”），法定代表人焦永权，注册资本1500万元，经营范围白酒销售、进出口贸易。统一社会信用代码：91520382697547232T。因设立集团公司，根据股权结构将该公司作为母公司，故将其变更为贵州五星酒业集团有限责任公司，于2021年11月30日变更为贵州五星酒庄有限责任公司，注册资本增为5000万元。

5月5日　贵州省仁怀市“镇酒”销售有限公司成立，法定代表人焦永权，注册资本500万元人民币。

6月　五星酒厂投资人焦永权获贵州省第四届“创业之星”称号。

9月　中国（遵义）酒类博览会，“镇酒”被评为“醉·美·贵州——消费者喜爱的贵州白酒”。

9月9日　启动五星酒厂岩滩基酒厂技改项目土地征用工作。

10月8日　五星酒厂“五星图形”商标（注册号1631519）首次被贵州省工商行政管理局认定为“贵州省著名商标”；五星及图商标（注册号3128484）被贵州省工商行政管理局复审第二次认定为“贵州省著名商标”。

10月20日　由贵州省仁怀市茅台镇五星酒厂控股的贵州省仁怀市五星酒业销售公司发起，筹备设立贵州五星酒业集团。

12月21日　贵州省仁怀市茅台镇五星酒厂经贵州省工商行政管理局名称预先核准，由仁怀市工商行政管理局核发企业集团登记证。企业集团名称：贵州五星酒业集团，简称“五星集团”，母公司名称：贵州五星酒业集团有限责任公司。集团公司注册资本总和为2152万元，在仁怀市工商行政管理局注册登记，集团公司总部设在仁怀市。五星酒厂总经理焦永权任贵州五星酒业集团有限责任公司董事长、总裁、法定代表人。

2011年

4月8日　五星酒业集团获得遵义市仁怀名酒工业园区管委会（仁园管复〔2011〕17号）关于贵州五星酒业集团茅台镇五星酒厂申请入驻坛厂配套产业区的批复：五星酒业集团“2万吨白酒包装仓储技改建设项目”符合名酒工业园区入园条件，同意入园。

4月22日　仁怀市工业发展大会召开，茅台镇五星酒厂被评为仁怀市“十一五”工业十强民营企业，获仁怀市政府奖励10万元；茅台镇五星酒厂的贵州省名牌产品“镇牌镇酒”，获得政府奖励和表彰，奖金5万元；贵州省著名商标“五星及图”，获得政府奖励和表彰，奖金5万元；贵州省著名商标“五星图案”，获得政府奖励和表彰，奖金5万元。

6月8—9日　贵州省质量技术监督局组织遵义市、仁怀市质量技术监督局和贵州钢绳集团股份公司、贵州茅台酒股份公司组成的国家标准化专家组，对五星酒业集团茅台镇五星酒厂标准化工作进行评审，五星酒业集团公司顺利通过国家标准化良好行为企业复审，并从AA级升为AAA级。

6月18日　五星酒业启动岩滩基酒厂1000吨大曲酱香技改建设项目。

8月11日　五星酒业的“镇牌镇酒”被贵州省人民政府授予“贵州名酒提名奖”，并获仁怀市人民政府奖励资金10万元。

10月18日　五星酒业“镇牌镇酒”被贵州省名牌战略推进领导小组复审认定为“贵州省名牌产品”。

12月15日　由贵州省民营经济发展局、贵州省中小企业局、贵州省工商行政管理局、贵州省商会、《中国市场杂志社》主办编纂的“献给建党90周年·迎接党的十八大”《贵州优秀民营企业大典》，贵州五星酒业集团入编该大典，获得大典入编纪念证书。

12月30日　五星酒业被贵州省企业联合会、贵州省企业家协会、贵州省信用评价委员会评为“AAA信用等级单位”。

2012年

2月　五星酒业焦永权当选遵义市第四届政协委员。

3 月 30 日　五星酒业位于坛厂镇“2 万吨白酒包装仓储技改建设项目”工程启动。

6 月 1 日　经中共仁怀市非公有制经济委员会批复，同意成立“中共贵州五星酒业集团支部委员会”。

6 月 28 日　《贵州都市报·黔酒周刊》首刊仪式暨合作伙伴签约仪式在贵阳举行，五星酒业集团作为战略合作伙伴参加了创刊仪式。

8 月 29 日　五星酒业加入贵州省酒业协会，成为常务理事单位。

9 月 10 日　五星酒业集团茅台镇五星酒厂五星牌酱香型白酒首次被贵州省品牌战略推进领导小组确认为“贵州省名牌产品”。

12 月 10 日　五星酒业收购甘肃省天水龙泉酒业公司的“生产许可证”。

12 月 17 日　五星酒业通过危害分析与关键控制点 HACCP 体系认证。

12 月 26 日　五星酒业集团在成都锦江宾馆，邀请全国著名白酒专家曾祖训、胡永松、赖登燡、李克明、钟杰一行 5 人，共同品鉴五星酱酒。著名白酒专家赖登燡为五星酱酒题词“添两星即成北斗，共一水比邻国香”。

12 月 28 日　五星酒业“神采飞扬”商标（注册号 3746778）首次被贵州省工商行政管理局认定为“贵州省著名商标”。

2013 年

1 月 6 日　五星酒业集团旗下分公司“贵州五星酱酒全国营销中心”正式揭牌成立，标志着五星酒业的中高端白酒开始了专业化运营。

2 月 4 日　五星酒业经北京中合金诺认证中心有限公司认证 150 吨酱香酒为有机认证，并颁发有机产品证书。

4 月 10 日　贵州省工商行政管理局为五星酒厂颁发“2010—2012 年连续 3 年”荣获贵州省“守合同、重信用”单位称号荣誉证书。

11 月 10 日　五星酒业集团全程赞助并冠名“镇酒 2013—2014 遵义市足球超级联赛”。

12 月 27 日　五星酒业第 33 类第 3128484 号“镇及图”商标经中华人民共和国国家工商行政管理总局商标局认定，荣获“驰名商标”。

2014 年

1 月 22 日　仁怀市酒业协会第二届会员大会召开，贵州五星酒业集团董事长焦永权当选为副会长。五星酒业成为副会长单位。

3 月 3 日　贵州省工商行政管理局为五星酒厂颁发“2010 年至 2013 年连续 4 年”荣获贵州省“守合同、重信用”单位称号荣誉证书。

3 月 13 日　五星酒业中枢办事处全体员工迁至坛厂总部新办公楼办公。

3 月 19 日　五星酒业公司获仁怀市委、市政府 2013 年度固定资产投资先进企业表彰，奖励 5 万元。

4 月 15 日　中共贵州五星酒业支部委员会被仁怀市非公有制经济党工委评为 2013 年度“先

进党支部”。

5月28日　贵州醉美酱酒网电子商务有限公司成立。法定代表人焦琼，注册资本100万元人民币。企业地址位于贵阳市南明区花果园后街彭家湾花果园项目E区第E9（花果园社区国际金融街3号）楼1单元12层4号。

6月12日　“飘香二十年——贵州五星酒业集团总部落成典礼”及二十周年庆典，在仁怀名酒工业园区五星酒业集团总部举行。遵义市酒类发展管理局局长龙庆松、仁怀市人大常委会主任陈连刚、贵州仁怀经济开发区党工委副书记、管委会副主任何勇、仁怀市人民政府副市长喻阳洪、仁怀市政协副主席、工商联（商会）主席（会长）邓帆、遵义市工商行政管理局商标广告科科长刘建波为落成典礼剪彩。

6月20日　经中华人民共和国遵义海关批准，五星酒业集团办理了“中华人民共和国海关报关单位注册证书”。

10月　五星酒业经贵州省工商行政管理局评审，获2014年度贵州省省级“守合同重信用单位”荣誉称号。

10月28日　五星酒业营销总公司办公地点，从贵阳市观水路搬迁到南明区花果园金融街3号E9栋12楼04号。

10月29日　五星酒业集团“五星及图”商标（注册号1707411），被贵州省工商行政管理局第二次认定为“贵州省著名商标”。

11月28日　五星酒业董事长焦永权当选为贵州省白酒企业商会副会长，五星酒业集团成为贵州白酒企业商会副会长单位。

2015年

1月1日　五星酒业的“老搭档及图”商标（注册号：4257767），经贵州省工商行政管理局评审，被认定为“贵州省著名商标”。

4月15日　中共贵州五星酒业支部委员会被仁怀市非公有制经济党工委评为2014年度“先进基层党组织”。

5月13日　贵州省人力资源和社会保障厅党组书记、厅长夏一庆，贵州省就业局局长徐海涛，在仁怀市委书记张翊皓等人陪同下，到五星酒业集团五星酒厂考察调研。

5月　贵州五星酒业集团有限责任公司被贵州省国家税务局、贵州省地方税务局联合授予“2014年度贵州省A级纳税信用企业”。

8月　贵州五星酒业集团茅台镇五星酒厂首次被贵州省经济和信息化委员会、贵州省企业联合会、贵州省企业家协会评为“2015贵州民营企业100强”。

9月　中国（贵州）酱香酒交易中心首批交易商入市暨仁怀市酱香酒评估专家库组建新闻发布会在仁怀召开，贵州五星酒业集团成为首批入市的酱香酒生产企业。

11月11日　五星酒业集团旗下“镇酒”直营公司，在贵阳花果园金融街2号E8栋27楼揭牌成立，拟打造“酱酒直营第一平台”的战略定位，成为五星酒业集团迈进“微营销模式”的一个新标志。

12 月 31 日 五星酒业集团“五星牌”“五星牌白酒”酱香型 53% vol，125 毫升 ~ 10 升（瓶），获贵州省质量兴省工作领导小组复审认定为“贵州省名牌”。

是日 五星酒业集团“镇及图牌”“镇酒”53% vol 100 毫升 ~ 3 升（瓶），获贵州省质量兴省工作领导小组复审认定为“贵州省名牌”。

2016 年

1 月 7 日 五星酒业集团获仁怀市酒业协会颁发的“2015 年度市场营销先进奖”。

5 月 五星酒业集团坛厂包装车间获仁怀市总工会“五一巾帼标兵岗”称号。

5 月 在“中国酒都百年酱香评酒会暨国际赛酒会”活动中，五星酒业“镇酒”获仁怀市中国酒都酱香文化月活动组委会评为“最具文化价值奖”“专家品评最佳口感奖”“网络投票最佳人气奖”，舞蹈表演被评为“最佳配乐奖”。

6 月 五星酒厂被贵州省工商行政管理局评审，获得 2015 年度贵州省省级“守合同重信用单位”荣誉称号。

7 月 30 日 贵州省统计系统各级领导一行 80 余人，到五星酒业集团茅台镇五星酒厂参观指导。

8 月 25 日 五星酒业被评为“2016 贵州民营企业 100 强”。

9 月 1 日 镇酒 · 汉藏（53% ovl 酱香型）荣获“中国 · 贵州第二届十大名酒银质名酒奖”。

9 月 9 日 贵州五星酒业集团董事长焦永权，获评为中国贵州首届酒业大师“黔酒大师”。

11 月 5 日 中国酒业协会原白酒专家组组长、著名白酒专家梁邦昌到五星酒厂指导工作。考察和交流后，他提出了“好喝、耐喝、有益”的评语。

11 月 10 日 五星酒业成为仁怀市首家通过“生态原产地保护产品”认证企业。

12 月 21 日 五星酒业董事长焦永权成为贵州省白酒评委。

2017 年

1 月 12 日 由仁怀市酒业协会、遵义市酒业协会举办的“首届仁怀酱香酒产业红高粱奖”“首届酱香白酒酿酒大师和优秀企业家评选”。五星酒厂荣获“诚信经营奖”，董事长焦永权荣获“中国酱香酒酿酒大师”、五星酒厂总经理张鹏荣获“酱香酒优秀企业家”称号，五星酒厂总工程师熊寿贵荣获“首届酱香酒酿酒大师”称号、五星酒厂行政副总经理赵浪荣获“酱香酒文化使者”称号。

2 月 贵州五星酒业集团镇酒有限责任公司获中共仁怀市委、市人民政府颁发的品牌创建奖荣誉证书。

7 月 27 日 五星酒业获仁怀市人民政府（仁府通〔2017〕22 号）评为“2016 年度环保先进企业”。

8 月 贵州五星酒业集团在贵阳市花果园金融大厦 12 楼揭牌成立外呼中心。通过主动外呼，探索电话营销和推进售后营销。将白酒营销从被动接受转变为主动服务。

8 月 五星酒业集团茅台镇五星酒厂获贵州省经济和信息化委员会、贵州省企业联合会、贵州省企业家协会评为“2016 贵州民营企业 100 强”。

10 月 28 日　五星酒业集团“镇酒”品牌荣获首届“中国酒都十大质量奖”。

10 月　中国酒都祭水节大典现场，“镇酒”获“首届中国酒都十大质量奖”荣誉称号。

12 月 31 日　五星酒业经贵州省质量技术监督局复审认定为“标准化良好行为 AAA 级企业”。

2018 年

1 月 9 日　五星酒业获安全生产标准化三级企业（轻工酒类制造）。

4 月 16 日　启动坛厂三号包装车间修建。

5 月 9 日　中国品牌促进会对五星酒厂企业品牌进行评定，品牌强度为585，品牌价值为3.87亿元。

6 月 21 日　由贵州五星酒业集团、北京中视微传文化发展有限公司联合出品，以及中国警察交通频道、仁怀市委宣传部、茅台镇人民政府、仁怀市酒业协会、仁怀市公安局交通警察大队、中国酒都酒文化研究会联合摄制的交警题材公益微电影《为生命负责》开机仪式在贵州五星酒业集团总部举行。

7 月 20 日　五星酒厂生产的53% vol 500 毫升“镇酒”·汉藏和53% vol 500 毫升五星酱酒·国礼，被仁怀市博物馆收藏。

7 月　五星酒厂经贵州省工商行政管理局评审，获得 2017 年度贵州省省级“守合同重信用单位”荣誉称号。

9 月 8 日　由五星酒业投资拍摄的《为生命负责》微电影荣获“第六届亚洲微电影艺术节金海棠奖”之平安中国单元优秀微电影奖。五星酒业集团董事长焦永权荣获“第六届亚洲微电影艺术节金海棠奖”之十佳制片人出品人。

9 月 11 日　贵州五星酒业集团五星产品荣获“中国美酒”评选大赛推荐品牌。

9 月　贵州五星酒业集团有限责任公司荣获“工匠传承十强企业”荣誉称号，并受到了中央电视台《智慧中国》及《品质》栏目组采访报道。

9 月　五星酒业集团董事长焦永权荣获“贵州省食品行业十大贡献人物”荣誉称号。

9 月　五星酒业被中国企业发展促进会、中国优质品牌统计中心授予“中国工匠精神奖”“中国酿酒行业十大名优品牌”。

12 月 29 日　仁怀市茅台镇爱心助学会，授予茅台镇五星酒厂“副会长单位”。

12 月　贵州五星酒业集团荣获“贵州省十佳诚信企业”。

2019 年

1 月 19 日　五星酒业董事长焦永权获遵义市酒业协会、仁怀市酒业协会评为“中国酒都仁怀酒业改革开放 40 年榜样人物”称号。

8 月　贵州五星酒业集团茅台镇五星酒厂被评为“2019 贵州民营企业 100 强”和“2019 贵州制造业企业 100 强”，五星酒厂首次成为贵州省“双百强”企业。

2020 年

8 月 29 日　五星酒业收购茅台镇椿树村林晓东酿酒作坊。

10 月　贵州五星酒业集团茅台镇五星酒厂被评为“2020 贵州民营企业 100 强”和“2020 制造业企业 100 强”。

11 月 29 日　五星酒业收购位于茅台镇椿树村的贵州省仁怀市茅台镇国沙酒业有限公司。

2021 年

4 月 6 日　启动五星酒业旗下国沙酒业公司的二号酿酒车间修建。

4 月 21 日　五星酒业首次获得由方圆标志认证集团有限公司颁发的有机产品认证证书。

4 月 28 日　五星酒业董事长焦永权，拜全国评酒委员、中国白酒工业协会理事、全国白酒技术协作组第一分部秘书长梁邦昌为师。

5 月 31 日　五星酒业收购茅台镇椿树村管志会酿酒车间。

11 月　五星酒业集团茅台镇五星酒厂，获贵州省企业联合会、贵州省企业家协会评为“2021 贵州民营企业 100 强”和“2021 贵州制造业企业 100 强”。

12 月 24 日　将贵州五星酒业集团镇酒有限公司变更为贵州五星酒业集团有限公司。

12 月 29 日　五星酒业旗下国沙酒业公司 120 口窖池的“四改造一建设”工程，通过仁怀市生态环境保护督察整改工作领导小组办公室验收。

2022 年

1 月 17 日　五星酒业集团有限公司的 24 口窖池“四改造一建设”工程，通过仁怀市生态环境保护督察整改工作领导小组办公室验收。

3 月 12 日　五星酒业集团五星酒厂在遵义市酒业协会、仁怀市酒业协会举办的世界十大烈酒——遵义产区第六届“红高粱奖”活动中，荣获“诚信经营奖”。

5 月 6 日　由中国酒业协会、仁怀市人民政府共同主办的中国酱香酒核心产区（仁怀）“十大名酒”评选活动，贵州五星酒 · 精品综合得分排名前 20，获得“十大推荐酒”称号。

6 月 1 日　五星酒业集团核心大单品“贵州五星 · 星 15”荣获“2022 中国酒业星光奖（品质典范）”荣誉称号。

8 月 5 日　将贵州五星酒业集团有限公司（原贵州五星酒业集团镇酒有限公司）生产场地由茅台镇岩滩村变更为茅台镇椿树村。

11 月 29 日　贵州省白酒产业发展促进会成立，五星酒业获选为理事单位。

12 月 16 日　贵州五星酒业集团茅台镇五星酒厂被贵州省企业联合会、贵州省企业家协会评为“2022 制造业企业 100 强”。

2023 年

3 月 10 日　五星酒业战略大单品“贵州五星 · 星 15”荣获“2022—2023 年中国酒业年度最具潜力新品”大奖。

第一章 企业沿革

第一节 贵州省仁怀市茅台镇五星酒厂

一、茅台镇五星酒厂创办

明嘉靖元年（1522 年），焦仕贵从陕西西安迁入茅台镇椿树村星宿坎，开创了焦氏酿酒先河，距今已有 500 年的历史。明末清初，茅台镇盐业十分兴旺，素有“蜀盐走贵州，秦商聚茅台”的写照。焦氏六世祖焦维荣看中这一商机，创建“镇隆烧坊”，酿酒用于宴请盐商。因酒的品质出众，盐商饮后赞不绝口，并转销外地，焦氏酿酒从此声名远播。盛名之下，客商纷至沓来，“镇隆烧坊”内外一片繁盛。但在民国时期，由于兵荒马乱，“镇隆烧坊”被迫中断酿酒。至今，承载着焦氏酿酒使命的第十三代酿酒传人焦永权牢记着“勤补拙，谨不失；常自勉，事办成”的祖训，坚守初心，用自己的双手重振焦氏雄风。

1993 年，焦永权凭借来的 3 万元钱，创办仁怀市茅台五星酒厂，厂址在鲁班镇。1996 年 12 月，办理仁怀市茅台五星酒厂营业执照，负责人焦启帮，厂址在茅台镇（茅台酒厂厂大门旁）。1998 年 12 月 30 日，仁怀市茅台五星酒厂更名为“仁怀市茅台镇五星酒厂”，地址由仁怀市茅台镇（茅台酒厂厂大门旁）变更为仁怀市茅台镇。1999 年 7 月 30 日，仁怀市茅台镇五星酒厂更名为“贵州省仁怀市茅台镇五星酒厂”，厂址在茅台镇。负责人焦启帮，资金数额由 20 万元变更为 200 万元；注册资金由 200 万元变更为 1000 万元。2009 年 5 月 10 日，将贵州省仁怀市茅台镇五星酒厂营业执照的投资人（法定代表人）焦启帮变更为焦永权。2011 年 12 月 21 日，贵州省仁怀市茅台镇五星酒厂经贵州省工商行政管理局名称预先核准，由仁怀市工商行政管理局登记注册，更名为“贵州五星酒业集团茅台镇五星酒厂”，注册资金 1000 万元。2012 年 11 月，注册资本由 1000 万元备案增资为 6000 万元，主营白酒制造和销售。2000 年 5 月，成立五星酒厂营销部。2002 年 7 月，成立五星酒厂品牌营销公司。2003 年 1 月 24 日，成立贵阳品牌营销公司。

2012 年 9 月 18 日，经仁怀名酒工业园区建设指挥部、仁怀名酒工业园区管委会批复，同意五星酒厂入驻仁怀名酒工业园区并纳入园区管理，选址于二合镇同民村，占地面积 180 亩，土地平均投资强度原则上应达到 200 万元/亩以上，3 年内形成大曲酱香白酒 3500 吨/年以上产能，后因基础设施原因，未实施。

二、茅台镇五星酒厂基地

茅台椿树分厂

（一）历史沿革

椿树村基酒厂，在仁怀市茅台镇椿树村星宿坎组47号。北纬27°52′57″，东经106°21′11″，海拔570米。2019年购买3家酒厂进行组建，共占地99亩，有制酒车间3个。

古邑仁怀 仁怀县始建于北宋大观三年（1109年）。历史上的仁怀县即今仁怀、赤水、习水三县市地域。

从怀阳洞发现的石斧证实，仁怀地域在远古就有人类生息。西周、春秋属蜀国东南边境，境内有诸侯国名鳛国。秦汉隋唐隶属频繁变更。

随着国家政治经济重心的不断向南推进，宋王朝对边远地区的少数民族推行怀柔政策。由于对宋王朝政治、经济、文化的敬仰，一些少数民族部落纷纷献地归顺。北宋大观三年（1109年），赤水河流域的少数民族部落首领李世恭、罗永顺献地投顺宋王朝，以其地建仁怀县、承流县隶滋州。滋州治土城。仁怀县治复兴场（今赤水市复兴镇）。承流县与州同治。仁怀之名自此始。“仁杯”，取布施仁爱之心，怀柔边远之民的意思。北宋宣和三年（1121年），仁怀、承流二县并设仁怀堡，属泸州泸川郡。南宋时，境域隶夔州路重庆府南平军白锦堡。南宋嘉定二年（1209年）后，境域入播州杨保版图。

元至元二十九年（1292年），播州属湖广行中书省。境域设仁怀、古滋、怀德司、石粉栅、罗家、永安等长官司。至正二十三年（1363年），明玉珍在重庆建政，称大夏，于县境置怀阳县。不久，随着大夏政权的覆灭而消亡，建置如旧。

明洪武五年（1372年）正月，境域随播州改隶四川行省。十五年（1382年）二月，改隶贵州都司。二十七年（1394年）四月，改隶四川布政司。明嘉靖七年（1528年），设仁怀、儒溪二里。明万历二十八年（1600年）平播、改土归流。万历二十九年（1601年）四月二十九日复建仁怀县、治留元坝（今赤水县城），属遵义军民府，隶四川，辖安罗、李博、仁怀、赤水、丁溪、郎城六里。地跨南北长520里，东西宽420里。即今仁怀、赤水、习水地域。崇祯二年（1629年），将原六里改为十里，即七怀、赤水、安罗、李博、河西、吼滩、二郎、土城、丁山、小溪。

清康熙二十六年（1687年），原属黔西州的茅坝地区划归仁怀，并入李博里。雍正六年（1728年）七月二十九日，仁怀县随迎义府由四川划归贵州管辖。雍正八年（1730年）九月十四日，仁怀县署迁驻李博里生界坝宝峰寺。移遵义府粮捕通判驻仁怀旧城（今赤水县城）。雍正十三年（1735年）九月十日，仁怀县署迁安罗里亭子坝，即今中枢。乾隆三年（1738年）十一月初五日，吏部准割仁怀县所属仁怀里、河西里、土城里在仁怀旧城设遵义分府。后为仁怀厅、仁怀直隶厅、赤水厅、赤水县、赤水市。仁怀县的仁怀里、土城里、河西里分出后，其辖地是安罗里（三合、合马、二合、茅台、中枢、喜头）、李博里（茅坝、九仓、龙井、后山、鲁班、五马、长岗、坛厂）、二郎里（回龙、桑木、永安、沙滩）、丁山里（习水寨坝）、小溪里（习水温水、双龙）、吼滩里（习水凉村、官店）、赤水里（赤水长沙、官渡）七里。

民国4年（1915年）十一月二十九日，分仁怀县的赤水、吼滩、小溪、丁山4里建习水县，仁怀县分置习水县后，即划遵义县大溪里七、八、十甲（今学孔镇、高大坪镇、大坝镇及火石镇的部分）归仁怀。时仁怀县辖安罗、李博、二郎3里及大溪里3甲，共33甲。

1965年1月18日，划仁怀二郎里的永安、回龙、桑木归习水县。

仁怀县于1995年11月30日由国务院批准撤县设市，名仁怀市。

仁怀几度变迁，古邑三分。而今，仁怀以西部经济强市傲立神州。

（二）文物见证

商周酒器 1994年4月，仁怀县城东云仙洞出土大口樽1件、壶1件、陶杯1件，器盖1件，鉴定为商代酒器。万光云、张合荣所著《仁怀云仙洞遗址清理记》（《贵州文博》）载："遗址出土的大口樽及其他附堆放的商器，在贵州尚属首见。其中大口樽的制作、造型与山西夏县东下冯商代遗址中下T11:69陶缸一致，器盖与四川1982年发掘的三星堆商代遭址C2:4器盖相同。陶器泥条附加堆纹与中原地区商周文化的风格类似。因此，我们将该遗址的年代暂定为商周时期。""本次发现证实祖国边陲的贵州高原，古代与中原一样，同样经历了商周这一阶段，而且与中原、巴蜀文化有着一定的关系，从陶樽等器物的造型制作来看，也许是中原文化渗透到该区域的产物。"

辅首衔环酒壶 1991年11月8日，在仁怀合马罗村檬子坳主坑墓出土陶、银、铜、铁、石器、钱币、弩机等文物400多件，其中有"辅首衔环酒壶"一件，壶高35厘米，腹径32厘米，釉陶轮制，呈灰褐色。经贵州省考古研究所所长熊水富、副所长刘恩元等人鉴定，系王莽时期所烧制。辅首是衔环的底座。辅首衔环是权力和财富的象征，辅首衔环酒壶是富贵人家专用的酒具。

1991年12月19日，在仁怀合马大渡口村发现东汉砖室墓，据顾新民、汤鲁彬、蔡永德所著《仁怀合马东汉砖室墓发掘简报》（《贵州文博》）载："大渡口村东汉砖墓，出土了黔北首次发现的汉代陶俑6件。其抚琴俑头上着帻，身穿宽袖长袍，盘腿而坐，琴平置于膝上，双手抚琴，面带微笑，一副怡然自得的样子。听琴俑为一成年女性，发鬓长束，身体向前微倾，头向右歪作侧耳状，神态祥和，全神贯注。抚案俑神态威严。两件持箕帚立俑，头戴平顶帻，右手持铲，左手持箕，腰佩短刀。仕女俑身着一长裙。所有俑情态逼真，栩栩如生。出土的还有陶制雏鸡、母子鸡、陶猪、陶狗、陶廊等，还有铁刀等。发掘文物还有东汉五铢铜币，有陶碗、陶钵等。"

东汉茅台铜鼓 1985年4月20日，在茅台银滩坝葫芦田掘得一面铜鼓，名为"茅台铜鼓"。茅台铜鼓造型凝重，纹饰清晰，上部突出，中部腰束，下部矮而外护。构图巧妙，内容丰富。鼓面正中为光体，外有十二芒，芒间夹杂饰蝉翼纹，芒外有八晕。高33厘米，面直径57厘米，重18.15千克。专家鉴定，系东汉后期少数民族铸造。铜鼓系古代南方民族重器，其作用相似于周代的铜鼎。据《遵义地区文物志》载："铜鼓作祭器礼器，以表权威，用于赏赐，以示贵贱尊卑；用作贮具，以表富有。用作葬具，以祀祖先，保佑灵魂。"

宋代飞天图案 1983年在文物普查中，发现仁怀两岔宋墓群。该墓群由荣昌坝墓、沙湾坡墓、来奉寺墓组成。在荣昌坝墓中发现"飞天图案"一方。据《遵义地区文物志》载："上雕飞天图案，仙女飘飞空中，手抱插花之瓶，腰间束带，衣褶轻盈，面容秀丽，栩栩如生。"

明朝酒具 1989年，在茅台附近的交通乡袁家湾出土酒具9件，经专家鉴定为明朝时期的酒具。

文物，是最有说服力的历史鉴证。在茅台及其周边发现的文物中，云仙洞出土了贵州历史上最早的商周时期的酒具，证明了仁怀古代人类在商周时期就有了浓厚的饮酒习俗。

从合马镇汉墓群出土的文物来看，除生产工具、生活用具、装饰用品、随葬器皿、货币外，其中罐、盒、碗等与酒密切相关。其辅首衔环酒壶是专用酒具，证明仁怀在汉代便有了规模性的酿酒能力。宋墓中的“飞天图案”，与茅台酒飞天牌商标天然巧合，证明茅台酒历史文化的厚重。鼓为祭器，酒为祭品，系当地民族的习俗。这些文物真真切切地见证着仁怀酒业发展的历史。

椿树　在茅台镇赤水河西岸，距茅台镇人民政府驻地 1.5 千米。因古时椿树多而得名。属茅台镇酱香白酒核心产区。

椿，是一种多年生落叶乔木，古代传说大椿长寿，庄子曾说“上古有大椿者，以八千岁为春，八千岁为秋”，可见它有多么长寿。因此，古人就把椿拿来比喻父亲，希望父亲像大椿一样长生不老。后来为一切男性长辈祝寿，即称为“椿寿”。

孔子的儿子孔鲤怕打扰父亲思考问题，“趋庭而过”（快步走过自家庭院），因此古人就把“椿”和“庭”合起来称“椿庭”，称父亲为“椿庭”。

古人把“椿”与“萱”合并称为父母。父母健在称为“椿萱并茂”。有诗曰：“梅竹平安春意满，椿萱昌茂寿源长。”

椿树，象征长寿，福寿双全，家庭和睦，事业兴盛。

椿树，上承茅台酱香美酒，喝出健康，下继星宿坎，吉星祥光蕴蓄成氤氲气象，象征吉祥、美满、崛发、兴盛。

星宿坎　远古时期，人类寄托天象，认为世间一个人，天上一颗星。人与星对应，对应之星明亮，人必辉煌。对应紫微星者，便是位高九五之尊。

地与星宿，又有星野之分。天上二十八宿，对应九州之形胜，如西南，便呼曰：参井。如中南，便是翼轸。《滕王阁序》“星分翼轸，地接衡庐”，这里冀轸，便是指中南地域。

星宿坎奇观，在星宿坎 36 号焦氏民居前，有一棵黄葛树。2017 年 8 月，仁怀市人民政府挂牌保护，编号 52038200392。树龄 300 年。树冠葱茏，虬枝遒劲，沧桑而坚韧，挺拔而苍翠。树冠如巨伞，荫佑一方黎庶。远远望去，气吐氤氲。近观形态，意显刚毅。树可拟人，人似树向。象征人之坚贞与不屈，引领人之向上与攀登。

这棵黄葛树之根，聚地之灵气，蕴物之异象。根呈扁状，高 1 米有余，宽约 20 厘米，向三方延伸而去，把一焦氏古墓紧密包围；另一枝向左下方伸延，且还在展示生命象征。人拟物名曰：“有生命的围墙。”

有“星宿”之说，便指某人对应天上某星，由此产生“宿命论”。有一种天象，叫作陨石下落，也叫“流星”。流星陨落之地，乃称福地。若干年前的某时，一颗流星照准参井而来，降于茅台西岸的茫野之中，仁怀人就把这地域称作星宿坎。中国人的传统观念中，或多或少有宿命论的遗传。沾仙气，必将飞黄腾达。福人等福地，焦仕贵居于天府之国的四川内地，本来是可以安居乐业的，但一种莫名的躁动，使这位焦氏贤哲，向着光明之地寻吉而来。终于来到茅台，依着一株大椿，择吉星宿坎，定居下来。

古往今来，一旦定居必然落户。于是就向官府申请了“执照”。“执照”者何物也，乃土地证也。居民落户，官府颁发“执照”，执照明确土地四界，定额纳赋数量，并优惠三年免赋。

几千年的中华大地，人民有了土地就有了生存之基。焦仕贵有了土地，便安居乐业了。焦仕贵一家来到星宿坎，从大西北到大西南，纬度的变化，使这位生于大西北的焦仕贵有几多的不适应。大西北干燥，大西南雨多湿气重。首先身体不适应这湿润气候。为了驱寒除湿，焦仕贵成为茅台烧坊的“饮君子”，逐渐染上了酒瘾。焦仕贵勤耕苦作，粮食丰收，年年有余粮，于是就自己熇酒喝。

焦仕贵社会经验丰富，在西安老家熇过酒，在四川也熇过酒，这一开始熇酒就获得成功。他在一生的经历中，懂得了无商不富的真谛。于是开始把熇酒业作为生财之道的主要途径。当然，焦仕贵也是循着一条经济繁荣之道，拓展光明之路而来的。

茅台方物枸酱“甘美之”，在全国盛名已久，而蜀独有。作为在四川生活了一段时间的人，去寻“甘美之”的产地。焦仕贵是一位果敢刚毅的开拓者，他满怀雄心与壮志，迈着坚毅步伐启程了，跟着盐运古道，循美酱香的芳醇，往南而来。沿途见人来人往，或荷担前驱，或负重而行，或执扇趋步，或策马奔驰。时有山歌绕荡山谷，时有诗词吟诵同途。

沿岸见波涛荡漾，或有船帆竞渡，或有重舟逐浪，或有渔夫垂钓，或有白鹭翔天。

一路走来，焦仕贵憧憬着前途的辉煌，于是步履更坚，信念越足。历经千辛万苦。一日，焦仕贵携家人来到茅台，来到星宿坎。停下舆担，便觉天象拱卫，地运蕴然，于是又审识一番这星宿坎的地理环境。熊洞湾大山耸立于赤水河西岸，高 1422 米，山势从北向南蜿蜒伸展，与大山岭、燕子岩，至太阳寺大山，横亘于广宇之间，成为贵州与四川的分界岭。

从太阳寺大山过峡叠转，兀地腾升为三峰簇拥之形胜，势若双臂护首之态，人们呼之为帽壳顶。帽壳顶南侧，如一帧丹青斜舒展，从山梁直抖落赤水河边。细品之，画中有景，景色如画。画中铺点，占拥中心。其中心地段突起秀峰，形如骏马跃奔，色似金光闪耀。人们依形胜称曰“金马山”。马之“金”色从何而来，因峰腰名为“红石岭”。

黔北人家的神龛下有一副对联，曰：“土中生百玉，地里出黄金。”大自然对人类总有惠顾。无一地域都必水火俱全。而于福地就更有眷眷之心。这“红石”就是对这一方热土的厚赐。

但看金马山下侧，不规则地散落两排灵石，如金龟，如玉兔，如圆蟾，如银台。身临其境，人们不得不领略那“凉霄烟霭外，三五玉蟾秋”的浩旷与空灵。

静下来想，这星宿坎地名的来历就清楚了。这类灵石，便是天上陨石，陨石降于此，故名星宿坎。

从金马山，经红石岭，错落于陨石之间，便是贵州五星酒业集团酿造基地。循着醇香之气，往前观看又是另一番景气。

从太阳寺大山往东亘延直趋蓝家湾抵赤水河，把五星酒业基地拱卫如万斛归藏之势。细辨之，前山临有五峰。五峰应五星，天缘巧合。

焦维荣墓（六世祖）　在茅台镇椿树村星宿坎组。墓后 2 米处有树龄 300 年的古树黄葛树。

联曰：落成金玉千年盛，崛托人文万古隆。

碑文：盖闻横田昭迹传翼燕，吉地牛眠荫贻谋。佳城马鬣壮观立末之基地，以层玄继迹……

鸠工垂成，万古继冀，台昭庆宅，魂安济济，人贤醇醇，致则是序，追继祖籍原留乃系神农裔脉，传至周之赐姓后延及焦，至陕西西安府三元县焦马村发脉，其后人入籍四川富顺县焦云山住居数代，有我祖仕贵公于明嘉靖元年（1522 年），由富顺迁居入籍贵州省仁怀安一甲地名星宿坎，领照为业，其内过程谱中可考。（1980 年庚申岁全月初八）

后立新碑：

联曰："黄葛树下生吉穴，星宿坎内发祥光。"（2012 年 4 月 10 日）

焦氏祠堂 位于茅台镇椿树村石坝子。

联曰："皇天在上佑我中华焦氏孙盛世奋勇走天下，神农之后西周褒封仕贵祖嘉靖辗转立茅台。""集茅台镇椿树村石坝子文化广场，茅台焦氏家风教育基地于一体。""积德行善，孝悌忠信。"

（三）椿树分厂设施

2009 年 5 月 25 日，占地面积 3528.9 平方米，办公室面积 200 平方米，包装房面积 900 平方米，基酒车间面积 1050 平方米，制曲房面积 800 平方米，酒库面积 1116.44 平方米。2008 年销售量 80 吨，上缴税额 123 万元。

基地所有权归五星酒厂，房产信息如下：

茅台字第 B0002943 号，混合结构，共 2 层，建筑面积 1013.6 平方米，其他用途。茅台字第 B0002944 号，混合结构，共 3 层，建筑面积 1116.44 平方米，综合楼。茅台字第 B0002945 号，混合结构，共 2 层，建筑面积 197.12 平方米，办公用房。茅台字第 B0002946 号，混合结构，共 1 层，建筑面积 38.43 平方米，其他用途。

收购林晓东酿酒作坊 2020 年 8 月 29 日，贵州五星酒业集团茅台镇五星酒厂（法定代表人焦永权），收购位于茅台镇椿树村星宿坎组林晓东所有的酿酒作坊厂区、厂房、窖池及相关设施设备，宗地面积约 2 万平方米，收购价 1558 万元，价款包括该宗地块内所有的动产和不动产（即土地、厂房、窖池等设施设备）。

国沙酒业有限公司股权转让 该公司位于茅台镇椿树村星宿坎组，占地面积约 2.4 万平方米，有厂房及厂房内 24 个窖池、1 台变压器等有形资产。

2020 年 11 月 29 日，龙彪、夏明泉将其拥有的贵州省仁怀市茅台镇国沙酒业有限公司（历史名称：贵州省仁怀市长丰酒业公司）100% 的股权转让给焦永权、王永红，股权转让价格 1200 万元。该公司转让前法定代表人龙彪，注册资本 1000 万元。转让前，夏明泉持有公司 60% 的股份，龙彪持有公司 40% 的股份。转让后，焦永权持有公司 80% 的股份，王永红持有公司 20% 的股份。转让内容包括公司所拥有的全部动产和不动产、有形和无形资产（包含各种专利技术、专有技术、商标权、商业秘密等）。

收购国沙酒业有限公司后，国沙酒业有限公司迁至林晓东作坊，进行酿酒生产。原国沙酒业有限公司厂房设施设备，由贵州五星酒业集团有限公司管理。

收购管志会酿酒作坊 有酿酒车间 1 个，窖池 24 口。

酿酒基地标语：保护生态环境，倡导文明新风。强化红线意识，促进安全发展。争做环保使者，共创生态文明。肩负泰山之责，共筑安全大堤。制酒一车间（即收购的贵州省仁怀市茅台镇国沙酒业有限公司）。附近焦氏民居，有陈旧标语："总路线万岁！"树立法治观念，坚持安全第一。保护生态环境，造就秀美山川。

至2023年，椿树基地占地6.6万平方米，有制酒车间3个，窖池140口。

茅台岩滩分厂

（一）历史沿革

岩滩分厂，在茅台镇岩滩村岩滩组，距茅台镇政府驻地下游2千米。因于赤水河河滩东岸岩壁间故名。北纬27°52′49″，东经106°22′33″，海拔413.5米。有制酒车间4个，制曲车间1个。

茅台的来由：茅台历史悠久，源远流长。古代僰僚民族在这片赭红色的土地上繁衍生息。相传当时河两岸马桑树遍野，故曰“马桑湾”。后来，当地僚人在河东发现一股清洌甘醇的泉水，并用毛石砌成一口方形水井供人们饮用，称“四方井”。先民们用此井水酿酒，酿出的酒香型奇特，回味悠长，便把这水称作神水。于是每年在发现此水的这一天，即九月初九日，取水酿酒。应该说有此井，才有名冠全球的酱香型茅台酒。

民族史学专家王燕玉先生考证，“僰族住巴郡、犍为之间，即今川黔连界地区”。《华阳国志》载：“江阳太守往江阳之沘源……招降夷獠。”江阳郡在晋代曾辖今赤水、习水及仁怀大部分地城，当时赤水河中游的茅台一带居住僰僚先民。

僰僚先民都崇拜图腾，十分虔诚地进行“招龙”“安龙”等祭祀。祭祀时，选一个台地，在台地上设祭台，为了表达对先民祖人的虔诚，使先魂能安享天国，便在祭祀台地上栽满茅草以护先灵。古代先民对茅草有特殊崇敬之情，传说茅草有灵气，是一种吉祥之物，能斩妖镇魔，能辨吉凶。史书记载，南诏王蒙世隆征播州，寇西川，其法师崇谟论斩之时，刀不入，用茅草才将其斩首。崇仰茅草，不仅僰僚民族，汉民族也如此，道教斩妖镇邪及坐化替身皆用茅草。古人占卜有用茅草的。《左传》有“尔贡苞、茅不入”的记载，可看出茅草在先人生活中的地位。僰僚先民在河东的台地上植茅草设祭台，“茅草祭台”成为一个神圣不可亵渎的圣地，成为十分纯朴的先民们的一种象征和寄托。久之，便把这地方叫作“茅台”。

南宋淳熙年间（1174—1189年），播州杨粲向西辟地七百里，仁怀入播州版图，茅台属之。

直到元代，在县以下设寨、洞、坪、村，名“茅台村”，简称“茅村”。在元末入籍仁怀怀德司安氏的族谱上，有一世祖安朝和葬茅台村高台的记载。

茅台后来曾一度名“半边桥”“云鼓镇”。

畔河而桥，是很自然的。然而桥列半边，却蕴含着茅台的又一神秘。到了明代，茅台河畔建了一座万寿宫。万寿宫，又名江西会馆。在宫外建了一座极为罕见的半边桥，当地居民、过往客商通过半边桥去宫里烧香拜佛，因此，人们又称茅台为“半边桥”。

那“云鼓”之名，在1985年4月20日于茅台银滩坝子一块葫芦田里掘得一铜鼓，才得以解开。这只鼓造型凝重，纹饰清晰，上部突出，中部腰束，下部矮而外护；构图巧妙，内容丰富。鼓面正中为光体，外有十二芒，芒间夹杂饰蝉翼纹，芒外有八晕。鼓高33厘米，面直径57厘米，重18.15千克，经专家鉴定，系东汉时期的文物。茅台先民僰僚人生活中以鼓为乐器，祭中以鼓为礼器。鼓是权力和地位的象征，先民为了独尊，以“鼓”为名，当属自然。“云鼓镇”之名应始于东汉时期，而茅台镇建镇历史应由此算起。茅台是名副其实的千年古镇。

就茅台之名而言，仁怀坛厂镇有村曰“茅台”，龙井乡有村曰“茅台”，五马镇有“茅台”，茅坝镇有10个“茅台”，而绥阳县也有一个“茅台”。遵义泮水有“茅台”，新蒲有“茅台”。汇川区泗渡有“茅台”，播州区鸭溪有“茅台”，乐里有“茅台湾”，务川高富县旧址叫“茅台”。四川白凼有“茅台”，重庆南川有“茅台”，等等。这些茅台只不过是自然村落名，默默地隐归于山里。

当然，使“茅台”名震寰宇的，还是它孕育出来的酒。

茅台酱酒历史：茅台酒的历史，可上溯到汉武帝赞之为“甘美之”的“枸酱”。到了唐代，茅台又生产出了一种“凤法曲酒”。至宋、元、明时期，酒业长盛不衰，到了清代酒业更加兴盛，据志书记载，当时“茅台烧房不下二十家”。

清乾隆十年，开通了赤水河，茅台通舟楫，成了川盐的四大口岸之一——仁岸码头。这时的茅台，“蜀盐走贵州，秦商聚茅台”“家唯储酒卖，船只载盐多”。随着盐运的繁荣，酒业的兴盛，还有木材业、中药材业等众多产业的兴起，水陆畅通，商贾云集，市场繁荣。茅台成为黔北商业发达的繁华重镇，成为黔北四大集镇之一，故又一度叫“益商镇”，简称“益镇”。益商者，最具投资环境也。

名称无论怎样变，但终因人们习惯称其为茅台，难以更改，因而仍称“茅台”。民国19年(1930年)，实行新县制，置茅台镇。中华人民共和国成立后，仍为茅台镇，为中枢区治所。1992年8月“建并撤”，置茅台镇。1954年2月3日至1966年10月，其曾为仁怀县人民政府驻地。

茅台镇芳名远播，全有赖于它经历的两件大事。

1915年，茅台“荣和”“成义”酒坊的酒，以“茅台酿酒公司”名义送巴拿马万国博览会参展，获奖。为此，茅台声名远播。

1935年3月，中国工农红军第一方面军两万五千里长征四渡赤水，转战茅台，为此，茅台与中国革命的历史紧密地联系在一起。红军茅台沽酒，留下了许多脍炙人口的佳话。

后来的新中国领导人，曾到这里品尝过美酒，于是在中华人民共和国成立后，周恩来总理把茅台酒定为国宴用酒。

茅台以国酒为龙头，现有规模酒业400多家，有4000多个酒品牌，仁怀以此跻身中国西部百强市（县）。2004年7月18日，仁怀市因此被誉为“中国酒都”。而今的茅台呈现“家家宅遍储陈罐，处处坊多酿窖池”（穆升凡诗）的繁盛景象。

茅台因得“地”独厚的水和土壤而孕育出酱酒，茅台因酒而闻名世界，成为华夏文明中不可或缺的中国元素。

茅台地质环境：茅台地层多为三叠系、侏罗系，出露紫红色页岩、石英石岩、沙质页岩、夹煤层，属河流、湖泊沉积。岩滩一带出露岩层、河流沉积特征明显。岩滩地带砾岩出露最为明显。其后山有一状如雄鸡的赫红色岩石，人们呼曰：鸡公岭。有人探得岩滩后崖上有恐龙脚印。河边的大黄葛树，冠如巨伞，荫佑一代。

（二）岩滩分厂概况

1996年12月30日，仁怀市茅台五星酒厂经仁怀市工商行政管理局颁发《营业执照》。名称：仁怀市茅台五星酒厂；厂址：茅台镇（茅酒厂大门旁）；负责人：焦启帮；资金数额：20万元；

经济性质：私营（独资）；经营范围：白酒制造；经营方式：自产自销。

1997 年 10 月 28 日，贵州省仁怀市茅台五星酒厂经仁怀市卫生局颁发“卫生许可证”。法定代表人焦启帮，地址仁怀市茅台镇，许可项目为白酒酿造、销售。

2000 年 8 月 11 日，经贵州省工业产品生产许可证办公室审查，准予贵州省仁怀市茅台镇五星酒厂生产、销售“老百姓的酒（浓香、低度）怀金牌系列产品”。

2001 年 4 月 2 日，贵州省仁怀市茅台镇五星酒厂经国家质量技术监督局审查，颁发“全国工业产品生产许可证”。产品名称：白酒。

2003 年 3 月 12 日，五星酒厂竞买取得茅台镇岩滩村的一宗土地，面积 2782.9 平方米。

2006 年 8 月 18 日，五星酒厂在茅台镇岩滩，投资 8500 元，进行 10 千伏线路负荷转移安装工程。

茅台镇岩滩村岩滩组，2013 年 5 月 8 日登记，房屋所有权人：贵州五星酒业集团茅台镇五星酒厂。竞买获得宗地 2705.1 平方米，用于白酒生产。

2007 年 5 月 14 日，岩滩村岩滩村民组曾泾伟自愿将责任地 0.14 亩转让给五星酒厂永久使用，用于修建污水处理池，五星酒厂一次性补偿对方 8820 元。

2007 年 8 月 8 日，五星酒厂与仁怀市茅台镇开发区河西水厂签订“供水业务协议书”，协定水费价格每吨 1.4 元，此价格供水时间 3 年。五星酒厂一次性支付供水方 5000 元搭接管网维护费。

2009 年 1 月 9 日，贵州省仁怀市茅台镇五星酒厂，注册地址茅台镇岩滩村，投资人焦启帮，负责人焦启帮。

2010 年 12 月 21 日，贵州五星酒业集团茅台镇五星酒厂，经仁怀市工商行政管理局颁发“营业执照”。企业名称：贵州五星酒业集团茅台镇五星酒厂；投资人：焦永权；企业住所：茅台镇；经营范围及方式：白酒制造，自产自销。

2011 年 6 月 8 日，茅台镇五星酒厂在茅台镇修建五星酒厂 1 号生产车间，开工日期 2011 年 6 月 18 日，竣工日期 2012 年 2 月 18 日，投资 480.25 万元；2011 年 12 月 30 日，在茅台镇修建五星酒厂 2 号生产车间，开工日期 2012 年 1 月 8 日，竣工日期 2012 年 9 月 8 日，投资 240 万元；2012 年 4 月 17 日，在茅台镇修建 3 号生产车间，开工日期 2012 年 4 月 17 日，竣工日期 2012 年 9 月 30 日，投资 137 万元。

2012 年 9 月 26 日，省人民政府批复仁怀市第一批次工业用地，五星酒厂在岩滩村的用地面积为 948 平方米。岩滩村 9 户农民土地转让面积为 4873 平方米。2013 年 5 月 8 日，茅台岩滩分厂竞买获得用地面积 2705.1 平方米。

至 2023 年，五星酒厂岩滩基地占地面积 8514 平方米，有窖池 78 口。

鲁班分厂

（一）人文自然环境

鲁班，位于仁怀市政府驻地南部，因后山有崖墓，老百姓传说为鲁班先师修凿而得名。

明清时期为李博里辖地，民国时期为仁怀县南区、三区、鲁班区。中华人民共和国成立后，为鲁班区辖区。1992 年 8 月建镇并乡撤区为鲁班镇。2015 年 12 月 8 日改设鲁班街道。

1935 年 3 月 15 日，中央红军长征途中在这里发起了向国民党军周浑元纵队三个主力师的进攻。因敌军提前两天半到达鲁班场，利用有利地势修筑了坚固的碉堡阻止红军前进。战斗异常激烈，至傍晚红军主动撤出战斗，分三路向茅台进军。

鲁班场战斗，由于红军的猛烈进攻，有力挫伤了敌军的锐气。红军主动撤出战斗之后，敌人摸不清红军的目的，便龟缩在鲁班场两天半未出动，这为红军在茅台顺利地三渡赤水河赢得了时间和主动。

红军鲁班场战斗留下了深厚的红色遗址和红军不屈不挠、英勇向前、不怕牺牲、敢于斗争、敢于胜利的精神财富。红军精神光耀千秋。

红军鲁班场战斗，遗留下了“鲁班场红军战斗遗址”“鲁班场红军烈士陵园”，作为红军四渡赤水战役旧址的一部分，2006 年 5 月 25 日，国务院公布为全国重点文物保护单位。有纪念设施“红军鲁班场战斗雕塑”“红军鲁班场战斗白家坳遗址”纪念碑等。

1949 年 11 月 27 日，中国人民解放军第二野战军第三兵团 10 军 28 师从遵义经仁怀挺进四川时，解放了仁怀。12 月 21 日，接管仁怀的中国人民解放军遵义军分区独立大队进驻仁怀。随即建立仁怀县人民办事处。下辖 4 个分处，鲁班场属二分处管辖。1950 年 1 月 19 日，国民党残余势力周天一率众 1000 余人攻打鲁班场。2 月 11 日，一三九团奔袭茅坝时，先收复鲁班场并建立区人民政府。4 月 17 日，周天一与土匪周治国纠集 2000 余人攻打鲁班场，马玉英连长和副区长庞耀增指挥战士和民兵奋勇还击，朱恒金率一三九团三营驰援。经过两天的战斗，击溃土匪。5 月 3 日，周天一、李文猷及金沙股匪高昆率 2000 余人，又一次攻打鲁班场，马玉英、黄觉民率领部队、民兵、机关干部 200 余人与敌激战。至 5 月 7 日凌晨，朱恒金率两个排增援，当晚击溃土匪。4 天的战斗，毙伤匪 60 余人，军民无一人伤亡。

鲁班街道地层为寒武系、奥陶系、出露多为白云岩、灰岩，大部属溶蚀地貌，缓坡丘陵分于鲁班、冠英一带。地下水较浅，水土流失较轻，土层沉积厚，农林生态条件俱佳。

鲁班属中亚热带湿润季风气候，特点是四季分明，春季干旱多风，夏季水量充沛，秋季温和凉爽，冬季少雪干冷。光照充足，气候温和。无霜期 315 天，年均日照时数为 1400 小时，年均气温 15℃，年降水量 1000 毫米，森林覆盖率 49. 6%。境内主产水稻、玉米、小麦、高粱。高粱产量逐年增加。

（二）鲁班分厂设施

1993 年，焦永权借款 3 万元，将位于鲁班镇黄家田村前进组仁怀四中旁的老主屋及旁边的空地，修建成一个酿酒作坊，有窖池、酒甑各 1 口，面积约 1000 平方米。

2008 年 8 月 19 日，老厂房改造后，有厂房 802 平方米、库房 210 平方米、办公楼 1 栋 540 平方米、窖坑 15 个、酒坛 120 个、锅炉 1 台、鼓风机 2 台、酒甑 2 口及水电设施。

2018 年，分厂有窖池 56 口。因仁怀市南部新城建设而停产。

长岗分厂

（一）人文自然环境

长岗分厂，在仁怀市政府驻地东南部长岗镇堰塘坎村堰塘坎组红福街 60 号。北纬 27°39′43″，东经 106°26′32″，海拔 1190. 1 米。

文献记载，明代叫长岗屯，明万历年间（1573—1620 年），播州宣慰司杨应龙派其子杨朝栋带兵万余驻守长岗屯。明万历二十八年（1600 年）四月六日，建武提调张晓统官兵进剿，长岗屯一战，官兵击溃杨朝栋，向海龙屯进军。于六月六日攻破播州杨氏最后一个军事屯堡，杨氏土司结束历史使命。随即改土归流建遵义军民府，后为遵义府。

民国 24 年（1935 年）3 月 6 日，红军野战部队和政工宣传机关进入长岗；3 月 13 日，毛泽东率红军军委纵队进驻长岗，至 15 日离开。红军在长岗，留下了许多动人的军民鱼水情深的故事。堰塘坎是红军长征在长岗的转战之地。

红军在长岗留下了“长岗毛泽东驻地”“长岗红一军团干部会议旧址”“长岗红军医院遗址”革命遗址，作为红军四渡赤水战役旧址的一部分，2006 年 5 月 25 日，国务院公布其为全国重点文物保护单位。

1949 年 11 月 27 日，中国人民解放军第二野战军第三兵团 10 军 28 师从遵义出发，经过长岗进入仁怀县城，宣布仁怀解放。12 月 21 日，中国人民解放军遵义军分区独立大队在杨用信、潘广乾、张建华等率领下，经长岗进入仁怀县城，建立人民政权。

长岗是仁怀县城去遵义府城、省城贵阳通衢之冲，通道文化深厚，川盐入遵义、贵阳，茅台酒向外输运皆由此通过。“过长岗，茅酒香”成为长岗地域文化最为突出的精神内核。

平播（古播州）战争至清咸丰、同治年间，长岗一带有军事屯堡大王寨、马武寨、矮子寨、七窝寨遗址尚存。最为险要的忠义寨、大屯寨。

长岗人杰地灵，礼貌沟王氏清代有贡生王龙安、王文垓，民国年间有贵州省政务厅厅长王谟，有革命烈士王启霖、刘家祥、王启澍及奔赴延安的革命青年王启凤，有梅子丛名士杨清源等。

境内地层为奥陶系、志留系、二叠系、三叠系。三叠系发育较好，出露集中连片，长岗一带连片石山区，石头层次多为水平方向，属海陆相交之沉积。属丘陵峰丛尘洼地和低山峰丛洼地溶蚀地貌。峰丛地带因垦殖导致水土流失，凸显石漠化，洼地因泥沙淤积而成沃野。岩溶发育，地表水不能含蓄，注入两条地下河出露于境外。

长岗属中亚热带季风气候，其特点是四季分明，冬无严寒，夏无酷暑，雨水适中，分配不匀，常年干旱。年均气温 13. 5℃，年降水量 1150 毫米，无霜期 269 天。

（二）长岗分厂概况

厂址位于仁怀市长岗镇堰塘坎村堰塘坎组红福街 60 号。1998 年 7 月 1 日，五星酒厂租赁长岗镇供销社位于堰塘坎村的酒厂生产白酒，1999 年正式收购。

2002 年 1 月 28 日，仁怀市国土资源局划拨给五星酒厂位于长岗镇堰塘坎村工业用地 4025. 15 平方米。

2004 年 8 月 25 日，长岗分厂用地面积 8267. 23 平方米。

2006 年 7 月 28 日，五星酒厂出资 1200 元修通长岗包装厂大门口排水沟。

2009 年 1 月 9 日，贵州省仁怀市茅台镇五星酒厂长岗分厂，注册地址为长岗镇堰塘坎村，投资人焦启帮，负责人李长生。5 月 15 日，长岗分厂占地面积 6495. 93 平方米，办公室面积 419. 89

平方米，包装车间5657.77平方米，酒库418.27平方米，60吨酒罐3个，30吨酒罐4个。12月10日，获仁怀市工商行政管理局颁发“食品流通许可证”，经营场所仁怀市长岗镇，经营范围批零兼营、预包装食品、散装食品。

2013年12月24日，长岗分厂有国土资源局划拨的工业用地8267.23平方米。2014年9月18日，五星酒厂委托遵义市金恒信不动产评估有限公司仁怀分公司，对长岗镇堰塘坎村处8267.23平方米的土地使用权进行地价评估。2004年9月30日，评估设定用途为工业用地，评估使用年限为50年，土地总价格：102.51万元（单位地价为124元每平方米）。

长岗分厂房产，2013年11月21日产权登记：长岗字第P0000030号，混合结构，总层数3层，建筑面积5657.77平方米，包装用房。长岗字第P0000009号，混合结构，共1屋，建筑面积418.27平方米，酒库。长岗字第P0000010号，混合结构，总层数2层，所在一层，建筑面积122.03平方米，其他用途。砖木结构，共2层，建筑面积122.03平方米，其他用途。4栋（库房）297.86平方米。5栋（库房）244.06平方米。长岗字第P0000011号，混合结构，共2层，建筑面积1532.87平方米，包装用房。2013年12月9日，长岗字第P0000012号，混合结构，共2层，建筑面积343.72平方米，办公用房。长岗字第P0000013号，混合结构，共2层，建筑面积514.25平方米，酒库。长岗字第P0000014号，砖木结构，共1层，建筑面积297.86平方米，酒库。

冠英分厂

（一）人文自然环境

冠英分厂（二分厂），位于仁怀市政府驻地南部鲁班街道冠英社区。

冠英社区，原名冠英场，明清时期为李博里辖地，是仁怀域境较为富庶之地，农耕文化典型，文教事业先进，经济贸易繁荣。清雍正八年（1730年）九月十四日，仁怀县署迁冠英之生界坝宝峰寺办公，并有威远卫军事机构卫戍于此。

冠英场文风蔚然，科举时有进士、翰林院庶吉士、云南武州知州卞云龙，举人卞庆藻、熊文瑞、卞贞、刘建勋、熊廷杰、韩文开等，贡生卞天桂、卞德元、卞承谷、卢治安、卢治馨、卞霖、卢郁芷等。

冠英地域农耕资源较好，丘陵地带土地肥沃，主产水稻、高粱。茅台星宿坎焦氏在茅台地方住了六代，后觉鲁班冠英场地方土地肥沃，自然环境俱佳，于是迁居于此。

（二）冠英分厂概况

冠英分厂房屋是由鲁班供销社经法院拍卖给五星酒厂的。2002年1月28日，国土资源局划拨鲁班冠英工业用地1460.2平方米。为冠英分厂发展用地。

冠英分厂，房产证号鲁班字第C0000297号。混合结构，总层数2层，所在1~2层，建筑面积807.78平方米，办公用房；砖木结构1层，建筑面积862.54平方米，生产用房。

2009年1月9日，贵州省仁怀市茅台镇五星酒厂冠英分厂，注册地址鲁班镇冠英村，投资人焦启帮，负责人李龙堂。

2021年，冠英分厂有窖池86口。分厂因仁怀市南部新城建设被撤除。

桑树分厂

（一）人文自然环境

桑树，原名桑树湾，又名三十湾。位于仁怀市政府驻地东南部。明清时期属李博里。中华人民共和国成立后属长岗区统辖。1992年8月“建并撤”隶坛厂镇，2015年12月8日隶坛厂街道。

桑树湾是遵义至仁怀要冲，川盐和茅台酒皆由此运销各地。通道文化十分丰富。

1935年3月14日，红军一军团二师进抵桑树湾。15日晨，毛泽东从长岗出发，经桑树湾向茅台进发。据毛泽东的警卫员陈昌奉回忆：“晨从长干山（长岗）出发，下了一段长坡，下到谷底，又爬了一段坡，到了一个垭口。在这里听见了枪声。”

这个谷底处，有一座石拱桥是长岗通往茅台的必经之地。而五星酒业集团桑树分厂，就建在这石拱桥旁。因此，桑树一带留下了伟人的光辉足迹。红军主力及首长皆经此地向茅台进发。

1949年11月27日，中国人民解放军第二野战军三兵团10军28师经过这石拱桥向仁怀县城和茅台进军。1949年12月21日，中国人民解放军遵义军分区独立大队分四个梯次经这石拱桥去县城接管和建立新生的人民政权。

1950年，中共仁怀县委和中国人民解放军一三九团清剿国民党残余势力，战斗中，解放军曾在桑树湾修筑了一座碉堡，今遗址尚存。

桑树湾地层多为二叠系、三叠系出露，属河流、湖泊相沉积、碎屑岩夹煤层。为低山峰丛洼地，土层深厚，地下水较浅。属中亚热带湿润季风气候，四季分明，冷热同季，光照充足，气候温和，秋季温和凉爽，冬季少雪干冷。地下资源有煤。桑树湾为煤矿床，储量为8.24亿吨，塘垭口为晶墨玉矿床，极具开发价值。

（二）桑树分厂概况

桑树分厂位于坛厂街道桑树村桥上组。1998年7月1日，茅台镇五星酒厂租赁长岗供销社建于20世纪50年代的桑树酒厂，1999年，该酒厂经法院拍卖出售给茅台镇五星酒厂。

2002年，桑树基酒厂用地面积2930.88平方米。

2005年2月20日，桑树基酒厂聘用熇酒工人8名。

2007年6月19日，桑树村桥上村民组自愿将位于桑树河边责任地140平方米，转让给茅台镇五星酒厂，转让费2500元。6月26日，桑树村桥上村民组王正贵将坐落于桑树河的责任地30平方米，转让给茅台镇五星酒厂修建桑树基酒厂的延伸公路，转让费700元。

2009年1月9日，茅台镇五星酒厂桑树分厂，注册地址坛厂镇桑树村，投资人焦启帮，负责人焦琼。

2009年5月15日，桑树分厂占地面积2664平方米，办公室面积220平方米，基酒车间1005平方米，窖坑32个，酒库586平方米，制曲车间185平方米，年产量60吨。

茅台镇五星酒厂桑树分厂。综合楼建筑面积563.74平方米；房产证号坛厂字第R0000028号，混合结构，共1层，建筑面积507.19平方米，生产车间；另有砖木结构，共1层生产车间730.26平方米，共计1237.45平方米；坛厂字第R0000029号，混合结构，共1层，结构面积154.23平方米，办公用房。1997年或1998年购买长岗镇桑树供销社酒厂。附属污水处理站，建于2012

年，占地0.7亩。

至2022年上半年，桑树分厂占地面积4667平方米，有窖池128口。因环境保护原因，窖池填平，拟改建他用。

第二节　贵州五星酒庄有限责任公司

一、有限责任公司兴办

2010年2月1日，贵州省仁怀市五星酒业销售有限公司成立。2010年12月21日，更名为贵州五星酒业集团有限责任公司。2021年11月30日，更名为贵州五星酒庄有限责任公司。地址为仁怀市长岗镇，法定代表人焦永权，注册资金1500万元，主营白酒销售。

二、有限责任公司组成

2010年10月20日，由贵州五星酒业集团茅台镇五星酒厂发起，设立贵州五星酒业集团。五星酒业集团以贵州五星酒业集团有限责任公司为母公司，贵州五星酒业集团镇酒销售有限公司、贵州省仁怀市福祥贸易有限责任公司、桐梓县飞龙水能开发有限公司三个公司为子公司的集团企业。集团公司注册资本总和为2152万元，在仁怀市工商行政管理局注册登记，总部设在仁怀市。五星酒厂总经理焦永权任贵州五星酒业集团有限责任公司董事长、总经理、法定代表人。

第三节　贵州五星酒业集团有限公司

一、集团有限公司成立

2010年5月5日，成立贵州省仁怀市镇酒销售有限公司。2010年12月21日，更名为贵州五星酒业集团镇酒销售有限公司。2013年4月1日，更名为贵州五星酒业集团镇酒有限责任公司；2013年兼并甘肃省天水市龙泉酒业公司，将其生产许可证换发到贵州五星酒业集团镇酒有限责任公司名下。2022年10月20日，更名为贵州五星酒业集团有限公司，经营范围包含白酒制造、白酒销售、进出口贸易。

二、集团有限公司组成

贵州五星酒业集团有限公司，注册资金1500万元，其中：贵州五星酒业集团茅台镇五星酒厂投资1125万元，占注册资金的75%；焦永权投资225万元，占注册资金的15%；王永红投资150万元，占注册资金的10%。主营白酒制造。

五星酒业营销总公司：成立于2002年，办公地点位于贵阳市小十字。先后搬迁至花果园、观水路观水兰庭。2014 年 10 月 28 日，搬迁到贵阳市南明区花果园金融街 3 号 E9 栋 12 楼 04 号。

2002 年 12 月 25 日，贵州省仁怀市茅台镇五星酒厂，在贵阳成立五星酒厂品牌营销公司，主要负责“笑仙”“老搭档”等系列酒的全国市场开发及销售工作。公司注册资金 200 万元，为五星酒厂控股公司。

2013 年，贵州五星酒业集团贵州营销公司，由贵州营销总公司职能部门、贵州一分公司、贵州二分公司组成，隶属于贵州五星酒业集团。

贵州营销总公司职能部门：下设审计中心、财务中心、客服中心、策划中心、行政中心等部门，拥有员工 30 人。公司主要销售有自主知识产权的自有品牌“镇酒”，年销售产值近 3 亿元，营销网络遍及全国各地，是贵州省白酒销售龙头企业之一。

贵州一分公司：成立于 2009 年 3 月，2014 年拥有员工 100 人。公司集策划、营销、运输、仓储为一体。主营茅台镇“镇酒”系列高中低档产品。

贵州二分公司：成立于 2013 年 3 月，2014 年拥有员工 80 人。公司在做好五星系列产品营销、团队建设等工作的同时，形成了“主抓地级市场，重点培育核心县份市场”的规划蓝图，逐步发展壮大。

贵州五星酒业集团贵州五星酱酒全国营销中心：根据市场前景精准定位、准确占位，大胆提出酱酒品质革新的战略背景下应运而生，2013 年 1 月 6 日挂牌成立。中心以追求舒适饮酒，引领酱香品质创新为理念，全力打造中高端酱香品牌。

2013 年，五星酒业集团有限公司组织机构：

董事长：管辖总经理、财务中心、审计中心。

总经理：管辖行政中心、策划中心、客服中心、五星酱酒销售公司、省外销售公司、河南销售公司、贵州销售公司。

贵州五星酒业集团省外招商中心：是在五星酒业集团礼品酒全国事业部的基础上成立的。2010 年 3 月 8 日，五星酒业集团董事长亲自挂帅，将全国市场分为 8 大片区。在东北的哈尔滨、沈阳、大连，华北的北京、天津、石家庄，华东的济南、青岛、南京、上海、杭州，华南的福州、广州、深圳，华中的武汉、长沙、南昌，西南的成都、重庆，西北的西安、兰州等地建立了战略市场，逐步辐射全国各县（市）市场。中心成立以来，销售业绩以每年 3 倍的速度逐年递增，为“酱酒三分天下有其一”的战略目标奠定了坚实的基础。

贵州五星酒业集团河南分公司：成立于 2010 年 3 月。2013 年有销售人员百余人，年销售 2000 万元以上。销售网络覆盖河南大部区域，所运作的“镇酒”品牌得到了河南消费者的认可和追捧。

2020 年外租合马老寨子作坊熇酒，作坊有 3 个车间，72 个窖池，年产量 500 吨。2022 年在正安县租厂房生产白酒，年产酱香白酒 1500 吨。

第二章 营销机构

第一节 贵阳营销公司

一、机构设置

贵阳综合大楼（库房为主）位于金阳新区，总投资350万元。销售收入600万元，利润60万元，税金20万元。建设起止时间2009年至2011年。

2009年，五星酒厂“镇酒”营销公司机构：

总经理：辖营销总监、第一销售分公司、第二销售分公司、贵阳销售分公司、省外分公司、市场监察部。

第一销售分公司：辖遵义直销部、绥正道湄凤务余、仁赤习桐、毕节市区、毕节周边、安顺市区、安顺周边、水城市片区、六枝盘县片区。

第二销售分公司：辖都匀市区、都匀周边、铜仁市区、铜仁周边、凯里市区、凯里周边、兴义市区、兴义周边。

贵阳销售分公司：辖贵阳直销部、修（文）开（阳）息（烽）清（镇）片区、白（云区）花（溪）小（河）乌（当）片区。

营销总监：辖品牌策划部、市场管理部。

2010年9月26日，市工商局证明，仁怀市镇酒销售有限公司股权情况：注册资本500万元，其中贵州省仁怀市五星酒业销售有限公司出资255万元，持股比例51%；贵州省仁怀市茅台镇五星酒厂，出资70万元，持股占14%；焦永权出资125万元，持股占25%；王永红出资50万元，持股占10%。

二、业务开展

2009年6月13日至14日，镇酒营销公司组织35名一级员工以上人员，参加聚成集团在贵阳金阳国际会议中心举行的培训，培训课题为“销量翻倍的秘诀”。

2009年12月10日，镇酒销售公司获仁怀市工商行政管理局颁发“食品流通许可证”，经营场所仁怀市长岗镇，经营范围批零兼营、预包装食品、散装食品。

2011年，五星酒业集团镇酒营销公司河南分公司成立，并于4月17日在郑州召开首次会议。

2011 年河南公司各项指标完成情况：销售任务完成集团公司下达年任务的 60% 以上。新市场开发任务：全年开发共计 15 个市场，完成集团公司下达年度开发任务的 90% 以上；各市场铺市率达到了 60% ~75%；各市场的动销率达到了 50% ~70%；专柜陈列工作覆盖率为 100%；刮刮卡工作执行率为 100%（南阳、邓州除外）；上半年团购工作取得突破，濮阳单月回款 5 万元以上，新乡一次性销售十年“镇酒”300 件；下半年邓州、鹤壁、漯河、许昌等市场的团购工作迅速迈上了一个新台阶；11 月又提出了“铺市收现”工作，完成了从追求铺市数量到追求铺市质量的转移；中秋、国庆买赠活动效果较好的市场有新乡、南阳、鹤壁、濮阳等市场；11 月启动乡镇工作，完成较好的市场有新密、濮阳、安阳、新乡等市场。广告宣传方面：上半年在濮阳、新乡、安阳、新密、许昌等市场投入了公交车广告；在南阳、邓州、鹤壁投入了门头店招宣传；下半年公司又在鹤壁、荥阳、许昌、平顶山、南阳投入了 5 块高速广告，大幅提升了“镇酒”品牌形象。

2012 年 8 月 22 日至 23 日，在即将迎来白酒销售旺季的大背景下，五星酒业集团河南公司召开了地区经理二季度会议。集团公司董事长焦永权、河南公司总经理谭强及各地区经理参加会议。

2012 年 9 月 12 日至 13 日，五星酒业集团贵州市场半年工作会议在贵阳集团公司召开。会议主要针对上半年存在的市场问题进行交流和讨论，进而提出解决办法，争取为下半年工作目标的达成和工作方向起到积极的指导作用。

2016 年 5 月 29 日至 30 日，为期两天的“创新变革·携手跨越——2016 年度‘镇酒’贵州市场经销商大会”在贵阳花果园星程酒店举行。会议就 2016 年“镇酒”战略目标及发展方向进行了深入的探讨和交流，对“镇酒”2016 年市场管理办法进行了落实，最终确定了适合“镇酒”品牌在市场操作的经营方式。

第二节　贵州省仁怀市骄阳贸易有限公司

一、机构设置

1995 年 1 月 11 日，经仁怀县工商行政管理局批准成立贵州省仁怀县茅台骄阳有限公司，住所仁怀县鲁班镇，法定代表人焦启帮，注册资金 50 万元，企业类型为有限责任，经营范围白酒酿造、农副产品加工、养殖、百货批零兼营。1998 年 4 月 2 日，更名为贵州省仁怀市茅台骄阳酒业有限公司。

1998 年，贵州省仁怀市茅台骄阳酒业有限公司获贵州省技术监督局颁发的“组织机构代码证”，代码为 C2246728 -9，地址在仁怀市鲁班镇。

2000 年 5 月 26 日，注册登记机构变更为贵州省仁怀市骄阳贸易有限公司，法定代表人焦永权，经营地址鲁班镇，主营五星珍品酒、老搭档酒、“镇酒”、笑仙酒、老贵坊酒等。

二、业务开展

2004 年 8 月，贵州省仁怀市骄阳贸易公司获贵州省国家税务局、贵州省地方税务局联合颁发

2002—2003 年度“A 级纳税信用等级证书”。2006 年 10 月，贵州省仁怀市骄阳贸易公司获贵州省国家税务局、贵州省地方税务局联合颁发 2004—2005 年度“A 级纳税信用等级证书”。

2007 年 4 月 16 日，遵义日报登载《遵义市 A 级纳税信用企业公告》，骄阳公司获“全市 A 级纳税信用企业”（2004—2005 年度）。

第三节　茅台镇五星酒厂中枢办事处

一、人文自然环境

中枢街道酒都新区 1 号地块，王永红房产证建筑面积 257. 04 平方米、710. 10 平方米，共计 967. 14 平方米。用地面积 162 平方米。2006 年 11 月 28 日，取得价格 7. 2 万元。

中枢，原名亭子坝，属安罗里。因城里许有一石如亭子故名。清雍正十三年（1735 年）九月十日，仁怀县政府从观音生界坝宝峰寺迁于此。民国 29 年（1940 年），设乡镇，因县城是交通枢纽的中心，取名中枢。

中枢有云畴朝霞、钟鼓夕照、葡萄贯珠等奇观。

改革开放后，城区中心逐渐向南发展。2005 年 12 月 1 日，仁怀市委、仁怀市人民政府、仁怀市人大常委会、仁怀市政协及所属工作部门，迁杨堡坝酒都新区，逐步形成政治、文化、经济中心。

二、茅台镇五星酒厂中枢办事处

中枢镇一号区，房产所有人：王永红。2004 年 7 月 8 日登记，住宅建筑面积 238. 75 平方米、酒房建筑面积 524. 81 平方米、办公用房建筑面积 428. 75 平方米。2003 年 1 月 17 日登记，土地使用面积 601. 12 平方米。

中枢办事处，所有权五星酒厂，房产信息如下：

中枢字第 A0006108 号，混合结构，共 4 层，所在 2 ~ 4 层，建筑面积 238. 75 平方米，住宅。

中枢字第 A0006109 号，混合结构，共 4 层，所在 1 层，建筑面积 524. 81 平方米，酒库。

中枢字第 A0006110 号，混合结构，共 4 层，所在 2 ~ 4 层，建筑面积 428. 75 平方米，办公。

中枢综合大楼（新车站旁），总投资 1300 万元，产值 400 万元，销售收入 350 万元，利润 50 万元，税金 16 万元。建设起止时间 2010 年至 2012 年。

2004 年 10 月 10 日，五星酒厂获得仁怀市科学技术局颁发的“民营科技企业证书”。登记号 522130027，住所：仁怀市中枢镇一号区；法定代表人：焦启帮；注册资金 1000 万元，经济性质为私营，经营方式为自产自销，经营范围为白酒生产、销售。

2006 年 11 月 28 日，中枢街道酒都新区一号区：取得出让住宅用地 162 平方米。

2009 年 1 月 9 日，贵州省仁怀市茅台镇五星酒厂中枢办事处，注册地址中枢镇城南，投资人焦启帮，负责人王永红。

第三章 酿酒工艺

第一节　酱香型白酒生产工艺

贵州省仁怀市茅台镇五星酒厂，执行2005年发布实行的Q/WXJ01－2005标准，其酱香型酒以优质糯高粱、小麦、水为原料，利用茅台镇得天独厚的自然环境，采用端午踩曲、重阳下沙、两次投料、九次蒸馏、八次加曲发酵、七次取酒、长期窖藏、精细勾兑的传统酱香工艺流程，精心酿制而成，经长期窖存，精心调制，具有酱香突出、酒质醇厚、幽雅细腻、回味悠长、空杯留香持久之特点。

主要酿造特点：①严格的季节性生产。端午时节踩曲，重阳节前后投料，全年生产至次年重阳节前一个月结束。②两次投料。第一次投料称下沙，第二次（次月）投料称造沙。③高温制曲，高温发酵，高温流酒。④贮存时间长。基酒3年以上，经勾兑后贮放半年，再包装成产品，产品从生产到出厂需5年左右。

一、酱香型白酒生产工艺流程图

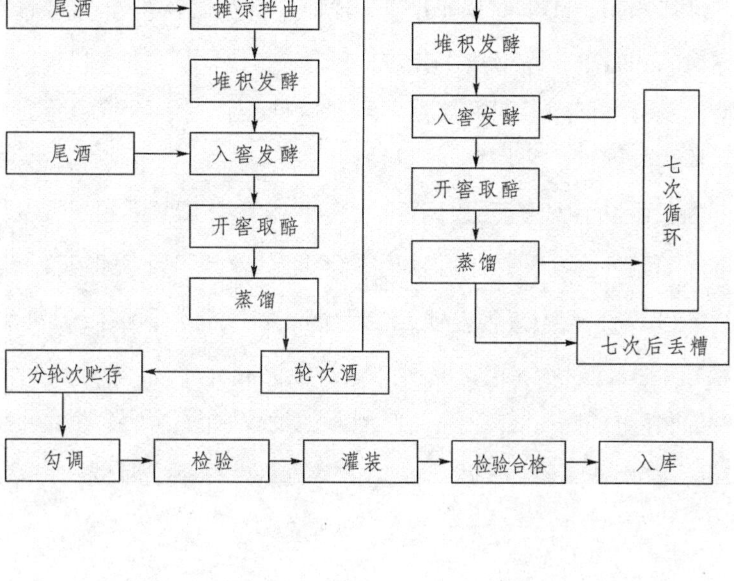

二、酱香型白酒酿造工艺规程

五星酒厂的酱香型白酒酿造工艺规程，包括原料处理、辅料清蒸、开剥泥皮、配料润料、蒸粮、发酵蒸馏、贮存、勾兑等环节。

原料处理 ①生产原料主要用高粱，在投产时必须对原料进行粉碎，利于在蒸煮时易于糊化，在糖化时便于和糖化酶接触，促进淀粉迅速水解，生成可发酵性的物质，此过程为关键控制环节。② 原料粉碎要求根据经验和酿酒工艺，对高粱和大曲进行粉碎。③原料的粉碎。④高粱原料下砂。需经过八次发酵，每次发酵一个月左右，一个周期约 10 个月，因原料要经过反复发酵，故原料粉碎较粗，要求整料与碎粒之比为：下沙为 80∶20，糙沙为 70∶30。⑤大曲粉碎。酱香型酒是采用大曲生香的，由于高温糖化发酵力较低，原料粉碎较粗，故大曲粉越细越好，有利于糖化发酵。

辅料清蒸 糠壳清蒸 40 分钟，冷却待用（水分含量控制在 13%）。

开剥泥皮 ①将塑料薄膜揭掉，扫去稻壳，再用刀将泥皮切成方块取下，并清除附在上面的糟，然后将窖底泥放在所踩泥池中，重新踩至柔熟备用。②起面糟。用铁锨将面糟铲至出糟小车中，运到堆糟坝，堆成圆堆状，用木锨拍紧，上面撒层稻壳，以减少酒精挥发。③起母糟。起完上层面糟后，在起母糟前应根据红槽的甑口大小，将窖帽母糟（即上尾粮槽）起到堆糟坝一角，踩紧拍光，撒上一层稻谷，此糟蒸酒后只加曲，不加新料，入窖发酵而得新的回糟，在蒸酒时称为蒸红糟。④蒸酒后的红糟同样起堆到糟坝，分开堆放，当起到全窖五分之三出现黄水时，就停止出窖。⑤将已出窖的母糟刮平、踩紧、拍光，并撒上一层稻谷。⑥在窖内剩余的母糟中央挖一黄水坑，让窖内黄水流入坑中，这一操作称作“滴窖”。黄水坑大小视窖大小而异，多控制在 0.7 平方米，深至窖底，溶入坑内黄水要勤舀，一般每窖需舀 5 ~ 6 次，当蒸完面糟和大甑已入甑时，继续起窖内母糟，操作同前。⑦滴窖的黄水中会有残余淀粉，糖醇度高，具有一定酒精含量，在蒸酒时放入锅底蒸馏。采用滴窖操作，目的是防止母糟醇度过高，酒醅中水分太多，造成稻壳用量过大，影响酒质，滴窖后的酒醅，水分含量控制在 60% 左右为宜。

配料润料 ①润料时间一般为 40 ~ 60 分钟。②润料操作是在蒸粮前 1 小时先在堆糟坝上挖出约一甑的母糟，在地上刮平。③随即倒入粮粉，拌两次使均匀，注意将疙瘩、灰尘打碎再堆成堆，撒上熟糠盖好，进行润料。④上甑前 10 ~ 15 分钟进行第二次搅堆，将熟糠拌匀后堆圆、拍光，准备上甑蒸酒蒸粮。润料时，除母糟水分过大外，一般不可将熟糠和粮粉同时倒入，以免粮粉装入稻壳，造成糖化发酵不彻底。⑤搅拌粮醅时，应低翻快搅，次数也不宜过多，以防止酒精挥发损失，原则是搅拌均匀即可。⑥如果在润料时，遇到因上述操作不当，发酵不好，使酒醅保不住水分而干燥时，可采用以下方法解决：蒸水润粮，在酒醅酸度不超过 2.0 的前提下，缩短酒醅的滴窖时间，以增加酒醅的含水量，还可以用平窖黄水 20 ~ 30 千克泼在酒醅上，立即翻一次，投下 1 甑高粱粉（120 ~ 130 千克）拌匀，使充分吸水。酒尾润根，按尾酒每千克泼洒 30 ~ 40 千克高粱粉的酒醅（粮糟）上，翻拌堆积，以不见干面好。加干净冷水 20 ~ 25 千克，泼在粮糟上，在蒸馏完后加量水时，扣除这部分水量。蒸完粮酒，如发现水分仍不够时，可在出甑前 10 分钟泼 80℃热水 20 ~ 25 千克，再用铁叉翻拌 1 次，盖上盖盘再蒸，打量水时也应扣除这部分水量。

蒸粮 第二次起堆放于甑内蒸粮，蒸 2 个小时出甑。将出甑高粱散布于晾堂冷却到 30 ℃ 均匀撒曲，按 5 千克: 50 千克粮比例加曲。按每堆粮 1.1 万千克重新打堆，产生堆积发酵温度达 49 ℃为准，冬天一般 7 ~8 天，夏天一般 2 天。

发酵蒸馏 按酱香型酒生产发酵、蒸馏规程进行操作。

贮存勾兑 按原酒贮存、勾兑规程进行操作。

三、酱香型基酒生产作业指导

酱香基酒生产作业指导一览表（一）

表 3 -1

工　艺	流　程	使用设备	注意事项
高粱粉碎	高粱进行粉碎，又叫粉碎红粱	粉碎机	不能粉碎太粗或太细，以通过 20 目筛 70% ~80% 为宜
润料配料	高粱粉碎后，先用热水润料，再加母糟拌匀	TGT -500 型台秤	润料时间 4 ~5 小时，母糟比例 5% ~7%，母糟必须要去年最后一轮发酵出窖不蒸酒的优质酒醅
蒸煮粮糟	拌料均匀后，进行上甑蒸煮	酒甑	粮食必须蒸熟蒸透
摊凉下曲	出甑粮糟置于晾堂上，酒 35℃以上量水补足水分，降温加尾酒和曲粉	—	量水和润料水分总量为 50% ~60%，其中凉水 8% ~9%，润料水 50% 左右
翻拌堆积	即进行堆积发酵，要求上堆均匀、圆	—	冬季堆高，夏季堆矮，堆积 4 ~5 天，温度 45 ~50℃
入窖发酵	堆积的粮糟有甜味和酒香味，可入窖发酵一个月（以上为下沙工艺）	石窖池	发酵期间要加强窖池管理

酱香基酒生产作业指导一览表（二）

表 3 -2

工　艺	流　程	使用设备	注意事项
高粱粉碎	将高粱进行粉碎	粉碎机	以通过 20 目筛 70% ~80% 为宜
润料配料	用温热水润料，再加糟醅拌匀	TGT -500G 型台秤	润料时间 4 ~5 小时，此时的糟醅是下沙工艺入窖发酵一个月的糟醅
蒸　酒	蒸馏取酒，酒暂放一边等待处理，该酒叫生沙酒	酒甑、冷却器、接酒桶	该酒不能入库贮存，用于以酒养窖

续表3-2

工　艺	流　程	使用设备	注意事项
摊凉下曲	蒸酒完毕，然后摊凉，加尾酒和曲粉	吹风机	—
翻拌堆积	粮糟加尾酒和曲粉拌匀，进行堆积发酵（各种要求与下沙一样）	—	—
入窖发酵	将堆积发酵的粮糟会同生沙一起入窖发酵（以上为糙沙工艺。下沙、糙沙投粮各占总投粮量的50%）	—	生沙酒回窖发酵叫“以酒养窖”，但要注意回酒时要考虑粮糟水分

酱香基酒生产作业指导一览表（三）

表3-3

工　艺	流　程	使用设备	注意事项
出窖蒸馏	将糙沙工艺入窖发酵的粮糟（发酵后叫酒醅）取出蒸馏取酒，此次酒叫糙沙酒，也叫一次酒。取完酒的糟醅，下甑即可摊凉，加尾酒，下曲粉	酒甑、冷却器、接酒桶、斗车	因无生粮，故蒸馏无须大气，强调要缓汽蒸馏
摊凉下曲	摊凉下曲的糟醅进行翻拌，然后建堆发酵	吹风机	翻拌要均匀
入窖发酵	堆积发酵好的糟醅进行入窖发酵	石窖、斗车	发酵期间注意窖池管理
出窖蒸馏	将发酵期的酒醅取出蒸馏取酒，此次酒叫二次酒，也叫回沙酒	—	—
如此循环八次发酵七次取酒	（如此进行八次发酵，七次取酒，三、四、五次酒叫大回酒，六次酒叫小回酒，七次酒叫糟酒）	—	—
丢　糟	—	—	—

四、酱香型白酒蒸馏规程

1. 甑桶蒸馏的装甑操作要求精细。

2. 装甑前应将发酵酒醅和辅料充分搅拌均匀，灭净疙瘩，使材料松散；底锅水要勤换；检查水位，使淹没蒸汽盘管，撒一薄层谷糠；接上流酒管，安放酒篓；将冷却水调到一定温度。

3. 准备工作做好后，方可装甑。用木锨或簸箕装甑，操作顺序做到“松”“轻”“匀”“薄”“准”“平”。

4. 装甑材料要疏松，装甑动作要轻快，上汽要均匀，醅料不宜太厚，盖料要准确，甑内材料要平整。

5. 装甑方法通常有两种："见湿盖料"或"见气盖料"。"见湿盖料"指酒气上升至甑桶表层，在酒醅发湿时盖一层发酵材料，避免跑气；如果技术不熟练，掌握不好，容易压气。"见气盖料"指酒气上升至甑桶表层，在酒醅表层稍见白色雾状酒汽时，迅速准确地盖一层发酵材料，这样不容易压气。

6. 装甑材料要干湿配合，做到"两干一湿"。在装甑时，发酵材料要有干有湿，干湿配合。开始装甑的甑底材料宜干，多用辅料搅拌酒醅，要求材料疏松，少损酒。当材料上气均匀后，甑中间的材料宜稍湿，要求少用辅料；接近甑面时的收口材料宜干，要求多用辅料，减少跑酒。在装甑操作中如遇到甑内材料不平，上气不匀，可在不上气部扒开一个坑，等到上气后，再用辅料填平。冬季装甑，最大的困难是材料不易保温，酒醅往往较凉，如醅子发黏，水分过大，难装好。因此，要尽可能把出池材料一次搅拌均匀，最多两次，防止材料过冷。

7. 装甑用气要缓慢调节，做到"两小一大"。在装甑操作中切不可开气门，要注意缓慢调节。开始装甑时，甑底材料薄，容易跑气损酒，用气量要小；甑的中间，随着料层加厚，上气阻力增大，要防止压汽，用气量宜稍大；甑面和收口，因上下气路已通，因此，装甑甑面材料收口时，用气量要小。

五、酱香型白酒配料规程

1. 配料。高粱：第一次生产的原料为下沙，每甑投高粱约 350 千克，本次投料是总投料的 50%。曲药：曲药用量与投料总量比为 1∶1 左右，再轮发酵时的加曲量主要视气候变化，淀粉含量以及酒质情况而定。气温低适当多用，反之气温高则少用。基本控制在投料量的 10% 左右，其中三、四、五轮次可适当多加，六、七、八轮次可适当减少用曲量。糠壳：糠壳的用量可根据生产过程中的情况而定。水：下沙发粮为原料量的 51% ~52%。水温在 90℃以上，水量为原料量的 9% ~12%，水温应控制在 85℃左右，料、水量为投料总量的 56% ~60%。母糟：母糟是上年最后一次发酵出窖而不蒸酒的优质酒醅，用量为 5% ~7% 与原料拌匀。

根据窖和甑的容积大小进行粮糟比例配料，粮醅比例控制在 1∶(4 ~5)；另加稻壳量为高粱粉的 17% ~22%，原则是冬少夏多。配料中，加大量酒醅，可以起到调节粮糟酸度的作用，也可以起到调节醅中淀粉含量的作用。配料时常采取两种形式：一种是原出原入，即原窖母糟配料后，仍返回原窖；另一种为跑精配料，即将优质老窖的母糟配入新窖，再将新窖的母糟配入优质老窖，以达到酒质的一致。

2. 润料。母糟与粮粉混合后，要堆积一定时间，促使粮粉从母糟中吸收水分和酸度，有利于蒸煮糊化。润料时间一般掌握 40 ~60 分钟。润料操作是在蒸粮前 1 小时在堆糟坝上挖出约一甑的母糟，在地上刮平，随即倒入粮粉，拌两次使均匀，注意将疙瘩、灰尘打碎再堆成堆，撒上熟糠盖好，进行润料。上甑前 10 ~15 分钟进行第二次搅堆两次，将熟糠拌匀后堆圆，拍光，准备上甑蒸酒蒸粮。润料时，除母糟水分过大外，一般不可将熟糠和粮粉同时倒入，以免粮粉装入稻壳，造成糖化发酵不彻底。搅拌粮醅时，应低翻快搅，次数也不宜过多，以防止酒精挥发损失，原则是搅拌均匀即可。

六、酱香型白酒发酵规程

1. 酱香型白酒的发酵一般先堆地发酵再入窖发酵。

2. 发酵，用曲总量与投料总量比例高达1∶1左右，各轮次发酵时的加曲量应视气温变化、淀粉含量以及酒质情况而调整。气温低适当多用，气温高适当少用，控制在投料量的10%左右，其中第三、四、五轮次可适当多加，六、七、八轮次可适当减少用曲。

3. 生产中每次蒸完酒后的酒醅经过扬凉、加曲后都要堆集发酵4～5天，使醅子更新富集微生物，并使大曲中的老霉菌、嗜热芽孢杆菌、酵母菌等进一步繁殖，起二次制曲的作用。堆集温度达45℃～50℃时，微生物已繁殖得较旺盛，再移入窖内进行发酵，使酿酒微生物占据绝对优势，保证发酵的正常进行，这是酱香型曲酒生产的独有特点。

4. 粮糟入窖前，先在窖底撒大曲粉1～1.5千克，促进入窖第一甑粉粮糟温度可略高于3℃～4℃，每入一甑粮糟，要踩紧踩平，以利发酵。

5. 发酵时，糟醅采取原出原入，达到以醅养窖和以窖养醅的作用。每次醅子堆积发酵后，准备入窖前都要用尾酒泼窖。

6. 保证发酵正常、产香良好。尾酒用量由开始时每窖15千克逐渐随发酵轮次增加而减少至每窖5千克。每轮酒醅都泼入尾酒，回沙发酵，加强产香，酒尾用量应根据上一轮产酒好坏，堆集时醅子的干湿程度而定，一般控制在每窖酒醅泼酒15千克以上，随着发酵轮次的增加，逐渐减少泼入的酒量，最后丢糟不泼层酒。回酒发酵是酱香型大曲白酒生产工艺的又一特点。由于回酒较大，入窖时醅子含酒量已达2% v/v左右，对抑制有害微生物的生长繁殖起到积极的作用，使产出的酒绵柔、醇厚。

7. 酱香型白酒的窖是用方块石与黏土砌成，容积较大，每年投产前必须用木柴烧窖，目的是杀灭窖内杂菌，除去枯糟味和提高窖温。每个窖用木柴50～100千克，烧完后的酒窖，待温度稍降，扫除灰烬，撒小量丢糟于窖底，再打扫一次。然后酒次品酒约7.5千克，撒大曲粉15千克左右，使窖底含有的乙酸菌得到营养，得以活化。经以上处理后，方可投料使用。

8. 由于酒醅在窖内所处的位置不同，酒的质量也不相同，蒸馏出的原酒分为三种类型，即醇甜型、酱香型和窖底香型。其中酱香型风味的原酒是决定质量的主要成分，大多是由窖中和窖顶部位的酒醅产生的，窖香型原酒则由窖底靠近窖泥的酒醅所产生，原则上醇甜型的原酒是由窖中酒醅所产生的。蒸酒时这三部分酒醅应分别蒸馏。

9. 堆积发酵是指当生产投料的温度降到32℃左右时，加入曲粉，拌匀后，堆积4～5天，当温度上升到4℃～50℃时，用手插入取出酒醅，当取出的酒醅有香甜味时，即可入窖发酵。入窖发酵时加入2.6千克左右，然后入窖发酵，拍平醅面撒上谷壳，用泥封窖，窖泥厚为4～5厘米。发酵期为30～35天，窖发酵温度为35℃～48℃。

10. 入窖条件。入窖16～17℃，入窖酸度1.3～1.7，入窖淀粉7%～18%，入窖水分53%～56%，用曲量18%～22%（以新粮计）。

11. 封窖发酵。封窖，用优质黄泥与老窖的泥混合踩柔，和熟，然后将泥抹在窖顶用糟上面，厚4～6厘米，抹完后，每隔24小时清窖1次，发现裂缝，应及时抹严，直到定型不裂为止，此时，醅子已不再下沉，可在泥面盖一层塑料薄膜，或在塑料膜上覆盖泥沙，可利隔热。

12. 加强清窖，入窖后每10～15天，应注意清窖，不让窖皮裂缝，如有裂缝应及时抹平。

13. 注意窖内温度变化。因为整个发酵期分为前发酵期、稳定期、酯化期，每次发酵产生的物质都不一样。

七、基酒生产调味操作

2004年6月22日，五星酒厂转发生产技术部《对基酒生产即成品酒调味工作》，要求各基酒厂、生产技术部遵照执行。

（一）基酒生产

1. 延长发酵期，加强窖期管理。发酵期由原有的40天延长到60天，从封窖到开窖期间从事窖池管理的工人，要每天对窖池严加看管，保持窖皮泥柔熟不干，不开裂，发现窖皮泥上有杂菌的菌落出现，要坚决铲除掉，并远离生产现场，并在已感染过杂菌的地方洒上石灰水，补上新鲜窖皮泥。封好窖的窖池周围不得有任何残渣、生水、烟头。整个生产场地每隔一定的时间用新鲜石灰水喷洒一次，夏季更应勤加进行。

2. 随时注意窖坑保养。整个窖壁泥必须保持柔熟湿润，防止窖泥板结和杂菌生长。每个窖起完糟醅后，要检查窖壁泥是否有坑洞，如有要补上已培养好的窖泥，每个窖在装入粮糟前一定要坚持用黄水或好的酒尾淋窖。

3. 基酒厂的技术员要随时根据糟醅情况，根据季节变化控制好粮糟。入窖水分的比例控制，根据需要培养优质窖泥，做好出入窖的化验报告。

4. 基酒厂的技术员要督促生产班组搞好生产记录，如入窖温度、入窖水分、流酒时间、入窖时间等。

5. 入库酒度不得低于58度。现入库酒度不得低于60度，每甑摘取0.5千克酒头（丢糟除外）。入库酒摘取后，每甑摘取20度酒尾（丢糟除外）。

6. 调味酒的生产

（1）双轮底调味酒：该调味酒酸酯含量高，浓香和醇甜突出，糟香味大，有的还有特殊香味。

（2）陈酿调味酒：选用生产中的窖池，延长发酵期半年或一年以上取得的酒，陈酿调味酒的窖坑一定要加强管理，防止窖皮干燥而造成裂口，以致母糟霉烂造成损失。这种陈酿调味酒，具有良好的糟香味，窖香浓郁，后味余长，而且酸酯含量特别高。

（3）浓香调味酒：在春季或深秋季节，选择不漏窖的窖池，正常生产粮醅入窖发酵15天左右时，往窖内灌酒，使糟醅含酒浓度加大，再发酵100天左右。此法生产的调味酒酸酯成倍增长，香气浓而不可下咽，是优质的调味酒。

（4）陈味调味酒：每甑鲜热粮醅摊凉后，撒入20千克左右的高温曲，拌匀后堆积，升温到65℃，再摊凉按常规工艺下曲入窖发酵，出窖蒸馏的酒装在瓦坛内，放置窖池内一角，密封，盖上竹筐等保护物，窖池照常规下粮发酵，经两轮以上发酵期后，取出瓦坛，此酒即为陈味调味酒，这种酒曲香突出，酒体浓厚柔和，香味浓烈，回味悠久。

（5）酒头调味酒：取双轮底糟或延长发酵期酒的酒头0.25～0.5千克（发酵期延至55天，除丢酒头不要外，其余均可摘取酒头），入库贮存半年以上，此调味酒可提高成品酒的前香和喷头。

（6）酒尾调味酒：每甑取前段酒尾 25 千克左右，温度 20℃，加入质量好的丢糟黄水酒，比例为 1∶1。混合温度在 50℃左右，密封贮存。第二种方法将酒尾收集加入底锅重蒸，温度控制在 40℃～50℃，封坛贮存。酒尾调味酒可提高成品酒的后味，使酒体回味悠长和浓厚。

（二）包装厂基酒入库到成品勾兑调味

1. 从基酒厂运进包装厂的基酒必须分清丢糟酒、粮糟酒、串香酒，是新酒还是陈酒。所有入库酒不得低于规定的入库酒度。

2. 运进包装厂的基酒由押运人员抽取酒样，交化验室取第一次色谱分析数据。待一罐酒装满后，搅拌混匀取第二次色谱数据，并作其他常规分析。所有理化数据必须真实可靠，交技术部存入技术档案。

3. 基酒贮存期间要经常检查罐口是否盖严，酒罐应盖上约 3 厘米厚的遮盖物，酒罐口与酒罐盖的水槽要保持灌满水，经常检查酒罐的出口闸阀是否渗漏酒。

4. 建立基酒台账。注明入库时间、酒度、生产日期、数量，账上数据必须与实际贮存情况相符。

5. 基酒组合：按总厂提供的组合比例进行组合，任何人不得私自更改。如有更科学的组合比例，必须报请总经理批准并经技术研究会评议通过方可使用。

6. 基酒组合后的酒叫基酒，又叫组合酒。每次的基酒要提取切实可靠的理化数据，勾调人负责根据理化数据认真仔细品尝后，进行第一次初调。初调后的酒经过搅拌静置 2 小时后，再一次作色谱分析，进行第二次微调，微调后的酒必须与本厂同级标准酒相符，交品酒小组集体品评通过，方可放样正式调味。初调、微调都必须先做小样。

7. 品酒小组成员要通过感官考评，再经本厂培训后定为品酒小组成员。

（三）化验人员与基酒组合人员岗位职责与要求

1. 化验人员

（1）化验室要保持清洁：门窗要做到一尘不染，所有药品必须摆放整齐，化验室不得堆放与工作无关的书籍和物品，化验报告及其相关的文件要用文件夹收集，不得随意堆放。

（2）各种用具和设备要建立使用维护档案，使用说明书要收集整齐，需要时可以随时取用。

（3）样品酒要分类分级摆放在固定位置，样品酒的标签上注明酒度级别、吨位、时间，并与之前建立的样品收样记录相符。

（4）每批次调味成功的酒要及时做好常规分析，数据要真实可靠。对正包装或待包装的酒做好复查工作，把好质量关。

（5）做好基酒入库的账目登记，账上数据要与实物相符。每车酒进入包装厂要见对方出库单、磅单才能开具入库单，同时测量入库酒度。

2. 基酒组合人员

（1）每次组合的酒必须按固定比例进行组合，不能随心所欲。每次组合酒要凭通知单进行组合。

（2）对每个酒罐存的基酒，要心中有数，能熟记其数量、产地和入库时间。

（3）对勾兑调味的各级酒做好账目登记，按实际包装消耗的吨位从登记账中扣除，根据账目准确掌握各级酒的储备量。每罐酒消耗到酒罐一半的容积时，要马上报告，进行添加组合调味。

（4）负责对各种抽酒设备的使用进行管理。其中包括防暴泵、打气泵、硅藻土过滤机、精密过滤器、水处理设备以及抽酒管道。设备要随时注意润滑油的添加，硅藻土过滤器用一次后必须对布套滤片、滤芯进行清洗。

（5）随时对已调各级酒的酒度进行复查，控制各级酒的酒度误差在 ±0.5℃，保证送到待装罐的酒度一定达到要求。保证酒水无沉淀，无悬浮。

（6）经常检查每个酒罐的闸阀是否有渗漏现象，酒罐闸阀的手柄要统一收拢保管，严防酒罐盖被掀开，酒罐口与盖间要保持有水注满，罐盖要盖上四至六层麻袋。

（7）经常检查水处理设备处理水的纯净度，严防酒水固形物超标。

（8）输酒管道不抽酒时要及时收拢，放在指定地点。

第二节　浓香型白酒生产工艺

贵州省仁怀市茅台镇五星酒厂生产浓香型白酒，执行浓香型酒生产标准 GB/T10781.1—2006 等多个标准。所生产的浓香型白酒以优质糯高粱、小麦、水为原料，利用茅台镇得天独厚的自然环境，采用传统工艺精心酿制而成。

五星酒厂在建厂初期，根据市场需求生产多个浓香型的品牌产品，随着人们对酱香型酒的认识不断深化，需求量不断增加，逐步增加酱香型酒的生产规模，浓香型酒的生产逐步减少，至 2012 年后不再生产浓香型白酒。

一、浓香型白酒生产工艺流程图

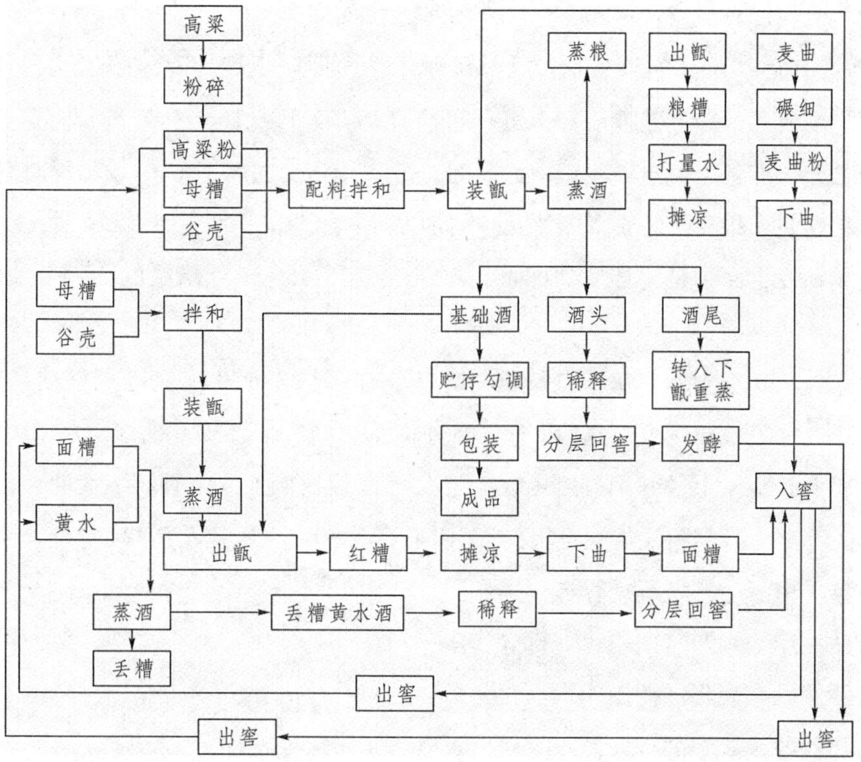

二、浓香型白酒工艺规程

原料处理 生产原料主要用高粱，在投产时必须对原料进行粉碎，利于在蒸煮时易于糊化，在糖化时便于和糖化酶接触，促进淀粉迅速水解，生成可发酵性的物质。原料粉碎要根据酿酒工艺对高粱和大曲进行粉碎。原料的粉碎按75%比例（颗粒占25%）粉碎高粱。大曲粉碎，浓香型酒是采用大曲生香的，原料粉碎较细，故大曲粉越细越好，有利于糖化发酵。

辅料清蒸 糠壳清蒸40分钟，冷却待用（水分含量控制在13%）。

开剥泥皮 将塑料薄膜揭掉，扫去稻壳，再用刀将皮泥切成方块取下，并清除附在上面的糟，然后将窖底泥放在所踩泥池中，重新踩至柔熟备用。起面糟，用铁锨将面糟铲至出糟小车中，运到堆糟坝，堆成圆堆，用木锨拍紧，上面撒一层稻壳，以减少酒精挥发。起母糟，起光上层面糟后，在起母糟前应根据红糟的甑口大小，将窖帽母糟（即上尾粮糟）起到堆糟坝，踩紧拍光，撒上一层稻壳，此糟蒸酒后只加曲，不加新料，入窖发酵而得新的回糟，在蒸酒时称为蒸红糟。蒸酒后的红糟同样起堆到堆糟坝，分开堆放，当起到全窖3/5出现黄水时，就停止出窖。将已出窖的母糟刮平、踩紧、拍光，并撒上一层稻壳。在窖内剩余的母糟中央挖一个黄水坑，让窖内黄水流入坑中，这一操作称作“滴窖”。黄水坑大小视窖大小而异，多控制在0.7平方米深至窖底，溶入坑内黄水要勤舀，一般每窖需舀5~6次，当蒸完面糟和大甑已入甑时，继续起窖内母糟。滴窖的黄水中会有残余淀粉、糖，酸度高，具有一定酒精含量，在蒸酒时放入锅底蒸馏。

采用滴窖操作，目的是防止母糟酸度太大，酒醅中水分太多，造成稻壳用量过大，影响酒质，滴窖后的酒醅，水量控制在60%左右为宜。

配料 按浓香型酒生产配料规程进行操作。

润料 润料时间长短与淀粉糊化率有一定关系，一般掌握40~60分钟。润料操作是在蒸粮前1小时先在堆糟坝上挖出约一甑的母糟，在地上刮平。随即倒入粮粉，拌两次使均匀，注意将疙瘩、灰尘打碎再堆成堆，撒上熟糠盖好，进行润料。上甑前10~15分钟进行第二次搅堆，将熟糠拌匀后堆园，拍光，准备上甑蒸酒蒸粮。润料时，除母糟水分过大外，一般不可将熟糠和粮粉同时倒入，以免粮粉装入稻壳，造成糖化发酵不彻底。搅拌糟醅时，应低翻快搅，次数也不宜过多，以防止酒精挥发，原则是搅拌均匀即可。按30千克水∶50千克高粱的比例，加饮用水润粮，至少润1小时。

蒸粮 按每甑750千克加600千克母糟的比例，加母糟于150千克已润好的高粱中并混匀。混匀后按750千克：甑粮比例入甑蒸粮，蒸1.5小时即出甑，但要揭开甑盖敞蒸10分钟冲酸。出甑后将蒸过的粮置于晾堂上散开用鼓风机吹冷至22℃。按比例加入浓香窖酒大曲并混匀（冬天按13.5千克大曲∶50千克冷却粮比例，夏天按12.5千克大曲：50千克蒸后粮比例）。

发酵 按浓香型酒生产发酵规程进行操作。

蒸馏 按浓香型酒生产蒸馏规程进行操作。

贮存 按原酒贮存规程进行操作。

勾兑 按原酒勾调规程进行操作。

三、浓香基酒生产作业指导

浓香基酒生产作业指导一览表（一）

表 3 -4

工　艺	流　程	使用设备	注意事项
拌　料	高粱粉，窖糟醅，清蒸后的谷壳一起拌匀	酒甑粉碎机，斗车	拌匀的粮糟无灰包、疙瘩
装　甑	拌合后的粮糟进行装甑，也叫上甑	酒甑、铁铲	要探气上甑，不要压气上甑，轻撒匀铺
蒸　馏	装甑完毕，上盖蒸馏取酒，酒入库贮存勾兑	酒甑、冷却器、接酒桶、浓度计	流酒温度不宜太高，要做到缓汽蒸馏
蒸　粮	取酒完后，继续上盖进行蒸粮	酒甑、量水桶	蒸粮要开大气，同时进行大气追尾
出　甑 打量水	蒸粮结束，进行敞甑冲酸。然后下甑打 85℃ 以上热水	酒甑、风扇	冲酸又叫排酸，不得低于 30 分钟
摊凉下曲	将粮糟置于凉糟机上降温到下曲温度时下曲	凉糟机、风扇	粮糟温度应均匀一致，应注意冷皮不冷心的情况
入窖发酵	将加了大曲的粮糟翻糙均匀，进行入窖发酵 45 ~ 60 天	凉糟机、斗车、发酵机	入窖温度冬天 17℃ ~19℃，夏天低于气温 2℃ ~3℃
出　窖	发酵期满后，进行出窖配料，取酒	发酵池	发酵期间注意窖池管理，不让其裂开

浓香基酒生产作业指导一览表（二）

表 3 -5

工　艺	流　程	使用设备	注意事项
拌　料	取上层红糟不下粮加清蒸谷壳，拌匀	斗车	如糟醅太湿，谷壳用量应加大
装　甑	拌匀后的红糟，进行装甑	酒甑	要求边高中低，即甑四周的糟高于甑中央
蒸馏取酒	装甑完毕进行蒸馏取酒，酒入库贮存勾兑	酒甑、冷却器、接酒桶、浓度计	此工序无粮粉，不需要蒸粮，酒取完即可进行敞甑排酸
出甑摊凉	将出甑红糟打 85℃ 以上的热水，即可进行上凉糟机摊凉	酒甑、量水桶、凉糟机	敞甑冲酸时间必须达 30 分钟以上

续表 3-5

工　艺	流　程	使用设备	注意事项
下曲入窖	红糟凉至下曲温度，即可进行下曲药，拌匀后入窖	凉糟机、斗车	下曲量视红糟残余淀粉而定
面　糟	该流程的红糟入窖后作为封窖的盖面糟，发酵后作丢糟处理	斗车、发酵池	—

四、浓香型白酒蒸馏规程

1. 装甑前应发酵酒醅和辅料充分搅拌均匀，灭净疙瘩，使材料松散；底锅水要清换；检查水位，使淹没蒸汽盘管，撒一些薄层谷糠；接上流酒管，安放酒篓；冷却水调到一定温度。

2. 准备工作做好后，方可装甑。用木锨或簸箕装甑，操作顺序要求做“松”“轻”“匀”“薄”“准”“平”。

3. 装甑材料要疏松，装甑动作要轻快，上汽要均匀，醅料不宜太厚，盖料要准确，甑内材料要平整。

4. 装甑方法通常有两种：“见湿盖料”或“见气盖料”。“见湿盖料”指酒气上升至甑桶表层，在酒醅发湿时盖一层发酵材料，避免跑气，如果技术不熟练，掌握不好，容易压气。“见气盖料”指酒气上升至甑桶表层，在酒醅表层稍见白色雾状酒气时，迅速准确地盖一层发酵材料，这样不容易压气，但掌握不好容易跑气。

5. 装甑材料要干湿配合，做到“两干一湿”。在装甑时，发酵材料要有干有湿，干湿配合。开始装甑的甑底材料宜干，多用辅料搅拌酒醅，要求材料疏松，少损酒。当材料上气均匀后，瓶中间的材料宜稍湿，要求少用辅料，接近甑面时的收口材料宜干，要求多用辅料，减少跑酒。

6. 在装甑操作中如遇到甑内材料不平，上气不匀，可在不上气部扒开一个坑，等到上气后，再用辅料填平。冬季装甑，酒醅往往较凉，如醅子发黏，水分过大，难装好，要尽可能把出池材料一次搅拌均匀，最多两次，防止材料过冷。

7. 装甑用气要缓慢调节，做到“两小一大”。在装甑操作中切不可开气门，要注意缓慢调节。开始装甑时，甑底材料薄容易跑气损酒，用气量要小，甑的中间，随着料层加厚，上气阻力增大，要防止压气，用气量宜稍大。甑面和收口，因上下气路已通，因此，装甑甑面材料收口时，用气量要小。

五、浓香型白酒配料规程

配料　高粱，第一次生产的原料为下沙，每甑投高粱约 350 千克，本次投料是总投料的 50%。曲药，冬天按 13.5 千克大曲∶50 千克冷却粮比例，夏天按 12.5 千克大曲∶50 千克蒸后粮比例。糠壳，糠壳的用量可根据生产过程中的情况而定。水：按 30 千克水∶50 千克高粱的比例加水润粮，按 40 千克水∶50 千克粮（出甑后则蒸过粮）的比例打凉水（烧开至 100℃饮用水）。母糟，母糟是上年最后一次发酵出窖而不蒸酒的优质酒醅，用量为 5% ~7% 与原料拌匀。根据窖和甑的容积大小进行粮糟比例配料，粮醅比例控制在 1∶(4 ~5)，另加稻壳量为高粱粉的 17% ~22%，原则是冬少夏多。配料中，用大量酒醅，可以起到调节粮糟酸度的作用，也可以起到调节醅中淀粉含量的作用。

润料　母糟与粮粉混合后，要堆积一定时间，促使粮粉从母糟中吸收水分和酸度，有利于蒸煮糊化。润料时间一般掌握40~60分钟。润料操作是在蒸粮前1小时先在堆糟坝上挖出约一甑的母糟，在地上刮平，随即倒入粮粉，拌两次使均匀，注意将疙瘩、灰尘打碎再堆成堆，撒上熟糠盖好，进行润料。上甑前10~15分钟进行第二次搅堆两次，将熟糠拌匀后堆园，拍光，准备上甑蒸酒蒸粮。润料时，除母糟水分过大外，一般不可将熟糠和粮粉同时倒入，以免粮粉装入稻壳，造成糖化发酵不彻底。搅拌粮粉时，应低翻快搅，次数也不宜过多，以防止酒精挥发损失，原则是搅拌均匀即可。按30千克水∶50千克高粱的比例加饮用水润粮，至少润1小时。按每甑750千克∶600千克母糟的比例，加母糟于150千克已润好的高粱中并混匀。

六、浓香型白酒发酵规程

1. 浓香型白酒的发酵一般是入窖发酵。

2. 发酵，用曲总量与投料总量比例1∶1左右。

3. 生产中每次蒸完酒后的酒醅经过扬凉、加曲后堆集发酵4~5天，使醅子更富集微生物，并使大曲中的霉菌、嗜热芽孢杆菌、酵母菌等进一步繁殖，起二次制曲的作用。堆集温度达45℃~50℃时，微生物已繁殖得较旺盛，再移入窖内进行发酵，使酿酒微生物占据绝对优势，保证发酵的正常进行。

4. 粮糟入窖前，先在窖底撒大曲粉1~1.5千克，促进入窖第一甑粉糟温度略高于下表3℃~4℃，每入一甑粮糟，要踩紧踩平，以利发酵。

5. 发酵时，糟醅采取原出原入，达到以醅养窖和以窖养醅的作用。每次醅子堆积发酵完后，准备入窖前都要用尾酒泼窖。

6. 每个窖扫除灰烬，撒少量丢糟于窖底，再打扫一次。

7. 由于酒醅在窖内所处的位置不同，酒的质量也不相同，原则是醇甜型的原酒是由窖中酒醅所产生的，蒸酒时各部分酒醅应分别蒸馏。

8. 人工按比例加入浓香窖酒大曲并混匀。冬天按13.5千克大曲∶50千克冷却粮的比例，夏天按12.5千克大曲∶50千克蒸后粮的比例混匀。

9. 入窖发酵。用窖泥封窖，厚度封5厘米以上。发酵40天，温度一般在28℃，注意入窖前要特别注意控制水分及冷却温度，温度过高烧窖，温度过低发酵不好。

10. 入窖条件。入窖18℃，入窖酸度1.3~1.7，入窖淀粉7%~18%，入窖水分53%~56%，用曲量27%（以新粮计）。

11. 封窖发酵。封窖，用优质黄泥与老窖泥混合踩柔、和熟，然后将泥抹在窖顶用糟上面，厚4~6厘米，抹完后，每隔24小时清窖1次，发现裂缝，应及时抹严，直到定型不裂为止，此时，醅子已不再下沉，可在泥面盖一层塑料薄膜，或再在塑料膜上覆盖泥沙，可利隔热。

12. 加强清窖，入窖后每10~15天，应注意清窖，不让窖皮裂缝，如有裂缝应及时抹平。

13. 注意窖内温度变化。因为整个发酵期分为前发酵期、稳定期、酯化期，每次发酵产生的物质都不一样，温度应控制在28℃左右，入窖发酵40天即可出窖。

七、原酒贮存规程

1. 生产所得的各种类型的原酒，要分轮次、分品种贮存。

2. 贮存时应填写入库时间、保管人及数量，酒坛一般分为950千克、500千克两种。

3. 在贮存过程中应随时检查酒坛是否有渗漏。如有，应及时更换，以免造成损失，贮存期一般约为3年。

4. 新罐、坛必须经清洗、检漏，方能进入库房进行计时、编号、安放。

5. 新酒入库前必须经品尝鉴定，验收定级、过磅计量、记账、过滤方能入罐、坛。

6. 新酒入罐、坛后，将酒源、交酒时间、罐号、等级、重量、浓度、收酒人，填写卡片，粘贴在罐、坛上。

7. 酒罐顶盖必须盖好，经常检查酒罐闸阀及酒坛是否渗漏。

8. 贮存期须达到三年以上，进行品尝检验、常规检测及色谱分析后，方能出库。

八、原酒勾调规程

原酒勾调工艺流程：基酒选配→组合勾调→加浆降度→静置吸附→色谱分析→初步调味→色谱分析→二次调味→澄清过滤→指标检测→品评定样→最后微调。

原酒勾调规程：根据产品特点，选用不同的基地生产的基酒。把不同风格特点的酒进行比例组合，即勾兑。组合好的酒叫基础酒，按照规格要求进行降度处理。各种规格酒，多次加浆降度后，必须用活性炭吸附，才能达到国家标准规定的色泽要求。未调味之前，进行色谱分析，按照各种规格酒的风味特征，找出差距。根据色谱分析数据进行骨架成分设计。为确定骨架成分的合理性，进行第二次色谱分析。调味人员在确保骨架成分的基础上，仔细品尝，进行二次调味。第二次调味结束，再次通过品尝确认达到要求，进行澄清过滤。过滤后的酒水要进行全面分析。凡指标合格的酒都要通过集体评定后，才能正式定样，即可包装。如未通过集体评定的酒，必须作最后微调，再品评，再微调，一直达到合格标准为止。

九、包装规程

上岗前的准备工作：班组长核对灌装车间输送到包装场地的各种品牌的数量、酒精浓度、级别，无误签字认可。组织该班组职工将各种品牌的酒瓶，按一定距离有序摆放，将不合格的产品放到指定的位置。凭领料单到材料保管员处办理领料手续，领取当日所需的一切材料。

静置：将按一定距离有序摆放的酒瓶静置12小时以上。贴标前将渗漏酒的酒瓶选出，酒水倒在回酒桶里，酒瓶放在玻渣箱内，下班时酒水送到过滤罐，玻渣倒在玻渣池。

选包装材料：按《包装材料质量标准》选包装材料。不合格的包装材料应立即到材料保管员处进行调换。

贴标：正标、背标要贴牢，端正，平整，间隔均匀。合格证、生产日期、班组编号要清楚。不合格的商标要立即到材料保管员处调换。不合格的酒瓶要立即放在指定位置，拿到灌装车间进行调换。

进盒、进箱：不合格的盒、外箱拿到材料保管员处调换。内盒里放垫规定的泡沫塑料。用毛巾擦酒瓶外表，再放进内盒。防伪标志按规定的位置贴牢。外箱里面按规定都要放底、盖板。

封箱：检查是否有混装和倒装。粘贴封条必须平整、牢固。

堆码：按不同品牌位置进行堆码。堆码高度不得超过 2 米。堆码时，不能贴近墙壁，以免受潮。

检验入库：由成品保管员对品牌、酒精浓度、数量、包装材料等进行抽检，不合格的，要求返工；合格的，在入库单上签字。

下班前的善后工作：打扫生产场地清洁卫生，使工用具有序摆放在指定位置。玻渣倒在玻渣池内，外包装物（箱、袋）堆放在指定的回收位置。完好无损的半成品，送回灌装车间按度数、级别放好。回酒桶内的酒水，送回灌装车间过滤罐，重新处理使用。切断一切电源，关闭门、窗方能下班。

十、包装工序质量管理

2006 年 12 月 23 日，茅台镇五星酒厂制定包装工序质量管理规定：

洗瓶　洗瓶是灌装前的基础工作，直接关系到所灌装产品的质量，对有下列行为之一的，一次性处以 10 元的罚款：洗瓶池内有渣滓、污物的；洗瓶池的洗瓶水浑浊不清，悬浮物较多，不及时更换洗瓶水的；将外包装打开将整袋酒瓶倒入池内的；瓶内没有注入水或水量不足 100 毫升，就将酒瓶送到刷瓶机上的；刷瓶时敷衍了事，毛刷在瓶内转动时间不足 3 秒钟就将酒瓶放入清瓶池内的；清洗酒瓶时，瓶内水量不足 1/2，就将酒瓶捞起直接滴干，不上下摇动，就将酒瓶送上冲瓶机的；冲瓶机水量不足或冲瓶机水质不符合要求，又不报告，就开始进行冲瓶操作的；冽瓶时，瓶内余水不甩净的；送入灌装机的酒瓶，有不符合质量要求、缺边掉角的。

灌装　守护灌装机的人员，必须要清楚正灌装酒水的浓度、等级，对勾储车间输送的酒水，要验证其酒度是否与灌装任务通知单相符。如发现所灌装的酒水与通知单的酒度不相符，对该工序的人员处以 30 元的罚款，如造成的瓶盖、酒瓶的损失应照价赔偿。根据情况对勾储车间的抽酒人员另外追究责任。照酒人员是洗瓶到酒水灌装后的检验人员，要有绝对的责任心，对输送过来的酒瓶不但要检验瓶内酒水是否有沉淀、检验瓶内酒水的净含量是否符合计量要求，还要检验酒瓶是否有破损，如对有沉淀、计量不足、酒瓶有破损又已输送到压盖工序的，对该工序的人员处以 30 元的罚款，对已造成的瓶盖、酒瓶损失照价赔偿。

压盖　在操作前要认真确认压盖机压上的瓶盖是不是最佳状态，如发现所压瓶盖有歪斜、损坏的痕迹又不处置，对该工序人员处以 10 元的罚款，对造成损失的瓶盖、酒瓶照价赔偿。

输送包装场地　捡酒人员按包装计划的数量和要求摆放包装场地，竖立标识牌，另将摆放的酒瓶作倒置、平放试验，试验其是否漏酒或浸酒。如发现有不竖标识牌、不按要求成方块摆放、不做倒置平放漏酒试验，有其中之一的工序人员处以 10 元的罚款。

贴标　贴标前应检查标识牌标识内容与包装计划单和包装材料是否相符，又不检查已贴错标的，对责任人员处以 10 元罚款，并赔偿材料损失。贴在酒瓶上的标如有歪斜、折皱、气泡、飞角的，确有损外观质量的，对责任人员处以10元的罚款，并对已损失的商标照价赔偿。对破损的商标或色差与正常商标较大，并已贴在酒瓶上的，对责任人员处以10元罚款。对贴倒标的处以10元的罚款，并对已损失的商标照价赔偿。

进盒 装盒人员将不符合要求的胶帽和防伪标装入盒内、将所贴商标有歪斜、折皱、气泡、飞角，酒瓶外表有污物就将酒瓶装入盒内的，对责任人员处以10元的罚款。对酒盒质量不符合要求、色差较大、酒盒标注内容与包装任务单不符，就已贴合格证或防伪标的，对责任人员处以10元的罚款，损失的材料照价赔偿。该放的促销品漏装一盒的并经市场反馈处以20～50元的罚款，漏装盒数较多的以此类推罚款金额。在操作中自己发现漏装，并主动改正的不予处罚，只赔偿损坏的包装材料。

进箱 装好盒的酒瓶进箱前应检查外箱标注内容是否与酒盒标注内容相符，违反此条的，对责任人员处以20元的罚款。封箱前一定要仔细检查箱内瓶数是否有漏装，是否放手提袋，如在市场上反馈有漏装现象，根据漏装的数量，以该产品的市场价格加倍处罚。

责任分解 包装车间主任要对整个包装、灌装过程实施领导和监督。班长要带领工人按本管理规定认真执行，同时要对工人进行监督，对有违反以上规定，要及时“对号入座”进行处罚。经市场反馈因包装过程出现质量问题的，包装车间主任、班长到工人均要负责任，视其质量问题造成经济损失的大小，严厉处罚，主管副总要负连带责任。

奖励 如在实际操作中未发现一次被处罚的，产品进入市场后没有任何质量问题的，以班为单位，一次性给予200元奖励。

十一、成品酒尝品、检验、储存、灌装过程控制程序

1. 过程控制程序流程图

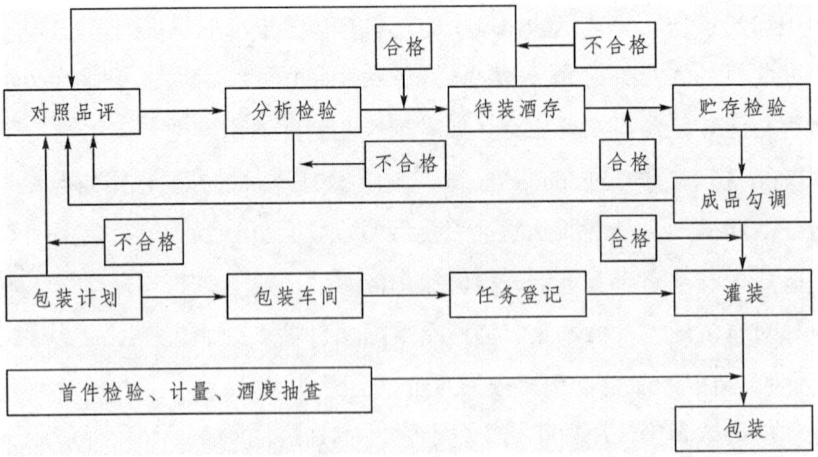

2. 过程控制程序

成品酒的勾调：按成品酒的组合、调味按勾兑作业指导书进行。

成品酒的品评：每批次酒经勾储车间勾兑员认为勾调成功后，取样送生产技术部组织品评。每次组织品评的人员必须有4人以上，品评方式采取暗评编号即大样、近期标样（1个月以上的标样）、远期标样（3个月以上的标样）3杯3样法品评。每次品评的时间不得低于5分钟，对每杯酒样要有肯定的判断力。每次在暗评时不准交头接耳，不得观望他人的品评结果，应独立完

成。每次品评完毕后由技术部经理收集品评单，与品评人员一起作公开明评。技术部经理根据品评结果的半数以上的票数，认真结合本厂的感官内控标准进行判定确认，并在品评汇总单上签字，注明酒度、等级、批号。对品评不合格的酒不能进入下一步程序，勾储车间必须再做微调，至品评合格。

成品酒的分析检验：品评合格的酒由勾储车间送样到生产技术部，在样品登记表上注明分析的项目（包括自检酒样）、酒度等级、批号和吨位。生产技术部在收样后24小时内提供理化分析检验报告单。理化分析检验报告单由生产技术部负责审核，审核依据按Q/WXJ 02—2006《浓香型酒内控标准》和Q/WXJ 01—2005《镇酒53°% vol》标准进行审核。标准指标项目凡属执行标准控制内容的项目，一项指标不合格属于不合格品。勾储车间根据不合格报告单，尽快做再次微调，直至经品评检验合格为止。

勾储车间根据合格的理化分析检验报告单，确定该批次为合格的待装酒。做好待装酒入库登记。

贮存期间检验：各种待装酒每半个月由生产技术部进行一次全项指标复查，两个月进行一次感官指标复查。在贮存期间经复查一项指标不合格，则视为不合格品，勾储车间再做微调，直至经品评检验合格为止。

物品部接到客户部计划传真件，则作为包装计划。常规酒直接下包装计划到包装车间，非常规酒除书面通知包装车间外，必须尽快书面通知勾储车间备酒。

包装车间接到物品部下达的生产计划，除准备包装材料外，必须到勾储车间进行需要灌装的任务登记，勾储车间主任根据登记的内容认真填写所需酒水确认通知书，并注明待装酒的批号。勾储车间抽酒人员输送给包装车间灌装的酒水必须是感官指标和理化指标合格的酒水。抽酒人员输送给包装车间酒水的酒度必须是符合原罐酒的酒度。包装车间在进行灌装的初始阶段，勾储车间的品酒人员要到灌装车间作首件酒感官品评，发现有与原贮存的待装酒口感不符合的或有异杂味的，必须马上责令其停止灌装，报勾储车间主任处置，并做好首件检验记录。灌装车间主任根据正在灌装的酒安排人员做好计量抽查，必须保证灌装的瓶酒净含量符合要求，每次开机灌装必须分前、中、后三次进行抽查，并做好记录。正灌装酒水的浓度、首件检验、净含量已由勾储车间和包装车间完成，但生产技术部也必须对正灌装的酒水进行酒度、口感、净含量的抽查，抽查比例不低于开机次数的50%，并做好记录。对以上程序的执行，由生产副总组织、监督、实施，行政部每月检查一次。对未严格按规定执行的部门经理，降当月一档奖励工资；对有三次以上未按规定执行，生产副总降低当月一档奖励工资。

十二、桑树基酒厂串香酒生产白酒工艺规程

制定时间：2008年7月16日

利用食用酒精翻烤串香生产中、低档白酒，是早已倡导采用的新型白酒工艺。这能节约粮食和能源，为广大消费者提供价廉物美的产品，满足社会日益发展的物质文化生活的需求。酒精翻烤串酒工艺操作：

（一）食用酒精加香勾调

根据所勾调酒香型，各香味物质的比例，以及酒精能翻烤成白酒的多少，补足香味物质的失

耗和串槽中回收的香味物质等因素，科学地计算出各香味质的多少。在精确计量加入酒精罐中拌匀，存放两天以上备用。

（二）称取酒精稀释降度

每甑熇酒精定量为100千克，也就两桶，用三个桶分别称取两桶33千克，一桶34千克，再用冷水稀释装满三桶摇匀，则桶中酒精度已降至65% v/v左右，即从100千克酒精稀释成150千克。这刚好适合翻烤要求，减少酒精在转倒中的挥发。

（三）清洗酒甑

在倒入酒精之前，要清洗干净甑内的糟子，使甑篦透气均匀，并把甑篦升高一块砖的位置，能提高酒精回收率。再放入冷水于甑锅，刚好淹过甑内汽盘1~2寸为好。避免放入的酒精钻入底锅排水管道中和放入酒精后，水位低于出汽盘造成回收低、损耗大。在加酒精之前要检查好是否关好底锅排水阀，底锅是否跑气滴漏，水位是否恰当，这才安放好甑篦，轻撒匀铺一层串香的酒糟。然后从尾水眼中倒入稀释好的三桶酒精。用3~4千克冷水冲洗尾子入口处后，洗净残留酒精，塞上尾子眼，加上水密封，再开汽上瓶。

（四）上甑

上甑时应轻撒匀铺，探汽上瓶，上平上匀，保持槽子在甑内边高中低。也不能上得过满，要刚好与甑桶平或低3~4厘米。上甑中，要做到不跑气，不踏气，窜气均匀。上好甑后，就盖好甑盖，放好过筒等，转入馏酒。

（五）馏酒

馏酒中要保证气压稳定、保持在0.015~0.02兆帕间。开始先接3个大半桶高度酒，第四桶保证接酒浓度在56% v/v，当把那三桶勾兑好时，再测尾子酒度。若有酒度，应接至无酒度时，就关汽，揭去甑盖出甑，准备再次串酒。

第三节　抽酒操作

2014年12月3日，五星酒业集团制定《抽酒操作规程及管理制度》。

一、操作准备

1. 抽酒工作由勾储部或基酒厂负责人统一安排，并做好现场的督导工作，并一律实行责任签名制，涉及库房操作的，开启双门。

2. 整个抽酒过程一律使用不锈钢管道，不得使用有关塑料的管件。

3. 在抽酒现场的保管员或工作人员在抽酒前做好现场安全排查，检查使用工具是否完好，确定完好签字，各负责人由抽酒涉及相关人员现场指定。

4. 抽酒现场的保管员在管道连接上必须细心谨慎，酒泵的进出口需明确标明。提前做好准备工作，保证管道连接准确和牢固。

5. 所有的管道连接完毕后，必须进行检查，从酒罐入口到酒泵、酒泵到罐车出口必须每一个环节仔细核对检查，确保准确无误后方能开始抽酒。

6. 在检查无误后打开阀门，按从酒罐端到酒泵再到罐车出口端依次打开阀门的顺序，阀门打开后必须到酒罐入口端查看酒水是否顺利流入酒罐，并对管道、酒泵、阀门进行一次检查，如果出现问题，必须立即停止抽酒作业，并开展排查工作，确认无误后重启酒泵。

7. 在开始抽酒到结束必须保持现场有人监督看管，禁止在抽酒过程中无人在场。

8. 抽酒完成后，从罐车出口段到酒罐入口段依次关闭阀门，确认为关闭状态后，方能与罐车出口端断开连接，酒泵入口端管道里的酒必须用不锈钢酒桶来临时盛装。

9. 抽酒必须两人以上配合，并指定人员专门全程负责抽入容器的监视工作，不得中途离开无人守护。

二、从酒坛向酒罐抽酒的操作规程

1. 抽酒前必须整理现场，以便于操作，清理与抽酒无关的工具、器具，保证抽酒工作能顺利有效完成。

2. 抽酒前先做酒罐入口端和酒泵出口端的连接，并保证整个酒管线的正确连接。

3. 所有管道连接完毕后，酒泵的线路必须使用防爆线路、防爆开关、防爆插头，防爆插头与管道保持一定的安全距离，电工必须做好线路的安全排查工作。

4. 必须进行一次全面检查工作，发现隐患和不合理之处必须立即整改，确保没有问题后才启封酒坛，把酒泵入口端的管道伸向酒坛底部。

5. 抽酒进行时，必须到酒罐处查看酒水是否顺利流进酒罐，确保酒罐处的管道牢固，保证专人在现场督察整个抽酒过程。

6. 酒坛抽空后将后盖布盖好空坛，防止灰尘污染。

7. 抽酒过程中，酒罐必须指定专人全过程守护，中途不得离开。

三、从酒罐抽酒到酒坛的操作规程

1. 抽酒前需做好一切准备工作，做好现场的清洁、清扫、整理、整顿工作，为抽酒工作营造一个良好的工作环境。

2. 管道连接前，保持酒罐出口的阀门为关闭状态，酒泵入口和酒罐出口的连接管道保持 1 ~ 2 米长，把酒泵放在合理位置，酒坛入口处有专人负责管理。

3. 管道连接完毕后，打开酒罐出口处阀门，等酒罐与泵之间的管道灌满酒后才打开电源。

4. 酒坛区由两人一起共同操作，并设一人专门负责酒泵电源开关，一人专门负责守护酒坛。必须听到酒坛处确认准备完成后才能打开开关进行抽酒，酒坛处工作人员必须看到酒顺利流进酒坛，并查看酒坛上升情况，酒坛快满时立即向掌握酒泵电源开关的人发号指令“停”，掌握酒泵开关的人员立即断开电源开关，待酒坛区人员将酒管放到另一空坛后发送指令“开”时，再重新打开开关。整个抽酒过程中工作人员必须保证高度注意力，随时按照酒坛处工作人员的指示进行操作。

5. 抽酒工作人员必须仔细复查整个过程无误后方可继续工作，如发现问题立即停止抽酒，先关电源，再依次关掉酒罐阀门。

6. 抽酒完成后，先关掉电源，再清理管道，封盖并扎好酒坛。

7. 抽酒器材需整理好放回原处，做好抽酒的记录工作。

第四节　大曲生产

一、大曲生产工艺流程图

大曲，又称曲药，是酿酒必不可少的原料。白酒酿造过程中，在制成的原料中加入曲药，堆积或入窖发酵，使酵母菌等微生物大量繁殖，达到产酒目的。大曲生产工艺流程如下：

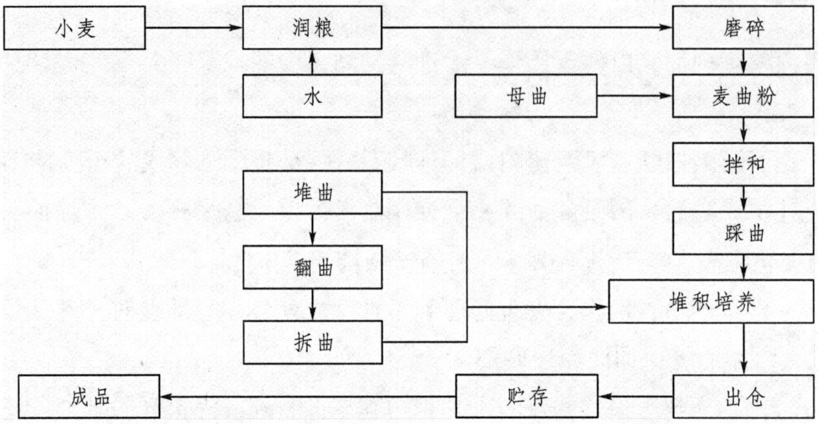

二、大曲生产工艺规程

原料预处理　小麦经除尘、除杂质后，加入2%～3%的水，水温60～80℃，拌匀并润湿3～4小时。用粉碎机粉碎小麦，把小麦皮压成“梅花瓣”薄。粉碎度要求粗粒及麦皮不可通过20目筛，混粉中细粉要占40%～50%。

拌料踩曲　拌曲料时一般加水量为原料重量的37%～40%，如加水量过多或过少都将影响曲的质量。母曲用量夏季为4%～5%，冬季为5%～8%，母曲应选用前一年的优质曲。不按季节要求投曲母量，会使曲块含菌数不足或过量，影响大曲的培养糖化发酵。踩曲有人工踩曲和机器压制两种，要求松而不散。

堆积培养　高温大曲着重于“堆”，覆盖严密，以保温保潮为主，堆积培养时要注意以下几个环节：①堆曲。压制好的曲坯首先要放置2～3小时，即常说的“收汗”，曲坯表面略干，并变硬后可运入曲室培养。曲坯入室前先在靠墙及地面上铺一层稻草约15厘米厚，起保温作用，然后将曲坯三横三竖相间排列，坯间距为2～3厘米，并用稻草隔开，排满一层后，每层也同样用一层稻草隔开，草层约7厘米厚。上下排列也应同样错开，以达到通风保温作用，促进霉衣生长。排列到四层或五层。一行曲坯排列好后，紧挨着开始排列第二行曲坯。最后留一行空位置作翻曲用。②翻曲。曲堆经覆盖稻草，洒水以后，马上关闭曲室门窗，保温保湿，使微生物繁殖，使品温上升，曲堆内温度达到63℃左右。夏季需5～6天，冬季需7～9天。当曲坯表面霉衣已长出，即可进行第一次翻曲。第一次翻曲后再过7～8天，可进行第二次翻曲。翻曲作用：其一，调温、调湿；其二，促使每块曲坯均匀成熟与干燥。翻曲应注意尽量将曲坯间湿草取出，地面及曲坯间应垫以干草，为促使曲坯的成熟与干燥，便于空气流通，尽可能将坯间的行距加大，竖直堆曲，曲坯经翻曲后，菌丝开始从曲坯表面向内生长，曲的干燥过程就是霉菌、酵母菌体由曲坯表面向内部逐渐生长的过程，此过程要注意曲坯水分含量不要过高，如水分过高则会推迟霉菌的生长速度。翻曲的时间要掌握好，时间过早过迟都不利制曲，翻曲过早，曲坯品温低，致使成品大曲中白色曲多；翻曲过晚，黑色曲多；翻曲时间适中，黄色曲多，成品曲质量佳。主要是通过曲坯温度及品尝来确定翻曲时间，曲坯温度应为60℃左右，测曲坯的温度时，温度计要插在曲坯中层处；品尝曲坯具有香味，即可翻曲，第一次翻曲为高温制曲的关键。③拆曲。翻曲后曲坯品温要下降8℃~12℃，6~7天后逐渐回到最高点，此后，品温又逐渐下降，曲坯逐渐干燥，翻曲14~16天后可微打开门窗，换气通风。培养40~50天后，曲坯品温可与室温接近，曲坯绝大部分已干燥，此时正是拆曲的时机，拆曲时如发现有的曲堆下层的曲坯过湿，含水分大于15%，则应置通风处，促使曲坯干燥，拆出曲室的曲还是半成品。④贮存。刚拆出的大曲要经过3~4个月的贮存，方可称为成品曲，也称“陈曲”。在传统生产中要严格使用陈曲。

第五节　麸曲酱香碎沙生产

一、麸曲酱香碎沙生产工艺图

麸曲酱香碎沙工艺，也称碎沙工艺，是以粉碎的高粱为原料，用小麦制成高温大曲、麸曲、糖化酶等按一定比例作为糖化发酵剂，采用条石筑成的发酵窖发酵或地面直接堆积发酵，经发酵、蒸馏、勾调而成的具有酱香风格的蒸馏白酒。酱香碎沙白酒的酿制特点是发酵时间短，出酒率高。2010年5月5日，五星酒厂制定生产工艺如图：

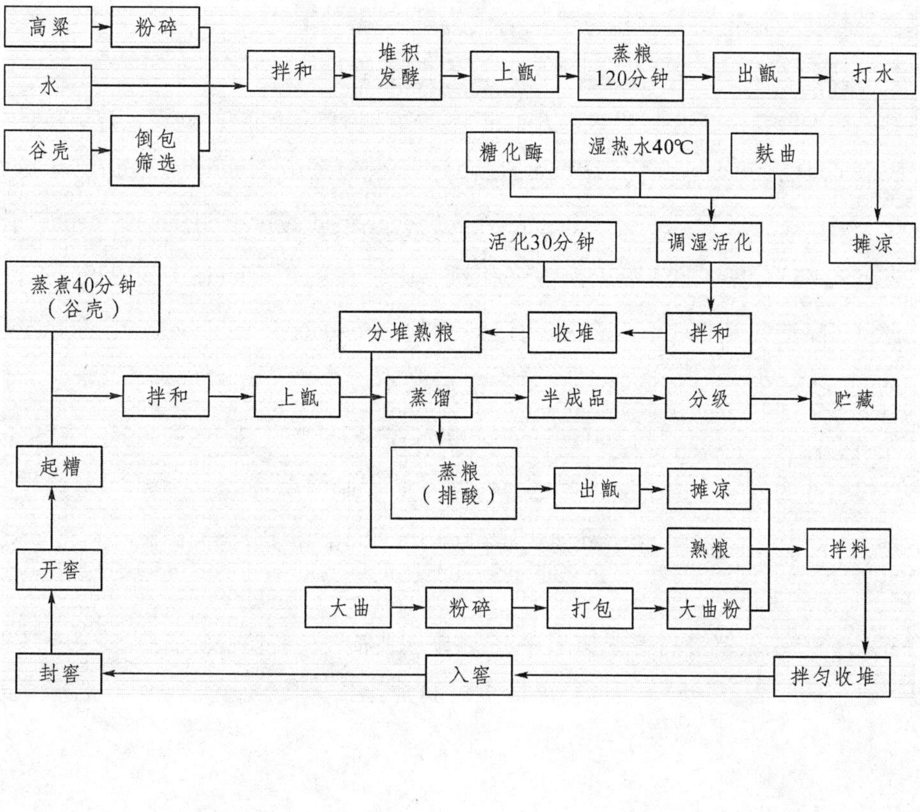

二、操作流程

（一）备料

1. 高粱粉碎：把袋装的高粱倒入粉料场，清除杂物和霉变的高粱，若无法完成清理出霉变的高粱时，应拒绝使用（ 高粱应选购无虫蛀、霉烂，杂质少，颗粒饱满、新鲜、水分少、淀粉高的）。铲入粉碎机中打碎，要求粮粉成细沙状，又不是粉尘，过 20 筛有 80% 左右，又有极少整颗高粱。以 50 千克打包备用，误差在 0. 5 千克。

2. 大曲粉碎：将存放期达到的曲块转至粉料场，先用大锤打成小块，再铲入粉碎机中打成细沙状，但不是粉状。然后按本轮次每甑用高粱的 20% 打包备用，误差在 0. 5 千克。

3. 谷壳清蒸：把袋装谷壳倒入酒甑中，筛选出杂物或霉变成团的谷壳；摊平，开大气清蒸 40 分钟，要求每蒸一次两天用完。

（二）蒸粮

1. 造粮：按本轮次每班用粮的多少，转运粉碎好的粮粉于甑边，再转用粮量 5% ~6% 的生谷壳，撒在粮粉上，清选出杂物后与粮粉拌和均匀。再加入投粮量 35% 左右的温热水，在不断地翻造中加入，要求不流失，大致造均，粮粉吃水均匀，再用打糟机打一次，收堆润粮半小时备用，要求粮粉无灰包、白粉、手抓不成团。

2. 上甑蒸粮：把造好的粮食用铁铲撒入甑中。要求见气上甑，轻撒均铺，穿气均匀，不踏气。上完甑后，盖上甑盖和过气筒，从出蒸馏水后记时，蒸粉 120 分钟备用。

（三）摊粮加麸曲

1. 出甑加水：蒸粮后，用铁铲把粮食铲入手推车中。转至晾堂中，用打糟机把粮团打散，均匀地堆成埂，扫平。均匀地泼洒上用粮 10% 左右的沸水，要求水温 85°C 以上，拌造堆积吃水 10 分钟，浆水的多少应保证入窖时糟子水分 53% 左右。

2. 摊凉：把堆积吃水好的粮食用钉耙均匀地掏平，用风机吹冷，并不断地用楦板翻造，使粮醅降温均匀，当温度降至 35℃左右，关掉风机，停止降温。

3. 下曲拌造：①糖化酶活化按投粮总量 0. 6% 左右的比例称取糖化酶（5 万单位计），用 40℃的热水提前半小时浸泡活化后使用。为了泼洒均匀，一般每甑粮食备用一桶，约 40 千克，要求调好水温后再放入糖化酶，并搅拌均匀。若配糟残淀高，投粮量减少，则应保证每甑糖化酶在 0. 75 千克以上、1 千克以下，若是准备下轮次的强化糟，则糖化酶用量应在 1 ~ 1. 25 千克，这样能更好地追尽残淀，提高淀粉利用率。②麸曲的调湿活化：按每甑 1. 5 ~ 1. 8 千克的量，称取麸曲用量，用适量的 40℃热水拌造均匀，麸曲既要吃水透又不起疙瘩，收成堆活化 20 分钟备用。③配曲搅拌：把上面吹冷的粮醅均匀地泼洒上活化好的糖化酶，撒上调湿麸曲后，用立楦翻造均匀后，再用铁铲铲成一埂分均。要求收堆要整齐，收堆后控制温度在 29℃ ~32℃，这样有利于均分每甑配糟在 29℃ ~32℃。这样有利于麸曲中酵母等生长繁殖和网络空气中的微生物，提高产质。

（四）备糟

1. 开窖：用铲刀或铁铲把封窖泥切成小块，用手刨翻，刮下贴着的谷壳和糟子（避免重复使用封窖泥混入过多的谷壳，封窖不严），再转至发窖泥池中。要求开完窖后，把霉变的糟子和落下的泥土清铲干净，不得混入糟醅中给酒体带来杂味。

2. 起糟：将所需的糟醅转甑边，要求用一甑起一甑，或起两甑堆放甑边，铲拢拍紧，搭好备用塑料膜，减少酒挥发。

3. 拌糟：视糟子的疏散状而定，可以加入适量清蒸已冷的谷壳。一般每甑 5 ~ 8 千克，然后用铁耙抓造均匀。糟子透气差就多加，散疏就少加或不加，这样有利于上甑馏酒和在窖中发酵产酒。

（五）蒸酒排酸

1. 上甑：清洗好酒甑，放入适量底锅水，安好甑篦，均匀铺上一层熟谷壳，倒入上甑的酒尾，塞好水眼，打开气阀，开始上甑。用铁铲把准备好的糟子轻撒均匀铺入甑内。要求探气上甑，不跑气、不踏气，窜气均匀，控制上甑气压在 0.0 ~ 0.03 兆帕。

2. 馏酒：上甑完毕，盖好甑盖，接好过气筒，放好接酒桶，打开冷缸的自来水阀，准备接酒。先去掉 0.5 千克酒头另装或放入酒尾桶中蒸馏。要求流酒速度 2 ~ 3 千克/分钟，酒温 30℃左右，馏酒气压控制在 0.015 ~ 0.02 兆帕，保证酒的酒度在 56°v/v。接完酒后，用大气追尾。

3. 排酸：酒成分馏尽后（用低度表测量，标温下只有 3°v/v 的酒度可甩尾）。揭开甑盖，用大气冲酸 10 ~ 30 分钟，根据化验糟醅酸度而定，控制配粮加曲后酸度在 1.4 ~ 2.1 最好。

（六）配粮加曲

1. 出甑：把冲酸结束的糟子用铁铲铲入手推车内，转至晾堂备用。

2. 备糟：把转至晾堂中的糟子用铁耙均匀地摊平，在风机的吹冷中，不断地用立楦翻造糟子，使降温均匀。在夏天糟越冷越好，一般都只能降至室温，冬天当糟子降至 32℃时就停止降温，春秋两季可降至 25℃ ~ 28℃时停止降温备用。

3. 配粮加曲：当糟子降温适中后，均匀地铲撒上前面（三）中备用等分好的粮曲。一般备粮要求占糟子用量的 12% ~ 18%，冬天多用，夏天少用，糟子残淀高少用，反之多用，用粮量每甑 100 ~ 150 千克，然后均匀地铲撒投粮 20% 的高温大曲粉（大曲的用量每甑不低于 20 千克）。再用立楦拌造均匀。夏天应在风机的吹凉铲动下尽量降温入窖。其他季节当翻造降温适中时收堆保温准备入窖。

（七）入窖发酵

1. 清扫窖池：先把窖池清扫干净，窖底铺上一层薄谷壳，窖壁四周洒泼适量酒尾。

2. 转糟入窖：把上面摊凉加曲的粮糟铲入手推车中，转至备用的窖内。在入窖过程中应尽量避免把粮糟压紧，要疏松些，含氧适中，有利于酵母生长繁殖发酵产酒。入窖要求高出窖面 70 厘米以上，堆好拍紧拍平，撒上一层谷壳等糟子发酵升温。入窖要求：温度 24 ~ 30℃，水分 52% ~ 54%，酸度 1.4 ~ 2.1。

3. 封窖：当窖温升至 40℃左右时，手探表面厚有一寸烧穿时，就应立即封窖。封窖泥要踩细，不能太稀，封窖厚度冬天 2 寸，夏天 3 寸。

4. 管窖：要求每天巡回查看，无裂缝，表面光滑，发酵中窖面产生的气泡口每天都要及时光、平。当主发酵期前 10 天过后，坐窖基本定型，盖上薄膜保窖。保窖只能用沸水或接酒尾，严禁用生水，发酵期 30 ~ 35 天。

附：五星酒厂基酒出库流程图

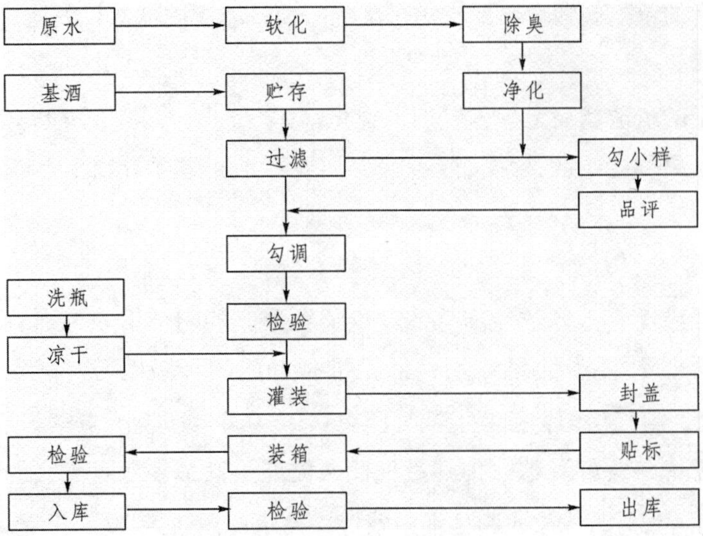

三、常用生产术语

生沙、熟沙　高粱按一定比例磨碎后，称为生沙。生沙经润粮、蒸熟后，称为熟沙。

下沙　每年重阳节前后酿酒生产的第一投料。

造沙　每年生产的第二次投料，时间在下沙后一个月。取一半第一轮窖内发酵好的熟沙拌和蒸馏，开始第二轮操作。

丢糟　每年生产最后一轮周期，已经留取了第七轮次所需的糟醅后，要丢掉或他用的部分糟醅称作“丢糟”。

母糟　将第五轮后未蒸馏酒的酒醅预留存窖内，在下沙时以一定比例拌进已润高粱再上甑蒸煮，称为“母糟”。

润粮　按工艺要求对投料的高粱加沸水翻拌，使高粱吸收需要水分的工艺叫润粮。

上甑　即原料或酒醅装甑过程，要求工人有一定的技术熟练程度，操作要求疏松轻匀，接气压气。上甑技术的高低直接关系到酒产量和质量。

抬锅　上完甑后盖上甑盖，接通冷却器过汽管，让饱含酒精的蒸汽进入冷却器馏酒。现在用不锈钢甑盖，过去是用铁制大锅装水冷却，习惯上仍称“抬锅”。

摘酒　根据工艺要求截止接取蒸馏出的酒。

掐头去尾　摘酒术语。即馏酒时酒头另外接，按口感、浓度断尾酒，目的是保证酒质口感。

吼尾　又称“回尾”，将尾酒重入甑中蒸馏，能增加酒产量。

晾堂　供酒醅摊晾降温、堆积、发酵的场地。

摊凉　糟醅出甑后，在晾堂均匀摊开、翻拌冷却的过程。

打糙　摊晾过程中用木掀翻拌使糟醅降温的操作过程。

起堆、堆积　堆积是固态发酵的重要工艺环节，起堆是将拌曲后的糟醅收拢集中堆积，操作中温度控制有所不同。

双堆、逡堆　双堆是把同入一个窖的糟醅分别堆积成两堆发酵，目的是减轻堆子自重压力，有利于发酵。逡堆是间接起两个堆下两个窖，但起堆时间稍有所差异，覆盖的糟醅数量有差异，目的也是延长堆积发酵时间，减轻堆子压力，有利于发酵。

腰线 收堆过程中因操作不当，造成堆子中间部分微生物发酵异常，形成一条腰带样白色形状带。

包心 收堆过程中因操作不当，造成堆子中部分微生物发酵异常，中间有部分未能正常升温发酵。

下糊 因糟醅水分过重，堆积过程中酵母溶液浸出。

勾兑 用不同轮次、不同年代、不同口感的酒调和在一起，使之达到预期的口感。

盘勾 数量较大的勾兑。

掉排 轮次生产异常，出现产量低质量差的现象。

敞酸 下甑前利用蒸汽热量排出糟醅中酸性气体，减轻酸度。

吊水 延长蒸馏时间，给糟醅补充水分和进一步糊化。

飞标 商标部分脱落。

窖底 不仅是窖池底部的意思，还有一是指按特殊工艺制作的窖底部香醅；二是指用这种窖底香醅馏出的窖底香型酒也简称“窖底”。

窖面 常用指窖糟最上面一层用特殊工艺制作的香醅或酒。

返生 指粮食蒸煮拌曲后粮食未熟透，次日产生硬籽的现象。

过心 指粮食的蒸熟程度。

糊化 指淀粉受热处理变化的程度。

糖化 指发酵过程中微生物作用于淀粉的过程。

分型入库 指生产车间班组新酒入库前，按不同香型分别入库，不能混交入库。

窖潮 指窖坑内偶尔产生的一氧化碳毒气，能迅速麻痹人的中枢神经，有效地避免通风。

窖龄 窖的老熟程度。

双低储存 指原料（高粱、小麦）的低温和低氧储存。

第四章 产品品牌

2011 年 3 月 5 日，五星酒业集团茅台镇五星酒厂成立名牌战略推进领导小组。组长焦永权；副组长王玉林、熊寿贵；成员李明德、杨朝兴、张鹏、张明松、李明金、朱瑞生、张方烈、周勤、李龙刚、冯进、张鸿、段家荣、罗曦、赵浪。领导小组下设办公室，由赵浪任办公室主任。

第一节 “镇酒”系列

“镇酒”，来源于“镇隆烧房”。明嘉靖元年（1522 年），焦仕贵来到茅台星宿坎，先经营盐业，后开设酒房酿酒，逐步发展为茅台“镇隆烧房”。焦永权秉承先辈基业，打造五星酒业品牌，用“镇隆烧房”的“镇”作为品牌，“镇酒镇天下”，喊出了五星酒业人的自信。

2004 年，五星酒厂开发出“镇酒”。“镇酒”系列是贵州五星酒业集团两大系列主营品牌之一。早期有“浓香型”“酱香型”，逐步过渡为只生产“酱香型”。先后开发出浓香型品牌 17 个，酱香型品牌 42 个。“镇酒”品牌多次被评为贵州省著名商标、贵州省名牌产品、贵州省最具影响力品牌、多彩贵州百强品牌、多彩贵州十大名酒等。2011 年镇酒“镇及图”商标荣获“中国驰名商标”荣誉称号。

一、“镇酒”浓香品牌

产品代码为 6924083，品牌数量有 17 个。

编号 W4522：品名 38°十年陈 PVC 镇酒（浓香），规格 500 毫升 ×6。

编号 W4706：品名 50°十年陈 PVC 镇酒（浓香），规格 500 毫升 ×6。

编号 W5413：品名 38°新十年陈镇酒（浓香），规格 500 毫升 ×6，烤花玻璃瓶。

编号 W5192：品名 50°新十年陈镇酒（浓香），规格 500 毫升 ×6，烤花玻璃瓶。

编号 W5031：品名 50°八年陈镇酒（浓香），规格 500 毫升 ×6，圆柱瓶。

编号 W4928：品名 38°五年陈镇酒（浓香），规格 500 毫升 ×6。

编号 W4744：品名 50°五年陈镇酒（浓香），规格 500 毫升 ×6。

编号 W4744 -1：品名 50°新五年陈镇酒（浓香），规格 500 毫升 ×6，扁玻瓶。

编号 W5437：品名 53°五年陈镇酒（浓香），规格 500 毫升 ×6。

编号 W5390：品名 38°白卡镇酒（浓香），规格 500 毫升 ×6。

编号 W4942：品名 38°福禄寿喜镇酒（浓香），规格 500 毫升 ×6。

编号 W4720：品名 45°福禄寿喜镇酒（浓香），规格 500 毫升 ×6。

编号 W4720 –1：品名 45°新福禄寿喜镇酒（浓香），规格 500 毫升 ×6。

编号 W6304：品名 38°镇酒（浓香），规格 125 毫升 ×24。

编号 W5017：品名 50°镇酒（浓香），规格 125 毫升 ×24。

编号 W3983：品名 45°六年镇酒（浓香），规格 460 毫升 ×6。江西上饶专供。

编号 W3945：品名 45°八年镇酒（浓香），规格 460 毫升 ×6。江西上饶专供。

二、镇酒酱香品牌

编号 W6373：品名 53°十五年陈酱香镇酒，规格 500 毫升 ×6，烤花陶瓶。

编号 W1989：品名 53°十二年陈酱香镇酒（经典），规格 500 毫升 ×6，烤花乳玻瓶。

编号 W4836：品名 50°十年陈酱香镇酒，规格 500 毫升 ×6，烤花乳玻瓶。

编号 W5130：品名 53°十年陈酱香镇酒，规格 500 毫升 ×6，烤花乳玻瓶。

编号 W5154：品名 53°八年陈酱香镇酒，规格 500 毫升 ×6，烤花陶瓶。

编号 W5956：品名 53°精品五年酱香镇酒，规格 500 毫升 ×6，烤花陶瓶。

编号 W4768：品名 53°升经典五年酱香镇酒，规格 500 毫升 ×6，紫砂瓶。

编号 W5512：品名 53°五年陈酱香镇酒，规格 500 毫升 ×6，烤花乳玻瓶。

编号 W0456：品名 53°三年陈酱香镇酒，规格 500 毫升 ×6。

编号 W0579：品名 53°老坛酱香镇酒（草箱），规格 500 毫升 ×12，老坛陶瓶。

编号 W5765：品名 53°珍品酱香镇酒（彩箱），规格 500 毫升 ×6。

编号 W5765：品名 53°珍品酱香镇酒（草箱），规格 475 毫升 ×12，陶瓶。

编号 W1798：品名 50°土坛酱香镇酒（草箱），规格 425 毫升 ×12，土坛陶瓶。

编号 W5581：品名 53°酱香宴镇酒，规格 500 毫升 ×6，异型瓶。

编号 W2801：品名 50°鸿福酱香镇酒，规格 500 毫升 ×6。

编号 W5475：品名 53°酱香镇酒，规格 100 毫升 ×24，麻袋乳玻瓶。

编号 W5932：品名 50°牛皮卡酱香镇酒，规格 125 毫升 ×24。

编号 W7356：品名 53°酱香镇酒（汉藏），规格 500 毫升 ×6。

编号 W7363：品名 53°酱香镇酒（唐藏），规格 500 毫升 ×6。

编号 W7370：品名 53°酱香镇酒（宋藏），规格 500 毫升 ×6。

编号 W9978：品名 51°酱香镇酒（福临门），规格 500 毫升 ×6。

编号 W0158：品名 46°镇酒（佳品），规格 235 毫升 ×24。

编号 W9688：品名 46°镇酒（佳品），规格 475 毫升 ×12。

编号 W2718：品名 53°镇酒荣耀，规格 500 毫升 ×6。

编号 W2342：品名镇酒 红色经典，规格 500 毫升 ×6。

编号 W2359：品名新五年镇酒，规格 500 毫升 ×6。

编号 W2366，品名新八年镇酒，规格 500 毫升 ×6。

编号 W2946：品名镇酒（王者），规格 500 毫升 ×6。

编号 W1077：品名传世镇酒，规格 500 毫升 ×6。

编号 W2467：品名 53°五十年陈酱香镇酒，规格 500 毫升 ×6，北京贴牌（烤花瓶）。

编号 W2474：品名 53°特制酱香镇酒，规格 500 毫升 ×6，北京贴牌。

编号 W6526：品名 53°古法十二年陈酱香镇酒，规格 500 毫升 ×6，金色锁扣。

编号 W6519：品名 53°古法九年陈酱香镇酒，规格 500 毫升 ×6。

编号 W6502：品名 53°古法六年陈酱香镇酒，规格 500 毫升 ×6，红古铜锁扣。

编号 W6540：品名 53°古法三年陈酱香镇酒，500 毫升 ×6，茅型瓶。

编号 W6939：品名 53°古法鸿运酱香镇酒，规格 425 毫升 ×6，茅型瓶。

编号 W6557：品名 50°陶坛酱香镇酒，规格 450 毫升 ×6。

编号 W6533：50°酱香麻袋陶瓶镇酒，规格 108 毫升 ×24。

编号 W6489：53°1993 酱香镇酒，规格 500 毫升 ×6，商超专用。

编号 W6496：53°1998 酱香镇酒，规格 500 毫升 ×6，商超专用。

编号 W7103：53°2004 酱香镇酒，规格 500 毫升 ×6，商超专用。

编号 W0028，53°酱香镇酒（福喜），规格 500 毫升 ×6。

第二节　五星系列

“镇隆烧房”，原厂房在茅台马儿坳。1935 年 3 月 16 日至 18 日，红军从茅台三渡赤水河之后，红五军团在赤水河以西的卢家坪、亭子坝、椿树一带转战，“镇隆烧房”用酒慰劳红军，留下了千古佳话。

五星酒厂从白酒酿造本源出发，提出了好酱酒标准，即星产区、星原料、星工艺、星基酒、星勾调。星产区：基酒厂有茅台镇酿酒最核心区，与茅台酒生产同享一样的水土、气候和微生物群。星原料：都是红缨子高粱，颗颗都硬核，贵州五星集团自建万亩高粱基地种植红缨子糯高粱，支链淀粉含量确保≥90%。星工艺：焦氏五百年酿酒工艺传承的 165 道酱香标准工艺。星基酒：5 万吨基酒，30 年老酒储备。星勾调：拥有白酒泰斗梁邦昌、酱酒大师焦永权等一流勾调专家团队。

2012 年 9 月，贵州五星酒业集团隆重推出“五星”白酒品牌，随后开发出多个系列，成为贵州五星酒业集团两大主营系列品牌之一。有五星礼品酒系列、五星珍品酒坛装系列、五星酱酒系列、贵州五星酒、五星窖藏酒、五星老酒系列、五星年份收藏系列、五星封坛系列、五星原酒系列、五星王子酒、五星国酱酒、二十五周年纪念酒共 12 个系列 145 个品牌。五星品牌多次被评为贵州省名牌产品、贵州省著名商标。“五星”系列产品还被中国食品工业协会等国家权威机构质量认证为信得过好产品。

一、五星礼品酒系列

编号 W5239：福寿满堂五星珍品，规格 53°（500 毫升 ×2） ×5，大口瓶。

编号 W5246 –1：锦上添花五星珍品，规格 53°（500 毫升 ×2） ×5。

编号 W5246 –2：礼仪天下五星珍品，规格 53°（500 毫升 ×2） ×5。

编号 W0227 –2：繁花似锦五星珍品，规格 53°（625 毫升 ×2） ×5，同镭射红方盒。

编号 W5338：龙行天下红木五星珍品。规格 53°（650 毫升 ×2） ×5，孔雀水晶瓶。

编号 W5345：龙腾红木五星珍品，规格 53°（750 毫升 ×2） ×5，格子瓶、锁扣。

编号 W0227 –3：金带压纹五星珍品，53°（500 毫升 +125 毫升） ×2 ×5，两大小。

编号 W4874 –2：财富天下五星国宴，规格 53°（500 毫升 ×2） ×5，大口瓶。

编号 W5543：岁岁平安五星珍品，规格 53°（500 毫升 ×2） ×5，大口瓶。

编号 W5550：前程万里五星珍品，规格 53°（500 毫升 ×2） ×5，矮口瓶。

编号 W5536：满园堆金五星珍品Ⅱ，规格 53°（500 毫升 ×2） ×5，大口紫砂瓶

编号 W5567：富贵人生五星国宴，规格 53°（500 毫升 ×2） ×5，大口紫砂瓶。

编号 W3433：新飞天镭射五星珍品，规格 53°（500 毫升 +125 毫升） ×2 ×5，两大五小。

编号 W5574：龙腾盛世五星珍品，规格 53°（500 毫升 ×2） ×5，丝口瓶。

编号 W5628：万紫千红五星珍品，规格 53°（500 毫升 ×2） ×5，大口乳玻瓶。

编号 W6052：福满天下五星珍品Ⅱ，规格 53°（500 毫升 ×2） ×5，丝口瓶。

编号 W6069：喜事临门五星珍品，规格 53°（500 毫升 +125 毫升） ×2 ×5，两大五小。

编号 W6076：荣华富贵五星珍品，规格 53°（500 毫升 ×2） ×5，大口乳玻瓶。

编号 W6083：红红火火五星珍品，规格 53°（500 毫升 ×2） ×5，大口紫砂瓶。

编号 W6090：繁花似锦五星珍品，规格 53°（500 毫升 ×2） ×5，大口紫砂瓶。

编号 W6106：五福临门五星珍品，规格 53°（500 毫升 ×2） ×5，仿剑南春瓶。

编号 W6113：福满人间五星珍品，规格 53°（500 毫升 ×2） ×5，大口乳玻瓶。

编号 W6120：万事如意五星珍品，规格 53°（500 毫升 ×2） ×5，大口裂纹瓶。

编号 W3358 –1：新方盒五星一帆风顺，规格 53°500 毫升 ×2 ×4，百年老店瓶。

编号 W4874：五星国宴 5 年，规格 53°（500 毫升 ×2） ×5，同财富天下五星国宴。

编号 W5567：五星国宴 10 年，规格 53°（500 毫升 ×2） ×5，同富贵人生五星国宴。

编号 W6434：恭喜发财五星珍品，规格 53°（500 毫升 ×2） ×5，矮口茅型瓶。

编号 W5550：繁花似锦（新）五星珍品，规格 53°（500 毫升 ×2） ×5，同前程万里。

编号 W4003：四季常青五星珍品，规格 53°（500 毫升 ×2） ×5，宴酒瓶。

编号 W6106：五福临门五星珍品Ⅱ，规格 53°（500 毫升 ×2） ×5，红瓶。

编号 W6069：喜事临门五星珍品Ⅱ，规格 53°（500 毫升 ×2） ×5，大口乳玻瓶。

编号 W1743：五星珍藏酱香 20 年，规格 53°（500 毫升 ×2） ×5，大口带圈瓶。

编号 W1750：五星珍藏酱香 30 年，规格 53°（500 毫升 ×2） ×5，大口紫砂瓶。

编号 W2329：五星珍品（长方盒），规格 52° 500 毫升 ×4。

编号 W2350：五星珍品——四大美女，规格 52° 500 毫升 ×4。

编号 W4911：五星珍品（浓香型），规格 52°（500 毫升 ×2） ×5，烤花大肚瓶（库存）。

编号 W4508：五星珍品（酱香型），规格 53°（500 毫升 ×2） ×5，底双龙烤花瓶（库存）。

二、五星珍品酒坛装系列

编号 W9558：五星珍品 5 年坛，规格 53° 1. 5 升 ×1。

编号 W9268：五星珍品 10 年坛，规格 53° 2. 5 升 ×1。

三、五星酱酒系列

编号 W8322：贵州五星酱酒（红钻），规格 51°500 毫升 ×6。

编号 W8339：贵州五星酱酒（蓝钻），规格 51°500 毫升 ×6。

编号 W8346：贵州五星酱酒（国宾），规格 53°500 毫升 ×6。

编号 W8353：贵州五星酱酒（国礼），规格 53°500 毫升 ×6。

编号 W8360：贵州五星酱酒（国宴），规格 53°500 毫升 ×6。

编号 W8377：贵州五星酱酒（封藏 10 年），规格 51°500 毫升 ×6。

编号 W8384：贵州五星酱酒（封藏 15 年），规格 51°500 毫升 ×6。

编号 W8391：贵州五星酱酒（封藏 20 年），规格 51°500 毫升 ×6。

编号 W8476：贵州五星酱酒（大师品鉴 8 年），规格 53°500 毫升 ×6。

编号 W8599：贵州五星酱酒（大师品鉴 10 年），规格 53°500 毫升 ×6。

编号 W8483：贵州五星酱酒（大师品鉴 15 年），规格 53°500 毫升 ×6。

编号 W8568：贵州五星酱酒（红冠），规格 53°500 毫升 ×6。

编号 W8698：贵州五星酱酒（金冠），规格 53°500 毫升 ×6。

编号 W8728：贵州五星酱酒（蓝冠），规格 53°500 毫升 ×6。

编号 W6129：星酱木盒酒四瓶装，规格 53°500 毫升 ×4。

编号 W9540：五星酱酒（大师传承），规格 53°500 毫升 ×6。

编号 W9557：五星酱酒（大师工匠），规格 53°500 毫升 ×6。

编号 W9564：五星酱酒（大师手酿），规格 53°500 毫升 ×6。

编号 W9977：五星酱酒 15，规格 53°500 毫升 ×6。

编号 W9984：五星酱酒 10，规格 53°500 毫升 ×6。

编号 W9991：五星酱酒 8，规格 53°500 毫升 ×6。

编号 W2298：五星酱酒 · 匠心 10 年，规格 53°500 毫升 ×6。

编号 W2304：五星酱酒 · 匠心 15 年，规格 53°500 毫升 ×6。

编号 W2311：五星酱酒 · 匠心 20 年，规格 53°500 毫升 ×6。

编号 W9654：贵州五星酒（星耀）15 年，规格 53°500 毫升 ×6。

编号 W9661：贵州五星酒（星）10 年，规格 53°500 毫升 ×6。

编号 W0520：如虎添翼五星收藏版，规格 53°2.5 升 ×1。

四、贵州五星酒

编号 W7004：贵州五星酒（酱香），规格 53°500 毫升 ×12。

编号 W4842：贵州五星酒 12 年，规格 53°500 毫升 ×6。

编号 W8666：精品贵州五星酒，规格 53°500 毫升 ×6。

编号 W1963：五星 1935，规格 53°500 毫升 ×6。

编号 W1970：五星 1949，规格 53°500 毫升 ×6。

五、五星窖藏酒

编号 W8919：五星窖藏 5 年，规格 53°500 毫升 ×6。

编号 W9008：五星窖藏 8 年，规格 53°500 毫升 ×6。

编号 W8988：五星窖藏 10 年，规格 53°500 毫升 ×6。

编号 W0189：五星窖藏 3 年，规格 53°500 毫升 ×6。

编号 W0097：五星窖藏 3 年，规格 39°500 毫升 ×6。

编号 W2176：窖藏原浆 30 年，规格 52°500 毫升 ×6。

编号 W2732：五星老窖，规格 53°450 毫升 ×6。

编号 W3623：五星老窖珍藏版，规格 51°450 毫升 ×6。

编号 W8109：老窖珍藏酒，规格 53° ×500 毫升。

六、五星老酒系列

编号 W1354：五星老酒 8 年酱香，规格 53°500 毫升 ×6，裂纹龙瓶。

编号 W0104：五星老酒 10 年酱香，规格 53°500 毫升 ×6，烤花面包瓶。

编号 W0067：五星老酒 15 年酱香，规格 53°500 毫升 ×6，烤花改口瓶。

编号 W0289：五星老酒 8 年（新），规格 53°500 毫升 ×6，茅型瓶。

编号 W2658：五星老酒 10 年（新），规格 53°500 毫升 ×6，专用烤花瓶。

编号 W0388：五星老酒 15 年（新），规格 53°500 毫升 ×6，专用烤花瓶。

编号 W1810：五星老酒（牛皮卡），规格 53°500 毫升 ×6，喷釉茅型瓶。

编号 W5474：五星老酒木盒，规格 53° 500 毫升 ×2。

七、五星年份收藏系列

编号 W2337：五星年份 10 年酱香，规格 53°500 毫升 ×5，裂纹龙瓶。

编号 W2344：五星年份 15 年酱香，规格 53°500 毫升 ×5，烤花龙瓶。

编号 W3846：五星年份 30 年酱香，规格 53°500 毫升 ×5，烤花紫砂龙瓶。

编号 W6137：年份收藏 10 年酱香（单支），规格 53°500 毫升 ×5，周陶瓷。

编号 W6144：年份收藏 15 年酱香（单支），规格 53°500 毫升 ×5，周陶瓷。

编号 W6151：年份收藏 15 年酱香水晶盒（单支），规格 53°1600 毫升 ×2，1600 毫升内胆瓶。

编号 W6229：年份收藏 10 年酱香，规格 53°500 毫升 ×2 ×5，周陶瓷。

编号 W6212：年份收藏 15 年酱香，规格 53°500 毫升 ×2 ×5，周陶瓷。

编号 W6205：年份收藏 15 年酱香（单支），规格 53°500 毫升 ×6，周陶瓷（齐一品专用）。

编号 W1347：年份收藏 30 年酱香，规格 53°500 毫升 ×6，紫砂色双龙瓶。

编号 W1323：年份收藏 15 年酱香坛子酒，规格 53°3 升 ×2。

编号 W1330：年份收藏 8 年酱香坛子酒，规格 53°3 升 ×2。

编号 W0449：金三湖（仿年份 15 年），规格 53°500 毫升 ×2 ×5，金三湖陶瓶。

编号 W9398：五星封藏酒 8 年坛，规格 53°1. 5 升 ×1，代码 6924083。

编号 W2788：五星收藏酒 10 年，规格 53°500 毫升 ×6，浮雕金陶瓶。

编号 W2597：五星收藏酒 15 年，规格 53°500 毫升 ×6，浮雕金陶瓶。

编号 W9886：五星收藏原浆老酒 5 年，规格 53°500 毫升 ×6，茅型瓶。

编号 W9848：五星收藏原浆老酒 8 年，规格 53°500 毫升 ×6，喷咖啡茅型瓶。

编号 W9879：五星收藏原浆老酒 10 年，规格 53°500 毫升 ×6，周老五尖口瓶。

编号 W1841：五星收藏酱酒 10 年，规格 53°500 毫升 ×6，茅型咖啡瓶。

八、五星封坛系列

编号 W6397：五星封坛 15 年酱香坛子酒，规格 53°3 升 ×2，青花坛。

编号 W6403：五星封坛 15 年酱香坛子酒，规格 53°1. 5 升 ×4。

编号 W6342：五星封坛 30 年酱香坛子酒（皮盒），规格 53°1. 5 升 ×2，3 斤坛。

编号 W6410：五星封坛 30 年酱香坛子酒（木盒），规格 53°3 升 ×2，6 斤坛。

编号 W3631：五星封坛 30 年酱香木雕盒，规格 53°1. 5 升 ×2，3 斤坛。

编号 W1828：五星封坛 30 年酱香珍珠坛，规格 53°2. 5 升 ×2，5 斤珍珠坛。

编号 W6167：封坛老酒 · 品鉴，规格 53°500 毫升 ×6。

九、五星原酒系列

编号 W1568：五星原酒 2000，规格 10 升，专用 10 升坛。

编号 W1599：五星原酒 2010，规格 10 升，专用 10 升坛。

编号 W1698：五星原酒 2005，规格 10 升，专用 10 升坛。

十、五星王子酒

编号 W0233：8 年五星王子酒，规格 53° ×500 毫升。

编号 W0288：10 年斜飘五星王子酒，规格 53° ×500 毫升。

编号 W0318：10 年飞天五星王子酒，规格 53°×500 毫升，铁盒。

编号 W5178：3 年五星王子酒，规格 53°×500 毫升。

编号 W5338：5 年五星王子酒，规格 53°×500 毫升。

编号 W0660：8 年五星王子酒（双支），规格 53°×500 毫升×2。

编号 W0998：6 年五星王子酒，规格 53°×500 毫升。

编号 W3722：五星王子优品，规格 53°×500 毫升。

十一、五星国酱酒

编号 W1964：五星国酱 5 年，规格 53°×500 毫升。

编号 W1971：五星国酱 8 年，规格 53°×500 毫升。

编号 W1995：五星国酱 10 年，规格 53°×500 毫升。

编号 W1988：五星国酱 12 年，规格 53°×500 毫升。

编号 W1858：五星国酱 15 年，规格 53°×500 毫升。

编号 W2398：五星国酱 20 年（坛），规格 53°×1.5 升。

编号 W2428：五星国酱（青花坛），规格 53°×1.5 升。

编号 W2817：五星国酱 15 年开窗盒，规格 53°×500 毫升。

编号 W3852：五星国酱酒光瓶，规格 53°×500 毫升。

编号 W4033：五星国酱酒牛皮卡，规格 53°×500 毫升。

编号 W4118：五星国酱金装 8 年，规格 53°×500 毫升。

编号 W6082：五星国酱酒 20 年（小礼盒），规格 53°×500 毫升。

编号 W6464：五星国酱酒 1935，规格 53°×500 毫升。

编号 W7799：五星国酱酒·珍藏，规格 53°×500 毫升。

编号 W7805：五星国酱酒·典藏，规格 53°×500 毫升。

编号 W7881：五星国酱酒·汉唐气象，规格 53°×500 毫升。

编号 W8048：贵州五星国酱酒·窖藏，规格 53°×500 毫升。

十二、二十五周年纪念酒

编号 W6860：二十五周年纪念酒，规格 53°×500 毫升。

第三节　其他系列

2002 年，茅台镇五星酒厂提出“树品牌，创名牌”的品牌打造战略，第一个酱酒品牌“老搭档”开发成功，开启了贵州五星酒业集团品牌创建之路。茅台镇五星酒厂除生产“镇酒系列”“五星系列”两大主营系列品牌外，还开发出“笑仙系列”“老搭档系列”“五星老作坊系列”、神采飞扬中国酱酒”等16个其他系列品牌。品牌数量：“笑仙系列”49个、“老搭档系列”47个、“五星老作坊系列”33个、“神采飞扬中国酱酒”3个、“内供酒系列”3个、“五星窖龄”12个、“五星贵宾”2个、“原浆珍藏”2个、“酒品人生系列”3个、“五星老酒坊系列”2个、“五星珍藏系列”12个、“五星迎宾系列”21个、“年份原浆系列”20个、“喜酒”2个、“塑料桶原浆酒”1个、“定制酒系列”13个，共225个品牌。

一、笑仙系列

仙是一种境界，仙是一种感悟，仙是一种坦然，仙是一种超越。笑仙笑出坦坦荡荡，笑仙笑出日丽风和。喝笑仙酒，解万古忧愁。五星酒厂推出笑仙系列酒品牌49个。笑仙品牌产品如下：

编号W0203：38°金卡小笑仙酒，规格500毫升×6。

编号W0210：52°金卡小笑仙酒，规格500毫升×6。

编号W0975：42°白卡笑仙酒，规格500毫升×6。

编号W0982：50°白卡笑仙酒，规格500毫升×6。

编号W1149：38°二年陈白卡笑仙，规格500毫升×6。

编号W1156：50°二年陈白卡笑仙，规格500毫升×6。

编号W1163：38°五年陈金卡笑仙，规格500毫升×6。

编号W1170：50°五年陈金卡笑仙，规格500毫升×6。

编号W1187：43°笑仙，规格125毫升×24。

编号W1309：50°笑仙，规格125毫升×24。

编号W1569：38°笑仙，规格125毫升×24。

编号W2054：38°小笑仙（红色），规格125毫升×24。

编号W2030：52°小笑仙（红色），规格125毫升×24。

编号W1446：52°红金卡小笑仙，规格250毫升×12。

编号W1453：38°红金卡小笑仙，规格250毫升×12。

编号W1538：50°白卡笑仙，规格250毫升×12。

编号W1521：50°白卡笑仙，规格250毫升×12。

编号W1620：45°二年陈白卡笑仙，规格500毫升×6。

编号W2290：50°小笑仙单支礼盒，规格500毫升×6。

编号W3198：38°八年陈金卡压纹笑仙，规格500毫升×6。

编号W3211：50°八年陈金卡压纹笑仙，规格500毫升×6。

编号W3235：38°五年陈金卡压纹笑仙，规格500毫升×6。

编号W3259：50°五年陈金卡压纹笑仙，规格500毫升×6。

编号W3273：38°金玉满堂笑仙，规格500毫升×6。

编号W3297：50°金玉满堂笑仙，规格500毫升×6。

编号W3518：52°白卡小笑仙（福）酒，规格500毫升×6。

编号 W3518：50°白卡小笑仙酒，规格 500 毫升 ×6。

编号 W4072：38°白卡小笑仙（福）酒，规格 500 毫升 ×6。

编号 W4072：38°白卡小笑仙酒，规格 500 毫升 ×6。

编号 W4850：50°五年陈白卡小笑仙酒，规格 500 毫升 ×6。

编号 W4980：38°五年陈白卡小笑仙酒，规格 500 毫升 ×6。

编号 W1446：52°白卡小笑仙酒，规格 250 毫升 ×12。

编号 W5352：38°白卡小笑仙喜酒，规格 500 毫升 ×6。

编号 W5376：38°白卡小笑仙寿酒，规格 500 毫升 ×6。

编号 W5468：38°光瓶小笑仙，规格 430 毫升 ×8。

编号 W5253：50°五年陈大扁盒小笑仙，规格 500 毫升 ×6。

编号 W5260：50°八年陈大扁盒小笑仙，规格 500 毫升 ×6。

编号 W3198：38°五星小醉仙酒，规格 500 毫升 ×6。

编号 W6014：38°四星百卡小笑仙，规格 500 毫升 ×6。

编号 W6038：50°四星百卡小醉仙，规格 500 毫升 ×6。

编号 W0210：52°百卡小醉仙，规格 500 毫升 ×6，江苏客户专用陶瓷瓶。

编号 W0043：50°五星小醉仙，规格 125 毫升 ×24。

编号 W0333：50°五星小醉仙（酱香），规格 125 毫升 ×24。

编号 W0012：50°三年五星小醉仙，规格 500 毫升 ×6。

编号 W3488：50°五年五星小醉仙，规格 500 毫升 ×6。

编号 W9428：五星小醉仙（酱香型），规格 53°500 毫升 ×6。

编号 W9435：五星小醉仙（浓香型），规格 42°500 毫升 ×6。

二、老搭档系列

世事间，每一个人都在友人的帮助下成就事业。常言道，衣服是新的好，人是旧的好。老搭档在于人靠人、人助人，搭档相亲，搭档知音，搭档团结，搭档情深，搭档永恒。“老搭档”系列酒，以酒交友。

产品代码为 6924083，有品牌 47 个。

编号 W2504：老搭档福酒，规格 28°425 毫升 ×6。

编号 W0760：老搭档福酒，规格 38°425 毫升 ×6。

编号 W0753：老搭档福酒，规格 50°425 毫升 ×6。

编号 W2399：老搭档，规格 38°250 毫升 ×12。

编号 W2405：老搭档，规格 50°250 毫升 ×12。

编号 W1118：老搭档，规格 43°125 毫升 ×24。

编号 W0944：牛卡老搭档（围标），规格 43°125 毫升 ×12 ×4。

编号 W0944：单层围标老搭档，规格 50°125 毫升 ×24。

编号 W0951：单层围标老搭档，规格 38°125 毫升 ×24。

编号 W1460：白卡老搭档（老包装），规格 42°500 毫升 ×6。

编号 W1447：白卡老搭档（老包装），规格 46°500 毫升 ×6。

编号 W2078：二年陈老搭档（新包装），规格 28°500 毫升 ×6。

编号 W1026：二年陈老搭档（新包装），规格 38°500 毫升 ×6。

编号 W1019：二年陈老搭档（新包装），规格 50°500 毫升 ×6。

编号 W1682：五年陈老搭档（新包装），规格 38°500 毫升 ×6。

编号 W1699：五年陈老搭档（新包装），规格 50°500 毫升 ×6。

编号 W2019：八年陈铁盒老搭档（新包装），规格 38°500 毫升 ×6。

编号 W2023：八年陈铁盒老搭档（新包装），规格 50°500 毫升 ×6。

编号 W1705：十年陈老搭档（新包装），规格 38°500 毫升 ×6。

编号 W1712：十年陈老搭档（新包装），规格 50°500 毫升 ×6。

编号 W0166：二星老搭档喜酒，规格 38°500 毫升 ×6。

编号 W2382：二星老搭档喜酒，规格 42°500 毫升 ×6。

编号 W2665：条装老搭档，规格 42°125 毫升 ×5 ×6。

编号 W3136：老搭档小盒宴酒，规格 50°500 毫升 ×6。

编号 W3587：老搭档小盒宴酒，规格 38°500 毫升 ×6。

编号 W3471：老搭档大盒宴酒，规格 38°500 毫升 ×6。

编号 W3570：老搭档大盒宴酒，规格 50°500 毫升 ×6。

编号 W3143：老搭档大盒福酒，规格 45°500 毫升 ×6。

编号 W3143：老搭档大盒福酒，规格 50°500 毫升 ×6。

编号 W3341：老搭档大盒福酒，规格 38°500 毫升 ×6。

编号 W3495：锦上添花老搭档，规格 38°250 毫升 ×12。

编号 W3501：锦上添花老搭档，规格 50°250 毫升 ×12。

编号 W4201：老搭档小盒宴酒，规格 50°425 毫升 ×6。

编号 W4225：老搭档小盒宴酒，规格 38°500 毫升 ×6。

编号 W4348：五星老搭档，规格 45°500 毫升 ×6。

编号 W4362：四星老搭档，规格 45°500 毫升 ×6。

编号 W4386：五星老搭档，规格 38°250 毫升 ×6。

编号 W4409：五星老搭档，规格 38°500 毫升 ×6。

编号 W4423：四星老搭档，规格 38°500 毫升 ×6。

编号 W4782：单层老搭档，规格 45°125 毫升 ×24。

编号 W4829：老搭档宴酒，规格 28°425 毫升 ×6。

编号 W4997：老搭档金玉满堂，规格 45°500 毫升 ×6。

编号 W5055：老搭档围标，规格 38°430 毫升 ×8。

编号 W5277：白卡老搭档，规格 38°500 毫升 ×6。

编号 W5291：白卡老搭档，规格 50°500 毫升 ×6。

编号 W5314：方盒老搭档福酒，规格 50°500 毫升 ×6。

编号 W5604：五年陈金卡老搭档，规格 45°500 毫升 ×6。

三、五星老作坊系列

有品牌 33 个。

编号 W0654：38°八年陈金卡五星老作坊，规格 500 毫升 ×6。

编号 W0661：50°八年陈金卡五星老作坊，规格 500 毫升 ×6。

编号 W0678：38°八年陈金卡五星老作坊，规格 250 毫升 ×12。

编号 W0685：50°八年陈金卡五星老作坊，规格 250 毫升 ×12。

编号 W0722：46°八年陈金卡五星老作坊，规格 250 毫升 ×12。

编号 W0777：46°十年陈金卡五星老作坊，规格 500 毫升 ×6。

编号 W0876：50°四星白卡五星老作坊，规格 500 毫升 ×6。

编号 W0883：38°四星白卡五星老酒坊，规格 250 毫升 ×12。

编号 W3310：50°五星老酒坊，规格 500 毫升 ×6。

编号 W3343：38°五星老酒坊，规格 500 毫升 ×6。

编号 W0497：50°皮纹卡五星老作坊，规格 500 毫升 ×6。

编号 W0500：38°皮纹卡五星老作坊，规格 500 毫升 ×6。

编号 W0616：42°红灯笼五星老作坊，规格 500 毫升 ×6。

编号 W0616：50°红灯笼五星老作坊，规格 500 毫升 ×6。

编号 W0609：38°红灯笼五星老作坊，规格 500 毫升 ×6。

编号 W2009：50°铁盒五星老作坊，规格 500 毫升 ×6。

编号 W1996：38°铁盒五星老作坊，规格 500 毫升 ×6。

编号 W2061：42°金卡五星老作坊，规格 250 毫升 ×6。

编号 W2566：50°五星老作坊福酒，规格 425 毫升 ×6。

编号 W1583：42°金卡五星老作坊（大六开），规格 500 毫升 ×6。

编号 W2870：42°仿皮纹白卡五星老作坊，规格 500 毫升 ×6，精白玻璃瓶。

编号 W2931：38°仿皮纹白卡五星老作坊，规格 500 毫升 ×6，精白玻璃瓶。

编号 W3112：50°仿皮纹白卡五星老作坊，规格 500 毫升 ×6。

编号 W4447：50°金卡 8 年陈老贵坊，规格 500 毫升 ×6。

编号 W4461：38°金卡 8 年陈老贵坊，规格 500 毫升 ×6。

编号 W4645：38°老贵坊，规格 125 毫升 ×24。

编号 W4669：50°老贵坊，规格 125 毫升 ×24。

编号 W4805：50°五星老贵坊金卡小盒，规格 500 毫升 ×6。

编号 W5062：38°贵酒坊围标，规格 430 毫升 ×8。

四、神采飞扬中国酱酒

编号 W7073：神采飞扬中国酱 8 年，规格 53°500 毫升 ×6。

编号 W7080：神采飞扬中国酱 10 年，规格 53°500 毫升 ×6。

编号 W7097：神采飞扬中国酱 15 年，规格 53°500 毫升 ×6。

五、内供酒系列

编号 W6168：53°茅台人民政府酒（酱香），规格 500 毫升 ×6，大口紫砂瓶。

编号 W6182：53°政府接待专用酒（酱香），规格 500 毫升 ×6，防伪口乳玻。

编号 W5826：53°政府接待专供酒（窖藏十二年），规格 500 毫升 ×12，矮口瓶。

六、五星窖龄

编号 W5016：五星窖龄（红色），规格 52° ×500 毫升 ×6。

编号 W5030：五星窖龄（蓝色），规格 52° ×500 毫升 ×6。

编号 W4965：五星窖龄 10，规格 52° ×500 毫升 ×6。

编号 W5054：五星窖龄 V20（铁盒亚克力），规格 52° ×500 毫升 ×6。

编号 W5078：五星窖龄 V60，规格 52° ×500 毫升 ×6。

编号 W4859：五星窖龄酒 V30，规格 52° ×500 毫升 ×6。

编号 W4897：五星窖龄（木盒），规格 52° ×500 毫升 ×4 ×2。

编号 W4767：五星珍品 N30，规格 52° ×500 毫升 ×6。

编号 W9440：茅坛原浆酒（铁盒），规格 52° ×500 毫升 ×6。

编号 W3560：茅坛原浆酒（卡盒），规格 52° ×500 毫升 ×6。

编号 W6099：五星窖龄 30 年，规格 52° ×500 毫升 ×6。

编号 W6174：五星窖龄酒 · 鸿运，规格 52° ×500 毫升 ×6。

七、五星贵宾

编号 W3708：五星贵宾酒，规格 53° ×500 毫升 ×6，酱香型。

编号 W3715：五星贵宾酒，规格 52° ×500 毫升 ×6，浓香型。

八、原浆珍藏

编号 W2206：原浆珍藏，规格 52° ×1 升。

编号 W2176：窖藏原浆 30 年，规格 500 毫升。

九、酒品人生系列

编号 W1445：酒品人生（浓香），规格 42°500 毫升 ×6。

编号 W1552：酒品人生（浓香），规格 52°500 毫升 ×6。

编号 W1469：酒品人生（酱香），规格 53°500 毫升 ×6。

十、五星老酒坊系列

编号 W1070：五星老酒坊（陈酿），规格 50°500 毫升 ×6。

编号 W1094：五星老酒坊（精酿），规格 50°500 毫升 ×6。

十一、五星珍藏系列

编号 W0202：九龙坛，规格 52° ×2.5 升。

编号 W0219：龙腾盛世，规格 52° ×2.5 升。五星龙坛。

编号 W0226：红红火火，规格 52° ×2.5 升。双耳红釉坛。

编号 W0738：锦上添花，规格 52° ×2.5 升。五星珍藏 10 年。

编号 W2008：五星珍藏 10 年，规格 52° ×500 毫升。

编号 W2015：五星珍藏 8 年，规格 52° ×500 毫升。

编号 W2022：五星珍藏 5 年，规格 52° ×500 毫升。

编号 W2039：五星珍藏 3 年，规格 52° ×500 毫升。

编号 W2046：五星珍藏（铁盒），规格 52° ×500 毫升 ×4。方盒。

编号 W1155：五星珍藏 12 年，规格 52° ×1 升。

编号 W2336：五星珍藏 20 年（坛），规格 52° ×1.5 升。

编号 W2800：五星珍藏开窗盒，规格 52° ×500 毫升。

十二、五星迎宾系列

编号 W0332：8 年五星迎宾酒，规格 52° ×500 毫升。

编号 W0400：10 年飞天五星迎宾酒，规格 52° ×500 毫升。

编号 W0448：10 年斜飘五星迎宾酒，规格 52° ×500 毫升。

编号 W5628：5 年五星迎宾酒，规格 52° ×500 毫升。

编号 W6113：3 年五星迎宾酒，规格 52° ×500 毫升。

编号 W0646：5 年五星迎宾酒，规格 52° ×500 毫升。

编号 W0653：8 年斜飘五星迎宾酒，规格 52° ×500 毫升。

编号 W0677：五星迎宾酒 8 年（双支），规格 52° ×500 毫升 ×2。

编号 W0929：五星迎宾酒 8 年（酱香），规格 53° ×500 毫升。

编号 W1018：6 年五星迎宾酒，规格 52° ×500 毫升。

编号 W1179：9 年五星迎宾酒，规格 52°×500 毫升。
编号 W1186：9 年五星迎宾酒，规格 38°×500 毫升。
编号 W2435：12 年五星迎宾酒卡盒，规格 52°×500 毫升。
编号 W2619：五星迎宾喜酒，规格 42°×500 毫升。
编号 W2602：五星迎宾喜酒，规格 52°×500 毫升。
编号 W2724：五星迎宾酒 15 年开窗盒，规格 52°×500 毫升。
编号 W2831：五星迎宾酒 10 年，规格 48°×450 毫升。
编号 W3487：五星迎宾酒 15 年，规格 52°×500 毫升。
编号 W3494：五星迎宾酒 20 年，规格 52°×500 毫升。
编号 W3470：五星迎宾酒（透明桶），规格 52°×500 毫升。
编号 W6488：五星迎宾（佳酿），规格 52°×500 毫升×4×2。

十三、年份原浆系列

编号 W8995：年份原浆 3 年，规格 52°500 毫升。
编号 W0196：年份原浆 5 年，规格 52°500 毫升。
编号 W2985：年份原浆 20 年，规格 52°500 毫升。
编号 W8629：年份原浆 8 年，规格 52°500 毫升。
编号 W9282：年份原浆 10 年，规格 52°500 毫升。
编号 W0103：年份原浆 3 年，规格 39°500 毫升。
编号 W0110：牛皮纸年份原浆，规格 39°125 毫升。
编号 W0127：5 年光瓶年份原浆，规格 39°500 毫升。
编号 W1476：年份原浆 12 年（浓香），规格 52°500 毫升。
编号 W1780：年份原浆 8 年（铁盒），规格 52°500 毫升。
编号 W2657：年份原浆 5 年，规格 52°500 毫升。
编号 W3319：封藏原浆白卡，规格 52°450 毫升。
编号 W3524：封藏原浆 1993，规格 52°×500 毫升。
编号 W3517：年份老酒 15 年，规格 52°×500 毫升。
编号 W4392：封藏原浆 20 年亚克力，规格 52°×500 毫升。
编号 W4408：封藏原浆 18 年亚克力，规格 52°×500 毫升。
编号 W4439：封藏原浆 v20，规格 52°×500 毫升。
编号 W8995：年份原浆 5 年，规格 53°500 毫升×6。
编号 W9282：年份原浆 8 年，规格 53°500 毫升×6。
编号 W8629：年份原浆 10 年，规格 53°500 毫升×6。

十四、喜酒

编号 W1699：喜酒，规格 52°500 毫升。

编号 W2299：喜酒（定制），规格 52°×500 毫升。

十五、塑料桶原浆酒

编号 W1803：规格 53°×2.5 升。

十六、定制酒系列

编号 W1420：贵宾品鉴酒，规格 53°×500 毫升×6。2020 年 12 月 25 日。

编号 W1451：五星中将原浆酒，规格 53°×500 毫升×6。2020 年 12 月 28 日。

编号 W1550：优级纯粮酒，规格 53°×2.5 升×1，2020 年 12 月 28 日。

编号 W1567：特级纯粮酒，规格 53°×2.5 升×1，2020 年 12 月 28 日。

编号 W1574：银质精酿酒，规格 53°×2.5 升×1，2020 年 12 月 28 日。

编号 W1581：五星上将原浆酒，规格 53°×2.5 升×1，2020 年 12 月 28 日。

编号 W1598：五星大奖原浆酒，规格 53°×2.5 升×1，2020 年 12 月 28 日。

编号 W1604：国标原浆酒 10，规格 53°×2.5 升×1，2020 年 12 月 28 日。

编号 W1611：国标原浆酒 15，规格 53°×2.5 升×1，2020 年 12 月 28 日。

编号 W1628：国标原浆酒 20，规格 53°×2.5 升×1，2020 年 12 月 28 日。

编号 W1635：大师手酿，规格 53°×2.5 升×1，2020 年 12 月 28 日。

编号 W1642：大师珍藏，规格 53°×2.5 升×1，2020 年 12 月 28 日。

编号 W1659：金质精酿，规格 53°×2.5 升×1，2020 年 12 月 28 日。

第五章
体系认证

第一节　国际质量管理体系（ISO）认证

一、通过认证

2002年5月，深圳永维企业管理咨询公司为贵州省仁怀市茅台镇五星酒厂进行辅导，培训培养企业内部审查员，提升企业管理水平，编制企业管理手册。

2003年9月28日，五星酒厂通过评审，获中国进出口检验总公司质量认证中心颁发的“ISO 9001：2000质量管理体系认证证书”。证书载明该厂质量管理体系经审查符合ISO 9001：2000，证书适用的产品范围：各种礼品装及瓶装高、中、低档白酒的生产和售后服务。五星酒厂成为仁怀市民营企业首家获得国际质量管理体系认证的企业。

2006年9月13日，五星酒厂获得中大华远认证中心颁发的“质量管理体系认证证书”。产品/服务范围：白酒（浓香型、酱香型）系列产品生产销售。质量管理体系符合GB/T 19001—2000、ISO 9001：2000。有效期至2009年9月12日。

2009年8月27日，五星酒厂通过了ISO 9001：2008质量管理体系认证。

2018年8月23日，贵州五星酒业集团茅台镇五星酒厂获ISO 9001：2015质量管理体系认证。认证单位：北京中大华远认证中心（ZDHY）。体系适用范围：审核地址：中国贵州省遵义市仁怀市茅台镇岩滩村；贵州省遵义市仁怀市长岗镇堰塘坎村。注册地址：中国贵州省遵义市仁怀市茅台镇。产品/服务范围：白酒的生产和销售。质量管理体系符合GB/T 19001—2016/ISO 9001：2015《质量管理体系要求》。发证日期2018年8月23日，有效期至2021年8月22日，初次发证日期2006年9月13日。认证效用：中国认可、国际互认。管理体系每年监督审核持续认证至2023年。

二、实施认证

2001年4月2日，为了规范和加强质量管理，印发《质量监督检查验收制度》。2002年7月20日，为保证基酒生产质量和成品酒包装质量，印发了《基酒生产、成品酒包装质量管理制度》，8月10日印发了《浓香型基酒验收标准》。2003年6月23日，印发了《基酒质量生产管理规定》。2008年12月1日，五星酒厂发布实施《质量安全管理手册》。

质量方针：坚持以市场导向为目标，产品精益求精。坚持产品质量安全管理，追求顾客满意。

质量目标：生产原辅料入厂质量合格率100%；产品（半成品、成品）一次性抽检合格率为98%；顾客信息反馈处理率100%；产品出厂合格率100%。

制定了《部门职责》《岗位职责》《生产环境卫生管理制度》《生产设施、设备管理制度》《检验设备管理制度》《质量安全管理文件管理制度》《采购管理制度》《不合格管理制度》《不合格品控制程序》《生产过程质量管理及考核办法》《产品出厂检验指标及实施办法》《产品质量检验制度》等制度。

2016年9月1日，ISO 9001质量管理体系评审小组，对本厂各个部门确定的年度质量目标，五星酒业集团下发各部门组织学习并执行。

总体质量目标：产品外检合格率100%；顾客满意度90%，并逐年提高0.5%；产品交付合格率100%；基酒优质品率80%；生产成本下降5%；检测仪器送检率100%；重大安全事故为零。

各部门质量目标：1. 供应部：包装材料、原材料、综合采购使用合格率100%；材料供应及时率98%；合格供应商评审准确率100%；新产品开发的配套结构设计合理性100%；结算准确率100%；合同完善率100%。2. 行政部：文件资料起草、管理，准确规范率100%；组织内审、评审计划完成率100%；各部门记录监督检查覆盖率100%；各种证照申办及监督管理完成率100%；企业文化建设打造与推进；各种事件与相关部门沟用、协调及时率100%；人力资源管理；安全管理。3. 包装生产部：灌装质量合格率100%；包装质量合格率100%；材料损耗率内盒0.8%、外箱0.1%、茅型瓶2%、茅型盖1%；成品损耗率为零；维修保养计划完成率100%、设备正常使用完好率100%；设备、现场、库房（物品部）卫生检查合格率100%；员工着装、个人卫生检查合格率100%；包装计划完成率100%；发货、发材料差错率为零（物品部）；挂牌管理100%；重大安全事故和重大质量事故为零。4. 基酒生产部：设备维修计划完成率100%，设备正常使用完好率100%；生产计划完成率100%；基酒优质品率≥80%，粮食（高粱）出酒率50%；大曲生产优质品率：黄曲≥80%、白曲≤10%、黑曲≤10%；生产现场卫生检查合格率100%；重大安全事故为零。5. 质量部：分析准确率≥99%；计量设备周检率100%、计量设备周检合格率≥100%；出厂产品合格率100%；重大安全事故和质量事故为零；完善ISO 9001体系运行。6. 勾储部：因质量不稳定造成退货0次；前后口感不一致有效投诉0次，饮后上头、口干投诉0次（经品评小组品评鉴定前后口感相似度在90%以上）；勾兑基酒损耗<0.5%；待装酒、基酒存储<1%；勾兑计划完成率100%；设备维护计划完成率100%；设备清洗、环境卫生检查合格率100%；重大质量事故为零；重大安全事故为零。

2020年3月11日，为稳定提高酱香型基础白酒的质量，确保大曲质量，制定制曲车间工作标准工序质量管理及考核办法。

该标准及考核办法适用于贵州五星酒业集团茅台镇五星酒厂制曲车间员工及制曲生产过程的一系列工序。

职责：生产部负责按公司下达生产任务进行组织生产；制曲主管、班长按公司的管理制度进行人员管理；曲师、制曲主管、班长负责监督检查各工序质量执行情况；制曲主管、班长负责安全、卫生（设备卫生、场地卫生）的管理工作；负责设备的使用维护保养和维修管理，如需维修报生产部；每轮次生产结束后，曲师、制曲主管、班长参加由公司组织相关人员对曲药质量的评定工作；制曲主管负责制曲的原始记录工作；负责对员工的职业健康进行管理，劳动保护用品的领取和发放工作。

程序：1. 制曲员工应遵循公司的基本制度：（1）自觉遵守国家法律法规和公司的有关管理制度，服从管理，听从安排，有关诉求必须一边工作一边通过恰当方式逐级反映，严禁以停工或闹事的方式要挟公司，否则每发生一次对每个当事人罚款200元；由于停工或闹事给公司造成经济损失的，由停工或闹事人员共同承担，从工资中扣除。（2）爱岗敬业，按时完成所在岗位（工序）的工作任务。（3）努力学习工艺规程，切实增强质量意识，务必保证“质量在我心中，操作在我手中”的职责，确保所在岗位的工作质量。（4）自觉遵守公司规定的作息时间，根据季节的不同（冬季6：30，夏季5：00）可自行调节，但听从曲师、主管的统一指挥。做到不迟到、不早退，有事请假，严禁请外人代班。（5）下班时做到“三不走”，即①未做好原始记录不走（小麦数量、母曲数量、新草数量，入仓时间、仓号，曲块数、晾水数量等）。②设备、场地卫生未打扫干净不走。③水、电、门窗未关好不走。（6）注意健康安全和人身安全，戴好防尘罩，出现设备、电源有安全隐患及时报告并排除。（7）全面实行质量控制管理，制曲各工序要有岗位记录，在每个工序环节中出现质量问题的按奖惩办法进行处理。2. 生产计划编制及下达。生产部根据生产计划，供应部采购制曲原料，生产管理人员验收原料质量。3. 生产计划的实施。（1）生产部根据实际需要组织生产人员。（2）制曲车间按照生产计划组织生产，保质保量完成生产任务。（3）制曲工序分为三个大工序。第一工序：踩曲成型；第二工序：仓内发酵管理，翻曲；第三工序：拆曲、贮存。第一工序：踩曲包含磨碎、拌曲配料、踩曲成型、入仓堆积。①磨碎：曲师、主管、班长根据磨碎度要求控制好磨碎机的开关。该工序人员必须听从公司管理人员管理。粉碎度不合适，太粗或太细，不听招呼，处罚该工序人员50元。②拌曲配料：根据季节、温度及小麦的干湿度由曲师、主管、班长确定加水和母曲的用量，曲母用量为小麦量的6%～9%，冬天宜多，夏天宜少。交予该工序人员完成；要求拌匀，无疙瘩、无干粉，做到手捏成团，丢下即散。水分化验为37%～40%，随时检查发现不合格立即整改，若再次出现不合格处罚该工序人员100元。③踩曲成型：踩曲按工艺要求边角整齐、无断裂、无夹灰，四边紧中间呈龟背型，整块曲中间最厚部分不能超过13厘米，摆放晾置按顺序，先踩先入，晾置时间不能过长，但要达到收汗效果。曲师、主管、班长每块检查，抽查过程中发现不合格的，立即整改，若不服从管理，继续出现，每块罚款10元。④入仓堆积：每仓必须装满（其中两间大仓灵活掌握，若生产一半必须盖好稻草），每行不超过五层高，靠墙、底部、顶部和最后一行的曲块按侧立顺行的方式堆放，其余曲块按横三块竖三块的方式堆放，上层和下层的曲坯排列方向要错开，互成垂直交叉。最后一行堆三层高，便于翻曲。垫层稻草，墙壁和底层装曲后稻草压缩后的厚度为17～20厘米，中间隔层压缩后厚度5厘米。盖草厚度大于50厘米。铺稻草、卡稻草以及新稻草根据功能不同量的混用。晾水用量（占小麦用量的1%）。按工艺要求进行，曲师、主管、班长每仓检查，发现不按以上要求执行的罚款200元。第二工序：包括仓内发酵管理、翻曲。①仓内发酵管理：根据曲块进仓日期，7～10天。随时检查仓内湿度和曲块温度，测量第二层曲块间温度达到60℃以上时，即可翻曲。经验：下层曲块发热时，即可翻曲，要适时把握好第一次翻曲的时间。过早翻曲，下层曲有生麦味，翻曲太迟，会引起大量曲块变黑，这过程是关键，每仓检查，发现没按要求执行处罚该工序人员每人200元。②翻曲：按工艺要求第一次翻曲温度在60℃以上，第二次翻曲在50～55℃，在仓内未堆曲的另一边铺好垫草和隔草，草的用量同上要求。翻曲时要求：a. 粘在曲块上的曲草择除掉。b. 上层和下层曲进行调换。c. 曲块上下面调换。堆积方式与入仓方式一样。d. 翻曲时门窗不能提前打开，不能用鼓风机吹曲室。e. 翻曲时腐烂变质稻草全部换掉。检查发现没有按时、按条件翻曲造成曲药质量下降，就此工序人员及曲师、主管、班长每人罚款200元。4. 第三工序包括拆曲、曲块贮存。①根据入仓时期确定拆曲日期，必须≥40天，未到时间就拆曲罚款100元。到期必须拆曲入仓，以防湿稻草产生霉味，也使曲药二次发酵产生曲香。②拆曲时曲块不能有粘5厘米以上的稻草，检查发现罚款100元且重新清理。③废草中的曲块、曲粉要清理干净，不能继续用的稻草清理后装袋堆放好，待环卫部门处理，检查发现有成曲按其价值的十倍处罚。在生产过程中第一次翻曲的清仓碎曲回作制曲原料。④曲块贮存要求，通风防潮，随时检查曲块受潮现象，特别在下雨后。根据曲块贮存记录，必须是先进先出，确定出仓日期，到期磨碎发往车间用于酿造生产。⑤每轮次结束后由公司评曲小组根据大曲的质量标准进行评定，分优、良、中、差四个等级。优等对班组进行2000元的奖励，良等对班组进行1000元的奖励，中等无奖励，差等作相应处罚。等级的评定按以下几项综合定级：（1）感官。黄、黑、白曲药的大致比例，要求：黄曲≥80%、黑曲<10%、白曲<10%。香气：曲香浓郁，典型的大曲酱香风味；曲香明显，略带焦香味；有曲香和生麦味。总体要求：曲香浓郁，无霉味、油味、酸味，曲块表面无青霉、毛霉等异常情况，曲色均匀，曲心呈菊花状。（2）在生产过程中有无违反工艺规程，是否服从管理。

2007年度，技术质量部完成色谱分析984次（包括小样、大样和基酒分析），总酸分析461次，总酯分析461次，固形物分析461次，酒度分析855次。分析的数据与仁怀市、遵义市、贵州省技术质量监督局对比准确率达95%，受到上级质量监督部门好评。基酒生产一级品合格率70%，二级品合格率28%，不合格品率2%。对包装材料和酿酒原料进行检验，检验覆盖率98%，检验合格率95%，产品市场满意度98%。

第二节 计量保证能力合格标志（C标）认证

一、通过认证

2005年2月2日，贵州省仁怀市茅台镇五星酒厂，首次取得贵州省质量技术监督局颁发的“定量包装商品生产企业计量保证能力证书”。证书编号：（2005）定量认（黔）字0001－3号。

二、使用规定

定量包装商品计量保证能力合格标志（C标）图形使用规定（质技监局量函〔2001〕106

号，2001 年 4 月 6 日）

（1）计量保证能力合格标志图形外沿为正八边形，内沿为正方形，比例如下图（略）；

（2）使用“C”标志时，应清晰易见，在正常使用条件下，不可除去；

（3）“C”标志应与净含量同时标出，标于净含量之后或之前。“C”标志字符高度与净含量字符规定高度相同，最小高度不少于 3 毫米；

（4）标志颜色推荐为黑色，也可根据印刷需要选择其他颜色。

三、评价规定

定量包装商品生产企业计量保证能力评价规定（2001 年 4 月 6 日国家质量技术监督局发布）

（1）为了保证定量包装商品，维护消费者和生产者利益，鼓励定量包装商品生产企业（以下简称企业）（建立计量保证体系），根据《中华人民共和国计量法》《定量包装商品计量监督规定》制定本规定。

（2）本规定所称定量包装商品生产企业，是指生产以销售为目的，在一定量限范围内具有统一的质量、体积、长度标注的定量包装商品的生产企业。

（3）企业计量保证能力评价工作以企业自愿为原则，采取企业对其计量保证能力自我评价、质量技术监督部门组织核查以及随后监督的方式。

（4）国家质量技术监督局负责全国企业计量保证能力评价工作的指导、管理和监督，并发布可开展评价的定量包装商品目录。省级质量技术监督部门负责本行政区域内企业计量保证能力评价工作的监督管理。

（5）自愿参加计量保证能力评价的企业，应按照《定量包装商品生产企业计量保证能力评价规范》（以下简称《规范》）的要求，进行自我评价，达到要求的企业，可以自我评价声明的方式，明示企业已达到《规范》的要求，并向所在地省级质量技术监督部门申请计量保证能力评价。

（6）申请计量保证能力评价的企业应提交“定量包装商品生产企业计量保证能力自我评价审查备案登记表”，同时应提交定量包装商品生产企业计量保证能力评价表，企业计量管理文件，企业计量器具配备情况表，企业强制检定计量器具登记表，企业生产定量包装商品的产品标准，企业生产的定量包装商品的包装标识、使用说明书。

（7）受理申请的省级质量技术监督部门根据需要，对企业自我评价情况按照《规范》的要求组织实施核查。经核查符合《规范》要求的企业，由受理申请的省级质量技术监督部门予以备案并颁发全国统一的“定量包装商品生产企业计量保证能力证书”（以下简称“证书”），允许在其生产的定量包装商品上使用全国统一的计量保证能力合格标志“C”。

（8）对已获得完善计量检测体系合格证书的企业，省级质量技术监督部门在受理计量保证能力评价时，不得重复核查。

（9）企业获得证书后，新增的定量包装商品，经所在地省级质量技术监督部门增项核查合格后，准予其在新增定量包装商品上使用计量保证能力合格标志。

（10）各省级质量技术监督部门可将本行政区域内获得证书并被允许使用计量保证能力合格

标志的企业及产品向社会公布，同时报国家质量技术监督局备案。对不符合本规定要求的，国家质量技术监督局责令颁发证书和合格标志的省级质量技术监督部门予以纠正。

（11）证书有效期为三年。已取得证书的企业，在证书有效期满前三个月内，可向颁发证书的省级质量技术监督部门申请复查。复查按照评价程序进行，经复查合格的，换发新证书，继续使用合格标志。复查不合格或逾期不申请复查的，由颁发证书的省级质量技术监督部门注销其证书，并停止其使用计量保证能力合格标志，同时向社会公布。

（12）各级质量技术监督部门在制订监督抽查计划时，对获得证书的企业并取得合格标志的定量包装商品应避免重复抽查。

（13）省级质量技术监督部门发现已获得证书的企业存在不符合《规范》的情况，指导企业进行整改，整改后仍不符合《规范》要求的，注销其证书，并停止其使用计量保证能力合格标志。

（14）未经省级质量技术监督部门备案的企业不得在其定量包装商品上使用计量保证能力“C”合格标志。

（15）与本规定有关的《规范》、自我评价声明、审查备案登记表、计量保证能力评价表、证书和合格标志式样由国家质量技术监督局统一制定。

2016 年 1 月 21 日，在贵州省计量与测试技术学会商品计量专业委员会在贵阳金海湾酒楼主办的 2016 年第一次企业代表座谈会上，五星酒业集团被授牌成为贵州省计量与测试技术学会商品计量专业委员会理事单位。计量保证能力“C”合格标志的评审由省质量技术监督局委托贵州省计量与测试技术学会商品计量专业委员会进行现场评审。

四、定量包装商品准予使用 C 标志产品情况

2005 年五星酒厂准予使用 C 标志的产品统计表

表 5 - 1

序号	产品类别	产品品牌	产品名称	净含量	产品标准
1	白酒（50% vol）	老贵坊	五星老贵坊酒（浓香型）	500 毫升	GB/T10781. 1 - 2006
2	白酒（38% vol）	老贵坊	五星老贵坊酒（浓香型）	500 毫升	GB/T10781. 1 - 2006
3	白酒（50% vol）	老搭档	老搭档酒（浓香型）	500 毫升	GB/T10781. 1 - 2006
4	白酒（45% vol）	老搭档	老搭档酒（浓香型）	500 毫升	GB/T10781. 1 - 2006
5	白酒（42% vol）	老搭档	老搭档酒（浓香型）	500 毫升	GB/T10781. 1 - 2006
6	白酒（38% vol）	老搭档	老搭档酒（浓香型）	500 毫升	GB/T10781. 1 - 2006
7	白酒（50% vol）	老搭档	老搭档福酒（浓香型）	500 毫升	GB/T10781. 1 - 2006
8	白酒（38% vol）	老搭档	老搭档福酒（浓香型）	500 毫升	GB/T10781. 1 - 2006
9	白酒（50% vol）	老搭档	老搭档宴酒（浓香型）	500 毫升	GB/T10781. 1 - 2006
10	白酒（52% vol）	笑仙	小笑仙酒（浓香型）	250 毫升	GB/T10781. 1 - 2006

续表 5-1

序号	产品类别	产品品牌	产品名称	净含量	产品标准
11	白酒（50% vol）	笑仙	小笑仙酒（浓香型）	500 毫升	GB/T10781.1-2006
12	白酒（38% vol）	笑仙	小笑仙酒（浓香型）	500 毫升	GB/T10781.1-2006
13	白酒（50% vol）	镇酒	镇酒（浓香型）	500 毫升	GB/T10781.1-2006
14	白酒（38% vol）	镇酒	镇酒（浓香型）	500 毫升	GB/T10781.1-2006
15	白酒（50% vol）	老搭档	老搭档福酒（浓香型）	425 毫升	GB/T10781.1-2006
16	白酒（38% vol）	老搭档	老搭档福酒（浓香型）	425 毫升	GB/T10781.1-2006
17	白酒（50% vol）	老贵坊	五星老贵坊酒（浓香型）	250 毫升	GB/T10781.1-2006
18	白酒（50% vol）	老搭档	老搭档酒（浓香型）	250 毫升	GB/T10781.1-2006
19	白酒（38% vol）	老搭档	老搭档酒（浓香型）	250 毫升	GB/T10781.1-2006
20	白酒（50% vol）	老贵坊	五星老贵坊酒（浓香型）	125 毫升	GB/T10781.1-2006
21	白酒（50% vol）	老搭档	老搭档酒（浓香型）	125 毫升	GB/T10781.1-2006
22	白酒（43% vol）	老搭档	老搭档酒（浓香型）	125 毫升	GB/T10781.1-2006
23	白酒（38% vol）	老搭档	老搭档酒（浓香型）	125 毫升	GB/T10781.1-2006
24	白酒（50% vol）	镇酒	镇酒（浓香型）	125 毫升	GB/T10781.1-2006
25	白酒（38% vol）	镇酒	镇酒（浓香型）	125 毫升	GB/T10781.1-2006

五星酒厂生产的以下定量包装商品准予使用计量保证能力合格标志（C 标志）

表 5-2

序号	产品名称	品牌	规格（名义净含量）
1	白酒	53%（v/v）“怀金”世纪星龙酒	1500 毫升
2	白酒	53%（v/v）“怀金”世纪星一帆风顺酒	1500 毫升
3	白酒	53%（v/v）“怀金”五星珍品酒	1000 毫升
4	白酒	53%（v/v）“怀金”世纪星龙酒	1000 毫升
5	白酒	53%（v/v）“怀金”世纪星一帆风顺酒	1000 毫升
6	白酒	53%（v/v）“怀金”龙腾 2008 酒	750 毫升
7	白酒	53%（v/v）“怀金”世纪星酒	750 毫升
8	白酒	53%（v/v）“怀金”世纪星一帆风顺酒	750 毫升
9	白酒	50%（v/v）老贵坊酒	500 毫升
10	白酒	38%（v/v）老贵坊酒	500 毫升
11	白酒	50%（v/v）五星老贵坊酒	500 毫升

续表5－2 □□□

序号	产品名称	品牌	规格（名义净含量）
12	白酒	38%（v/v）五星老贵坊酒	500 毫升
13	白酒	50%（v/v）老搭档酒	500 毫升
14	白酒	46%（v/v）老搭档酒	500 毫升
15	白酒	45%（v/v）老搭档酒	500 毫升
16	白酒	42%（v/v）老搭档酒	500 毫升
17	白酒	38%（v/v）老搭档酒	500 毫升
18	白酒	28%（v/v）老搭档酒	500 毫升
19	白酒	50%（v/v）老搭档福酒	500 毫升
20	白酒	38%（v/v）老搭档福酒	500 毫升
21	白酒	50%（v/v）老搭档宴酒	500 毫升
22	白酒	38%（v/v）老搭档宴酒	500 毫升
23	白酒	50%（v/v）笑仙酒	500 毫升
24	白酒	38%（v/v）笑仙酒	500 毫升
25	白酒	52%（v/v）小笑仙酒	500 毫升
26	白酒	50%（v/v）小笑仙酒	500 毫升
27	白酒	38%（v/v）小笑仙酒	500 毫升
28	白酒	50%（v/v）小笑仙福酒	500 毫升
29	白酒	38%（v/v）小笑仙福酒	500 毫升
30	白酒	53%（v/v）镇酒	500 毫升
31	白酒	50%（v/v）镇酒	500 毫升
32	白酒	45%（v/v）镇酒	500 毫升
33	白酒	38%（v/v）镇酒	500 毫升
34	白酒	53%（v/v）“怀金”五星珍品酒	500 毫升
35	白酒	53%（v/v）“怀金”龙腾四海酒	500 毫升
36	白酒	53%（v/v）“怀金”五星一帆风顺酒	500 毫升
37	白酒	53%（v/v）“怀金”世纪星龙酒	500 毫升
38	白酒	50%（v/v）老搭档福酒	425 毫升
39	白酒	38%（v/v）老搭档福酒	425 毫升
40	白酒	28%（v/v）老搭档福酒	425 毫升
41	白酒	50%（v/v）老搭档宴酒	425 毫升

续表5－2

序号	产品名称	品牌	规格（名义净含量）
42	白酒	38%（v/v）老搭档宴酒	425毫升
43	白酒	28%（v/v）老搭档宴酒	425毫升
44	白酒	50%（v/v）笑仙福酒	425毫升
45	白酒	38%（v/v）笑仙福酒	425毫升
46	白酒	50%（v/v）老贵坊酒	250毫升
47	白酒	38%（v/v）老贵坊酒	250毫升
48	白酒	50%（v/v）五星老贵坊酒	250毫升
49	白酒	38%（v/v）五星老贵坊酒	250毫升
50	白酒	50%（v/v）老搭档酒	250毫升
51	白酒	38%（v/v）老搭档酒	250毫升
52	白酒	50%（v/v）镇酒	250毫升
53	白酒	38%（v/v）镇酒	250毫升
54	白酒	53%（v/v）“怀金”五星珍品酒	250毫升
55	白酒	53%（v/v）“怀金”五星珍品酒	150毫升
56	白酒	50%（v/v）老贵坊酒	125毫升
57	白酒	38%（v/v）老贵坊酒	125毫升
58	白酒	50%（v/v）五星老贵坊酒	125毫升
59	白酒	38%（v/v）五星老贵坊酒	125毫升
60	白酒	50%（v/v）老搭档酒	125毫升
61	白酒	38%（v/v）老搭档酒	125毫升
62	白酒	43%（v/v）老搭档酒	125毫升
63	白酒	50%（v/v）镇酒	125毫升
64	白酒	38%（v/v）镇酒	125毫升
65	白酒	53%（v/v）“怀金”五星珍品酒	125毫升

五、计量管理

2004年12月6日，五星酒厂成立计量管理体系内部审核小组。组长龚远见，副组长王仁强、李远程，成员张鹏、焦琼、李明德、朱瑞生、李长生、冯进、熊寿贵。

2005年5月20日，五星酒厂建立计量管理组织机构，明确兼职计量人员。

1. 计量管理体系组织机构关系

最高管理者→管理者代表→计量领导小组→厂办公室、质量技术部（化验室、中心计量室）、勾储车间（基酒库）、供应部、客户部、包装厂（灌装车间、包装车间）、物品部（材料库、成品库）、总务部、基酒厂（原材料库、基酒库）。

2. 计量小组成员名单和兼职计量人员

管理者代表：龙则河。计量领导小组组长：龙则河（总工程师），副组长：李远程（技术质量部经理）。

茅台镇五星酒厂计量管理兼职计量人员统计表

表 5 - 3

姓名	部门	职务
王仁强	总厂办公室	主任
朱瑞生	总务部	主任
李明德	物品部	经理
熊寿贵	勾储车间	主任
李长生	灌装车间	主任
冯进	包装车间	主任
赵浪	供应部	经理
焦琼	客户部	经理
廖长分	灌装车间一班	班长
杨会	灌装车间二班	班长
胡贵连	包装车间	班长
王开琼	包装车间	班长
杨优会	包装车间	班长
王玲	包装车间	班长
王安明	技术质量部	化验员
陈明胜	勾储车间	保管员
袁国良	勾储车间	保管员

2007 年 4 月 11 日，五星酒厂制定了基酒入库计量规定。

1. 酱香型基酒

酱香型基酒出入库标准酒度为 55% vol，高于或低于标准酒度都要折成标准酒度计算重量。

酱香基酒入库时酒度要求大于 56% vol，每次基酒入库时都要开具入库单，入库单上的重量应是折成标准酒度后的重量，并有保管员的签字。

出库时保管员要随车监磅，基酒送到指定地点后要重新测量酒度，计算折成标准酒度的重量，记录重量，每运完一批酒都要开具出库单和入库单，出入库单都要有双方保管员的签字，即时下账，便于财务管理。

2. 浓香型基酒

浓香型基酒出入库标准酒度为60%vol，高于或低于标准酒度都要折成标准酒度计算重量。

浓香基酒入库时酒度要求大于63%vol，每次基酒入库时都要开具入库单，入库单上的重量应是折成标准酒度后的重量，并有保管员的签字。

出库时保管员要随车监磅，基酒送到指定地点后要重新测量酒度，计算折成标准酒度的重量，记录重时，每运完一批酒都要开具出库单和入库单，出入库单都要有双方保管员的签字，即时下账，便于财务管理。

3. 基酒厂保管员每月底将出入库报表送生产部及财务室。

4. 基酒厂保管员承担保管责任及差错赔偿责任。

第三节　危害分析与关键控制点（HACCP）体系认证

一、认证通过

2012年12月17日，贵州五星酒业集团茅台镇五星酒厂，获北京中大华远认证中心“危害分析与关键控制点（HACCP）体系认证证书”。通过的认证范围：仁怀市茅台镇岩滩村、仁怀市长岗镇堰塘坎村、五星酒业集团茅台镇五星酒厂生产车间；产品范围：白酒生产。有效期至2015年12月16日。自2012年获证以来，每年经过监督评审，每三年换证持续至2023年2月。

二、实施认证

通过落实ISO 22000标准、GB/T 27341—2009《危害分析与关键控制点（HACCP）体系食品生产企业通用要求》、GB 14881—2013食品生产通用卫生规范，使厂能够：

（1）策划、设计、实施、运行、保持和更新旨在提供终产品的食品安全管理体系，确保厂的终产品按预期用途食用时，对消费者是安全的；

（2）评价和评估顾客要求，并证实其符合双方协定且与食品安全有关的顾客要求；

（3）通过与顾客相互沟通，识别并评价顾客要求中食品安全的内容及其合理合法性，并能与组织的经营目标相统一，从而证实厂就食品安全要求与顾客达成一致；

（4）厂应建立沟通渠道，识别食品链中需沟通的对象和适宜的沟通内容，并将其中要求纳入厂的食品安全管理活动中，从而证实沟通的有效性；

（5）厂应建立获取食品安全有关的法律法规的渠道，获取适用的法律法规，并将其中要求纳入厂的食品安全管理活动中，从而证实其符合性；

（6）确保厂按照其声明的食品安全方针策划、实施、保持和更新其食品安全管理体系；

（7）确保识别相关方及其要求，将其要求作为厂食品安全管理体系策划和更新的输入，以证实其符合性。

通过对五星酒厂ISO 22000体系的建立和保持情况的评审，证实本公司的文件化ISO 22000体系基本符合ISO 22000，并切合本公司的实际ISO 22000体系运行基本有效，适应本公司内、外部环境的需要。

公司制定的安全方针、目标已为全体员工所理解和贯彻执行。公司对 ISO 22000 体系贯标运行进行了策划，并按计划实施和检查、督促，各部门基本上按原定计划开展了工作。体系贯标以来，对员工进行了满足客户要求重要性和专业技能培训，员工的卫生意识和素质有了一定提高；聘请了质量方面人员，以满足体系运行的需要；落实了各部门的职责和权限，理顺了关系。目前的组织机构基本上满足生产和食品安全管理的需要。整理和补充完善了技术、工艺文件，质量检验文件；加强了过程控制，完善了对产品实现全过程的安全监控，产品质量稳定，达到本公司目标值；本公司按计划适时进行了内部审核。对发现的不符合项采取了纠正措施，已基本完成改进并验证结束，纠正措施有效。ISO 22000 体系持续改进自我完善能力得到了加强。事实证明：公司建立的 ISO 22000 体系是适宜的、充分的和有效的，公司的安全方针、目标是适宜的。公司已初步建立了自我改进、自我完善的机制，管理体系已进入了正常运行状态。

公司运行 ISO 22000 体系时间不长，运行过程中也存在着需要改进的问题，今后仍应严格按文件的规定执行，进一步加强过程控制，确保产品的质量持续符合顾客的要求。继续保持实施 ISO 22000 标准、GB/T 27341—2009 危害分析与关键控制点（HACCP）体系的良好势头，再接再厉为本厂的现场审核并持续通过认证获得 HACCP 持续颁发的证书而继续努力。

五星酒厂通过 HACCP 认证保证产品质量追溯流程：市场→市场客户→厂客户部→技术质量部→按产品形成过程进行质量追溯。

产品形成过程：基酒生产→基酒进厂储存→准标准基酒（盘勾）→标准基酒→组合→勾兑调味→待装酒→灌装→包装→成品酒。

第六章 企业管理

第一节 机构编制

一、机构设置

2001 年，五星酒厂管理机构设董事长、总经理，有办公室、业务部、供应部、生产技术部、财务部、营销公司、长岗分厂、桑树分厂、合马分厂、冠英分厂 10 个部门。

2002 年，五星酒厂管理机构：办公室、材料供储部、生产技术部、长岗包装厂、桑树基酒厂、冠英基酒厂、合马基酒厂、财务部、客户服务部、营销部 10 个部门。

2004 年 2 月 6 日，五星酒厂调整机构设置。设立办公室、营销公司（行政部、企划部、业务部、客户部）；生产部辖长岗包装厂（灌装车间、包装车间）、冠英基酒厂、总务部（门卫、车队、食堂、环卫、勤杂、机修）、桑树基酒厂；技术质量部（勾储、检验、开发）；物品部（成品保管、材料保管）；供应部（包材采购部、综合采购部）。

是年 3 月 12 日，五星酒厂成立创建名牌产品工作领导小组。组长：焦永权；成员：龙则河、张鹏、焦琼、龚远见、谷松昭、赵清权、朱瑞生、李远程。

是年，五星酒厂管理机构：ISO 9001 推行小组（隶属总经理领导）、财务监督、财务部、办公室、营销公司、生产部、供应部 7 个部门。其中营销公司下设行政部门企划部、业务部、客户部；生产部下设冠英基酒厂、总务部、桑树基酒厂、技术质量部、长岗包装厂、物品部；供应部下设包装材料采购部、综合材料采购部。长岗包装厂下设灌装车间、包装车间；总务部下设门卫室、车队、食堂、环卫、勤杂、机修部门；技术质量部下设勾储、检验；物品部下设成品保管、材料保管。

2005 年 3 月，五星酒厂内设机构：总经理领导下的供应副总、生产副总、营销公司、行政副总、财务部、品牌开发部。其中供应副总管辖包装材料采购部、综合材料采购部，生产副总管辖总务部、灌装车间、包装车间、物品部、技术质量部、勾储车间、桑树基酒厂、冠英基酒厂，营销公司下设客户部、品牌策划管理部、东北片区、西部片区、中原片区、中南片区、华东片区、华南片区、华北片区、贵州品牌酒片区、江苏品牌酒片区、办公室。

2006 年，电站项目部辖桐梓电站、黄厂沟电站。

2007 年 3 月 26 日，五星酒厂印发《2007 年五星酒厂（集团）公司机构设置及人员分配方案》。机构设置：

设置总经理、副总经理、总经理顾问、财务总监。

部门机构设置 7 个：供应部，下设开发部、包材采购部、综合部。生产部，下设茅台基酒厂、冠英基酒厂、长岗基酒厂、勾储车间、包装车间、质量技术部、物品部、办公室。计划部，下设茅台开发部、五粮液开发部、储运部、客户服务部。营销公司，下设市场部（品牌酒）、遵义业务片区、毕节业务片区、七大礼品酒片区。项目实业部，下设桐梓电站、黄厂沟电站、中枢综合楼项目。财务部，下设财务核算一组、财务核算二组、材料核算组、比价管家组。行政部，下设中枢办公室、贵阳办公室、长岗办公室。

2008 年 3 月 25 日，五星酒厂印发《关于 2008 年五星酒厂（集团）公司机构设置及人员分配方案的通知》。五星酒厂（集团）公司下设 8 个部门：1. 供应部，下设产品开发部、采购部、茅台开发部、五粮液开发部。2. 生产部，有总工程师、酿酒工程师。下设茅台基酒厂、冠英基酒厂、桑树基酒厂、长岗包装厂、包装车间、勾储车间、质量部、长岗办公室、物品部。3. 礼品酒营销部，下设东北、华北、中原、西部、华东、华南、中南七个片区。4. 品牌酒营销部，下设市场部、遵义直销部、绥正道湄凤务片区、仁赤习桐片区、毕节市片区、黔大金织片区、六盘水片区、安顺市片区、贵阳周边市县片区。5. 计划部，下设客户部、储运部。6. 行政财务部，下设中枢办、财务核算一组、财务核算二组、物料核算组。7. 贵阳行政部，下设办公室、人力资源部。8. 项目部，下设桐梓电站、黄厂沟电站、综合大楼项目部。

2009 年 3 月 20 日，五星酒厂（集团）公司机构设置及人员分配方案。机构设置：1. 供应部，下设采购部、茅台开发部、五粮液开发部。2. 生产部，有总工程师和酿酒工程师，下设茅台基酒一厂、茅台基酒二厂、冠英基酒厂、桑树基酒厂、长岗包装厂（含包装车间、勾储车间、质量技术部、长岗办公室、物品部）。3. 礼品营销部，下设北部片区、西部片区、南部片区、东部片区。4. 镇酒营销公司。5. 计划部，下设客户部、储运部。6. 综合管理部，下设桐梓电站、中枢办、财务核算一组、财务核算二组、物料核算及比价部、长岗办公室。7. 贵阳行政部。2009 年 2 月 13 日，贵州五星酒业集团镇酒营销公司内设机构：第一销售分公司主要负责遵义市、毕节市、安顺市、六盘水市市场；第二销售分公司主要负责都匀市、凯里市、铜仁市、兴义市市场；贵阳营销分公司主要负责贵阳市 6 区 4 县市场；省外营销分公司根据省外市场发展待定；市场监管部；品牌策划部；市场管理部。

2010 年 4 月 5 日，五星酒厂集团公司机构设置：供应部，下设采购部、工程部；基酒生产部，下设茅台基酒一厂、茅台基酒二厂、冠英基酒厂、桑树基酒厂；包装生产部，下设包装车间、灌装车间、勾储车间、质量技术部、物品部、总务部；行政部，下设办公室、财务部、桐梓电站。

2012 年贵州五星酒业集团茅台镇五星酒厂机构设置 5 个部门：供应部，下设包材采购部、综合采购部；项目部，下设坛厂工程部、茅台工程部、桐梓电站；基酒生产部，下设茅台基酒一厂、茅台基酒二厂、桑树基酒厂、冠英基酒厂；包装生产部，下设勾储部、包装车间、质量技术部、总务部；行政部，下设办公室、财务部。

2013 年，五星酒业集团茅台镇五星酒厂组织机构：综合部、项目部、包装生产部、基酒生产部、供应部。

2015 年机构设置 7 个部门：行政部，下设办公室、财务部、总务部、桐梓电站；供应部，下设包装材料采购部、综合材料采购部；基酒生产部，下设茅台基酒厂、桑树基酒厂、冠英基酒厂；勾储部，下设长岗勾储车间、坛厂勾储车间；质量技术部，下设长岗质量办、坛厂质量办；长岗包装生产部，下设包装车间、总务部；坛厂包装生产部，下设包装车间、物品部。

2019 年贵州五星酒业集团营销总公司机构设置：镇酒公司（一公司、二公司）、传统渠道公司（东部大区、南部大区、西部大区、北部大区、仁招商部、贴片定制部）、山东公司、河南公司、北京公司、直营公司（体验馆、直销部）、招商体验馆一部、招商体验馆二部、酱酒网公司（运营部、客服部、行政后勤组）、策划中心（品宣部、设计部、运营部）、客服中心（客服一部、客服二部、客服三部、开单录入组）、财务中心（财务部）、行政中心（人力资源部、行政后勤部）。

2021 年贵州五星酒业集团营销总公司机构设置：贵州公司、酱酒网公司、传统渠道公司、五星酱品牌公司、五星酒号招商一部、五星酒号招商二部、五星酒号运营中心、山东公司、北京公司、仁怀销售拓展部、仁怀接待招商部、行政中心、财务中心、策划中心、客服中心、合伙人。

2022 年贵州五星酒业集团茅台镇五星酒厂机构设置 7 个部门：行政部（办公室、财务部、总务部、桐梓电站）；供应部（综合材料采购部、包装材料采购部）；基酒生产部（茅台岩滩基酒厂、茅台椿树基酒厂、合马基酒厂）；坛厂包装生产部（坛厂包装车间、坛厂物品部）；长岗包装生产部（长岗包装车间、长岗总务部、长岗物品部）；勾储部（勾储车间）；质量技术部（质量办）。

2022 年贵州五星酒业集团营销总公司机构设置：贵州一公司（二片区、三片区、四片区、遵义市场、铜仁市场）、贵州二公司（一片区、五片区、贵阳市场、凯里市场、都匀市场）、传统渠道公司、酱酒网公司、山东公司、北京公司、五星酱品牌公司、贵州五星酒品牌运营中心、贵阳品牌酒招商部、河南品牌酒公司、上海品牌酒公司、广东品牌酒公司、仁怀销售拓展部、仁怀接待招商中心、品牌策划及管理中心（品牌管理部、策划部、设计部）、客服中心（客服一部、客服二部、客服三部）、财务中心、行政中心（人力资源部、行政后勤部）、合伙人。

2023 年 3 月 4 日，贵州五星酒业集团茅台镇五星酒厂生产中心岗位设置：行政部：办公室、财务部、安全管理办、总务部、桐梓电站。人力资源部：人力资源办。供应部：综合材料采购部、包装材料采购部。基酒生产一部：茅台岩滩基酒厂、外协基酒厂、桑树制曲厂。基酒生产二部：茅台椿树基酒厂。坛厂包装生产部：坛厂包装车间、坛厂物品部。长岗包装生产部：长岗包装车间、长岗物品部、长岗总务部。勾储部：勾储车间。质量技术部：质量办。

附：机构设置图

1. 五星酒厂总厂 2001 年机构设置图

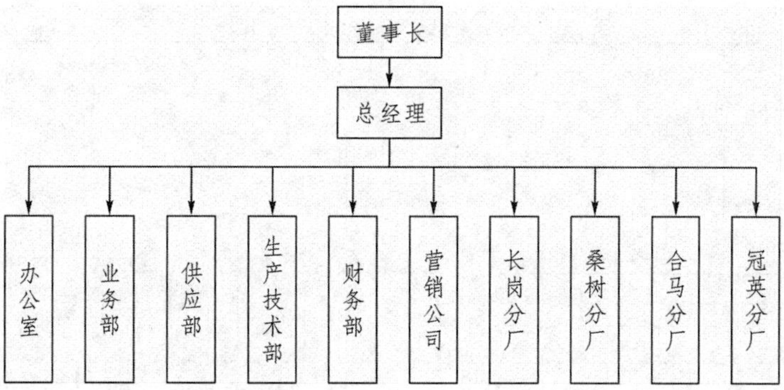

2. 五星酒厂总厂 2002 年机构设置图

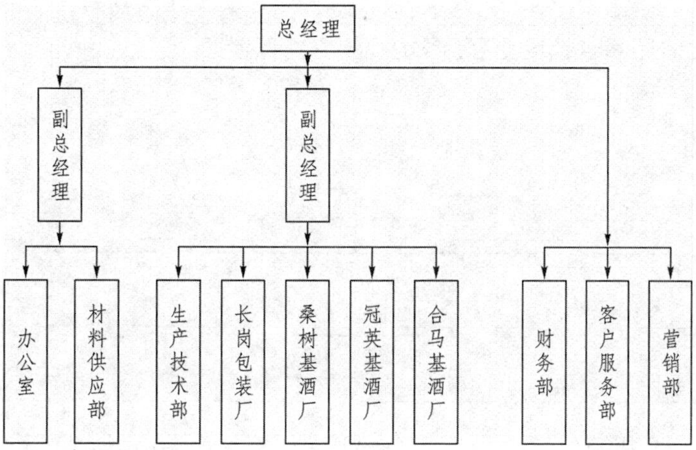

3. 五星酒业 2009 年机构设置图

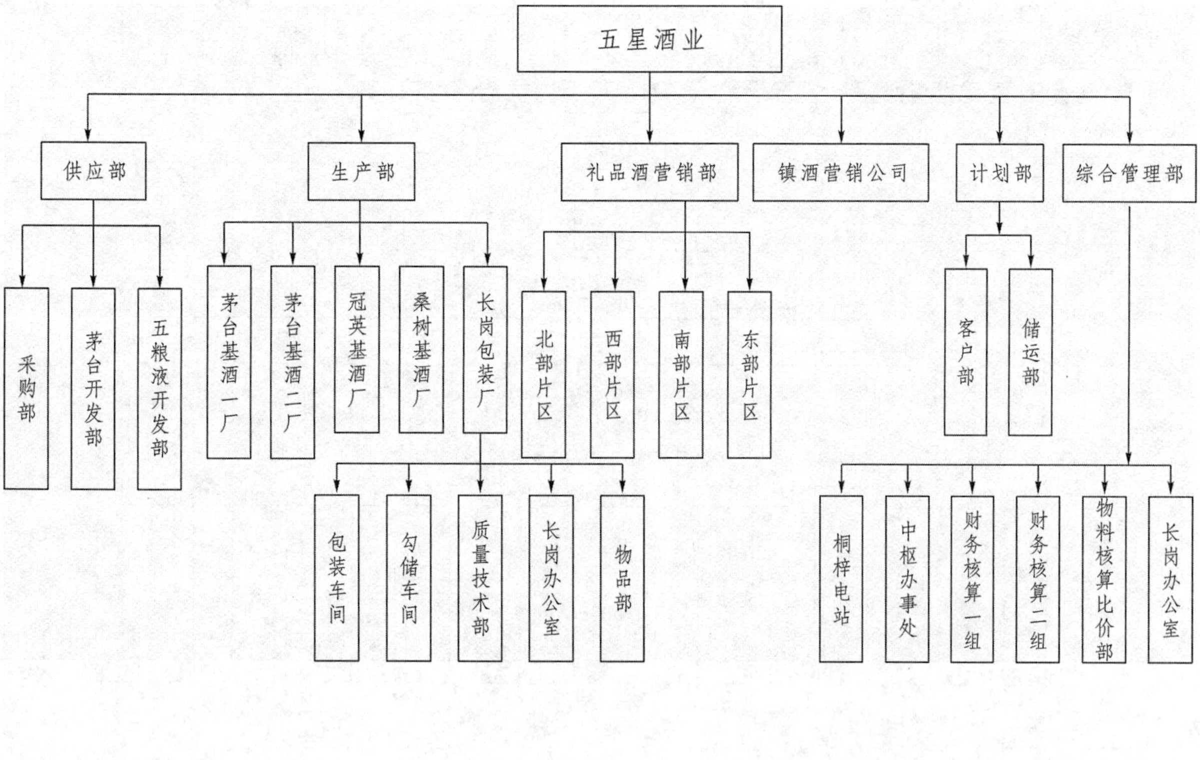

4. 贵州五星酒业集团茅台镇五星酒厂 2011 年机构设置图

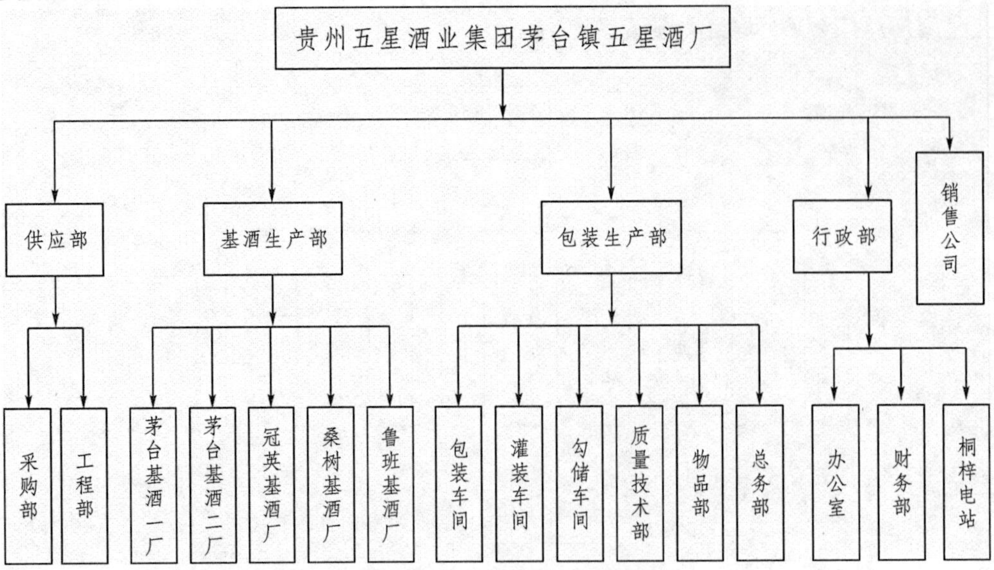

5. 贵州五星酒业集团茅台镇五星酒厂 2014 年机构设置图

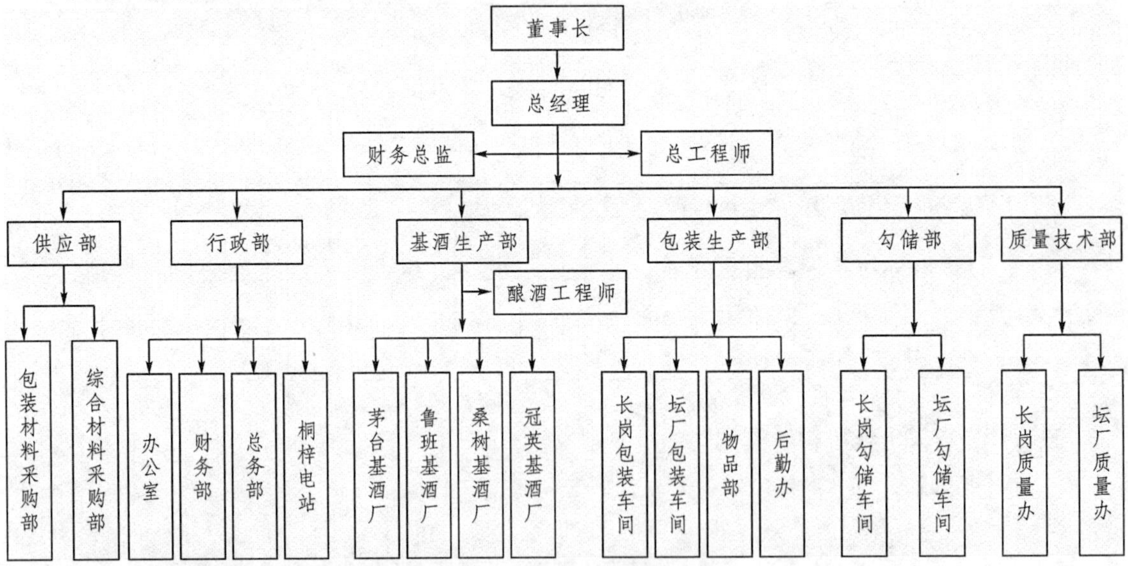

6. 贵州五星酒业集团茅台镇五星酒厂 2015 年组织机构图

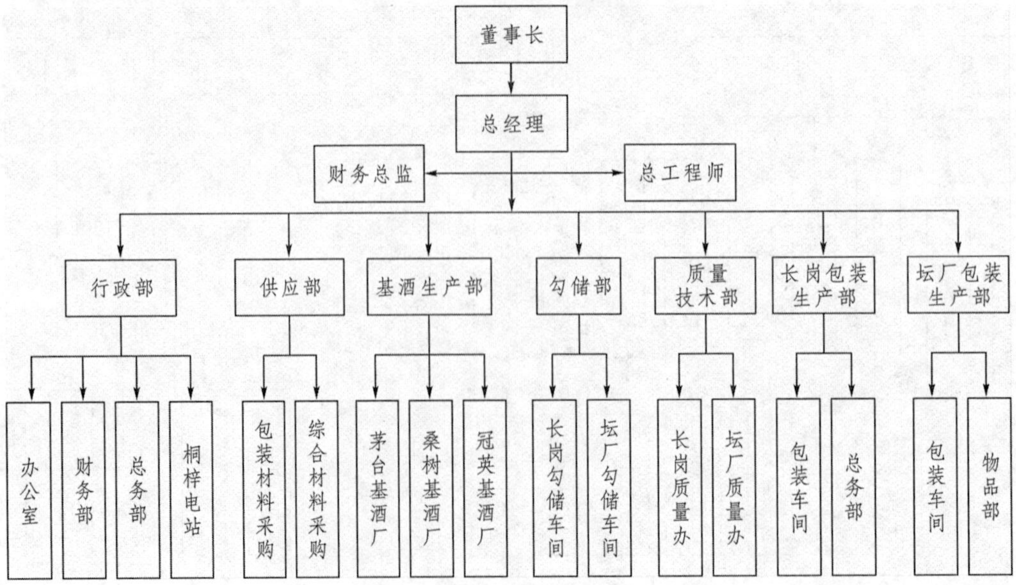

7. 贵州五星酒业集团茅台镇五星酒厂 2016 年机构设置图

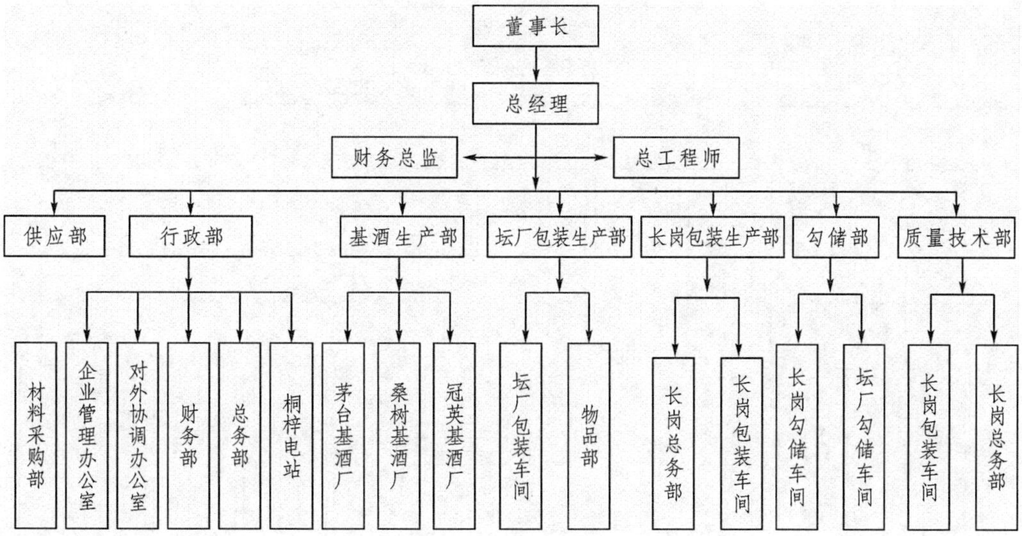

8. 贵州五星酒业集团营销总公司 2016 年组织机构图

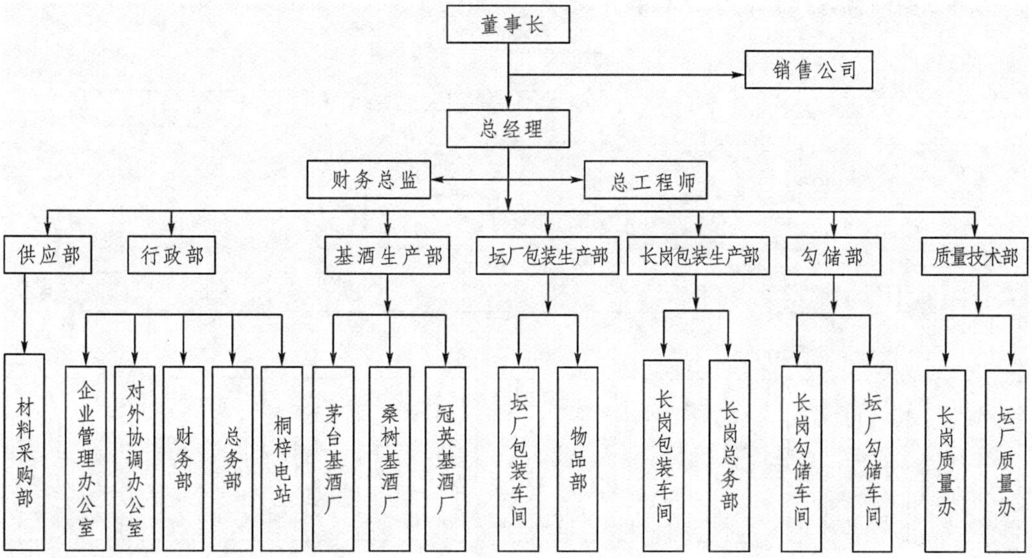

9. 贵州五星酒业集团茅台镇五星酒厂 2017 年机构设置图

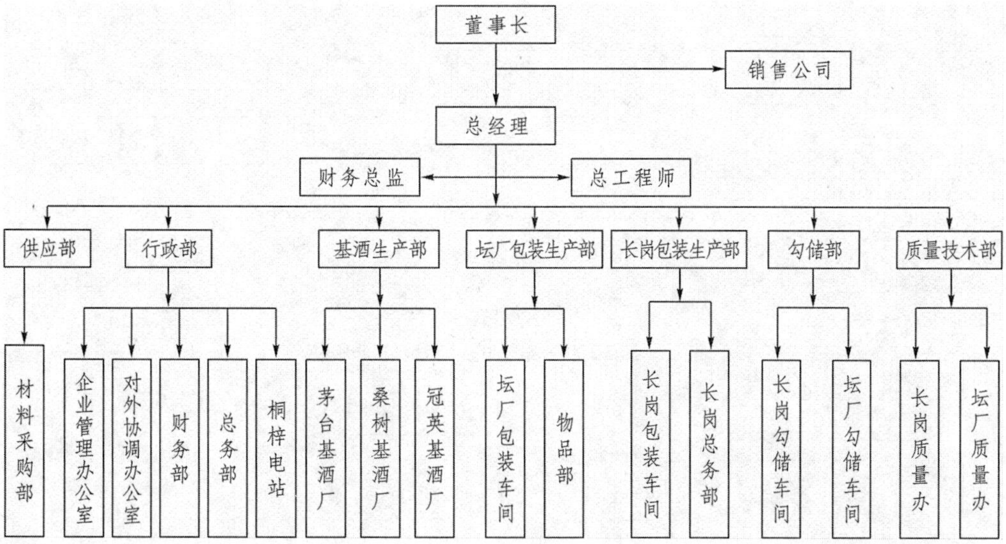

10. 贵州五星酒业集团营销总公司 2019 年组织构架图

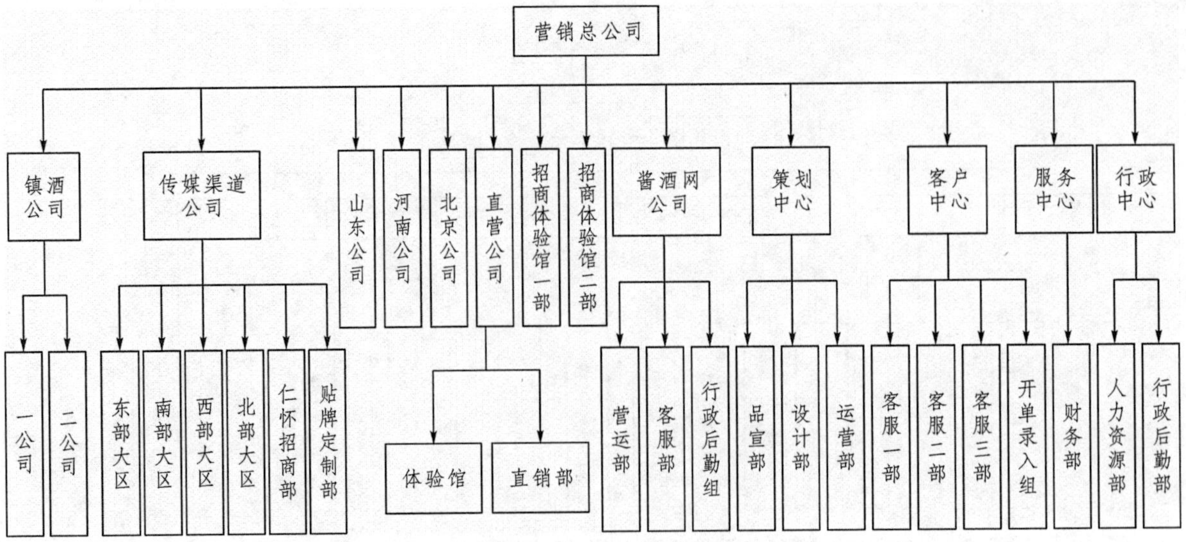

11. 贵州五星酒业集团茅台镇五星酒厂 2021 年机构设置图

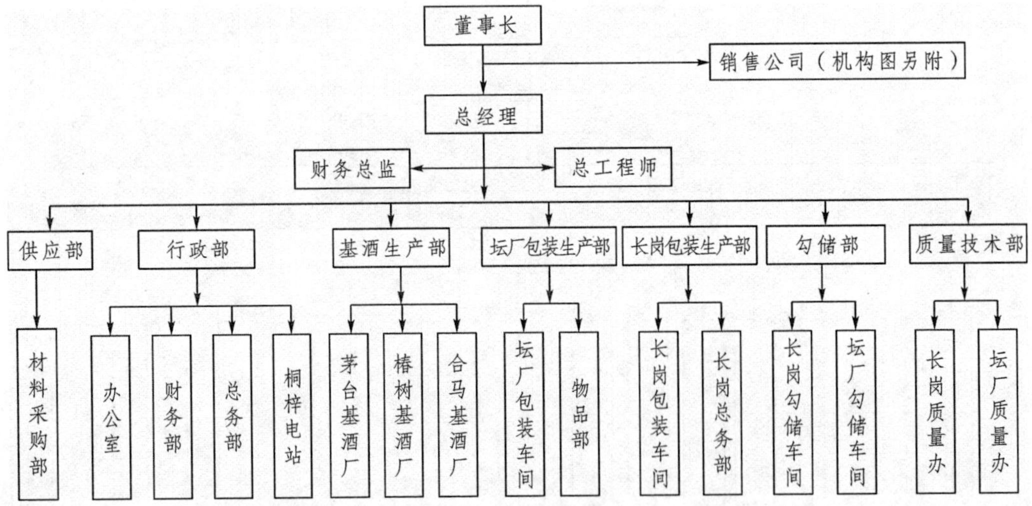

12. 贵州五星酒业集团营销总公司 2021 年组织架构图

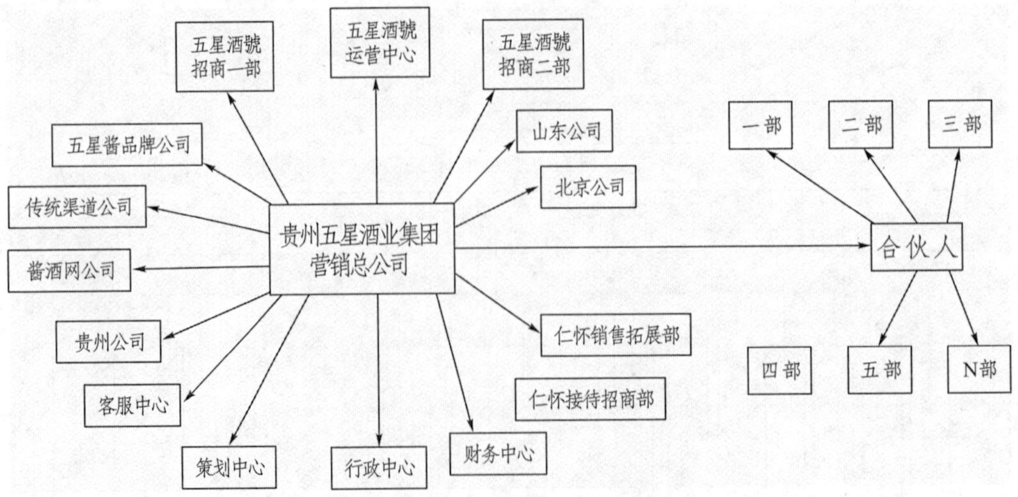

13. 贵州五星酒业集团茅台镇五星酒厂 2022 年机构设置图

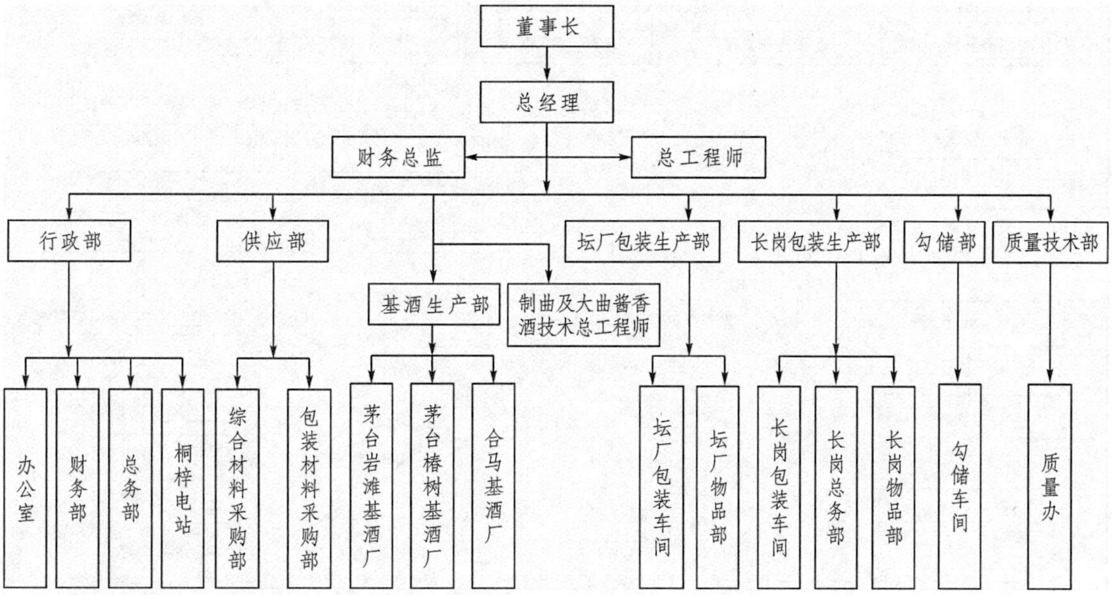

14. 贵州五星酒业集团营销总公司 2022 年机构设置

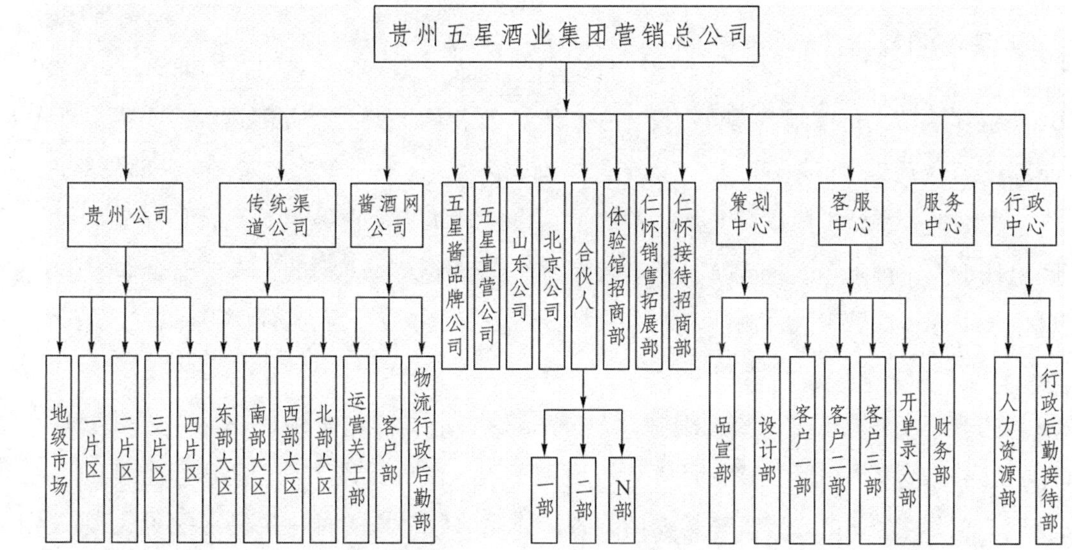

15. 贵州五星酒业集团茅台镇五星酒厂 2023 年机构设置图

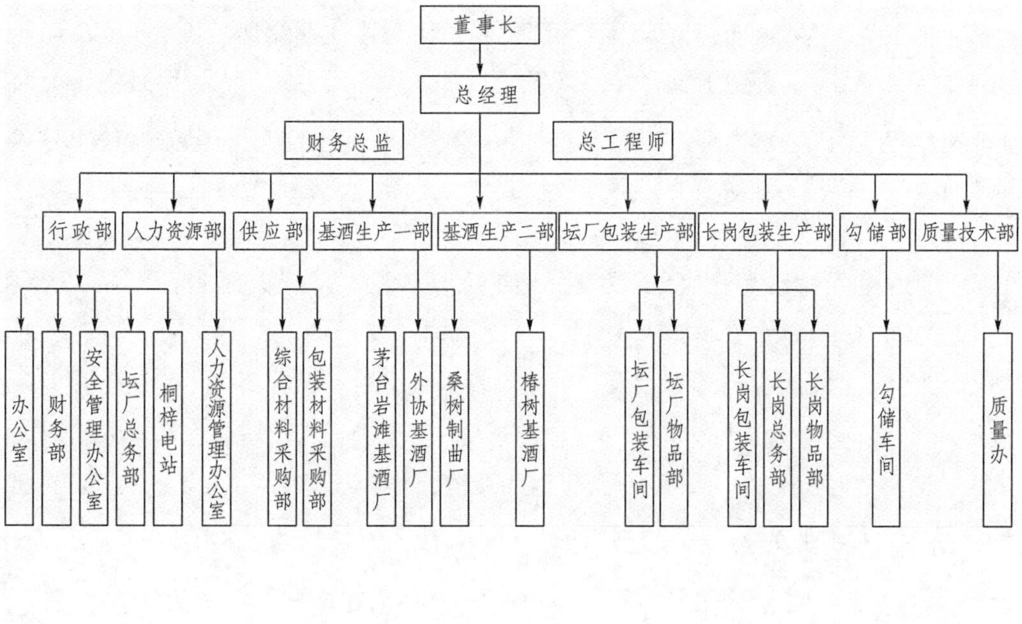

16. 2023 年贵州五星酒业集团营销总公司组织机构图

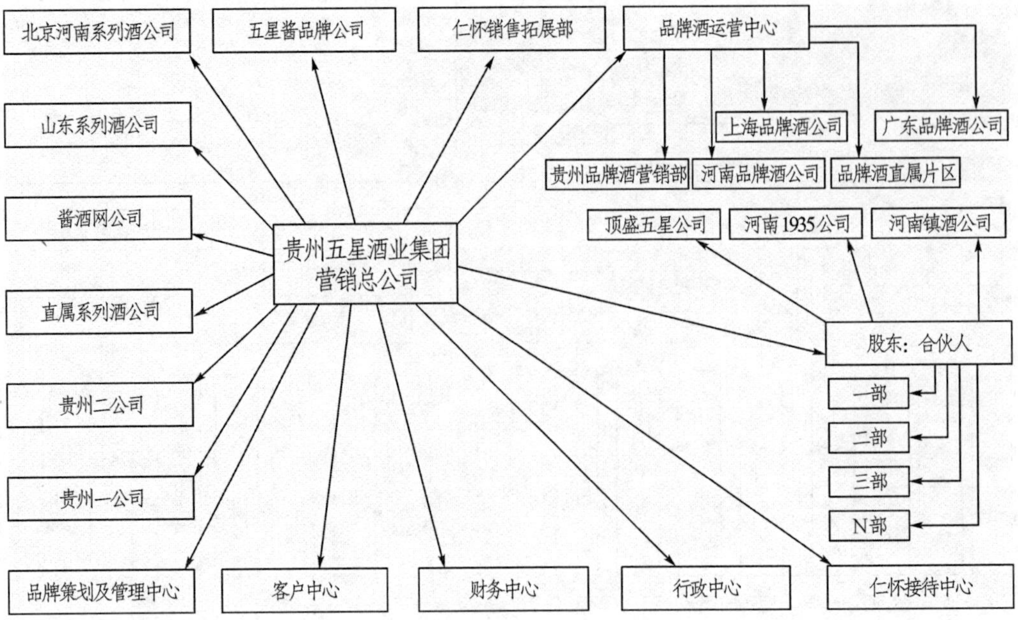

二、人员编制

2001 年五星酒厂人员编制：办公室设主任 1 人，驾驶员 1 人；业务部设经理 1 人，业务员 1 人；供应部设经理 1 人，业务员 1 人；生产技术部设经理 1 人，业务员 1 人；财务部设经理 1 人，会计 1 人，出纳 1 人，微机操作员 1 人；营销公司设经理 1 人，业务员 6 人；长岗分厂设厂长 1 人，车间主任 1 人，酒师 1 人，成品保管 1 人，材料保管 1 人，化验员 1 人，安全保卫 1 人；桑树分厂设厂长 1 人，保管 1 人，酒师 1 人；合马分厂设保管 1 人；冠英分厂设保管人员 1 人，酒师 1 人。

2002 年五星酒厂机构设置及岗位编制：办公室配置主任 1 人，文秘 1 ~ 2 人，驾驶员 1 ~ 2 人；财务部配置财务总监 1 人，经理兼会计 1 人，出纳 1 人，微机操作 1 人；客服服务部配置经理 1 人，副经理 1 人，业务员 2 人，大车驾驶员 1 人，成品保管 2 人；材料供储部配置经理 1 人，材料保管 3 人，材料验收员 1 人，采购员 1 ~ 2 人；生产技术部配置生产技术总监 1 人，经理 1 人，化验员 1 人，质检员 1 人，业务员 1 人；营销部配置营销总监（兼经理）1 人，副经理 2 人，片区营销经理 7 人，业务员不限；长岗包装厂配置厂长 1 人，车间主任 3 人，后勤主任 1 人，水电机修工 1 人，门卫 2 人；桑树基酒厂配置主管 1 人，保管 1 人，酒师 1 人；冠英基酒厂配置保管 1 人，酒师 1 人；合马基酒厂配置保管 1 人。鲁班、坛厂基酒厂：暂不设人（注：鲁班基酒厂焦元负责、坛厂基酒厂唐碧涛负责）。

2005 年 3 月，办公室设主任 1 人、文秘勤杂 1 人、驾驶 2 人。包装材料采购部设经理 1 人。综合材料采购部设经理 1 人。总务部设主任 1 人、机修工 1 人、门卫 3 人。包装车间设主任 1 人。灌装车间设主任 1 人。物品部设经理 1 人、成品保管 1 人、材料保管 2 人、基酒保管 1 人。技术质量部设经理 1 人、化验员 1 人。勾储车间主任 1 人、勾兑员 1 人、基酒保管 1 人。冠英基酒厂设厂长 1 人、酒师 1 人、保管 1 人。财务部设财务总监 1 人、经理 1 人、会计 2 人、出纳 1 人。客户服务部设经理 1 人、业务员 2 人。品牌开发部设经理 1 人、材料保管及业务 2 人。

2009 年 2 月 13 日，贵州五星酒业集团镇酒营销公司人员编制：人员编制和领导职数镇酒营销公司人员编制166 名。其中：总经理1 名，常务副总经理（兼营销总监）1 名，分公司总经理3名，中层领导职数23 名，具体情况如下：第一分公司编制77 名（含分公司总经理领导职数1 名，片区经理领导职数10 名）；第二分公司编制43 名（含分公司总经理领导职数1 名，片区经理领导职数8 名）；贵阳分公司编制 37 名（含分公司总经理领导职数 1 名，片区经理领导职数 5 名）；省外分公司编制及领导职数待定；市场监察部编制 3 名（含领导职数 1 名）；品牌策划部编制 2 名（含领导职数1 名）；市场管理部编制 2 名（含领导职数 1 名）。

2023 年 3 月 4 日，贵州五星酒业集团茅台镇五星酒厂管理干部任职通知：

（一）董事长：焦永权

（二）总经理：张鹏

（三）总工程师：熊寿贵

（四）财务总监：王永红

（五）行政部副总经理：赵浪

（1）办公室主任：田少飞。（2）安全管理办主任：田少飞（兼）。（3）财务部经理：张鸿；副经理：熊青龙；总会计师：邱庆国。（4）坛厂总务部经理：李龙堂。（5）桐梓电站站长：黎开霞。

（六）人力资源部副总经理：张鹏（兼）

（七）供应部副总经理：焦伟

（1）综合材料采购部经理：王英；（2）包装材料采购部经理：葛娇。

（八）基酒生产一部副总经理：张伟

（1）茅台岩滩基酒厂厂长：张启鑫；（2）外协基酒厂厂长：陈兵志；（3）茅台制曲车间主任：张先良；4. 桑树制曲车间主任：张先良（兼）。

（九）基酒生产二部副总经理：李光友

椿树基酒厂厂长：李光友（兼）

（十）坛厂包装生产部副总经理：李明德

（1）坛厂包装车间主任：李明付；（2）坛厂物品部经理：胡贵连。

（十一）长岗包装生产部副总经理：李长生

（1）长岗包装车间主任：张方烈；（2）长岗总务部经理：李长生（兼）；（3）长岗物品部经理：李长生（兼）。

（十二）勾储部副总经理：李明金

（1）勾调工程师：徐相彬（总监级）；（2）勾储车间主任：徐相彬（兼）。

（十三）质量技术部总监：张宣松；质量办公室主任：张宣松（兼）。

2023 年 3 月 4 日，贵州五星酒业集团茅台镇五星酒厂生产中心人员编制：

行政部：（1）办公室：程华川、吴春英、陈意、李勇、袁国良、赵汝维、谭吉礼、敖向阳。（2）财务部：段家荣、易国琴、焦开霞 、龚登霞。（3）安全专员：陶阳。（4）总务部：陈旺、刘朝琴、胡从敏、陈敏权、王运琴、王昌义。（5）桐梓电站：娄方贵、李春香、梁隆福、梁建泽、李春权。

人力资源部：饶丽沙。

供应部：（1）综合材料采购员：李龙利；货车司机：蔡思贵。（2）包装材料采购部工作人员：余苓芳。

基酒生产一部：（1）茅台岩滩基酒厂：袁永江、李鑫、张国品、曾泾芳、陈定国、贺子伦。（2）外协基酒厂：李龙光、张培亚、聂中林、李小港。（3）桑树制曲厂：汪定江。

基酒生产二部（茅台椿树基酒厂）：舒万友、罗永海、彭正开、郭家伟、张国雍（兼）、许仕林、焦兴敖、舒万友（兼）、胡书军。

坛厂包装车间：胡贵连（兼）、徐龙俊、赵华杰、兰永琴 、王永保。

长岗包装厂：余艳飞、赵蒙、向尧碧、罗军宝、张光友、张廷忠、肖光英。

勾储部：周建修、郭记东、吕玉良、刘召强、李明伟、蔡连军、王定国、李交林、赵立恒、袁光明、徐万乾、龚飞。

质量技术部：周安容、肖夕焱。

第二节 职能职责

一、部门职责

（一）2004 年，五星酒业集团制定各部门工作职责

生产部职责 组织全厂各项生产工作，制订生产计划；质量管理体系的建立和完善；特定项目、产品的质量策划；界定各产品、工艺、项目的特殊过程；组织、分析、检查、总结各职能部门生产工作计划完成情况；批准紧急例外放行物资；批准计量器具的标准方法；批准计量器具的编号方法；审批计量器具的使用等级、精度；原辅料、工序过程不合格的处置；批准成品标准的降低接收及文件的修改；客户意见、投诉意见的收集和传达；协助仓库物资的全查（盘存）；认可不合格品的纠正和预防措施；保质保量按时完成上级交办的任务。

包装材料采购供应部职责 负责生产包装材料的采购和供应工作，起草、签订相关采购合同；按时保质保量完成各项交办任务；各类生产包装原材料的质量检查验收把关工作；及时向物资部提供合格的各类生产包装材料验收样品和依据；对物品的各类库存材料进行随时巡查或抽查，为确保原材料的采购供应提供正确的决策依据；及时报告市场原材料变化情况及其相关先进工艺设计；经常到生产第一线调查研究包装材料的使用情况及其适用性，需要改进的及时提出改进方案；提出新产品开发设计方案的建设性意见；负责向财务部提供各类原材料采购结算依据。

综合材料采购部职责 负责外协基酒厂的联营管理工作和为部分基酒厂的材料采购供应工作；后勤保障工作，其中包括房屋、厂房等固定资产的管理及仓库、库房的租赁工作；负责全厂机器、机械设备采购合同的草拟；负责环保工作；保证企业正常运行的水、电、气、通信设施、设备的换修及管理工作；各项与企业有关的工程实施、维修工作；全公司办公用品的采购工作；

运货厂车的使用、维修、维护和管理工作；小车维修、维护工作；按时保质保量完成交办任务。

生产技术部职责 负责基酒质量优劣的鉴定，做出能否调动的决定；负责基酒调动和计量测定；负责对包装厂基酒的勾兑、评审、组合、过滤、输送；各类灌装酒理化指标的化验；储存酒的安全管理；负责各类成品酒包装质量的技术指导和质量监督，新工人的培训工作；保质保量按时完成交办的任务；新产品的研制开发，新工艺新技术的推广工作；负责基酒生产的技术指导和监控；负责收集、处理客户反馈的意见。

物品部职责 负责各类包装材料的质量检查验收，储存保管工作；负责各类成品酒的质量检查、验收、储存保管工作；按时保质保量完成交办的各项任务；及时、准确向车间发放各类包装材料；按质量要求验收各类成品产品，及时准确发放客货；随时检查各类库存材料最低极限数据，并及时向上级报告材料供应情况，为确定原材料的采购供应提供决策依据；准确无误地开出入库、出库清单；随时保持仓储、库房安全，卫生、整齐、整洁。

总务部职责 负责生产部行政管理及考勤考核等工作；负责生产部后勤工作；负责生产部办公室工作和处理日常事务；负责生产部员工思想教育工作和行政管理工作；负责对员工的培训、教育、聘用、辞退等工作；负责员工生活、福利等工作；负责处理好厂方与当地部门的关系；负责生产部机电设备维修和厂房设施安装维修等工作；负责长岗包装厂安全保卫工作。

包装厂职责 按计划组织生产各类成品酒，保质保量完成交办任务；负责包装厂固定资产，各类设备及生产安全运行工作；负责本部门安全生产的全面管理工作；负责本部门生产工作的管理和各项法律法规专业知识的培训教育工作；负责处理好生产中发生的各种矛盾纠纷；负责处理好客户服务和消费者对产品质量问题提出的信息反馈和投诉；负责协调处理好各部门之间的关系；负责处理好厂方与当地群众、部门之间的关系。

基酒分厂职责 承担全年浓香型或酱香型基酒的生产任务；负责基酒生产原材料质量检查验收把关工作；负责环境卫生及安全生产全面管理工作；负责基酒厂厂房、设备、财物、财产的保护与维修工作；按时保质保量完成上级交办的任务；处理好厂内各种生产矛盾和协调与当地政府、部门、群众等方面的关系。

营销公司客户服务部职责 负责安排和下达生产计划；决定发货和下达发货计划；负责货款回笼和催收货款；负责客户的跟踪服务；参与质量生产监督管理；处理客户投诉；负责客户的档案管理；负责营销统计，开展月度、季度分析，为生产提供宝贵的决策依据。

财务部职责 负责全厂及各分厂的财务管理；承办会计核算业务，强化成本核算；承办款项划拨和现金的收支业务；协助客户服务部做好货款的回笼工作；负责财务档案的健全管理；认真做好财务分析，为企业决策提供正确决策依据；掌握和了解分公司的销售、经营情况，为总经理的决策提供依据；对分公司的经营活动实施有效管理；完成上级交办的任务。

办公室职责 各类文件制度的起草制定；承担管理一、二层下达指令的督办责任；负责部门之间的协调工作；负责外单位、外部门的外事联系接洽；对管理人员履行岗位职责、执行制度的情况行使有效监督；负责员工的考评考核；协助总经理做好人才选聘工作；负责文书档案的管理；做好小车的使用和管理工作。

（二）2004 年 2 月 20 日，五星酒厂修订岗位职责

总经理职责 决定企业的经营计划和投资方案；制订公司的年度财务预算、决算方案，利润分配方案，弥补亏损方案和增减注册资本方案；拟定公司合并分立，变更公司形式，解散方案；主持公司生产经营管理工作；决定公司内部管理机构设置方案和基本管理制度；决定公司的人事任免；对大宗采购合同的签订和决定；检查公司生产经营情况，主持公司重大决策工作。

财务总监职责 协助总经理工作，提供财务分析等方面的决策依据，参与公司重大事项决策；依照《中华人民共和国会计法》和相关法律规定，建立健全企业的会计核算机构，账册和财务制度；对公司的财务状况进行审查、审计；向总经理提供财务经营状况，资产负债损益和利润等情况；对企业的重大投资决策有提出建设性意见的权力；对会计、出纳工作行使检查、监督的权力；负责企业资金的调度；大宗采购合同的审核；对总经理负责；完成总经理交办的其他工作；审核财务部及与财务部有关的各种规章制度的落实执行情况以及相关的各种开支。

副总经理（材料部门）职责 协助总经理参与公司重大决策，主管供应部、综合部；根据年度生产计划拟定原材料采购供应计划和方案；协助总经理选择确定供货商；主持常规供货合同的签订及大宗合同的草拟；负责各类原材料款项结算审核把关；对生产过程中提出的材料供应问题、材料质量问题及时解决，确保生产正常运行；对分管部门管理人员工作情况行使管理和监督权力；有权对分管部门人员的任免提出建议；保质保量按时完成总经理交办的各项任务；对采购合同的履行实施管理；积极参与协调，监督管理公司其他工作和新产品、新包装改进工作；审核管辖部门草拟的各种规章制度。

副总经理（生产方面）职责 协助总经理参与公司重大决策，主管包装厂、基酒分厂的管理工作，制订生产部各部门年度目标；根据总经理年度经营决策制订各类成品酒包装计划和基酒的生产计划，制订生产部各部门年度计划及月工作计划；按照总厂要求全面组织生产；对现有生产规模、生产条件、设备的扩大、更新提出建设性意见；协调处理基酒厂、包装厂与外界的各种矛盾纠纷；对基酒厂、包装厂的安全生产管理负有重要责任；对分厂厂长以下管理人员的任免有提出建议的权力；对总经理负责；保质保量按时完成总经理交办的任务；及时处理客户服务部提出的产品质量投诉；审核管辖部门草拟的各种规章制度及各种费用开支；负责包装厂新工人的招收聘用和培训工作。

总工程师职责 协助总经理参与公司重大决策工作，主管技术部；负责基酒生产的技术指导和基酒质量的鉴定；负责各类成品酒包装技术指导和产品质量检测鉴定；负责包装厂基酒的储存、组合、勾兑、调味等生产过程的技术指导和组织管理工作；决定基酒的调运；负责新产品的研制、开发、新工艺、新技术的推广；组织评酒小组开展评审活动；负责本部门各种规章制度的草拟，实施对本部门的有效管理；对部门经理以下人员的任免，有提出建议的权力。

营销总监职责 主管客户服务部、品牌专销部、驻外公司、营销部和办事处的工作，参与公司的决策；市场调研、分析，掌握市场动态；制订年度营销策划方案；负责企业产品品牌广告策划工作；负责对经销商的监控管理工作；负责假冒伪劣产品的打假工作；对部门经理以下的任免，有提出建议的权力；协调处理好客户或消费者的投诉；收集、提供消费者对产品质量口感提出要求的信息；对总经理负责；保质保量按时完成总经理交办的任务；审核管理部门草拟的各种规章制度，各种费用开支。

办公室主任职责 负责办公室的全面管理工作；负责全厂各类文件制度的起草制定；各种规章制度执行的督导检查；各部门之间业务的协调和督办；负责人才的选聘和推荐；有关部门、单位的联系接洽；员工的思想教育和考评考核；对违规违纪人员有提出处罚建议的权力；负责办事处环境卫生安全保卫工作的管理；负责文书档案的建档和管理；有权对一、二层交办的任务进行催促督办；完成总经理交办的临时性工作。

财务部经理职责 负责财务部的全面管理工作；依照法律、行政法规和财政主管部门的规定制定公司财务报告；制定公司财务、会计制度；负责对会计、出纳的财务工作进行指导、检查和监督；负责对记账员、统计员、协核员进行核算指导和核对账物真实情况；对公司各项费用支出进行审核把关；对资金运行情况进行监督；协助客户部做好货款回笼和催收；对会计出纳的人选任免有提出建议的权力；对财务总监负责；完成财务总监交办的临时性工作；负责本部门各项规章制度的草拟。

客户服务部经理职责 负责客户部的全面管理工作；负责安排和下达生产计划、发货计划；掌握和反馈客户信息动态及跟踪服务；向生产部门提出产品质量要求和完成任务的时间；负责指导客户档案的建立和安排管理工作；负责货款的回笼和催收的落实；处理客户对产品质量的投诉；对营销总监负责；对本部门的动作，实施有效管理；负责本部门各种规章制度的草拟；负责落实月度、季度销售分析，提出分析报告；审核业务员的工作绩效和销售统计。

生产技术部经理职责 制定本部门质量管理目标，督促本部门员工认真执行，确保完成本部门质量目标；组织每周按期召开质量分析会；负责质量信息管理，通过收集、分析质量信息，掌握产品和工序质量以及质量管理状态；确认原辅材料检验，验证结果；确定工序质量检验项目；对新酒的检验结果进行审核；确认原材料、工序过程中的不合格品；审核确认分析报告单；参与不合格产品评审；提出本部门的工艺更改；执行消防安全制度；制定《勾兑工作指导书》；组织进行大样勾兑；对勾兑过程产生的不合格品采取纠正和预防措施；负责本部门员工质量方针的培训，制订本部门员工培训计划；保存本部门职责范围内的质量记录；客户意见投诉处理；按时统计数据，报送报表；对产品标识和可追溯性实施有效控制；负责基酒调运安排；负责本部门设备的维修和保养。

供应部经理职责 负责供应部的全面管理工作；负责包装材料采购合同的草拟和包装材料的账务结算，按时保质保量完成采购任务，确保生产正常进行；负责按材料样品质量要求翻单业务的办理及所订购材料的催促落实，督办工作；负责材料质量问题的检测验收把关；负责对发现原辅材料不合格品的及时报告和参与供货商的交涉处理工作；负责原辅材料最低库存极限的监控；参与供应商的选定并负责管理；建立健全供应商管理档案；负责采购合同档案管理；及时处理生产过程中发现的原辅材料质量问题；对主管副总经理负责；按时完成主副总经理交办的临时工作；对本部门实施有效管理，积极配合其他部门相关工作；负责本部门的各种规章制度的草拟。

综合材料采购部经理职责 负责综合部门的全面管理工作；负责全厂机器、机械设备采购的合同草拟；负责外协基酒厂联系和内部基酒厂的原材料采购供应及原材料账务结算；负责后勤借给和保障工作；负责全厂固定资产的管理；负责全厂水、电、气、通信设施，设备的更换维修管理；负责各项基础设施工程的实施、维护、维修工作；负责全公司办公用品的采购工作；负责全公司各类车辆的维修管理工作；完成主管副总经理交办的临时工作；对主管副总负责；实施对本部门的有效管理；负责本部门各种规章制度的草拟。

营销部、品牌专销部经理职责 负责本部门的全面管理工作；负责市场的调查研究，搜集市场情报，了解市场变化动态，做好营销策划方案；负责销售通路的管理，产品广告及管理工作；负责建立市场网络、客户网络；负责营销人员的业务管理和综合考核；负责营销人员费用报销的审核；完成营销总监交办的临时性工作；对营销总监负责；负责市场规划、促销方案的制定和实施；负责广告的制定、投标和宣传工作；负责对本部门的有效管理；负责本部门各种规章制度的草拟。

分公司管理部经理职责 负责分公司的全面管理工作；负责市场的调查研究，搜集市场情况，了解市场动态，协助分公司制订营销策划方案；协助分公司做好销售通路管理；协助分公司建立市场网络，客户网络和客户管理工作；对分公司的销售、财务状况实行监督管理；协调处理分公司供货等后勤保障工作；协助分公司做好广告、宣传等策划工作；对营销总监负责；负责本部门各项制度的草拟。

长岗包装厂厂长职责 指挥灌装、包装生产全过程各项工作；负责灌装、包装生产计划的落实，组织协调生产工作；确保生产正常运行；组织检查车间计划完成情况；检查和处理生产过程中遇到的相关问题；负责组织本部门员工对产品生产质量进行严格把关；组织本部门员工进行产品质量方针的培训；制定、修改和完善相关的现场管理规定，制订整改计划；定期检查现场管理和整改计划的完成情况；负责计件方案的改进及核算的相关审核工作；组织、督促生产（设备）技术改进工作，确保技改进度；跟踪了解生产过程控制水平，及时报告相关问题；收集处理相关信息并及时与相关人员（单位）沟通，展开维护生产的思想工作和技术培训工作；对所辖部门安全生产负主要责任；对生产副总经理负责；保质保量按时完成领导交办的任务；对所辖部门工作负责。

（三）2001 年五星酒厂制定各部门负责人职责

总务部经理职责 协助办公室组织实施生产部员工考评、培训；组织实施总务部各部门工作计划及监督管理总务部各部门工作情况；协助办公室处理生产部外部事务；协助办公室建立健全各项安全、保卫制度，发生隐患及时整改；全面负责生产部内部日常事务；负责生产部办公用品的管理；根据实际情况做好各项保卫管理工作；协助生产部及相关部门做好生产调度指挥和资源的合理使用；协助生产副总经理组织员工学习、培训等工作；负责生产后勤保障工作；对生产副总经理负责；完成上级交办的各项任务；对所辖部门工作负责。

灌装车间主任职责 根据灌装作业计划，合理组织利用车间人力、物力，保质保量按时完成生产任务；根据包装作业计划，落实生产前准备工作，同时抓好生产现场管理，随时保持车间整洁；宣传贯彻、执行质量管理体系的相关性文件，做好灌装过程（环节）控制，确保灌装质量；负责生产的组织、协调及工人思想教育和技术培训工作；加强过程控制，确保正常生产；及时组织车间产品入库，并与包装车间主任及保管员、统计员、质检员核实产品数量和质量，办理入库交接手续，做好车间统计工作；根据车间生产情况，做好相关报表工作，组织车间生产成本核算，及时反馈到生产主管部门；负责车间员工的考评及计件方面的工作，对违规违纪员工处罚的权力；负责车间现场安全，质量记录，统计等工作管理，及时消除安全隐患，避免出现重大工伤事故；提出工艺更改申请；负责车间设备维修及简易修理，跟踪其运行状态；做好锅炉房的管理工作，确保蒸汽的正常供应和锅炉安全；对生产厂长负责；对所辖工作负责，协调处理车间内部矛盾；组织完成领导交付的其他工作。

包装车间主任职责 根据包装作业计划，合理组织利用车间人力物力，保质保量按时完成生产任务；按照包装作业计划，落实生产前准备工作，同时抓好现场管理，确保生产环境卫生整洁；宣传贯彻执行质量管理体系的相关文件，做好包装过程（环节）控制，确保包装质量；负责各类酒包装的检查把关；对工人完成的每道工序实行严格的质量检查监督，并有处罚的权力；及时组织成品入库，并与保管员、统计员、协核员核实生产原辅材料、产品成品等情况，办理入库手续，做好车间统计工作；根据车间生产情况，组织车间生产成本核算，做好相关报表工作，并及时反馈到生产主管部门；负责产品包装的技术指导，强化生产过程的监督管理，及时发现问题，及时纠正处理；负责车间生产上的安全管理，严格按操作规程生产，避免出现重大工伤事故；加强工人思想教育和组织技术培训；协调处理好车间各种内部矛盾；负责车间员工的考评及计件方面的工作；负责质量记录及统计工伤的管理；提出工艺更改申请；对生产厂长负责；积极、主动协调好其他部门的工作；及时处理客户服务部反馈的质量问题投诉；组织完成上级交办的其他任务。

物品部经理职责 负责本部门员工质量意识，质量方针的培训；熟悉及掌握本部门及其下属的业务与职责范围；按要求完成纵向和横向联系的各项信息反馈；负责库房管理工作，组织好物品入库、出库、保管、发运等工作；负责对原辅材料入库质量的检查清理登记，及时反馈到各相关部门；负责对产品成品入库前的质量验收检查、清理、登记，并及时反馈到生产部门；核对物品能否满足订单要求；编制物资分类清单；组织库存物资的巡查；组织实施相关纠正和预防措施；督促检查仓库的物品存放，安全、整洁、盘点账册等情况；确保仓库收、发、存数据准确及时；确定仓库区域划分及物料定置管理。每季一次库存物资抽查；负责零星材料采购控制；做好最小存量控制；对生产副总经理负责，做好相关部门的协调工作；协调生产发货，调度工作；按时完成领导交办的任务。

冠英基酒厂（位于冠英村场口组）厂长岗位职责 合理组织车间人力物力，确保生产正常进行；宣传贯彻、执行质量管理体系的相关文件，做好制酒环节控制，确保过程（环节）质量；负责车间员工的考评与计件方面的工作；按照供应部门提供原辅材料标样验收原辅材料，并如实登记反馈到相关部门处理；按规定办理基酒、物资的入库、贮存和出库手续，做到准确无误；库存物资贮存条件的控制，做好防火、防盗、防雷、防毒等各项安全保卫工作；每月定时对库存物资进行自查，做到账物相符，保证报表质量；对库存物执行检验状态的标识；保持库容整洁，根据先进先出的原则分批分类堆放；零星物资采购；提出生产技术改造和节源增效方案建议；组织完成领导交办的其他工作。

桑树基酒厂厂长岗位职责 组织车间人力物力，确保生产效率；宣传贯彻、执行质量管理体系的相关文件，做好制酒环节控制，确保过程（产品）质量；负责车间员工的考评与计件方面的工作；按照供应部门提供原辅材料标样验收原辅材料，并如实登记，反馈到相关部门；按规定办理基酒、物资入库、贮存和出库手续，做到准确无误；库存物资贮存条件的控制，做好防火、防盗、防霉、防毒等各项安全保卫工作；每月定时对库存物资进行自查，做到账物相符，保证报表质量；对库存物执行检验状态的标识；保持库容整洁，根据先进先出的原则分批分类堆放；零星物资采购；提出生产技术改进和节源增效方案建议；组织完成领导交办的其他工作。

灌装班班长职责 根据生产计划积极配合车间主任落实本班工作前准备，同时抓好生产现场管理；检查设备、设施是否正常，酒水、原辅材料是否符合生产要求，发现异常，及时报告处理；生产中发现异常损耗及时向上级报告；负责本班设备维护及简易修理，跟踪其运行状态；生产过程中发现不合格材料、损耗材料应及时隔离，做好标识和记录；按计划实施领料、发送，做好记录，台账准确及时；合理组织本班人力物力，保质保量按时完成任务；生产过程中，对产品质量随时进行抽检，及时发现问题，及时处理；负责本班现场安全、卫生、质量记录及统计工作的管理；对工人开展技术指导工作和关心职工利益工作。

包装班班长职责 生产计划积极配合车间主任落实本班工作前准备，同时抓好生产现场管理；组织领用原辅材料和待装材料，并对原材料、待装材料质量进行检测签收；生产中发现异常损耗及时向上级报告；负责本班维护及简易修理，跟踪其运行状态；生产过程中发现的不合格材料、损耗材料应及时隔离，做好标识，并做好记录；按计划实施领料、发送，并做好相关记录，台账准确及时；合理组织本班人力物力，保质保量按时完成生产任务；在生产过程中，对产品质量随时进行抽检，及时发现问题，及时处理；负责本班现场安全、卫生、质量记录及统计工作的管理；对工人开展技术指导工作和关心职工利益工作。

酿酒班班长职责 生产计划组织本班工作；带头执行组织纪律和工艺纪律，完成生产任务；监督、检查、指导本班的生产工作，实施现场管理；协调班与班之间的关系，处理好生产中发生的矛盾；搞好本班安全、卫生工作，确保生产环境安全、卫生、整洁；服从领导管理。

会计职责 忠于职守，遵守法律法规，办理会计业务；负责收入、费用、成本的结算，负责原材料收进、发出及其明细账的登记核算，负责对半成品、原材料的安全完整的检查监督；负责厂和公司财务的收发、增减和使用的结算；负责核算资本的增减和经费的收支；及时、合法、真实、准确地结算出当期的应纳税额，并按税法规定的期限办理清缴手续；负责债权债务的发生和结算；负责增值税专用发票的保管和使用；负责财务成果的计算和处理；负责办理其他需要办理的会计手续进行会计核算的事项，负责对有关单位有关资料的提供；负责编制完整的会计报表（含税务报表）；负责按会计年度整理会计凭证、会计账簿、会计报表和增值税专用发票抵扣联（装订成册）予以归档，妥善保管；按照国家有关规定，接受税务及有关单位的监督，如实提供有关资料和有关情况。

出纳员职责 坚守岗位，按照厂和公司有关财务制度办理业务；负责资金的管理和使用；负责往来单据凭证的审核和把关；负责发生的经济业务，在填制或取得原始凭证后，按会计期限及时送交会计人员；负责组织和供应资金，催收货款及时到位，确保厂和公司业务正常运转；严格资金的管理，确保资金的安全；负责厂和公司各项费用的审核报销。

材料质量主管（三级记账员）职责 熟练微机操作和管理；负责全厂材料和成品出入库登记工作；负责管理材料档案室，对新开发产品材料及时建档；监督各材料保管的明细账，随时进行检查各材料保管的记账准确、及时，并做好检查记录；负责登记各类材料、成品明细账，必须保证账物相符，账实相符，及时督促各材料保管员、成品保管员的单据传递，按月将所有账据整理装订成册，妥善保管；每月要对各库房保管员的各类材料明细账、明细报表进行审核，统计汇总及时上报；负责督导检查库房安全、卫生、整洁、防火、防盗、防潮等落实情况，并及时向上级报告；负责及时向相关人员书面传递各材料保管情况信息和材料采购计划；负责处理总厂传递的信息、指示及发货通知，并采取切实可行的方法传递落实到位；按时完成上级交办的各项任务；做好电脑保养和维护工作。

成品库保管员职责 按规定办理物资的入库贮存和出库；库存物资贮存条件的控制，做好防火、防盗、防霉、防毒等工作；对进库材料质量按标样进行严格检查、登记、做账；每月定时对库存物资进行自查，做到账物相符，保证报表质量准确无误；对库存物资及时进行检验状态的标识；对超期库存物资检验，分类存放；紧急例外放行物资申请；保持库容整洁，根据先进先出的原则分批分类堆放；随时到生产车间对成品进行质量抽检，及时发现问题，及时纠正处理；按时完成领导交付的相关工作。

材料保管员职责 按规定办理物资的入库、贮存和出库；库存物资贮存条件控制，做好防火、防盗、防霉、防毒工作；每月定时对库存物资进行自查，做到账物相符，保证报表质量准确无误；对入库材料按标样进行质量检查验收；对库存物资及时进行检验状态标识；对超期库存物资的检验，分类存放；紧急例外放行物资的申请；保持库容整洁，根据先进先出原则分批分类堆放；做好最小存量及时预报；完成领导交付的相关工作。

基酒厂保管员职责 按照规定办理好基酒的入库、贮存和出库手续；库存物资贮存条件的控制，做好防火、防盗、防霉、防毒工作；每月定时对库存物资进行自查，做到账物相符，保证报表质量准确及时；对库存物资及时进行检验状态的标识；对原辅材料入库按标样质量检验入库；保持库容整洁，根据先进先出原则分批分类堆放；零星物资采购；按时完成上级交办的相关任务。

化验分析检验员职责 按时完成各项理化分析工作；按时完成各项色谱分析工作，做好色谱机保养、维护及检验工作；按照标准按时完成成品出厂全过程的进货检验工序，成品检验及有关质量检验的其他临时性工作；做好电脑保养维护；开展计量工作；统计分析质量目标完成情况；分发分析报告单；分类保存相关质量记录；产品追溯控制；组织酒样品评。

开发勾兑员职责 参与制酒过程的技术管理，跟踪检查制酒生产过程控制状况，提供制酒生产环节控制的技术分析报告，促进制酒生产控制水平的提高；按规范要求切实开展项目研究工作（含工艺新技术推广应用的实施管理）；负责产品的延伸开发试验及产品改良研究；跟踪（检查）勾储生产过程控制状况，提供勾储生产环节控制的技术分析报告，促进勾储生产控制水平的提高；负责库存基酒的定期盘查并提供基酒使用建议；负责待装酒、标准基酒的勾兑，开具勾兑（调味）执行通知书；参与勾储过程控制，提出改进建议；规范管理勾兑的质量记录；完成领导交付的相关工作任务。

勾储班人员职责 负责按勾兑执行通知书及相关程序文件、工艺要求组织标准基酒、待装酒的勾兑和处理工作，管理相关质量记录；负责管理车间的现场设备、安全等，使之达到规范要求；管理勾兑处理过程，确保勾兑处理过程质量；完成领导交付的其他工作任务；负责办理领料

（酒）、发酒等的相关手续；负责统计报表制作，确保报表准确、及时，符合要求；负责车间计量工作，确保计量器具的有效性、准确性。

品评员职责 认真钻研尝评知识；对小样酒、大样酒的品评工作认真负责。

基酒厂技术员职责 负责工艺技术管理，定期提供生产技术总结报告，提出工艺改进建议；承担相关项目试验工作；开展糟醅化验分析工作；协助厂长做好基酒厂管理工作；协助技术质量部完成相关开发任务；完成领导交付的其他工作。

水、电、焊、机修工职责 按质量管理体系要求健全设备档案及设备管理制度，检查考核设备管理及维护保养状况，确保设备状态满足生产需求（设备完好率95%）；建立水、电管理体系，确保水、电的正常供应并每月报送各单位的水电消耗，杜绝浪费；作好机修工作的组织管理，确保维修质量和效率，保证全厂机器设备正常运转；坚守岗位，做到随叫随到，对生产设备故障进行排查、维修，如发现人为损坏，应及时报告分管领导，由相关领导按照有关规定处理；配合各部门做好其他工作；积极参与设备技改实施；将供储部门新采购的机器设备掌握其使用方法后，交给相应使用部门，并培训正确使用方法；完成领导交办的其他任务。

杂务管理员职责 协助总务部经理做好生产协调工作；生产部各部门工作完成情况的统计与存档；生产部各部门生产月报表统计汇总；生产部重大事件记录；建立并加强信息及传递的管理；协助相关部门做好分级核算；做好各部门数据处理分析及时向相关领导报告；协助总务部经理做好生产部内部日常事务管理；协助办公室做好员工人事档案管理工作；基建改造工作；加强食堂内部管理，不断提高服务质量。

门卫职责 负责全公司的治安管理与安全工作；根据规定作好值班前的准备工作，准时交接班；认真负责严格控制外来人员，车辆及公司员工的临时出入作好登记及资料的归档；不定时对厂区巡逻，对各重要部位认真巡逻和消防安全检查，确保公司财产安全；认真做好防盗、防火、防责任事故的宣传教育工作，严防各种不测事件的发生；按时完成领导交办的其他任务。

环卫员职责 负责厂区男女厕所的冲洗；负责厂区、道路垃圾的清扫，随时保持环境卫生清洁；负责花草树木的浇水；完成领导临时交办的任务。

驾驶员职责 熟悉车况，遵守交通安全法规，确保行车安全；爱护车辆，及时对车辆进行保养，随时保持车辆清洁卫生；服从安排，听从指挥，按时完成交办任务；随时检查车辆状态，及时排除隐患，保证出车率；认真做好行车记录和各种费用的报销记录，节约开支；负责车辆的年检，车辆保险，维修接洽，车辆交费等一切费用的按期交纳工作；及时接送领导及来厂客人、礼貌待人；积极协助本部门做好其他工作；积极联系其他相关业务工作，并及时向上级报告；违章、违规驾车，后果自负。

办公室文秘职责 负责所有文件、资料、表册的打印工作；负责接线员工作；负责电脑、打印机等办公设施的使用、管理维护和保养工作；负责各种邮件、信函的收发和邮寄工作；负责来厂客人的接洽、接待工作；负责总厂库房的管理工作；负责每月考勤的统计工作；负责办公室的清洁卫生工作；负责文书的起草和档案管理工作；完成领导交办的其他任务。

统计员职责 订单评审过程记录的保存；与仓库数据核对，出具库存报表；输录本部门业务数据资料，并进行统计分析；打印文件；完成领导交办的相关工作任务。

勤杂协核员职责 组织实施库区勤杂工作；按规定搬运方法组织搬运；按规定的堆放方法及贮存位置摆放物资；协助仓库仓管员收、发、退数量核对；协助仓管员整理库区；完成领导交付的相关工作任务。

原辅材料采购员职责 按照供应合同采购原辅材料；确保采购的原辅材料质量与合同规定一致；按照生产需求订单，保质保量及时采供各种原辅材料；积极研究各种原辅材料供应价格，及时向上级报告同等材料质量及价差，确定优质适价的原辅材料；负责办理采购登记、结账手续；完成领导交付的其他工作任务。

客户服务部内勤员职责 协助经理接洽来电、来访工作；负责账物登记，做到准确无误；建立健全证照档案和客户档案；负责品牌管理和样品管理；热情接待客户来访；协助经理处理客户投诉；负责联系相关部门帮助公司维护产品质量和信誉；收集整理客户动态信息并及时向上级报告；协助经理下达生产计划和对产品质量提出要求；协助营销人员办理有关业务资料；收集、整理各类品牌销售动态，提出新的营销建议；完成领导交办的其他任务。

客户部外勤业务员职责 负责货物的发送押运；根据需要联系产品快件、行包、集装箱及航空业务的办理；对经办的货物跟踪服务到客户接收；收集、汇总客户投诉并按上级要求处理客户投诉；协助总厂其他部门的生产物资运送原材料购进；帮助安排货物装卸，协助成品保管员进行退货清理；负责运输途中车辆及货物安全，发现问题及时汇报处理；完成领导交付的其他任务。

驻外保管员职责 做好货物的收进、发出工作，认真清点数量，做到准确无误，签收传报；产品入库要分类整齐堆放，保持库内整洁卫生；库存物资贮存条件控制，做好防火、防盗、防霉工作；发货时核对清楚品名、单价、数量、规格、金额，并报经审核主管审批，杜绝造成损失，否则后果自负；每月对库存物进行自查，做到账物相符；货物报损、降价需书面申请，经部门经理同意后才能处理；每天销售货物后，必须把货物品名、单价、数量、规格、金额传真回厂部，由厂部专人记账；负责收集当地市场信息，及时通报厂部，便于调整相关工作；每日所做工作，必须按规定填写工作纪要，每星期传回客户服务部；完成领导交付的其他工作。

炊事员职责 按作息时间开餐，不得对外营业；保持厨房餐厅内部整洁、卫生及周围环境卫生；蔬菜食品放在储柜内，不得放在地上霉变质；餐具应保证蒸煮时间，严格消毒；负责办公室的清洁卫生，车间办公室开水供应；保障职工生活用水及因工作误餐职工的吃饭用水问题；热情接待供（送）货驾驶员，并为其服务；完成领导交办的其他任务。

（四）2005 年 6 月 15 日，五星酒厂制定物品部、技术质量部、勾储车间岗位职责

技术质量部经理职责 制订部门工作计划；制订本部门员工培训计划；负责计量体系及其目标、文件管理；负责卫生体系及其目标、文件管理；负责质量管理体系及其文件管理；负责质量统计分析管理；负责对化验结果进行审核；负责化验指导工作；参与制酒过程的技术管理，跟踪检查制酒生产过程控制的状况，提供制酒生产环节控制的技术分析报告，促进制酒生产控制水平的提高；成品的检验结果进行确定；负责品评结果审核；负责评酒员管理工作；组织基酒检验定级；做好色谱机保养、维护及校检工作；负责计量器具校检、校对工作；完成领导交付的相关工作任务。

勾储车间经理职责 制定部门工作计划；负责本部门员工质量方针的培训，制定本部门员工

培训计划；负责本部门设备的维护和保养管理；提出本部门的工艺更改；制定和完善《勾兑工作指导书》；组织小样、大样勾兑；对勾兑过程产生的不合格采取纠正、预防措施；对产品标识和可追溯性实施有效控制；负责产品的延伸开发试验及产品改良研究；负责库存基酒定期排查并提供基酒使用建议；参与制酒过程技术管理，跟踪检查制酒生产过程控指制状况，促进制酒生产控制水平提高；按规范要求切实开展项目研究工作（含新工艺、新技术推广应用的实施管理）；跟踪（检查）勾储生产过程控制的状况，提供勾储生产控制水平的提高；审核勾兑（调味）执行通知书；完成领导交付的其他任务。

二、年度工作会

2011 年 3 月 11 日，五星酒业集团 2010 财年营销工作会，在贵阳市花溪区青少年中心举行，来自各地区的片区经理、业务人员及优秀经销商代表参加会议。13 日晚，参加五星酒业集团营销会议人员，举行自编自演文艺晚会。节目有：民族舞蹈“火把节”、小品、独唱、哑剧等。

2013 年 4 月 3 日至 6 日，为期 4 天的五星酒业集团 2012 年年会分享暨未来战略大会在贵阳市花溪青少年宫召开。年会由晨会、总结、汇报、培训、团队展示、表彰、人事任命、才艺表演等环节构成。其中文艺晚会节目形式多样，内容丰富多彩，有热舞、小品、独唱、双簧、擒拿格斗、魔术等。

2013 年 6 月 18 日，五星酒业集团“2013 年度镇酒贵州市场经销座谈会”在贵阳浙江大酒店召开。会议围绕“转型中寻求发展，杂乱中精准定位”的主题，探讨如何颠覆五星酒业集团拥有的 10 年自主品牌“镇酒”的固有形象，转型走小瓶酒路线，在夹缝中为企业的发展寻找一条捷径。

2014 年 4 月 3 日至 6 日，贵州五星酒业集团一年一度的“年会”在贵州阳花溪区青少年宫举行，五星酒业集团 170 余人参加。会议内容：晨会分享、总结汇报、员工培训、团队展示、晚会表演、人事任命、颁奖典礼等。年会主题：梦想、坚持、腾飞，中国梦、五星梦、我们的梦。

2014 年 5 月 5 日，五星酒业集团 2014 年度镇酒贵州市场经销商座谈会在仁怀国酒门温泉酒店召开。公司董事长焦永权、贵州公司总经理康劲、贵州一分公司总经理贺孝阳、上海良鉴咨询公司总经理周佳杰、五星酒厂生产部总经理张鹏、酒厂行政副总赵浪、酒厂总工兼质量部副总熊寿贵、酒厂勾储部副总李明金、酒厂包装生产部副总李明德、酒厂供应部副总冯进、酒厂基酒生产副总张伟，以及 80 余名镇酒贵州市场经销商参加。座谈会以“携手镇酒、共创辉煌”为主题，除了坚持打造“贵州酱香小酒第一品牌”的定位不动摇，还新推出符合当下白酒亲民化路线的产品，同时确定了将产品做透乡镇市场的经营模式。

2014 年 10 月 17 日，五星酒业贵州公司召开上半年工作总结会，五星酒业集团以“先城区，后乡镇，先餐饮，后流通”的方针，对旗下系列镇酒产品“镇酒”进行大面积铺市，夯实市场基础。五星酒业贵州公司各市场，完成半年任务的 92%，较上年同期增长 11%。会上五星酒业公司分别对贵州各片区经理、城市经理、业务主管、职能部门优秀管理人员及优秀业务员 23 人进行了表彰奖励。

2016 年 7 月 17 日至 18 日，为期两天的“贵州五星酒业集团贵州公司第一季度市场检查总结暨优秀表彰大会”在仁怀五星酒厂召开。贵州公司各片区经理、城市经理以及优秀主管和业务员共60余人共同参加了会议。

2016年9月28日至29日，五星酒业集团“贵州公司第二季度暨半年度优秀表彰大会”在五星酒业集团总部召开。评出优秀分享奖、优秀片区经理奖、优秀城市经理奖、优秀销售人员奖、市场完成任务奖等共15个团体奖和34个个人奖并发放奖金。

2016年11月24日，五星酒厂生产中心管理干部半年总结会暨优秀表彰大会在酒厂会议室举行，五星酒业集团董事长焦永权、五星酒厂总经理张鹏及生产中心全体管理干部参加了会议。会议对评出的26名优秀员工颁发了奖金和荣誉证书。

2017年1月17日，五星酒业集团以“金鸡报晓，再创辉煌”为主题，在贵阳花果园锦湘楼举办2017年新春团拜会。五星直营贵州一公司、五星直营贵州二公司、贵州酱酒网分公司、贵州分公司、省外分公司以及营销总公司职能部门员工欢聚一堂，开展喜迎新活动。

2017年1月21日，五星酒厂2016年度生产总结表彰大会在酒厂会议室召开。会议总结了上年度的生产情况，表彰了6位优秀班长、24名优秀员工。

2021年3月27日至29日，以“拓产能·创品牌·抓销量”为主题的贵州五星酒业集团2020年总结表彰大会，在仁怀市楠竹林公园隆重召开。五星对2020年度工作中表现突出的团队及个人予以表彰。

2022年1月25日，贵州五星酒业集团茅台镇五星酒厂“2021年度生产工作总结表彰大会”在五星酒厂顺利召开。五星分别对3位优秀班长，33名优秀员工进行表彰。

2022年3月28日至29日，以“谋转型·创品牌·稳增长”为主题的贵州五星酒业集团2020年总结表彰大会，在遵义市桂花山大酒店召开。五星对2021年度工作中表现突出的团队及个人予以表彰。

2023年1月16日，贵州五星酒业集团茅台镇五星酒厂“2022年度生产工作总结表彰大会”在五星酒厂顺利召开。分别对8位优秀班长，34名优秀员工进行表彰。

2023年3月3日至5日，以“新征程·建平台·创品牌”为主题的贵州五星酒业集团2022年·年会，在遵义市桂花山大酒店隆重召开。年会全面总结了五星过去一年取得的成绩，明确2023年的工作重点，并对2022年度表现突出的团队及先进个人予以表彰。此外，五星还为连续入职5年、8年、10年、12年、15年以上的64名员工授予“五星忠诚奖”。与会成员在董事长焦永权的带领下，共同宣读《五星奋斗者》宣言，也昭示着全体五星人共奋斗、共进步、共发展的决心。

第三节　企业制度建设

一、制度建立

公司先后制定规章制度30余个。包括“贵州省仁怀市茅台镇五星酒厂章程”“茅台镇五星酒厂基酒厂管理办法”“茅台镇五星酒厂小车管理制度”“茅台镇五星酒厂督导制度”“茅台镇五星酒厂行政处罚制度”“五星酒厂基酒厂管理制度”“五星酒厂基酒质量生产管理规定”“五星酒厂贵阳公司为总厂代办事务的规定”“茅台镇五星酒厂基酒管理规定”“五星酒业集团产品检验制度”“五星酒业集团基建维修工程管理办法”“五星酒业集团安全生产奖惩办法”“五星酒业集团大宗原材料采购验收办法”“茅台镇五星酒厂2020—2021年度茅台基酒一厂基酒生产计件方案”“茅台镇五星酒厂存货管理制度”“茅台镇五星酒厂材料采购申报制度”“物品交接管理办法”“印章管理规定”“基酒厂生产节能措施”“晨会制管理规定”“五星酒业集团基酒生产车间管理制度”“五星酒业集团基酒厂行管岗位管理办法（试行）”“基酒厂视频监控回看管理规定”“勾储车间抽酒管理制度”“2020—2021年度茅台基酒一厂基酒生产计件方案”“2020—2021年度茅台椿树基酒厂基酒生产计件方案”“2020—2021年度合马基酒厂生产（碎沙）计件方案”“酿酒工序质量管理制度”“卫生管理制度”“关于制定执行情况巡查监督的管理制度”等。

自1993年建厂以来，以“求真务实、敢于拼搏、与时俱进、开拓创新”为企业精神，逐步规范和加强企业管理，设置专门的生产管理机构，明确一名副总分管生产工作，制定和完善了各项管理制度，强化生产管理。

2001年3月10日，制定了《产品档案管理规定》。4月2日印发《请销假制度》《学习培训会议制度》《文件资料档案管理规定》《车辆管理制度》《卫生管理制度》《微机操作人员管理制度》《包装厂各岗位工作职责》。7月15日印发《补充规定》《白酒生产、包装原材料、机器（机械）设备采购供应及其管理的补充规定》。7月25日转发长岗分厂《包装车间、打酒班、包装班管理细则》。8月10日印发《关于对行管人员实行考核考评的实施办法》。8月25日印发《长岗分厂包装车间升降机使用管理制度》。10月4日印发《长岗包装厂材料、成品收进发出分类记账管理制度》。10月30日印发长岗分厂《白酒勾兑、调配、过滤、化验、灌装生产管理规定》。11月12日印发《抽酒、抽水泵使用管理办法》。11月16日印发《加强基酒生产、储存管理补充规定》。12月22日印发《搬运工管理制度》。12月24日印发《加强长岗包装厂基酒组合、调味、化验过滤、灌装管理的规定》。

2002年，2月22日印发《机构设置及职责的通知》。4月15日印发《装卸工操作规程》。4月25日印发《长岗包装厂生产场地现场管理规定》。5月30日印发《关于长岗包装材料收进、发出、储存、记账管理制度》。6月15日印发《关于基酒厂按窖期生产、进行分级贮酒的规定》。7月6日印发《关于建立全厂消防领导小组和消防安全管理制度的通知》。8月14日印发《关于浓香型基酒验收标准的通知》。9月20日印发《关于在全厂推行层级管理制度（试行）的通知》，修改《行管人员考核、考评实施办法》。12月3日印发《行管人员每日工作绩效考核评定标准办法要求》。

2003年5月30日印发《督导管理制度》《行政处罚制度》。6月1日印发《茅台基酒厂管理制度》。10月31日印发《门卫管理制度》。

2004年7月20日，五星酒厂印发《会议制度》（仁五通〔2004〕015号）。

2004年10月22日，五星酒厂印发《茅台镇五星酒厂基酒厂管理办法》（仁五通〔2004〕026号）。

二、管理制度

（一）贵州省仁怀市茅台镇五星酒厂章程

第一章　总则

第一条　为了规范个人独资企业的行为，保护个人独资企业投资人和债权人的合找权益，维护社会经济秩序，促进社会主义市场经济的发展。根据《中华人民共和国个人独资企业法》制定本章程，以此为本企业的经营准则。

第二条　企业名称：贵州省仁怀市茅台镇五星酒厂。

第三条　企业地址：仁怀市茅台镇岩滩村。

第四条　企业负责人：焦启帮。

第五条　企业经营范围：白酒制造、自产自销。

第六条　本企业为个人独资企业，由一个自然人投资，财产为投资人以其个人财产对企业债务承担无限责任的经营实体。

第七条　本企业在登记的经营范围内从事经营活动，一切活动遵守法律、行政法规，遵守诚实信用原则，不得损害社会公共利益，依法履行纳税义务。

第二章　出资方式及出资额

第八条　本企业投资人为一个自然人，申报的出资额为1000万元，其中现金100万元。

第三章　财务、会计和劳动工资制度

第九条　本企业按国家有关法律法规制定财务、会计制度，依法设置会计账簿，进行会计核算。

第十条　本企业招用职工，依法与职工签订劳动合同，保障职工的劳动安全。按时、足额发放职工工资，按照国家规定参加社会保险，为职工缴纳社会保险费。

第四章　企业的解散和清算

第十一条　本企业营业执照签发日期为本企业成立日期2005年12月29日。

第十二条　企业有下列情形之一时，应当解散。

（一）投资人决定解散；

（二）投资人死亡或者被宣告死亡，无继承人或者继承人决定放弃继承；

（三）被依法吊销营业执照；

（四）法律、行政法规规定的其他情形。

第十三条　企业解散，由投资人自行清算或者由债权人申请人民法院指定清算人进行清算，投资人自行清算的，应当在清算前十五日内书面通知债权人，无法通知的，应当予以公告。债权人应当在接到通知之日起三十日内，未接到通知的应当在公告之日起六十日内，向投资人申报其债权。

第十四条　企业解散后，原投资人对个人独资企业存续期间的债务仍应承担偿还责任，但债权人在五年内未向债务人提出偿债请求的，该责任消失。

第十五条　企业解散的，财产应当按照下列顺序清偿。

（一）所欠职工工资和社会保险费用；

（二）所欠税款；

（三）其他债务。

第十六条　清算期间，企业不得开展与清算目的无关的经营活动。在按前条规定清偿债务前，投资人不得转移、隐匿财产。

第十七条　企业财产不足以清偿债务的，投资人应当以其个人的其他财产予以清偿。

第十八条　企业清算结束后，投资人或者人民法院指定的清算人应当编制清算报告，并于十五日内到登记机关办理注销登记。

第五章　附则

第十九条　本章程未尽事宜，依照国家有关法律、法规办理。

第二十条　本章程正本件二份，报送登记机关一份，本企业存档一份。

（二）茅台镇五星酒厂基酒厂管理办法

1. 基酒厂人员编制三人。

（1）厂长一人，主持全厂工作，享受副经理待遇。（2）财务、保管一人。（3）技术员一人。

2. 基酒除按正常规定要有进出库单记账外，基酒实行厂长、保管两人共同上锁的管理制度。

3. 上下班实行签到制，熇酒期间不准请假，超假要扣工资。

4. 工人在上班时间不准喝酒、打牌。休息时间不准猜拳喝酒，晚上娱乐时间不准超过 12 点。

5. 厂内行管人员要切实对所承担的工作负责，遇事要想办法及时解决，不准拖拉推诿，不准视而不见，一经检查指出，记入工作考核。

6. 厂内所有废弃物不能擅自处理，不准无偿送人，原则上能作价的要作价销售，销售所得款归厂所有。

7. 基酒厂管理人员不得向工人索取财物、借款，一经发现按违纪处理。

8. 行管人员按层级请假，休假一律在窖期内安排调节。

9. 熇酒工人参照行管人员考核考评办法每半年进行考核考评，建立考核考评档案，实行末位淘汰制。

10. 本办法从 2005 年 11 月 1 日起执行。

（三）茅台镇五星酒厂小车管理制度

为进一步加强小车管理，确保安全和生产用车，特制定如下管理制度。

1. 驾驶员必须持证上岗，遵守交通规则，确保交通安全，严禁无证驾驶或酒后开车。

2. 驾驶员不得私自将小车借给别人使用。

3. 任何人不得用厂里的小车出去办私事，行管人员私人用车，须经总经理同意方能使用。

4. 驾驶员应爱护车辆，经常对车辆做基本检查（如水箱、机油、电瓶、轮胎、油量、外观），如发现故障应立即报告办公室，经办公室主任同意，财务部参与到指定的地点维修。

5. 加油开票应写明用途，由两人参与共同加油。办公室每月底对车辆里程、油料进行统计、登记、考核，并公布考核结果。油票每月交财务部存查。

6. 总厂对小车实行专职驾驶员驾驶制度，特殊情况，须请示办公室主任同意签字，开出派车单方能驾驶。

7. 小车由办公室统一调配，每天填写派车记录。用车单位应提前向办公室提出，由办公室开出派车单，驾驶员方能出车。驾驶员凭派车单，报销差旅费。

8. 小车外出归来，车辆晚上必须停放在总部，凡是晚上未停放在总部的，每次罚款200元。

9. 违反上述小车管理规定，对相关责任人罚款100～500元。三次以上违反上述规定，按自动离职处理。由于驾驶员违反交通规则，私自将车借给他人使用，未经批准，利用公车办私事或因工作失职造成车辆损坏或丢失，一切法律、经济损失全部由驾驶员承担。

10. 驾驶员违章罚款一律由驾驶员承担。

11. 本管理制度从2004年11月1日起执行。

（四）长岗包装厂车辆管理制度

长岗包装厂各部：

为加强长岗包装厂车辆的管理，做到不误生产，及时运输，特制定管理制度如下：

1. 长岗包装厂的车辆管理由总务部负责。

2. 驾驶员必须持证上岗，遵守交通规则，确保交通安全，严禁无证驾驶和酒后开车。

3. 任何人不得用厂里的车辆办私事，私人用车须经总经理同意。

4. 驾驶员应爱护车辆，经常对车辆做基本检查和保养（如水箱、机油、电瓶、轮胎、油量、外观），如发现故障应立即报告总务部，经请示分管副总，经总经理批准及时维修。

5. 油费、维修费应严格控制。车辆维修必须由总务部和驾驶员参与，并在发票上共同签字，经分管副总审核报销，维修车辆的旧材料交回总务部。加油必须经两人以上参与，并签字。

6. 各部门用车应提前向总务部报备，由总务部统一派车。每天填写派车记录。驾驶员的出差补助以派车单为依据，由总务部签字报销。

7. 由于驾驶员违反交通规则，私自将车辆借给他人使用，利用公车办私事或因工作失职造成的车辆损坏或丢失，一切法律、经济损失全部由驾驶员承担。

8. 驾驶员违章罚款一律由驾驶员承担。

9. 违反上述车辆管理规定，对相关责任人罚款100～500元。三次以上违反上述规定，按自动离职处理。

10. 此规定从发文之日起施行。2004年10月20日发布。

（五）贵州省仁怀市茅台镇五星酒厂行政处罚制度

2003年5月30日，五星酒厂为了从严治厂，严肃厂纪厂规，把各项规章制度和岗位职责认真贯彻执行下去，营造爱岗敬业、奋发上进的企业氛围，特制定本制度。

行政处分种类：警告、严重警告、记过、留厂察看、开除。

处分范围：1. 员工中有下列行为之一者，给予行政警告处分。上班迟到10次以上或早退10次以上；无故不参加学习、不参加开会5次以上；上班时间无故擅自离岗3次以上；上班时间打牌、打台球、酗酒等两次以上；无故不参加单位或部门组织的义务劳动5次以上；工作上不服从安排，不听从指挥，不配合，不合作两次以上；不认真填写每日工作考绩情况5次以上。2. 有下列行为之一者，给予严重警告处分。无故旷工一天以上；上班时间聚众赌博、酗酒闹事造成极坏影响者；未坚守工作岗位，造成其他单位或部门工作受到影响，情节较轻者；发现损坏企业人和事，不报告、不制止者；库房堆放混乱、账物不符、卫生状况极差者；工作马虎、错开单据，未造成经济损失者。3. 有下列行为之一者，给予记过处分。上班时间擅自离岗，延误其他单位或部门工作，并给企业造成损失者，除给予行政处分外，还要对照其他制度规定给予适当的经济处罚；在厂内酗酒闹事，打架斗殴，员工中影响极坏且直接影响企业的声誉和形象；工作不认真，敷衍了事，拖拉疲沓，完不成交办的任务者；违反操作规程，不按作业程序办事，不讲科学，不懂技术，损坏企业设备，除给予记过处分外，还要追究其经济赔偿责任；产品包装出厂，客户反馈有严重质量问题的直接责任者（外包装、理化指标、悬浮物、杂质等）；各种费用支出报销弄虚作假，金额在100元以内者；错发指令，错开单据，直接经济损失300元以内者。4. 有下列行为之一者给予留厂察看处分。盗窃企业财物，价值在100元以内者，除给予留厂察看处分外，同时对照相关制度给予经济处罚；利用工作之便，收受贿赂、回扣500元以内；各种费用报销弄虚作假100元以上者。5. 有下列行为之一者给予开除处分。泄露企业商业秘密，造成企业重大经济损失者；利用工作之便，收受贿赂、回扣500元以上者；违章违规操作造成企业重大经济损失2000元以上者；贪污、盗窃企业物资财产价值200元以上者；擅离职守，严重脱岗造成企业重大损失价值2000元以上者。

行政处分把握的几个原则：管理中对有过失的员工实行行政纪律处分，目的在于从严治厂，惩前毖后，治病救人，因此必须实事求是，有依有据，有说服力，避免主观片面，执行中对有意打击报复的人员，也要从严处理；违章违纪情节较轻，尚不构成警告处分，可由分管领导或部门提出批评教育，限期改进；员工因违纪违规受到处分后，不思改进，以烂为烂继续再犯的可提高一个处分档次；员工受处分能面壁思过，彻底改正的，一年后可撤销其处分，同时受到经济处罚的，罚款仍然有效；对留厂察看人员，留厂察看时间一般为三个月，倘若能认真改正错误，转变作风，工作表现突出的，可继续留厂使用；行政纪律处分的决定，必须经请示总经理同意签批后，方能执行；行政纪律处分决定，由总厂督导机构贯彻执行。

（六）五星酒厂基酒厂管理制度

2003年6月1日，五星酒厂制定基酒厂管理制度。

生产管理制度 1. 全厂员工必须按时上下班，不得迟到、早退。2. 上班期间不准喝酒、不准抽烟、不准随地吐痰、不准打牌赌博，违者处以10元至20元罚款。3. 严格按照技术操作规程办事，若因违反操作规程而造成损失的，按照公司规定负责赔偿。4. 爱护公共财物，不得乱拿、损坏、偷盗，违者视情节轻重处以50元至100元罚款，触犯刑律的送交司法机关处理，并开除出厂。5. 运交酒时，必须把桶盖严，倒酒时小心稳妥地将酒倒在酒缸里，故意造成酒水损失者，处以10元至20元罚款，并负责赔偿。6. 高粱加工装袋必须按规定标准计量，确保车间用粮。因缺粮、缺袋影响车间工作的，处以10元至20元罚款。7. 服从安排，听从指挥，认真干好本职工作，团结互助，积极主动配合其他各项工作。管好、用好各种原材料，厉行节约，不浪费，保质保量完成生产任务，提高生产效率。8. 认真学习党的各项方针政策，学习各种法律法规、厂纪厂规、文化科学知识，提高生产技能。

基酒厂厂长工作职责 1. 负责基酒厂的生产、安全管理工作，协调好厂与当地群众的关系。

2. 按照公司下达的生产计划，组织安排生产。3. 严格按照公司技术部门规定的生产技术要求，保质保量生产出合格的基酒。4. 组织管理好各种财产不受损失。5. 经常检查生产安全情况，消除各种安全隐患，确保安全生产。6. 每天组织工人在生产前、后清扫环境卫生，确保全厂的环境卫生整洁。7. 及时处理各种矛盾纠纷，确保正常生产。8. 按时做好生产记录，及时如实向上级汇报各种生产情况，做到不弄虚作假。9. 严禁非本厂工人、工作人员进入生产厂区，凡到厂内办事的人员须经厂长同意方可进入。10. 组织全厂职工认真学习党的各项方针政策、法律法规、厂纪厂规、文化科学知识，做到爱岗敬业、爱厂如家。11. 教育全厂职工遵纪守法，团结互助，为富厂兴国多做贡献。

班、组长工作职责 1. 负责全班组的生产、安全等全面管理工作。2. 积极带领全班组员工按时完成厂长交办的任务。3. 严格按照公司技术部门规定的生产技术规程操作，保质保量生产出合格的基酒。4. 严格按照交接班制度做好上下班交接工作并做好当班的生产记录。5. 随时检查安全生产情况，消除各种安全隐患，确保安全生产。6. 组织带领工人在生产前、后清理工具及物资，打扫环境卫生，并做到卫生整洁、物资清楚，方能交接班，确保全厂环境卫生整洁，物资清楚。7. 发现职工有违纪、违规现象苗头，及时制止、纠正。8. 积极带领全班，组织参加各种生产互助活动和社会精神文明互助活动。

（七）五星酒厂基酒质量生产管理规定

2003 年 6 月 23 日，五星酒厂为了确保消费者权益，满足人民群众日益增长的物质和文化生活需求，生产出合格的高质量基酒，特制定如下管理规定。

浓香型基酒生产工艺操作规程

1. 原辅料的处理

（1）高粱粉碎：以通过 20 目筛的量占 85% 左右为宜。

（2）大曲粉碎：以通过 20 目筛的量占 70%，余下的 30% 能通过 0.5 厘米的筛孔为宜。

（3）谷壳清蒸：清蒸时间以圆气后保持大汽 30 ~ 40 分钟清蒸后的谷壳手捏不刺手，嗅之无生糠味和臭味。清蒸好的谷壳绝对不能和生谷壳堆放在一起。

2. 开窖

（1）取窖泥。用铁铲将窖面上的窖皮泥取下，撮入窖泥坑内，把窖泥上的糟子彻底刷净，窖泥坑内的窖泥必须踩一次用一次，杜绝踩一次用几次，以防窖泥霉变。窖泥坑内不得堆放其他已霉变的窖泥。

（2）取糟醅。先将面上的盖糟取出，单独蒸酒做丢糟处理，面糟取完后，接着起红糟，另外堆放，起到一半时停止取糟拍紧，撒少许谷壳。

（3）滴窖。停止取红糟后，在窖中央窖边挖一坑，深至窖底，随即将坑内的黄水舀净，边滴边舀，至少要 4 次，一般保持糟醅水分在 58% ~59% 为宜（检验糟醅的含水量以手捏糟醅，指缝间有水流出，但不成线下滴）。滴窖时要用塑料薄膜将暴露在外的糟醅盖严，以防酒精分子跑掉，黄水是窖内酒醅向下层渗透的黄色淋浆水，一般含酒精、醋酸腐殖物和酵母自溶物等，还含有一些驯化的乙酸菌和多种白酒香味的前体物质，所以黄水是人工培窖的好材料，也可将黄水集中蒸馏取得黄水酒。

3. 配斗、拌料

各基酒厂的甑容积也许不相同，那么每甑投粮量就不相同，但粮糟比是1：（4.5~5），谷壳为20%~30%，母糟一定要适量，它的作用是调节入窖酸度在1.4~1.6，保证发酵所需的酸度，抑制杂菌繁殖，调节淀粉含量，进而调节温度，使酵母在一定的酒糟量和适宜的温度内生长，提高淀粉的利用率。

（1）在蒸馏取酒前40~45分钟，用耙梳将一甑的母糟刮平，倒入高粱粉，随即拌和一次，倒入谷壳，并连续拌两次，要求拌散、均匀、无灰包、无疙瘩。

（2）拌料时除母糟过湿外，不可将谷壳和高粱粉同时倒入拌料，以免高粱粉进入谷壳内，降低淀粉的利用率，翻拌要求低翻快拌，次数不可过多，时间不宜过长，以免酒精挥发，根据各酒厂的经验，拌后应堆置30~35分钟。

（3）拌料时如母糟过干，就不可将粮粉直接倒入母糟，堆上拌料，应提前用水润粮（冬天用温水夏天用冷水），然后才能将预湿好的粮粉铲在母糟堆上进行拌料。

4. 蒸粮、取酒、打量水

（1）装甑时要做到轻、松、匀。探气上甑轻倒打散，掌握蒸汽量，要求两小一大，做到不压汽，不绝汽，穿汽均匀，装甑时，要求边高中低，即甑子内的粮糟四周略高于甑子中央的粮糟，装甑时间一般定在35~40分钟。

（2）上盖蒸酒。取酒头0.25~0.5千克，酒头入库单独贮存作调香酒，达到一定规模的酒厂，酒头一般不要求稀释回窖发酵，仅作调味时使用。

（3）蒸粮。蒸完酒后，再续煮1小时，全期110~120分钟，蒸粮又叫糊化，糊化好的熟粮要求“熟而不黏，内无生心”，既要透又不起疙瘩，每蒸完一甑，彻底清洗一次甑底，以免给下一甑蒸馏出的酒带来糊臭的底锅水味。

（4）打量水。粮食糊化完毕后，应立即敞甑冲酸，敞甑冲酸又叫排酸，其目的是排掉一些挥发性的酸性物质，以利于糖化发酵的顺利进行。冲酸时间冬天20~30分钟，夏天30~40分钟，冲酸结束后，粮糟出甑立即拉平，打85℃~95℃的热水，数量为原料的90%~110%（冬天为90%~95%）。打量水洒开泼匀，打完量水后将四周收拢略微拍紧。上述的90%~110%的量水比例系指全窖平均数，实际操作时底层少上层多，这种方法有调节水分均匀的作用，回窖酒的重量应计入90%~110%的量水内，量水的多少，以控制窖内水分55%左右为宜。

5. 摊凉下曲

（1）打过量水的粮糟四周收拢拍紧后，堆集焖粮20~30分钟，焖粮又叫第二次糊化，焖粮结束，将打过量水的粮糟置凉糟设备上，均匀刮平利用风机通风降温，翻动数次，以防冷皮不冷心，温度冷至下曲温度为止。

（2）下曲温度：各基酒厂根据自己的地理特点，严格掌握下曲温度。根据经验，冬天17℃~20℃，夏天低于室温2℃~3℃。

（3）下曲量：各基酒厂根据自己糟醅的情况而定，同时根据大曲的糖化力而定，参考数为冬季20%，夏天为18%~20%。

6. 入窖发酵

（1）入窖温度：粮糟入窖温度应根据季节、气温的不同而有差异，春冬两季室温4℃～10℃，入窖温度17℃～20℃；夏秋两季室温20℃～32℃，入窖温度20℃～27℃。

（2）入窖要求：入窖后，粮糟要适当踩紧和刮平，踩时沿窖边踩，撒少许蒸煮过的谷壳，以此分别底盖糟。盖糟高度可超出窖平0.8～1.2米，铺出窖边不超出5米，面糟温度可高粮糟2℃～3℃。

（3）出入窖的质量要求：出窖糟醅含淀粉7%～8%、水分63%～64%，酸度为1.8～2.5；入窖粮糟含淀粉15%～16%、水分55%～58%，酸度1.4～1.6。

（4）封窖：粮糟装好后，敷抹窖泥6～10厘米厚，盖上薄膜，四周握紧，保持窖泥湿润，不开裂。

（5）发酵期，浓香型基酒的发酵期为60天。

窖池保养

1. 每次取糟时尽量不要损坏窖池的窖壁，每次取完糟醅，必须认真彻底清扫窖池，如发现窖口周围以及窖池口长有霉菌应彻底清除掉。

2. 检查窖池窖泥的厚度，较薄或有坑洞，应及时补上成熟的新窖泥，窖池老化严重时，要换窖泥，将其铲下，换上人工培养成熟的窖泥，铲下的窖泥经添加菌液后仍可使用。

3. 窖池清扫完毕，向窖壁喷洒稀释后的酒头和酒尾，然后再各窖壁撒大曲粉。稀释后的酒头和酒尾的酒精度在5°～10°，数量根据窖池的大小而定，一般10千克左右。

4. 封好窖后，每天坚持早中晚检查窖皮泥，保持窖皮泥的温度，发现有开裂现象，说明窖皮泥已严重失水，这是窖池管理不当造成的，应坚决杜绝，因为窖内参加糖化发酵的微生物都是厌氧微生物，窖皮泥开口，氧气进入，好氧微生物得到充分繁殖，同时散发能量致使窖内温度升高，酒精分子逃逸，粮糟因温度升高而烧坏（发白）。

5. 在进行糖化发酵期间，窖皮泥面上长青霉、黑曲霉、黄曲霉等杂菌，应及时将长有杂菌的窖皮泥取走，换上新鲜窖皮泥，并将取走的窖皮泥运离生产场地。

6. 整个糖化发酵期间，应特别注意窖池四周的环境卫生，为防止杂菌感染，窖池四周应每个星期喷洒一次石灰水。

发酵期的管理

1. 每轮次封窖和开窖的时间均由厂技术员、酒师、基酒厂厂长、生产副总共同确定，并做好现场记录，签字认可，主为有效。否则以违规违纪论处。

2. 基酒厂酒师要加强窖期的技术指导与现场管理，发现问题及时纠正。自己解决不了的及时上报处理。

3. 封窖到开窖期间从事窖池管理的工人，要每日、每时对窖池进行严加看管，细查细检，保持窖皮泥柔熟不干，不开裂，发现窖皮泥上有杂菌的菌落出现，要立即铲除掉，并在已感染过杂菌的地方洒上澄清的石灰水，补上新鲜窖皮泥。对封好窖的窖池周围要时常保持清洁，不准有一点残渣、生水、烟头等污物。整个生产场地每周必须用澄清新鲜石灰水喷洒一次。

4. 随时注意窖坑保养，整个窖壁必须保持柔熟湿润，防止窖泥板结和杂菌生长，每个窖起完糟醅后，要检查窖壁是否有坑洞，如发现有坑洞要及时补上已培养好的窖泥。每个窖在装入粮糟前一定要坚持用黄水或好的尾酒淋窖。

5. 基酒厂的酒师要随时根据糟醅情况、季节变化控制好粮糟入窖水分的比例控制。根据需要培养优质窖泥。

6. 基酒厂厂长、酒师要督促生产班组搞好生产记录，包括入窖时间、入窖温度、入窖水分、流酒时间等。记录要真实可靠，以便随时进行技术总结，确保优质高产。

取酒及入库管理

1. 入库时每甑酒先摘取0.5千克酒头（丢糟除外），再摘取入库酒，入库酒的度数不得低于60°，入库酒摘取后，每甑摘取20°酒尾（丢糟除外）储存备用。

2. 入库酒入坛后盖严密封好，按库房管理和质量管理要求，做好各项登记和安全管理。

人工老窖的培养

1. 人工窖泥富集培养液的配制

（1）黄水20%～30%，酒尾10%，大曲粉5%～6%，丢糟浸出液10%，$KH_2PO_4$0.02%，老窖泥5%。

（2）将老窖泥放入黄水中泡散，充分搅拌成黄水泥浆，将黄水泥浆加蒸到80℃，并保持10分钟趁热倒入陶坛内，然后将其他原料分装坛内搅拌均匀，控制温度在38.5℃～37℃，封坛发酵15～30天，即成富集培养液。

2. 人工窖泥培养的配制

（1）黄泥（黏性强、不能带红色）810%，优质大曲1.5%，优质窖皮泥5%～10%，丢糟2%～5%，酒尾5%，沼气泥（塘泥）1%，$(NH_4)PO_3$ 0.02%（溶解），$KH_2PO_4$0.05%（溶解），豆渣粉1%，双轮底槽2%～5%，富集培养液5%，优质黄水3%～5%。

（2）将所有原料进行处理，分别打成粉或浆状。

（3）将半固体材料按比例拌和均匀。

（4）将黄水进行热处理80℃ 8～10分钟。

（5）将热黄水（热黄水不够用，可用热底锅水）、酒尾、富集培养液泼入拌匀的原料中，边泼边踩，踩透、踩紧，收边整齐。

（6）用塑料薄膜握紧或黏土性黄泥扎紧，培养温度33℃～37℃，pH值6左右，自然1～2个月，冬季比夏季适当长1个月。

（7）冬季用发酵窖池加保温装置，夏季自然在平地发酵。

3. 培养成熟窖泥的质量标准

（1）色泽：灰褐（或灰黑）色，无投入原料本色为优；黄褐色，无其他投入原料本色为一般。

（2）气味：香气纯正，有浓郁的老窖泥气味和酯香、酒香、窖香，酯香、酒香混为一体为优；香气正，有老窖泥味和酯香，酒香较持久为良；香气较正，无其他异杂味（酸败味、生泥味、腐败味、腥臭味等）为一般。

（3）手感：柔熟细腻，无刺手感，断面有明显的发酵气泡，均匀无杂质，有一定的黏稠感为优；较柔熟细腻，刺手感微弱，断面有较明显的发酵气泡，均匀无杂质，有一定的黏稠感为良；柔熟感一般，刺手感明显，断面死板较均匀，有少许杂质，微带黏稠性为一般。

调味酒的生产

调味酒的生产，技术要求严密，由生产技术部指导生产。

1. 双轮底调味酒。将窖底或窖边接触老窖泥的酒醅发酵一个周期暂不挖出，铺平于窖底，在面上隔好篾块（或撒一层熟糠），再将入窖粮依次盖在上面，装满后封窖发酵。隔醅篾以下的底醅经两轮发酵，称为“双轮底”糟，发酵期满时，将这一部分底醅单独进行蒸馏，产出的酒叫作“双轮底”酒。

2. 陈酿调味酒。根据总厂生产计划组织生产，选用生产中正常的窖池，延长发酵期半年或一年以上取得的酒。陈酿调味酒的窖坑一定要加强管理，防止窖皮泥干燥而造成裂口，以致母糟霉烂造成损失。

3. 浓香调味酒。在生产技术部指导下，选择不漏的窖池，正常生产粮糟入窖发酵15天左右，往窖池灌酒，使糟醅含酒浓度加大，又发酵100天左右，再蒸馏取酒，入库备用。

4. 陈味调味酒。在生产技术部指导下，每甑鲜热粮糟摊凉后，洒入20千克左右的高温曲，拌匀后堆积，升温至65℃，再摊凉按常规工艺下曲入窖发酵，出窖蒸馏的酒装在酒坛内，放置于窖池内一角，密封，盖上竹筐等保护物，窖池照常规下粮发酵，经两轮次以上发酵后，取出酒坛，入库备用。

5. 酒头调味酒。取双轮底糟或延长发酵期酒醅的酒头0.25～0.5千克，除丢糟酒头不要外，其余均可摘取酒头，作酒头调味酒，入库贮存半年以上备用。

6. 酒尾调味酒。每甑倒取前段酒尾25千克左右，酒精度20°密封贮存。第二种方法是将酒尾收集加入底锅重蒸，酒精度控制在40°～50°，封坛贮存备用。

纪律

基酒厂的厂长、酒师、工人必须按照技术要求操作生产，不得随意更改，一经发现，按照有关厂纪厂规从严处理。

（八）贵阳公司为总厂代办事务的规定

2004年10月7日，五星酒厂为规范贵阳公司为总厂在贵阳代办、代购事务行为，避免因此造成弊端，特作如下规定（仁五通〔2004〕024号）。

1. 贵阳公司指定专人承办总厂要求办理的各项事务。

2. 总厂涉及需贵阳公司收取退货、代发货物、接待客户、代理开会、办理手续等事务，由客户部经理通知办理。

3. 总厂涉及需贵阳公司采购物品、代提材料等事务，由供应部副总通知办理。

4. 贵阳公司代为采购的物品、代提材料所发生的开支，发票及送货回单随货交供应部，供应部在收到货后，在送货回单上签字回传贵阳公司；贵阳公司每月月底将回单上报总厂财务，由总厂财务拨回垫支款项。其他代办费用开支，由总厂总经理签字后，在贵阳公司列入其他支出报账。

5. 总厂需贵阳公司代办的事务，原则上以书面形式并经通知人签字，方为其办理，其他任何人均无权通知代办任何事务。

6. 此规定从2004年10月10日起执行。

（九）茅台镇五星酒厂基酒管理规定

2007年8月14日，五星酒厂为进一步加强基酒生产的管理、强化各自的工作职责，以适应C标管理的要求，特制定以下管理规定。

1. 做好每班次交酒的原始记录。每班次保管收酒时，应填写基酒入库单一式三联，第一联保管员留存，第二联交财务入账，第三联由生产班长保管。基酒入库单填写的内容包括：品名、计量单位（千克）、原酒度数、数量、折为标准55°酒的数量、第几次酒等内容。保管员、生产班长双方必须在基酒入库单上签字认可，并作为财务部和保管员入账的依据，本轮次生产结束后，保管员、生产班长保留的入库单一律交财务部存档。

2. 按规定生产和验收酒。各基酒厂要按规定的酒浓度进行生产，并按规定的酒浓度统一折度入库，保管员对于各班次交酒的浓度不符合生产标准的，一律拒收，因生产的酒达不到标准而造成的经济损失由各班自负，并按有关规定追究相关人员的经济责任。

3. 确保账实相符。各保管员要勤于检查，发现有渗漏等问题的容器，要及时报告并采取措施处理；保管员因人为因素造成酒的损失浪费，由保管员自负；保管员要根据入库单和交酒记录卡上的内容，认真登记保管账。财务部分轮次与保管员对账或核查；每半年，财务部要对各基酒厂的库存基酒进行一次盘点，除正常耗损外，所差数量由保管员赔偿80%，基酒厂厂长赔偿20%，确保账实相符、账账相符。

4. 核算工资的依据。核算工资按《酱香基酒计件方案》（仁五通〔2007〕17号）执行（浓香型酒按原通知执行），每轮次生产结束后，财务部驻厂出纳根据厂质检部门检验提供的基酒浓度、级别、数量和交酒的原始记录等资料，对各厂的工资进行核算，据此发放。

5. 认真填写交酒记录卡。交酒记录卡（酒容器贴签）是各厂生产酒的原始记录，也是C标和财务管理的需要，又是正确计算各厂工资和生产管理的需要，各基酒厂保管员和勾储车间保管员及相关人员要按照交酒记录卡上的内容，根据入库单认真、实事求是地填写（交酒记录卡统一由厂部制作发放）。

6. 完善基酒的管理措施

（1）完善保管措施。基酒厂的基酒库房、勾储车间的基酒库房，由各基酒厂厂长和勾储车间负责人在库房门上加锁，实行监督保管。同时经总工程师验证和总经理规定需长期（一年以上）保管的基酒由财务部予以加封。如需使用时，保管员凭总工程师出具的相关手续，由财务部拆封后方可调运和出库使用。

（2）出、入库单的制单要求。保管员在填写出、入库单时，必须按照出、入库单所载明的内容填写，要求字迹工整、计量准确、规范、完整。交货人（承运人）、收货人、制单人等，签字手续必须齐备。

（3）基酒的出库程序。各基酒厂凭勾储车间主要负责人的调酒通知予以出库。在基酒出、入库过程中，勾储车间和基酒厂双方负责人要参与基酒度数的复核。基酒出库时，调出方和调入方的保管员共同参与查验酒的度数。同时，调出方保管员随货同行，到达目的地后，调出、调入方的保管员、承运人、押运人共同过磅，并再次检验酒的度数。调入方根据验收结果填制入库单，要写明实收数量、酒的浓度以及按规定的酒浓度折度后的数量，参加验收的人员都要在入库单上签字认可。调入、调出方需将单据及时传递给财务部记账。

7. 有关要求

（1）勾储车间保管员收酒入库应分门别类。在酒坛上注明酒的类别、酒度数等，粘贴《交酒记录卡》。同时要认真检查酒罐、酒坛是否渗漏，尤其是酒罐出口处要经常检查。同时，转酒、输酒过程中要检查输酒管道是否渗漏并绑扎好结头。不论是什么原因，造成基酒损失，保管员和责任人都需承担90%的赔偿责任，勾储车间负责人承担10%的赔偿责任。

（2）每次经过勾兑、检验、品尝合格后进入罐装车间的实际罐装的基酒为勾储车间的出库酒的数量。进入罐装车间的基酒必须严格办好出入库手续，以双方在出库单上签字为准。

（3）每半年财务要对勾储车间的库存酒进行一次盘点，根据盘点的情况，除正常耗损外，差多少保管员赔偿多少。

8. 处罚规定

（1）违反第一条，不按规定填写入库单，每次保管员罚款20元。

（2）违反第二条，不按规定浓度入库的每100千克保管员罚款50元，并且工资折半计算。

（3）违反第三条，基酒容器渗漏未及时发现，被他人发现的每次处罚款200元，造成损失的，按规定赔偿。

（4）违反第四条，工资核算造成差错的，由驻厂出纳和厂长各承担50%的损失。

（5）违反第五条，未按规定填写、粘贴“交酒记录卡”的，每检出一个容器，罚款20元。

（6）违反第六条，违反规定未加锁和未加封的，查出一次相关责任人处以100元至500元的罚款。违反规定量度、过磅、填写出入库单，发现一项相关责任人处以100元的罚款。

（7）违反第七条规定，①未粘贴“交酒记录卡”被查出，每个容器处30元的罚款；②未及时发现容器渗漏、被他人发现的，每次处罚款200元，造成损失的按规定赔偿；③未及时办理出库手续的，处罚款100元。

（8）财务部门半年未及时组织盘点，超期的处财务副总罚款500元、处物料核算组负责人罚款300元。盘点不认真不准确的，处财务副总罚款1000元、处物料核算组负责人罚款600元。

9. 以上规定，请各基酒厂、勾储车间以及相关部门，组织保管员及其他员工认真学习、深刻领会、严格执行。

（十）五星酒业集团产品检验制度

2010年9月30日，随着五星酒业集团的做大做强，产品质量更显重要，为确保高质量的产品进入市场，特制定本制度。

1. 严格包装物进厂检验

外购包装物入库前，技术部技术员、物品部库管员要对瓶子、盒子、盖子、商标、箱子等进行抽检，对合格品及时入库保管，不合格品及时上报处理，若出现批量不合格品进库，发现一次即处罚检验技术员、库管员各50元。

2. 严格灌装质量检验

（1）瓶子检验。对进入灌装车间的瓶子，技术部要指派技术员与灌装车间行管人员对其进行检验，看是否符合当批次灌装要求，若发现不符合瓶型，立即更换。

（2）计量检验。严格按净含量检验标准 JJF1070—2005 进行检验，要求：500 毫升装正负不超过 5 毫升；475 毫升装正负不超过 5 毫升；425 毫升装正负不超过 4 毫升；250 毫升装正负不超过 2 毫升；125 毫升、100 毫升装正负不超过 1 毫升；原则上要求向正偏差方向发展。每次检验需抽检 1 圈（12 瓶），若发现有某号灌嘴所灌计量有较大偏差，必须进行第二次抽检，二次抽检偏差仍较大的，则必须停止该灌嘴上机工作。检验人员、车间管理人员必须立即查找原因，若查不出原因，则该灌嘴禁止使用。并对已输送到包装车间的半成品进行抽检，看是否仍存在偏差较大的情况，若偏差较大则应责令该批产品全部返工，返工所造成的损失由灌装车间负责。

3. 严格包装质量检验

技术部必须对包装成品酒进行随机抽样检验，对每班组包装产品，每批抽 3 ~ 5 件成品酒进行检验。要求：盒子外观，各类标识符合企业标准要求；瓶子外观、商标无歪斜，防伪标无漏贴，生产日期、批号无错误；每箱数量准确无误。若抽检发现有一处错误，责令返工，返工费用由包装车间该班组负责。

抽检发现成品酒无商标、倒标、漏装、喷码错误等，每发现一次处罚 100 元，其中，车间主任承担 10%，车间主管承担 15%，车间班长承担 25%，直接责任人承担 50%。

抽检或包装过程中发现计量严重不足（负 20% 以下）、喷码错误，瓶型不符、酒级标识错误等，每发现一次处罚灌装车间该班次 200 元，其中，车间主任承担 10%，主管承担 15%，班长承担 25%，直接责任人承担 50%。

4. 严格检验操作程序

质量技术部技术人员对半成品检验必须按检验程序操作，若在检验过程中工作不负责，造成检验数据错误，发现一次，处罚检验人员 50 元。若市场有酒因指标不合格被投诉，经权威部门检验，总经理核实，情况属实的出现一次，对质量技术部处以 1000 元的罚款，其中分管副总 20%，部门经理 50%，技术员 30%，给企业造成的损失赔偿由总经理办公会另行研究决定。

5. 表彰奖励

（1）凡后道工序查出前道工序有严重错误的，按上述条款对前道工序进行处罚，对后道工序给予前道工序处罚金额 150% 的奖励，其中给予车间主任 10%、主管 15%、班长 25%、查出人员 50% 的奖金。

（2）以季度为考核标准，凡一个季度内未出现差错的班组奖励一次性奖金 500 元，其中车间主任、主管、班长各占 10%，其余奖金由班组成员共享。

6. 本制度从 2010 年 10 月 1 日起实行。

7. 本制度解释权为长岗包装生产部。

（十一）五星酒业集团基建维修工程管理办法

2010 年 9 月 30 日，随着五星酒业集团的做强做大，各种基建及维修工程在不断增多，为规范基建、维修工程，特制定本办法。

1. 适用范围

凡本厂厂房、仓库、办公大楼、酒罐、排污设施、消防设施的新修及其维修，均适用本办法。

2. 项目申报、审批程序

凡本厂基建、维修工程必须实行项目申报，原则上每一个项目的申报均由新修基建及维修基建竣工后使用单位申报，申报内容有：实施该项目的必要性、可行性、投资概算、效益分析等。报告送工程部。

工程部接到报告5天内组织相关人员对项目进行考察，考察人员一般由以下人员组成：供应部副总、工程部经理、工程部技术员、项目涉及的分管副总、项目申报单位负责人、财务部经理等。考察组考察后5天之内向总经理提交考察报告，经总经理批复后实施。

3. 项目建设程序

（1）实施主体的确定

投资概算2万元以下的实施主体为项目申报单位，工程部负责监督实施，并组织竣工验收、交付使用。

投资概算2万元以上的实施主体为工程部，项目申报单位有责任协助工程部搞好群工工作、安排工程实施人员的食宿等。

（2）成立工程实施领导小组

投资概算在2万元以下的，领导小组组长由申报部门的副总担任，成员由实施主体部门领导、工程部经理、财务部经理及相关人员组成。投资概算2万元以上的领导小组组长由供应部副总担任，成员由项目申报部门副总、申报单位负责人、工程部经理、财务部经理及相关人员组成。领导小组负责指挥、协调工程施工，并组织竣工验收、办理交付使用。

（3）工程的规划设计

投资概算50万元以上的项目，必须有正规的规划设计图及预算，2万~50万元以上的项目必须有本厂工程技术人员的规划设计图及预算，规划设计图及预算由总经理审批后执行，施工必须按图施工，并不得突破预算。

（4）工程发包

50万元以下项目由总经理召开相关会议，确定施工队；50万元以上的项目必须实行招投标管理，经总经理办公会确定施工队伍，2万元以上工程项目必须签订施工合同。施工合同内容包括：①明确甲、乙双方的权利、责任；②明确施工质量要求；③明确施工期限；④明确付款方式及付款期限；⑤明确工程施工保质期。

（5）工程监理

50万元以下的项目由领导小组确定项目申报单位员工或工程部技术人员负责监理；50万元以上的项目原则上请专门的监理部门进行工程监理，同时还要由总经理办公会指定本厂技术人员负责监理。

（6）工程的财务管理

2万元以下工程财务由申报部门的财务兼，由财务部指定会计监督支付并记账；2万元以上的项目由办事处财务部负责支出，指定专门会计负责监督支付并记账、决算。凡超过5000元的大额支出均实行打卡支付。

超预算工程款由工程实施领导小组负责申报、总经理批复后，才能执行，实行先申请后施工，不得先做工程后补申请，否则不予追加预算。

支付票据由工程实施领导小组组长负责签字认可，财务人员要对票据的合规性实施监管，原则上能索要正规票据的，尽量索要，确实无法获取票据的自制票据，签字手续按有关财务规定执行。工程预支款原则上不超过完工进度工作量。

（7）工程的材料采购

50 万元以下的项目实施原则上采用包工不包料，工程所需材料由工程实施领导小组向供应部申报，由供应部统一采购，供应部要及时、保质保量采购材料，确保工程施工。

（8）土地征用

若工程项目涉及新征土地，土地的选址、丈量、计算由工程部牵头，申报单位协助，征用土地的群工工作由申报部门负责。工程部要做到选址正确、丈量准确、计算准确，土地款支付由工程部和财务部配合，原则上超出 5000 元的大额资金采用打卡支付。

4. 项目竣工验收、交付使用程序

项目实施竣工 1 个月后开始申请竣工验收，接到验收申请后，50 万元以下的项目由供应副总组织验收，50 万元以上的项目由总经理组织验收。验收内容：①施工内容，是否按设计图纸施工，变动是否有批复，是否按批复执行。②施工质量，隐蔽工程是否有记录、有图片或摄像，用材是否符合要求，是否有偷工减料。③收方：丈量准确、合理，计算准确无误。④工程款支付，双方签字认可后，要与施工方协商付款期限，能推迟的尽量推迟。⑤按合同扣除工程质量保证金。⑥竣工验收所有程序完成后立即交使用部门投入使用，发挥其应有的效益。

5. 责任追究

（1）合同出现重大问题的责任追究：若签订的合同出现重大问题，施工领导小组组长罚款 1000 ~5000元。

（2）施工质量出现重大问题的处罚：造成企业损失 2000 元以上的，监理人员处罚 1000 ~ 20000 元。

（3）工期延误处罚：没有正规批复的工期延迟，每迟一天，工程监理人员处罚 10 元。

（4）工程安全事故处罚：施工中出现重大安全事故，造成企业重大损失 5000 ~10 万元的，处罚组长 1000 元，其他成员 200 元，造成人员伤亡的，处罚组长 2000 元，其他成员 500 元。

6. 该管理办法自 2010 年 10 月 1 日起施行。

（十二）五星酒业集团安全生产奖惩办法

2010 年 12 月 7 日，五星酒业集团为提高本公司员工的安全生产意识，使安全生产警钟长鸣、常抓不懈，特制定本办法。

1. 适用范围

本办法适用于本公司下属的长岗包装厂、各基酒生产厂（车间）、桐梓电站。

2. 建立健全安全生产责任制

（1）成立安全生产领导小组

总公司成立以总经理为组长的安全生产领导小组，负责组织、协调、指挥安全生产工作，并负责检查督促安全生产和调查处理安全生产事故。

各部门要分别建立安全生产领导小组，由分管部门负责人任组长，下属各部门负责人为成员，统一安排部署，检查督促本部门安全生产工作：长岗包装生产部、各基酒生产厂要成立安全生产应急小分队，成员由管理人员和一线生产工人组成，要求层层签订责任状，将责任落实到部门、到人的头上。

（2）开好会，搞好培训

公司安全生产领导小组在每月的办公会议上要对安全生产情况进行调度，并强调安全生产的重要性，各部门要将需要解决的安全生产问题在办公会上提出来，力争得到解决。

长岗包装厂、各基酒生产厂、桐梓电站每月至少召开三次安全生产会议。

会议内容：一讲安全生产的重要性；二讲安全生产常识；三讲要注意的关键环节；四讲奖惩。对一些非常专业的安全生产操作技能，如消防安全等要请专业人员进行培训，让消防队员熟练掌握操作技术。

（3）建立健全档案

各部门要建立安全生产台账，台账中要反映检查情况、发现隐患情况、隐患处理情况。

建立健全档案，档案中要有本公司安全生产的所有文件资料、会议记录、安全生产巡查记录、安全生产事故处理记录。

（4）制定安全生产规程

长岗包装厂、各基酒厂、桐梓电站要制定严格的安全生产操作规程，并在关键位置悬挂或张贴，让每位一线员工或管理人员时时看到，提高安全意识。

（5）制定安全生产预案

安全生产预案，主要针对有安全事故发生后如何组织、指挥、抢险、疏散人群，将事故控制在最小范围内，尽力避免人员伤亡和财产损失。

（6）做好安全生产标识

一是做好安全生产永久性，大型宣传标语；二是做好安全通道标识；三是做好安全生产安全重点部位的提醒标识，用以提醒员工在生产中在这些部位更加注意。

3. 安全事故认定

若发生安全事故，安全生产领导小组要组织专人进行事故调查，进行责任事故和非责任事故认定。

（1）责任事故的认定

①违反操作规程所发生的安全事故；②安全生产标识不明所发生的事故；③安全会议、精神贯彻不到位，培训不到位所发生的事故。

（2）非责任事故认定

①预料之外发生的事故；②人力不可抗拒的自然灾害造成的事故。

（3）事故大小认定

特大事故：发生死亡 1 人以上或公司财产、医疗赔偿等损失超过 30 万元的。

重大事故：发生因伤致残，造成公司医疗、赔偿超过 5 万元，或造成公司财产损失 10 万元以上的。

大事故：发生因伤医疗费用1万元以上，或造成公司财产损失3万元以上的。

小事故：发生因伤医疗费用1000元以上，或造成公司财产损失2000元以上的。

4. 奖惩

（1）奖励

以独立单位为获奖单位。全年本单位无小事故（含小事故）以上安全生产事故的，对该单位行管人员进行重奖。其中，长岗1.5万元（副总20%、经理40%、员工40%），桑树4000元（副总20%、厂长40%、员工40%），茅台二厂3000元（副总20%、厂长50%、员工30%），冠英基酒厂5000元（副总20%、厂长30%、员工50%），桐梓电站6000元（站长30%、副站长20%、员工50%）。无论哪个基酒厂发生事故，基酒生产部副总安全奖全部取消。

（2）惩罚

①发生特大事故，副总处罚5000元，涉及的部门经理处罚1万元，事故所在部门直接责任人处罚1万元。

②发生重大事故，副总处罚3000元，涉及的部门经理处罚5000元，事故所在部门直接责任人处罚5000元。

③发生大事故，副总处罚1000元，涉及的部门经理处罚2000元，事故所在部门直接责任人处罚2000元。

④发生小事故，副总处罚300元，涉及的部门经理处罚500元，事故所在部门直接责任人处罚500元。

⑤发现在生产区域内抽烟的第一次罚款20元，第二次罚款50元，第三次罚款100元，若发现第四次劝退。

⑥上级检查发现生产区域内1处安全隐患或1个以上抽烟人员，部门负责人罚款100元，管理员工罚款50元。

（3）奖惩的兑现

奖励在年终考核结束后1月内兑现。惩罚在作出处理决定的当月内兑现。

（4）惩罚与考核挂钩

发生小事故的，直接责任人和部门负责人当月绩效考核系数不能为1.2；发生大事故的部门年终考核不能评优；发生重大事故以上的分管副总和责任部门年终不能评优，年终奖考核系数只能定为0.9。

5. 本办法从发布之日起执行，与以前的安全生产管理制度和消防安全管理制度有冲突的，以本办法为准。

（十三）五星酒业集团大宗原材料采购验收办法

2010年12月7日，五星酒业集团结合《材料采购申报制度》，为使大宗原材料采购后保质保量验收入库，避免造成公司不必要的损失，特制定本办法。

1. 适用范围

本办法所指大宗原材料是指基酒厂采购的高粱、小麦、大曲、高度酒、大煤等。

2. 采购

大宗原材料的采购仍然按《材料采购申报制度》的相关规定和程序进行。

3. 验收办法

大宗原材料的验收关乎所购原材料的质量是否有保证，数量是否足够，因此必须重视原材料的验收，确保基酒生产的正常进行和今后生产基酒的质量。

（1）过磅。基酒厂接到供应部通知后，做好过磅和验收相关准备工作，按通知时间及时派人过磅，供应部要按照到货时间派人参与过磅。

（2）验收。材料到厂后，基酒厂保管员、供应部采购人员以及厂长要对材料的质量和数量予以认定，无论其中任何人提出异议，认为质量或数量存在问题，都应报请工程师验收，工程师验收认为合格的可以验收入库；仍认为有问题的，报请基酒生产副总验收，生产副总认为合格的可以验收入库，生产副总认为存在质量疑问的，报请供应副总验收；供应副总验收认为与原样相符，不存在质量问题，可以验收入库；若认为与原样不相符，应拒收或报总经理决定。

（3）签字认可，要制作大宗原材料验收表，验收人员要在表上签字认可。

4. 责任追究

大宗原材料实行谁签字，谁负责，原材料在使用时发现质量问题，或出现霉变等应立即停止使用，封存该批材料，交由行政部调查处理。

（十四）茅台镇五星酒厂存货管理制度

存货是企业经营过程中的流动资产，包括成品、原材料、包装物、辅助材料、自制半成品及其他材料等，被誉为企业的命脉。2010 年 1 月 1 日，五星酒厂为了加强存货管理，明确相关人员的责任，特制定本制度（仁五通中办〔2010〕1 号）。

第一条　库房存货仓储管理

搞好仓库的清洁卫生，做到地面无垃圾、纸屑，屋顶、墙角无蜘蛛网，杜绝仓库虫害、鼠害，要经常保持库房通风，注意防潮，库房潮湿的地方要及时进行铺垫，出现屋漏情况，要及时向相关部门汇报，立即处理。

做好防火、防盗等安全工作，闲杂人员一律不得进入库房，严禁在库内吸烟。为防患于未然，保管员每天验收和发货完毕后，在下班之前必须对所管辖的库房进行全面认真检查，关好门窗，切断电源。

认真、严格验收入库物品，弄清物品的品种、规格、数量，同类型、同型号的物品必须集中堆放，做到物以类归，堆码整齐，便于清点和发放，严禁在一个货垛中有不同物品出现。

搬运工在搬运商品时，保管员要进行监督，要求搬运工做到轻拿轻放，按物品标识方向进行堆放，对零散的物品要归类清理，对不合格和破损的材料必须单独堆放，及时申请报废。

成品酒保管员要时常检查物品的在库情况，做到每周一次。有堆码超高压坏底部产品的要立即妥善处理，发现有渗漏的产品，立即清理，与货垛分离，防止渗漏出来的酒水浸湿同一货垛相邻产品的外箱和内盒，减少不必要的损失。

每种货物在保管账上，必须标明存放仓库和详细地点，做到账务准确、便于及时查找。

第二条　存货的验收

原材料和包装材料，在入库前保管员进行认真抽查、检验，确定为合格时，方能入库，入库数以供货方运送的实际数填制入库单，不合格的材料一律不准填制入库单，可暂收入库，单独堆放，请示供应部领导，待与供应商商定后再进行处理。

材料包装成品后，由成品保管员认真检查成品的合格程度，确认无质量问题后，按入库数的实数填制综合结算单。

退回的成品酒，由物品部次品保管员立即清点并记录好退回产品的名称、规格、数量，及时传递给客户部，便于核对经销商的往来账务，完好无损的由成品保管员验收入库，涉及翻箱的，翻箱完毕后，应做到以下三点：（1）翻箱后的合格产品，要及时作成品验收入库。（2）剩余的完好材料，由所经管材料的保管员进行验收入库。（3）报损部分物品填制报损清单，经物品部经理签字同意后，交给财务部进行清点核实，经总经理签字后作账务处理，并由财务部、供应部、物品部进行盘点核实，当场销毁。以上填制的入库单必须标明退货收回和翻箱收回。

对每一次入库商品，要记清入库的先后顺序，发货时要做到先进先出。

各基酒厂原材料调入要求：采购小麦，必须有财务人员或供应部人员参加过磅，并在入库单上签字，其他没有特别规定的材料由保管员与供应方过磅签字即可。

本地小高粱的验收要求：供方送货达到后，由酿酒工程师、用粮基酒厂厂长、保管员等一起到达现场抽样，必须做“蒸煮”试验，确保品质达标方能验收。

第三条　存货的发出管理

成品酒的调出，必须由客户部开出发货通知单并经客户部经理或财务收款人员签字后方可发出；成品酒发出的数量不管是多少，必须坚持认单不认人，按以上程序接单发货，否则财务不认可发货数量。

包装材料和促销品的领用，按物品部提供的综合结算单进行配套发放。

发出的包装材料若发现有不合格的，必须以坏换好，不再填制出库单。但收回的不合格材料不能乱扔，要集中堆放，做好区别标识，以免与合格材料相混。

高粱、曲药、酒精、糠壳等的发出必须坚持过秤，并开具出库单，由领用的车间班组长签字。

长岗成品酒发出，必须完善相关手续验收入库后才能发货，如在包装过程中急需发走的成品酒，必须有车间主任、材料保管员、成品保管员三人共同参加，对其包装的成品酒验收清楚后才能发货。

遵义王古月成品酒周转库的发货凭客户部传递的发货通知单发货。

金阳库管发货，首先按客户部所发短信数量由保管员填制出库单先发，并在当日报告客户部实发数和记录登账，在当月底必须将所发产品的发货通知单与出库单核对配套交财务入账。

镇酒促销品、防伪标的发出，保管员必须按长岗物品部负责人所下“综合结算单”实际包装成品酒所需的数量发出，发到包装车间不合格或损坏的防伪标要以坏换好，发到车间后遗失的防伪标，保管员不能随意补发，必须查明原因，明确责任后经厂长签字才能补发。

第四条　存货额定耗损及破损规定

在库房的破损成品酒由财务人员与保管人共同参加清理制表，注明破损原因，经各主管签字认可，物料核算部提出处理意见，总经理审批后，才能进行账务处理，报损清单交财务会计作费用核算，冲减本年利润。

对镇酒系列的破损包装材料的报损处理规定：对不合格和车间破损调换的防伪标，保管员、财务人员参加清点，报供应副总审批后才能进行销毁。对瓶子、瓶盖系列额定范围的破损，由灌装车间负责人、保管员共同签字后将破损数上报供应部，财务才能下账。对镇酒系列外包装材料的破损经供应部审核后交财务人员，按破损数逐一进行清理核对。破损外箱可按客户部要求发给客户作展示箱，发出后才能销账。内盒下账后作纸卡之用，其他破损材料报损后，要立即清理出库。

第五条　入库单和出库单的填制要求及其他相关规定

有效入库单必须具备以下内容：物品编号、物品名称、规格、计量单位、入库实际数、入库时间、收货人（保管员）签字、复核人（检验员）签字、送货人或单位签字。

有效的出库单必须具备以下内容：物品编号、物品名称、规格、计量单位、出库实际数、出库时间、收货人或承运人签字、复核人（物品部领导、基酒厂厂长）签字、收货单位或姓名。

以上入库单、出库单，复核人（物品部领导、基酒厂厂长）不在时，可临时通知指定办公室或生产副总签字。杜绝出库单收货人由保管员代签的现象发生，原则上必须由收货人本人亲签，特殊情况指定其他人代签。入库单、出库单必须具备以上内容，缺一不可。否则，视为不规范单据，财务部不核算账务。厂的各种存货，各部门及相关人员必须严格执行四统一：名称统一、计量单位统一、规格统一、物品编号统一。严禁同一种物品，入库出库时填写不相符合的现象发生。

出库单和入库单填写必须清楚、易辨认、不模糊，填写错误时，不能在原位涂改，应重新填写，否则视为不规范单据。

包装车间领用包装材料时，分别由物品部填制产品灌装综合结算单和包装综合结算单，按实际发出的数量和成品酒完工的实际验收数作为记账依据。

物品部填制的产品综合结算单，必须具备以上规定的内容，缺一不可，而且有自制货单编号四联统一。一联交材料保管记账、二联交财务记账、三联交成品酒保管入账、四联交物品部作计算工资使用。

填制的单据复核人、发货人、收货人，必须完善相关的签字手续。

填制的入库单和出库单为三联：第一联交保管作记账依据，第二联交财务作记账依据，入库单的第三联交财务三级账审核签字后送供应部作结算依据，出库单的第三联交承运人或收货人。

保管员必须收集、整理、保管好自己的记账联单，便于与财务部核对，待账务核对相符后，由财务部将此联单统一收回存档。

第六条　存货的记账及相关事项

保管员必须及时准确按入库单、出库单填写的品名、规格、单位、数量、货号登账，做到每日必清。

财务三级记账员必须及时催促入库单、出库单的传递，见单后，认真审核单据，是否按以上规定和要求填制，审核无误后，准确及时按单据对应登记账簿，并督促保管人员及时准确登记账簿。

财务三级记账员和保管员登记账簿时，必须在账簿摘要栏填写入库单、出库单的固定编号，有利于双方进行账账核对。包装材料的发出和成品酒的完工入库按物品部填制的产品综合结算单编号登记。

保管员与财务三级记账员每月底或次月初，必须进行账务核对，做到真实、可靠，账账相符，若有差错，必须在 7 天内找出原因。

在财务三级账与保管账相符的前提下，物料核算部必须定期或不定期对库房堆码和实物进行抽查。

物料核算部每年必须对材料进行一次全面、彻底的实物盘点。成品每年必须进行两次全面、彻底的实物盘点。

存货账务与实物的相符率按以下系数执行：

（1）产成品必须为 100%。

（2）自制半成品为 99%。

（3）包装材料（单支）98%。

（4）礼盒成品酒主体材料（外箱、酒盒、酒瓶）应为 99%。

（5）礼盒成品酒小型材料为 95%。

（6）促销品、防伪标为 100%。

（7）高粱、曲药等原材料另有规定。

根据以上的系数，经盘点后若有差异的，必须在 15 天内找出原因，并写明情况，报财务部门，经审核无误后，方可进行账务调整。否则，按财务会计制度有关规定，以存货达成价进行赔偿。

保管员对所保管的物品，需要进行报损的，必须请示物品部，经财务部同意，报损金额价值在 5000 元以上的，要请示总经理。经审核签字后，财务方可核销账务。无相关部门领导签字的报损单一律作无效单据，财务不核销账务。批准报损的物品要立即清理出库，避免有重复报损现象发生。

内部存货调拨必须执行收、发两条线。(1) 对中枢库房的调拨，凭客户部经理签字后的内部调拨通知单调拨。(2) 对枫香库房的调拨，凭物品部经理签字后的内部调拨通知单调拨。(3) 对驻外中转库的调拨，凭客户部经理签字后的内部调拨通知单调拨。(4) 对包装材料及物资的调拨，凭供应部副总经理签字的内部调拨单调拨。(5) 对基酒的调拨，凭生产副总经理签字的内部调拨通知单调拨。以上内部调披单，必须填制收货人、发货人、制单人、批准人。若批准人当时未在场，必须一周内补签或传真件签。不符合要求的单据，财务一律视为不规范单据，不核销账务。

保管员三天内必须将达到存货最低限额的数量向供应部副总提供，便于供应部门及时组织货源，确保生产部门的工作正常运行。

财务部门为了掌握存货的达成价，便于反映财务结转销售成本和核算真实性，供应部门应向财务部门提供各种存货不同时间的达成价。

三级账记账员按存货不同时期的进价计入金额。发出存货时应按平均加权法计算出金额，向会计提供。

物料核算部每年按春秋两季，对各库房库存物品、破损材料，进行认真盘点、对账，对遵义王古月库房进行跟踪检查，不定期盘点，做到账物相符，账账相符。

第七条 相关责任

物品部、物料核算部、供应部、保管员必须按以上统一的名称、规格、计量单位、物品编号进行登记或填写，违反一次罚款 50 元。保管员有违反第一条所列“库房存货的仓储管理”任何一款的，罚款 50 元；并对其直接领导人处罚款 10 元。因工作失职，玩忽职守，造成经济损失的照价赔偿，直接领导人承担相应的责任。造成重大事故的移送司法机关追究刑事责任。

保管员有违反第二条所列“存货收进管理”的任何一款，罚款 50 元。造成经济损失的，照价赔偿。

违反第三条所列“存货的发放管理”任何一款，罚款 50 元。因工作失误，造成经济损失或物品流失的，一律照价赔偿。

保管员及相关部门有违反第四条所列“入库单和出库单填制要求及其他相关规定”的任何一款，罚款 50 元。

对保管员和物料核算部记账员未及时登账，造成账务不清的，分别对财务记账员、保管员罚款 20 元。违反第六条相关规定，造成账务混乱的，物料核算部领导和三级账记账员各处罚 100 元。

供应部、物料核算部、物品部相关领导要定期或不定期对保管工作进行全面的检查，对检查不到位，造成责任事故或重大经济损失的将追究相关人员的责任。

保管员和记账员不能及时准确提供库存数的，罚款 30 元。

保管员和记账员在一年中，违反以上规定罚款累计 600 元以上的，予以撤换或解聘。未违反以上规定，工作业绩良好的，经主管领导提名，报总经理审批后给予特别奖，奖金为 500 ~ 1000 元。

第八条 附则

本制度于 2010 年 1 月 1 日起执行。

原制定的《存货管理制度》和存货管理补充规定同时作废。

（十五）材料采购申报制度

2010 年 1 月 1 日，五星酒厂根据点多面广、采购频繁的实际情况，为了加强管理，杜绝浪费，更进一步节约成本，特制定本材料采购申报制度（仁五通中办〔2010〕2 号）。

1. 一切采购尽可能实行定点采购，即寻找适合的供应商，经总经理确认同意后在中枢已选定四家定点供应商。

2. 集中采购，即公司需采购的各种材料，都要集中申报，由供应部统一批量采购，其他部门不得擅自自行采购。

3. 采购任何物品，都需进行申报。

（1）杜绝随意性采购物品，由使用部门或计划部门提出采购申请后，方能按相关程序实施采购。

（2）属生产上使用的高粱、小麦、糠壳、酒精等原材料，基酒厂按进度提前一周以上提出申请，由厂长签字后直接报采购部，采购部经理请示分管副总后进行采购。

（3）属设备增设或工程维修的材料，使用部门提出申请后报分管副总，由分管副总审核把关，确定确实需要采购的，需分管副总签字后报供应部，由供应部实施采购。

（4）使用的部门在申请采购前要尽量做到集中、提前计划，原则上申购每周一次到两次，基酒厂要在生产副总每周下去检查工作时提出申购计划，由生产副总当场确认是否需要采购，并在申购单上签字确认。

（5）采购部经理在接到由分管副总签字的申购单后，由采购部根据相关档案资料进行询价确定采购供应商，再交比价部比价，比价人员审定后，交供应部副总签字或加盖印章，经办人员或采购员再根据申购单执行采购。

（6）采购员拿有供应部副总签字的申购单到指定的供应地点执行采购时，若指定地点没有又需要现场采购的，必须要有两人以上参加采购，并报比价员比价，经供应部副总同意后方能实施采购。

（7）使用单位直接来人采购的，履行申购程序后，凭申购单到指定的地点签单提货。

（8）单项物品采购在2000元以上的，供应部副总在接到申购单后必须报总经理批准后方可实施采购行为。

（9）使用单位在收到所采购的物品后，一定要在第一时间组织检查验收，确认合格后开具相关单据返回采购部，以便结算。

（10）使用单位的机器设备类的物品，在使用过程中突发损坏的，可直接向供应部门申请采购或维修，但过后必须补办相关申购手续。

4. 相关规定

（1）比价员不进行最终采购，而由供应部采购人员采购。

（2）比价员要对市场进行了解，熟悉所需物品的品牌质量、价格等相关信息，为采购员提供价廉物美的供货信息。

（3）使用单位不得直接向采购人员申购，采购人员在没有接到所属领导和相关人员的指令时，不得向使用单位采购任何物品。

（4）因时因地确实不能集中由供应部采购的，经供应部副总同意，可以书面委托他人采购。

（5）供应部副总出差或不在时，由供应部经理根据相关程序代为办理相关手续。

（6）相关采购人员一定要认真负责，凡采购的物料，出现质量或数量问题，均由相关责任人承担赔偿。

（7）本制度从2010年1月1日起执行。

（十六）物品交接管理办法

2010年1月1日，随着五星酒厂业务量的增大，物品交接越来越频繁，为了防止物品遗失，做到有序交接，特制定本管理办法（仁五通中办〔2010〕3号）。

1. 物品范围

本办法所指物品为凡是需要中枢办事处中转或处理的所有物品，含各类包装材料、各类易耗品、各类维修物品等。

2. 物品交接

中枢转交各基酒厂和长岗包装厂的物品由供应部填单后交办公室，办公室派车（无车可派时请专线车带）送到各基酒厂和包装厂，各基酒厂、包装厂在交接单上签字，然后再带回中枢办公室保管。

各基酒厂、包装厂需要带到中枢进行修理或处理的物品由各基酒厂填单交驾驶员或随车人员，谁接谁签单，然后带回来交给接货人，接货人需在交接单上签字，然后按时间要求进行处理。

3. 责任追究

谁签单谁负责，造成物品遗失的由签单人负责赔偿，造成耽误工作的，将追究相应的责任。

（十七）印章管理规定

印章是企业对外联系业务，经济往来，对内行使权力的重要工具。2010 年 1 月 1 日，五星酒厂为了加强印章管理，经厂办公会议研究，特制定本规定（仁五通办〔2010〕4 号）：

1. 印章管理

本厂印章分为行政印章和财务印章两类，行政印章由中枢办公室专人负责管理，财务印章由财务部专人管理。

2. 印章的使用

（1）印章使用必须实行登记，由办公室统一制定表格，用章人在表格上填写清楚，方能加盖印章。

（2）其他单位和个人需要盖章的，必须经综合部副总在表格上签字同意方可加盖。

（3）加盖财务专用章必须经财务总监在表格上签字同意（若财务总监不在，必须经电话请示，并做好电话记录）方可加盖。

（4）原则上不允许盖空白印章出厂，有非常特殊的情况需盖空白印章出厂的必经总经理签字同意（若总经理不在，电话请示，并做好记录）。

（5）必须带印章外出办理公务的，请示综合部副总同意后，由办事人员办理登记后带走并负责保管，办完业务及时归还，并做好归还登记。

（6）一般印章加盖由办公室主任签字同意。

3. 责任追究

（1）印章保管人员必须加锁保管印章，避免印章丢失或他人随意盗盖印章，因保管不善造成印章丢失的要及时申报，造成被他人随意盗盖的，视情节和所造成的损失，追究保管人员的行政责任和经济责任。

（2）加盖印章后出现问题的，视出现问题的轻重和经济责任的大小，追究审批人的责任。

（十八）基酒生产节能措施

2010 年 6 月 5 日，五星酒厂制定基酒生产节能措施。

1. 能耗控制

（1）大曲酱香。用曲占投粮的 100%，谷壳占投粮的 22%。麸酱。用曲占投粮的 20%，谷壳占投粮的 8%。糖化酶占投粮的 0.6% ~0.7%，每甑用麸曲为 1.6 ~1.8 千克。

（2）煤耗。①大曲酱香。茅台一厂每吨酒耗煤 1.95 吨；茅台二厂每吨酒耗煤 2 吨。②麸酱。桑树、冠英每吨酒耗煤 1.3 吨。③三号酱香酒。每吨酒耗煤 0.3 吨。

2. 管理措施

（1）锅炉运作

①严格按清洗锅炉操作规程作业，洗净锅炉尘垢，延长锅炉寿命，从而节省煤耗。用酸按规定标准投放，防止超标酸化炉壁，避免标准不足洗不尽水垢。

②使用工业盐注入锅炉水体，降低水硬度，减少水垢，延长锅炉寿命。

③加煤不能将炉堂塞满，加到炉堂三分之二高度为宜，充分发挥煤炭的热能利用率。

④充分回收冷却水进入锅炉水缸，节省煤、水消耗。

⑤煤炭采购，各厂选择价廉物美的优质煤。

（2）节约用谷壳

强化后的甩糟，回收代替谷壳，降低谷壳原料使用量。

（3）节约用电

①白天上班期间，室内及车间关闭照明灯，局部光线黑暗，需照明的，方可开灯，否则，视为浪费用电。

②使用鼓风机凉槽时，应适时用木楦勤翻，随即关停鼓风机，可避免局部槽温偏低，又可节约用电。

（4）计划用水。

各厂应按生产所需，计划用水，超过正常用水视为浪费，未生产期间关闭闸阀避免水流失。

（5）生产器具的管理

①设备。财务配合基酒厂对相关器具分类统计登记，机器设备必须维护到使用寿命期满才能报废。各厂厂长应做好机器设备的维修及保养。若需更换，所在厂写出申请，按程序审批后购置。

②常规生产工具，各厂保管员必须建好收发台账，能维修使用的，尽量维修使用，不能随意购置。

③低值易耗品，应尽量延长其使用寿命。

（十九）关于进行“晨会制”的管理规定

2010年8月7日，五星酒厂规定从8月6日起，除星期天外，每天必须坚持召开晨会，“一切工作为晨会停车让路”。中枢办事处在会议室举行，长岗包装厂在长岗会议室举行。晨会缺旷者捐款，凡缺旷1次，总经理捐100元，副总级捐50元，经理级捐20元，其他员工捐10元。所捐款交厂工会，公司再匹配同样数额的资金，作为五星酒厂慈善基金，用于资助本厂因灾、因病等特殊原因陷入困境的员工。

五星酒业晨会程序

“一日之计在于晨”，晨会，是新一天工作的开始，开好晨会，就是要将当天的精神状态提到最高，把当天的工作计划做到最好，为接下来的工作开展做好最充分的准备。

1. 点名

采用部队中的点名方式，主持人点到名字后，被点到者必须声音洪亮、刚劲有力、干净利落地答：“到!”

2. 问好

主持人：各位五星精英，大家早上好!

众人齐答：好！

主持人：五星人的工作作风是：

众人齐答：认真，快，坚守承诺，绝不找借口！（连续说三遍，同时要配合手势渲染激情）。

3. 阅读《羊皮卷》

主持人起头，所有与会人员一起朗读《羊皮卷》。

4. 分享

5. 当日的工作汇报或安排

具体视市场情况而定，对于地级市场，由片区经理主持，对于县级市场，由业务主管主持（片区经理在场的由片区经理主持）。

（二十）五星酒业集团基酒生产车间管理制度

（2011 年 5 月 7 日，五星酒业集团茅台镇五星酒厂印发）

1. 安全。严禁喝酒上班；严禁在生产场地及库房内抽烟；严禁提升机载人；严格安全操作规程。凡喝酒上班者，每例处罚 30 元；生产场地及库房内抽烟者，每例处罚 20 元；吊机上载人，每例处罚 50 元；违反安全规程操作者，视其情节，每例处罚 20～50 元。

2. 打粮、打曲工作人员必须将粮曲加工好，按厂规定的计量标准装袋。若发现一袋正负偏差 0.5 千克，处罚打粮、打曲工作人员 20 元，若一袋超过 2 千克者，处罚 50 元。

3. 发粮、发曲药。由保管员（或值班人员）当面签发给生产班，不按时签发给生产班，每次处罚保管员（或值班人员）30 元，生产班工人私自进库房拉粮、拉曲，未经行管人员签发者，处罚该工人 30 元。

4. 润粮、蒸粮。操作人员要保证每甑投粮计量准确，水分适度，保证蒸熟。碎沙生产班在交班时，应将润好、蒸熟的粮糟移交给下班，若上班润粮不当，粮未蒸熟，计量不准，处罚该班 50 元。

5. 上甑取酒。操作人员要不断学习技艺，总结经验，做到糟醅无糟团，上甑做到轻酒匀铺，不能跑气，边高中低。酒尾在 3 度以下为宜，把酒尽量取尽，如酒尾大于 3 度，处罚上甑取酒人员 50 元。

6. 晾堂及通道清洁。生产区域及周边通道无糟醅、粮食、杂物，做好交接班监督管理，任何一班未打扫干净，处罚该班 30 元。

7. 交酒记录准确。生产班交酒时，做到量度准确后，方可在行管人员收酒记录单上签字生效，不得更改。若当班交酒时，酒浓度不足，处罚该班 50 元。

8. 员工有事必须向厂长和班长请假，每班每天只准一人请假，确有特殊事，经厂长和班长同意，自己找人带班。若不请假者按旷工论处，每旷一个工作日处罚 100 元。

9. 公司财产：员工要把公司财产当着自己的来爱护，若任意损坏一样照价赔偿，还要处罚 20 元。

10. 下班时，应关闭酒甑水阀，定时完成锅炉排污，关闭电源，其中一项未做到，处罚该班 50 元。

11. 凡被处罚三次者，解除用工合同。

（二十一）五星酒业集团公司基酒厂行管岗位管理办法（试行）

（2011 年 5 月 9 日印发）

1. 严格请销假制度

（1）基酒厂行管人员每月休息不得超过 4 天，生产期间不得休息，假日 4 天安排在窖期内轮休，超过假期按有关规定论处。

（2）生产期间，原则上不批假，特殊情况请假，三天内需经生产副总同意；因公出差，应报生产副总同意，否则按旷工论处。

（3）未经请假，擅自离岗者，按所耽误（旷工）的时间计扣工资，并降月目标分的 5 ~ 10 分。

2. 值班制度

（1）生产期间，实行行管人员车间现场值班制，即本厂行管人员轮流昼夜值班，现场跟踪生产管理，24 小时不离行管人员。

（2）值班职责：①做好当班原辅材料发放登记的检查监督；②做好生产工艺各个环节的检查监督；③做好交酒时的酒质检查把关，做好收酒的相关记录；④严格安全操作规程，防止意外事故的发生；⑤严格操作规程，发现未按规程操作的要及时纠正和处罚。

3. 检查监督

生产部、行政部随时检查监督，发现有擅自离岗、值班人员工作不到位、生产过程中未按操作规程操作等行为，皆按本厂有关规定，追究厂长及值班人员的责任。

2011 年 12 月 10 日，五星酒业集团茅台镇五星酒厂印发《职能部门季度考核实施办法》。2014 年 12 月 5 日，贵州五星酒业集团印发《原辅材料验收管理制度》。

2015 年 5 月 19 日，五星酒业集团制定《门卫安保及员工进出厂区管理制度》，2015 年 5 月 20 日制定《五星酒业集团叉车管理制度》。2015 年 8 月 8 日，贵州五星酒业集团茅台镇五星酒厂印发修订后的《岗位职责》。

2016 年 10 月 1 日，五星酒业集团印发《五星酒厂固定资产管理制度》。

（二十二）基酒厂视频监控回看管理规定

（贵州五星酒业集团生产中心 2016 年 12 月 8 日印发）

为加强基酒生产工艺流程现场监督与管理，确保产品质量稳步提升，进一步强化生产工艺流程的坚守意识，特制定基酒厂视频监控回看管理规定。

1. 每个基酒厂厂长每天应在生产现场监督，严格要求工人按照生产工艺流程操作，不在生产现场的时间，要做好记录。每天必须进行视频回看，回看的内容为自己没有在生产现场的时间，如果回看时或现场发现违反生产工艺流程的情况，由厂长对违反当事人所在班组进行处罚，每次视其情节处 500 元至 800 元罚款。

2. 基酒生产副总每星期必须到各基酒厂开展两次以上现场督查，到现场必须回看视频一次以上，每次一至两小时，现场或视频发现违反生产工艺流程的情况，由基酒生产副总分别对工人和厂长进行处罚，视其情节每次对厂长处 100 元至 300 元罚款，处违反当事人所在班组 500 元至 800 元罚款。如违反情况已经由厂长进行过处罚，以处罚单据为证，将不再处罚。

3. 每个月分别由总经理、总工程师、行政副总、勾储部副总、质量技术部副总及督查小组成员到各基酒厂进行检查，在检查时必须回看视频，如现场和视频显示有违反操作工艺流程的情况，必须进行处罚，视其情节每次对基酒生产副总处200元至400元罚款，对厂长处100元至300元罚款，对违反操作当事人所在班组处500元至800元罚款。如违反情况已经由基酒生产副总或厂长进行过处罚，以处罚单据为证，将不再处罚。

（二十三）勾储车间抽酒管理制度

（2017年5月18日印发）

1. 为了加强勾储车间抽酒管理，规范抽酒流程管控，进一步减少因抽酒操作不当而引起酒水损失和安全事故，特制定本制度。

2. 勾储车间每天的抽酒工作必须明确一人为包装车间供应酒水、跟踪生产并做好协调工作，定为值班人员，明确一人作为配班人员，全程协助值班人员做好抽酒和协调工作。

3. 勾储车间只有在接到包装车间的“包装生产计划单”后才能安排抽酒相关工作，没有接到“包装生产计划单”，任何人不得擅自决定给包装车间供应酒水。

4. 接到“包装生产计划单”后，勾储车间必须立即按照“包装生产计划单”安排更换对应的酒水、铺设管道、更换酒灌。

5. 管道铺设完毕后，工作人员必须用气将管道、过滤机内的余酒吹干净，如酱香与浓香、低端与高端之间的更换，必须用气吹干净之后还要用纯净水冲洗，冲洗后必须把余水排放干净。

6. 在准备工作均完成之后，值班人员必须亲自进行核对，在准确、无遗漏的情况下才能进入下一个环节。

7. 将管道准确接入将要使用的酒灌上后，必须再进行核对，核对将要发送的酒水香型、酒精度、质量等级是否与计划单相符，核对的过程必须是两个人一起核对，核对完成后值班人员与配班人员分别在本部门的“抽酒换酒流程登记表”上签字。

8. 确认无误后，打开酒灌阀门，用酒冲洗管道、过滤机、灌装机，在冲洗的过程中必须做到一人守在过滤机旁，一人守在灌装机旁，一人拿水瓢守在中转酒罐上并用水瓢接酒水冲洗酒罐内壁。冲洗设备及管道的酒水经过灌装机排出，进行回收使用，三级以上分类回收。

9. 冲洗过程的酒水必须排放干净后，再次确认各个步骤是否准确无误，值班人员必须从勾储车间待抽酒灌处依次检查到包装车间途中的每一个环节，各个环节均准确后开始输送酒水。待酒水流入灌装机后，测量酒精度，酒精度合格后通知品评。品评合格后才能灌装，机器运行正常后再次检查管道连接是否安全。

10. 值班人员在抽酒过程中，不能离开抽酒现场，随时关注机器运行状况和中转罐内酒水液位。如特殊酒水必须检查液位是否过低，压力是否不足，如压力不足应及时与包装车间沟通放慢灌装速度，避免计量不足。

11. 包装车间生产完成视为抽酒完成，结束抽酒按照先关闭电源开关，再依次关闭酒罐阀门、过滤机阀门和管道阀门的顺序结束抽酒工作。

12. 抽酒完成后，必须把抽酒管道、机器设备放到指定的位置，管道两端封闭。

13. 在抽酒过程中，勾储车间主任和车间主管必须做好检查工作，对流程、工艺、酒水、质量、安全等进行检查把关。

14. 在接到生产任务后，勾储车间未对相关人员进行明确，导致责任模糊的，处责任领导 300 元至 500 元罚款。

15. 如在抽酒过程中勾储车间主任和车间主管未对抽酒过程进行检查，每次处 500 元罚款。因管理不到位导致质量事故、安全事故，通过办公会决定追究相应的责任并做出处罚。

16. 抽酒过程中值班人员全程负责，配班人员全程配合，凡是违反本制度各条款追究值班人员为主要责任人，配班人员为第二责任人，视情节严重程度对主要责任人处 200 元至 1000 元罚款，对第二责任人处 200 元至 800 元罚款。

17. 本制度解释权归行政部，自下发之日起执行。

（二十四）《2020—2021 年度茅台基酒一厂基酒生产计件方案》

贵州五星酒业集团茅台镇五星酒厂 2020 年 11 月 1 日制定。

生产基酒类型：主要生产大曲酱香酒。

工资制：基酒生产工人实行产量计价工资制，按出勤天数预付，年终决算补足。

基酒工人工资结算发放规定：1. 工资以年底总额结算为准，具体额定比例、实际入库数、单价、超减产奖惩等见表 6－1。计算公式为：工资总额＝实际入库数量×吨酒单价＋出酒率奖惩。2. 工资发放：按各车间总投粮的定额数乘以基酒单价，除以九轮次再除以各车间人数，报财务部审核后发放，余额年终（七轮次酒结束核算后）决算后 20 个工作日内补发。3. 员工旷工、迟到、早退、事假、病假按有关制度执行。4. 基酒认定：基酒入库后，入库单上必须注明坛号、酒精度、数量，由财务复审后结算工资，工资结算时，班长、厂长参加结算，并在结算单上签字，报基酒生产副总审核签字后发放。5. 高粱出库按公司押运员和各基酒厂保管员过磅出库。

奖惩规定：1. 正常发酵期粮食出酒率按 50% 的定额数计算，入库酒度要求及耗曲见表 6－2，计算工资时酒度以 54% vol 计算。生产用曲 100%，使用超出部分按等价扣除。2. 消耗定额，生产中的用糠量、高温曲用量、煤耗、低值易耗品（含维修）耗量实行定额使用，用量见表 6－3。3. 严格控制一、二轮次酒，一次酒不能超出投粮的 8%，二轮次酒不能超出投粮的 12%，超出部分回窖发酵。4. 员工未完成一年生产的，只付预发工资，其余公司一律不发。

其他工资支付规定：其他工资是指非生产性工资，这部分工资由企业承担。1. 班长津贴，每月 800 元，按月发 500 元，年度生产结束补发 300 元，如年终出酒率未达到 50%，不予补发。要保证车间卫生清洁，物体堆放整齐，按操作规程作业。现场检查或视频监控发现违规操作的，第一次扣班长津贴 200 元，第二次扣班长津贴 400 元，三次检查不合格，撤销班长职务，另选班长。2. 清窖、封窖全厂四个车间由两人负责，每月按 4500 元（其中每月发放 4000 元，500 元为考核工资），炊事员含后勤共两人，每月按 3000 元发放。3. 高粱粉粹以 7 元/百千克计发，曲药粉粹按 1.4 元/百千克（含转运）计发，计发由基酒厂每轮次完成后结算发放。4. 由厂里安排的生产试验每甑以 180 元计发，因工作需要，工人参与非生产性劳动，按每天 180 元计发，每轮次发预付工资时一并发放。5. 根据公司情况若不能生产或因特殊原因停产，要停发一切工资或裁员。6. 其他特殊情况需作补偿的或非正常生产的工资待遇，由基酒厂厂长提出报告，报总经理批准后执行。

茅台基酒一厂基酒生产计件工资对照表

表6－1　　单位：元/吨

额定比例%	投高粱	50
工资单价	无行车按6000元/吨计算	
超产奖励	无行车按2000元/吨计算	
减产惩罚	无行车按2000元/吨计算	

茅台基酒一厂轮次酒耗曲量对照表

表6－2

轮次	下沙	糙沙	一次酒	二次酒	三次酒	四次酒	五次酒	六次酒	七次酒
耗曲（按总投粮计）%	5	13	15	15	13	12	9	8	
入库酒度（不低于）v/v			57	55	54	53.5	53	53	52.5
实验窖：55v/v									

茅台基酒一厂基酒生产用曲量对照表

表6－3

项目	用糠量（按总投粮计）	高温曲用量（窖底、窖面、投粮）	低置易耗品（元/吨高粱）
定额	15%	100%	145元

（二十五）《2020—2021年度茅台椿树基酒厂基酒生产计件方案》

贵州五星酒业集团茅台镇五星酒厂2020年11月1日制定。

生产基酒类型：主要生产大曲酱香酒。

工资制：基酒生产工人实行产量计价工资制，按出勤天数预付，年终决算补足。

基酒工人工资结算发放规定：1. 工资以年底总额结算为准，具体额定比例、实际入库数、单价、超减产奖惩等见表6－4。计算公式为：工资总额＝实际入库数量×吨酒单价＋出酒率奖惩。2. 工资发放：按各车间总投粮的定额数乘以基酒单价，除以九轮次再除以各车间人数，报财务部审核后发放，余额年终（七轮次酒结束核算后）决算后20个工作日内补发。3. 员工旷工、迟到、早退、事假、病假按有关制度执行。4. 基酒认定：基酒入库后，入库单上必须注明坛号、酒精度、数量，由财务复审后结算工资，工资结算时，班长、厂长参加结算，并在结算单上签字，报基酒生产副总审核签字后发放。5. 高粱出库按公司押运员和各基酒厂保管员过磅出库。

奖惩规定：1. 正常发酵期粮食出酒率按50%的定额数计算，入库酒度要求及耗曲见表6－5，计算工资时酒度以54%vol计算。生产用曲100%，使用超出部分按等价扣除。2. 消耗定额，生产中的用糠量、高温曲用量、煤耗、低值易耗品（含维修）耗量实行定额使用，用量见表6－6。3. 严格控制一、二轮次酒，一次酒不能超出投粮的8%，二轮次酒不能超出投粮的12%，超出部分回窖发酵。4. 员工未完成一年生产的，只付预发工资，其余公司一律不发。

其他工资支付规定：其他工资是指非生产性工资，这部分工资由企业承担。1. 班长津贴，每月500元，按月发300元，年度生产结束补发200元，如年终出酒率未达到50%，不予补发。要保证车间卫生清洁，物体堆放整齐，按操作规程作业。现场检查或视频监控发现违规操作的，第一次扣班长津贴100元，第二次扣班长津贴200元，三次检查不合格，撤销班长职务，另选班长。2. 炊事员含后勤共一人，每月按3500元发放。3. 高粱粉碎以7元/百千克计发，计发由基酒厂每轮次完成后结算发放。4. 由厂里安排的生产试验每甑按180元计发，因工作需要，工人参与非生产性劳动，按每天180元计发，每轮次发预付工资时一并发放。5. 根据公司情况若不能生产或因特殊原因停产，要停发一切工资或裁员。6. 其他特殊情况需作补偿的或非正常生产的工资待遇，由基酒厂厂长提出报告，报总经理批准后执行。

椿树基酒厂计件工资标准对照表

表6-4　　单位：元/吨

额定比例%	投高粱	50
工资单价	行车按4000元/吨计算	
超产奖励	行车按2400元/吨计算	
减产惩罚	行车按2400元/吨计算	

椿树基酒厂轮次酒耗曲定量对照表

表6-5

轮次	下沙	糙沙	一次酒	二次酒	三次酒	四次酒	五次酒	六次酒	七次酒
耗曲（按总投粮计）%	5	13	15	15	13	12	9	8	—
入库酒度（不低于）v/v			57	55	54	53.5	53	53	52.5
实验窖：55v/v									

椿树基酒厂用曲量对照表

表6-6

项目	用糠量（按总投粮计）	高温曲用量（窖底、窖面、投粮）	低置易耗品（元/吨高粱）
定额	15%	100%	145元

（二十六）合马基酒厂《2020—2021年度基酒生产（碎沙）计件方案》

贵州五星酒业集团茅台镇五星酒厂2020年12月23日制定。

生产基酒类型：生产碎沙酱香酒。

工资制：基酒生产工人实行产量计价工资制，按出勤天数预付，年终决算补足。

基酒工人工资结算发放规定：1. 工资以年底总额结算为准，总工资 =（碎沙定额入库产酒数×2.2元/千克）+奖惩工资，奖惩工资＝（碎沙实际产酒数量－总投粮×46%）×3元/千克。2. 工资发放：生产期间按实际投粮的定额出酒乘以定额单价除以员工人数，报财务部审核后发放，余额年终决算后一个月内补发。3. 员工旷工、迟到、早退、事假、病假按有关制度执行。4. 若公司因某种原因不能生产，须放长假，此时为年终。

奖惩规定：1. 碎沙定额出酒率为46%（以55度计）。2. 工人工资单价碎沙定额产酒数按2.2元/千克计，超产部分按3元/千克，欠产惩罚按1元/千克。3. 进糟工资按照45元/甑（含投粮）计发。4. 超产奖励提取2%奖励给班长，剩余98%全班人员平均分配。

其他工资支付规定：其他工资是指非生产性工资，这部分工资由企业承担。1. 高粱粉碎、曲药粉粹、封窖、保窖，全厂共3人，每月每人按5500元计发。清窖、封窖、生产期间每月每人奖金500元，由本厂管理人员、厂长和副总打分，按分数比例发放，生产期间不需要保窖的要停发工资。由基酒厂各轮次完成后结算发放。2. 由厂里安排的生产试验每甑另行计发，因工作需要，工人参与非生产性劳动，按每天100元计发，每月发预付工资时一并发放。3. 班长津贴，每轮次500元，按轮次发300元，年度生产结束补发200元，如年终出酒率未达到46%，不予补发。要保证车间卫生清洁，物品堆放整齐，经查不合格扣当轮次津贴200元。4. 炊事员按照4000元/月计发，炊事员可以担任打粮和打曲工作，单价按照本文件执行。5. 其他特殊情况需作补偿的或非正常生产的工资待遇，由基酒厂厂长提出报告，报总经理批准后执行。

（二十七）酿酒工序质量管理制度

五星酒业集团2021年12月31日制定。

1. 酿酒工艺管理制度

（1）自觉遵守国家法律法规和公司的有关管理制度，服从管理，听从安排，有关诉求必须一边工作一边通过恰当方式逐级反映，严禁以停工或闹事的方式要挟公司，否则每发生一次对每个当事人罚款500元；由于停工或闹事给公司造成经济损失的，由停工或闹事人员共同承担，从工资中扣除。

（2）爱岗敬业，按时完成所在岗位（工序）的工作任务。全厂职工听从公司及厂方统一安排，特别是各班组人员及班长一律服从厂方统一调动，如不服从“班长直接更换，员工直接开除”。各班班组人员由班长统一管理，如果班长要换班组成员，要向厂方说明情况，是什么原因换人，厂方调查了解原因后回复班长方可换人，如换人不向厂方报告，新换人员厂方一律不发工资。

（3）工艺生产操作和车间卫生管理以检查和调监控为准，违者按管理制度执行。

（4）会议管理。厂方通知开会要按时参加，不迟到、不早退，有特殊情况必须向领导请假同意，违者处罚100元。

（5）各班组人员实行考勤管理制度，按实际上班人数计算考勤。未满一个轮次离职按150元/天计发工资。未满一季生产的，只发预付工资。

（6）工艺操作。每个轮次工艺生产，一切按公司技术人员所安排的操作。

（7）卫生管理。一切听从厂方的安排，如因特殊原因需要全面大扫除，加班都必须要完成。

2. 工艺控制

（1）磨粮、润粮、蒸粮、摊凉打糙、拌曲、堆积发酵、入窖发酵等环节统一按酒师规定操作，违者处罚200元。

（2）开窖

①开窖时用铁锹轻轻将窖泥划成方块，用工具刷掉粘在窖泥上的谷壳，尽量刷干净，如未清理或清理不彻底就把封窖泥倒入窖泥池的，违者处罚200元。

②霉糟单独处理，处理方式按熊师的处理办法，违者处罚100元。

③每天起窖结束，清理四周窖壁，以防糟醅发霉。坑内糟醅抓平，撒上一层经清蒸的谷壳，减少酒精挥发。未按此工艺执行，处罚100元。

④起窖或下窖时行车操作人员必须小心，防止抓斗碰坏窖坑及其他设备，如损坏照价赔偿。

（3）蒸馏接酒

①上甑要求：上甑前每甑必须排放底锅水，并清理干净，重新放入底锅水，按照“轻、松、薄、准、匀、平、见汽上甑”原则，用撮箕上甑，严禁用铁铲上甑。检查发现未按规定执行处罚100元。

②上甑气压的控制小于0.015兆帕（气压表规格0.16或0.25）。

③上甑时间大于25分钟。

④蒸馏气压小于或等于0.01兆帕。

⑤蒸馏时间按每轮次工艺要求。

⑥接酒浓度按各轮次标准执行。

⑦接酒温度35℃~45℃。

若检查发现大气上甑、大气蒸馏时处罚500元。酒浓度不达标，一次按收酒浓度第二天补上，若有再犯补上浓度的，每次处罚200元。

（4）清蒸谷壳

谷壳倒入甑内大气敞开蒸60分钟。若发现用袋子装着蒸、蒸的时间短、用生谷壳的，工人处罚500元，行管人员处罚1000元。

（5）堆积发酵醅感官

堆积发酵温度恰好出面，约带白色斑点，甜香味带少量酒味，即可下窖。三四次酒可适当老一点，但堆子表面不得出现“白盖”现象。

（6）轮次酒取酒浓度

一次酒57%vol，二次酒55%vol，三次酒54%vol，四次酒53.5%vol，五次酒53%vol，六次酒53%vol，七次酒52.5%vol。取酒浓度一次到位，不允许低浓度用高浓度调整。

（二十八）贵州五星酒业集团茅台镇五星酒厂卫生管理制度

茅台镇五星酒厂2021年12月30日制定。

1. 卫生管理

（1）车间卫生

①上甑人员负责甑子的四周、接酒池、酒桶、甑子、甑盖、冷却器的卫生，检查发现不清

洁，处罚该工序人员100元。

②起糟或下窖人员，起完糟或下完窖后，要负责清理窖梁子上、其他窖坑的表面，所掉下的糟醅，抓斗上的糟醅。一经发现未清理，处罚100元。

③打糟：每天不管打糟几次，每次完成后必须清理所抛出的糟醅入堆，一经发现未清理，处罚50元。

④摊凉、打糙摊凉时糟醅不能撒入窖坑内和窖梁上。每排完成后，清理晾堂卫生，晾堂上不能有糟醅和曲药，同时曲药不能放在窖梁子上，一经发现，处罚100元。

⑤下班后班长做好车间整体全面工作，车间的墙壁、窗户、生产用具、尾酒罐、机器设备，该扫就扫，该擦就檫，该冲就冲，保持整个环境清洁，否则，处罚该班200元。

⑥封窖：在封窖前一天把窖泥拌好抓在小池内滴水，避免生水过多进入糟醅。封窖时不能把窖泥倒在晾堂上，以免影响卫生和酒的质量，违者罚款200元。

⑦生产过程产生的废品垃圾放入指定垃圾箱。垃圾池不能乱丢乱放，否则处罚100元。

⑧车间内发现有吸烟者罚款100元。发现场地有烟头，一个50元。在班上发现烟头，如不清楚哪个扔的，全班每人处罚20元。

（2）窖泥池卫生

保证窖泥池房清洁。发现乱丢乱扔、地面不清洁、工具未清理的（斗车），处罚100元。

（3）厕所卫生

上厕所的人员要自觉放水冲洗，手纸入篓，上厕所或洗澡前必须把脚上的糟醅清理掉，每天下班后按“卫生值日表”轮流打扫卫生，实行交接制，互相监督，发现未打扫卫生，或洗澡时不能把洗澡用的物品扔在洗澡间内的，处罚100元。

（4）住宿卫生

保持住宿内卫生及四周环境卫生，责任人为各班班长。

（5）厂区卫生

厂区四周不准乱扔果皮、纸屑、烟头，乱吐痰及其他杂物，违者处罚200元。

2. 工具摆放和其他工作

（1）行车抓斗不能放在窖梁子上，摆放在窖坑内或晾堂的适当位置，违者处罚50元。生产用具按指定位置摆放，违者处罚50元。

（2）上班期间所换的衣服、鞋严禁放在车间内，违者处罚50元。

（3）水电门窗管理

①上班节约用水、用电。平时只开甑子上的灯，其他所有灯在4—10月份8：30分关灯，12—3月份9：30分关灯，特殊原因除外，违者处罚100元。

②下班未断电、关水、关汽（含发粮罐）、关窗的，处罚50元。

（4）班长完成生产原始记录和考勤记录。一个轮次完后检查，没有做或记录不完善，处罚100元。

以上处罚在每个轮次预付工资中扣除。

3. 奖励政策

以班为单位，每个轮次在检查中发现工艺执行较好，卫生工作较好，并且未受到处罚的班组，奖励500元。每年年终考核，班长或员工受过一次处罚的，不得参与评选先进个人。

（二十九）关于制度执行情况，巡查监督的管理规定

五星酒业集团2021年3月27日制定。

督察人员：总经理、总工、生产（包装）副总、行政副总、质量副总、勾储副总、办公室主任及公司聘请的第三方质量指导人员。

督察内容：重点督察基酒厂、包装厂已下发制度或规定的执行情况。1. 考勤制度；2. 晨会制度；3. 存货管理制度；4. 基酒厂管理规定；5. 锅炉管理制度；6. 包装材料及生产管理制度；7. 公司管理制度特别强调规定；8. 卫生管理细则规定；9. 涉及消防、环保、安监等职能部门要求的记录；10. 按照厂规要求的有关生产记录和设备保养记录；11. 电子监控视频内容等。

督察方式：督察人员按照规定的监督检查频次以不定期的方式进行，重点对长岗包装厂和基酒厂的生产现场管理进行巡查；基酒厂的生产质量和生产工艺执行情况，对相关责任人进行查询；检查相关资料记录档案；安全环保情况巡查；电子监控视频内容的抽查等。

督察要求：1. 制度执行情况监督检查时间频次。总经理、总工每月1~2次。行政副总和办公室主任每月至少2次，基酒生产副总对基酒厂的巡查每周至少2次，勾储副总、质量技术副总每周至少1~2次。2. 每个基酒厂厂长每天应在生产现场监督，严格要求工人按照生产工艺流程操作，不在生产现场的时间，要做好记录。每天必须进行视频回看，回看的内容为自己没有在生产现场的时间，如果回看时或现场发现违反生产工艺流程的，由厂长对违反当事人所在班组进行处罚，每次视其情节处500元至800元罚款。3. 总工、基酒生产副总、勾储副总、质量技术副总现场督查时，必须回看视频一次以上，每次一至两个小时，现场或视频发现违反生产工艺流程的，由生产部副总牵头分别对工人和厂长或车间主任进行处罚，视其情节每次对厂长处100元至300元罚款，处违反当事人所在班组500元至800元罚款。如违反情况已经由厂长进行过处罚，以处罚单据为证，将不再处罚。4. 每个月分别由总经理、总工程师、行政副总、勾储副总、质量技术副总及督查小组成员到各基酒厂进行检查，在检查时必须回看视频，如现场和视频显示有违反操作工艺流程的，必须进行处罚，视其情节每次对基酒生产副总处200元至400元罚款，对厂长处100元至300元罚款，对违反操作当事人所在班组处500元至800元罚款。如违反情况已经由基酒生产副总或厂长进行过处罚，以处罚单据为证，将不再处罚。5. 督查人员要严格履行监督检查职责，对违反制度的依照相关规定及时处理。凡处罚金额在50元以下的现场进行，责任当事人当场缴款，督察人员做好相关记录后交公司财务。6. 各部门领导或主管要抓好所分管部门制度的落实工作，对所分管部门的制度执行效果负责。努力发挥领导示范带头作用，做到带头学习制度，严格执行制度，自觉维护制度。7. 做好制度执行效果的评价工作。在制度执行过程中，要注重收集制度执行过程中的相关信息反馈，及时总结、分析、纠正制度设计中存在的偏差，及时对有令不行、有禁不止和随意变通等破坏制度的行为给予惩处，真正使制度执行力得以有效提升。8. 严格执行考核问责机制，坚决抑制失职不究、违规不罚的现象，将制度执行情况纳入员工工作绩效考核，确保企业各项制度落到实处。

2004年7月20日，印发《会议制度》。2004年10月22日，印发《基酒厂管理办法》《小车

管理制度》《长岗包装厂车辆管理制度》。

2005 年 6 月 13 日，印发《茅台镇五星酒厂存货管理制度》。6 月 15 日印发《物品部、技术质量部、勾储车间岗位职责》。7 月 27 日印发《票据传递管理办法》《零星材料采购和传递管理办法》。9 月 1 日印发《行管人员每日工作绩效考核办法》。10 月 6 日印发《行管人员工作绩效考核标准》。10 月 25 日修改完善《考勤管理制度》《月目标管理制度》《半年考核管理制度》《员工每日绩效考核标准管理制度》《员工处罚管理制度》《驾驶员车辆管理制度》。12 月 1 日印发《存货管理制度的补充修订事项》。

2006 年 6 月 4 日，制定《财务开支报销审批制度》（仁五通〔2006〕010 号）。9 月 28 日，制定《固定资产、低值易耗品管理制度》（仁五通〔2006〕016 号）。12 月 6 日，制定《采购人员管理制度》（仁五通〔2006〕22 号）。

2009 年 10 月 6 日，印发《贵州省仁怀市茅台镇五星酒厂行政人员绩效考核办法》（仁五通〔2009〕22 号）。

三、考核与奖惩

贵州省仁怀市茅台镇五星酒厂 2003 年 5 月 30 日制定《督导管理制度》。

为督促员工认真履行岗位职责，将各项管理制度落到实处，确保各项工作正常运转，以获取企业更好的经济效益，特制定本制度。

（一）督导机构组成人员：潘正轩、王永红、张鹏、王茂权、谢明才。王茂权总负责。

（二）机构成员职责：1. 督导检查员工是否坚守工作岗位，认真履行岗位职责。2. 督导检查员工是否遵守厂纪厂规，有无违纪违规现象。3. 督导检查员工是否努力工作，尽心尽职完成交办的任务。4. 督导检查员工是否服从安排、服从指挥、团结合作、协同作战、努力做好分内分外工作。5. 督导员工是否爱护企业财物财产，处处以企业利益为重，以厂为家，不伤害企业，不给企业造成任何财物财产、经济损失。6. 督导检查员工是否自觉参加单位和部门组织的学习和各种培训活动，不断提高思想素质和业务素质。7. 督导检查员工是否讲卫生，爱护环境，自觉养成良好的卫生习惯。8. 督导检查员工是否对企业忠诚，爱护企业声誉和保守企业的商业秘密。

（三）督导检查办法：1. 普遍督查与重点检查相结合。2. 督查前，督查小组成员首先统一思想，明确督导检查目的，有针对性，做到有的放矢，不走过场，不流于形式。3. 督导检查要有记录、表册，建立档案，以此作为员工考评考核的重要依据。4. 督导检查中发现的问题，督查小组集体研究，做出处理决定，报请总经理同意后，对照有关文件作出相应的行政处分或经济处罚。

（四）督查时间安排：1. 每周必须进行一次。2. 具体督查时间由督导小组自己确定，定期与不定期相结合，特殊情况可由每周一次增加到两至三次。3. 督导检查工作必须持之以恒，不间断、不松懈，每次督导检查小组成员不得缺席，形成一种习惯、一种惯例、一种自然。

（五）督导检查的原则：1. “制度和纪律是企业不可触摸的高压线”，督导检查工作必须坚持原则，做到一视同仁，不能厚此薄彼，不论是谁，谁违反罚谁，决不迁就和姑息。2. 行政处分和经济处罚必须实事求是，有依有据，有说服力，以达到惩前毖后、治病救人的目的。3. 处分或处罚决定的下达，必须慎重，督查小组集体研究的意见，必须报请总经理同意签批后方可执行。4. 对受到行政处分或经济处罚的员工，要做好帮教工作，晓之以理，动之以情，以达到提高员工整体素质的目的。5. 督查小组执行工作不得缺席，要不断开会、沟通、讨论、改进。6. 督导检查中发现的问题，小组要提出整改或改进措施，列为下一次督查的内容。

（六）完善档案建设

1. 督导检查小组成员，每次督查必须有检查表，有检查内容、检查结果、建议意见等。2. 检查表要统一收存，随同集体研究的意见和部门经理指示以及最后做出的处理决定分别建档，以作为员工综合考核的重要依据。

第四节　商标管理

2002 年 3 月 20 日，五星酒厂制定《商标印制管理办法》《商标管理制度》。

一、五星酒业集团商标

五星企徽　商标注册证第 1631519 号。批准注册。注册人：贵州省仁怀市茅台镇茆酒厂。核定使用商品第 33 类：白酒。注册地址：仁怀市茅台镇仁怀二中。注册有效期 2001 年 9 月 7 日至 2011 年 9 月 6 日止。2004 年 6 月 21 日，国家工商管理总局商标局证明，“兹核准第 1631519 号商标转让注册，受让人：贵州省仁怀市茅台镇五星酒厂”。2011 年 7 月 11 日，国家工商管理总局商标局，核准续展注册证明，“兹核准第 1631519 号商标续展注册，续展注册有效期自 2011 年 9 月 7 日至 2021 年 9 月 6 日”。2011 年 8 月 29 日，国家工商管理总局商标局证明，“兹核准第 1631519 号商标变更注册，变更后注册人名义：贵州五星酒业集团茅台镇五星酒厂”。

FiveStar　商标注册证第 9766869 号。核定使用商品第 33 类：果酒（含酒精）、烧酒、鸡尾酒、葡萄酒、酒（饲料）、白兰地、威士忌酒、酒精饮料（啤酒除外）、米酒、黄酒。注册人：贵州五星酒业集团茅台镇五星酒厂，注册地址：贵州省仁怀市茅台镇，有效期自 2012 年 11 月 21 日至 2022 年 11 月 20 日。注册批准单位：国家工商行政管理总局商标局。

升 OUVRE　商标注册证第 8035419 号。核定使用商品第 33 类：酒（饮料）、酒精饮料（啤酒除外）、果酒（含酒精）、鸡尾酒、白兰地、威士忌酒、汽酒、黄酒、烧酒、米酒。注册人：贵州省仁怀市茅台镇五星酒厂，注册地址：贵州省仁怀市茅台镇，有效期自 2011 年 2 月 14 日至 2021 年 2 月 13 日。注册批准单位：国家工商行政管理总局商标局。2011 年 8 月 29 日，国家工商管理总局商标局注册变更证明：“兹核准第 8035419 号商标变更，变更后注册人名义：贵州五星酒业集团茅台镇五星酒厂”。

百年镇酒　商标注册证第 16420530 号。核定使用商品第 33 类：果酒（含酒精）、开胃酒、鸡尾酒、蒸煮提取物（利口酒和烈酒）、葡萄酒、酒精饮料原汁、白酒、食用酒精、烧酒、米酒。注册人：贵州五星酒业集团茅台镇五星酒厂，注册地址：贵州省仁怀市茅台镇，有效期自 2016 年 4 月 21 日至 2026 年 4 月 20 日。注册批准单位：国家工商管理局总商标局。

不老翁　商标注册证第 1758832 号。核定使用商品第 33 类：酒（饮料）、酒精饮料（啤酒除外），注册人：贵州省仁怀市茅台镇五星酒厂，注册地址：贵州省仁怀市茅台镇，有效期自 2002 年 4 月 28 日至 2012 年 4 月 27 日。注册批准单位：国家工商管理总局商标局。2012 年 1 月 30 日，国家工商管理总局商标局核准续展注册证明："兹核准第 1758832 号商标续展注册，续展注册有效期自 2012 年 4 月 28 日至 2022 年 4 月 27 日"。2011 年 8 月 29 日，国家工商管理总局商标局注册商标变更证明："兹核准第 1758832 号商标变更注册人名义，变更后注册人名义：贵州五星酒业集团茅台镇五星酒厂"。

乘风破浪　商标注册证第 3140128 号。核定使用商品第 33 类：酒（饮料）、酒精饮料（啤酒除外）。注册人：贵州省仁怀市茅台镇五星酒厂，注册地址：贵州省仁怀市茅台镇，有效期自 2003 年 4 月 21 日至 2013 年 4 月 20 日。注册批准单位：国家工商管理总局商标局。2011 年 8 月 29 日，国家工商管理总局商标局注册商标变更证明："兹核准第 3140128 号商标变更注册人名义，变更后注册人名义：贵州五星酒业集团茅台镇五星酒厂"。2013 年 5 月 27 日，国家工商管理总局商标局核准续展注册证明："兹核准第 3140128 号商标续展注册，续展注册有效期自 2013 年 4 月 21 日至 2023 年 4 月 20 日"。

传奇镇酒　商标注册证第 16420450 号。核定使用商品第 33 类：果酒（含酒精）、开胃酒、鸡尾酒、蒸煮提取物（利口酒和烈酒）、葡萄酒、酒精饮料原汁、白酒、食用酒精、烧酒、米酒。注册人：贵州五星酒业集团茅台镇五星酒厂，注册地址：贵州省仁怀市茅台镇，注册日期 2016 年 5 月 28 日，有效期至 2026 年 5 月 27 日。注册批准单位：国家工商管理总局商标局。

传世镇酒　商标注册证第 16420458 号。核定使用商品第 33 类：果酒（含酒精）、开胃酒、鸡尾酒、蒸煮提取物（利口酒和烈酒）、葡萄酒、酒精饮料原汁、白酒、食用酒精、烧酒、米酒。注册人：贵州五星酒业集团茅台镇五星酒厂，注册地址：贵州省仁怀市茅台镇，注册日期 2016 年 4 月 21 日至 2026 年 4 月 20 日。注册批准单位：国家工商管理总局商标局。

搭档　商标注册证第 3664061 号。核定使用商品第 33 类：酒（饮料）、酒精饮料（啤酒除外）。注册人：贵州省仁怀市茅台镇五星酒厂，注册地址：贵州省仁怀市茅台镇，有效期自 2008 年 3 月 28 日至 2018 年 3 月 27 日。注册批准单位：国家工商管理总局商标局。2011 年 8 月 29 日，国家工商管理总局商标局。注册商标变更证明：兹核准第 3664061 号商标变更注册人名义，变更为贵州五星酒业集团茅台镇五星酒厂。

大镇　商标注册证第 15388221 号。核定使用商品第 33 类：开胃酒、葡萄酒、蜂蜜酒、白兰地、威士忌、米酒、白酒、清酒、黄酒、烧酒。注册人：贵州五星酒业集团茅台镇五星酒厂，注册地址：贵州省仁怀市茅台镇，注册日期 2015 年 11 月 25 日，有效期至 2025 年 11 月 24 日。注册批准单位：国家工商管理总局商标局。

凡尔赛　商标注册证第 3810764 号。核定使用商品第 33 类：酒（饮料）、酒精饮料（啤酒除外）、葡萄酒、开胃酒、鸡尾酒、米酒、酒、黄酒、果酒（含酒精）、青稞酒。注册人：贵州省仁怀市茅台镇五星酒厂，注册地址：贵州省仁怀市茅台镇，有效期自 2005 年 9 月 7 日至 2015 年 9 月 6 日。注册批准单位：国家工商管理总局商标局。国家工商管理总局商标局商标续展注册证明："兹核准第 3810764 号商标第 33 类续展注册，续展注册有效期至 2025 年 9 月 6 日"。2011 年 8 月 29 日，国家工商管理总局商标局注册商标变更证明："兹核准第 3810764 号商标变更注册人名义，变更后为贵州五星酒业集团茅台镇五星酒厂”。

飞酱天魂　商标注册证第10700239号。核定使用商品第33类：果酒（含酒精）、葡萄酒、烈酒（饮料）、酒精饮料原汁、酒精饮料（啤酒除外）、米酒、预先混合的酒精饮料（以啤酒为主的除外）、黄酒、食用酒精、烧酒。注册人：贵州五星酒业集团茅台镇五星酒厂，注册地址：贵州省仁怀市茅台镇，注册日期2013年5月28日，有效期至2023年5月27日。注册批准单位：国家工商管理总局商标局。

关爱　商标注册证第5589313号。核定使用商品第33类：酒（饮料）、酒精饮料（啤酒除外）、果酒（含酒精）、鸡尾酒、白酒、威士忌酒、黄酒、烧酒、米酒。注册人：贵州省仁怀市茅台镇五星酒厂，注册地址：贵州省仁怀市茅台镇，注册日期自2009年7月7日至2019年7月6日。注册批准单位：国家工商管理总局商标局。2011年8月29日，国家工商管理总局商标局注册商标变更证明：“兹核准第5589313号商标变更注册人名义，变更后为贵州五星酒业集团茅台镇五星酒厂”。

贵坊　商标注册证第1474472号。核定使用商品第33类：酒（利口酒）、酒（饮料）、米酒、清酒、开胃酒、烧酒。注册人：遵义荣顺古贵酒业有限公司；注册地址：贵州遵义市凉水井十字坳。2011年8月29日，国家工商管理总局商标局注册商标变更证明：“兹核准第1474472号商标变更注册人名义，变更为贵州五星酒业集团茅台镇五星酒厂”。2004年8月28日，国家工商管理总局商标局核准商标转让证明：“兹核准第1474472号商标转让，受让人贵州省仁怀市茅台镇五星酒厂”。2010年11月29日，国家工商管理总局商标局核准续展注册证明：“兹核准第1474472号商标续展注册，续展注册有效期自2010年11月14日至2020年11月13日”。

老搭档　商标注册证第1542659号。核定使用商品第33类：酒（饮料）、酒精饮料（啤酒除外）。注册人：贵州省仁怀市茅台镇五星酒厂；注册地址：贵州仁怀市茅台镇，注册有效期自2001年3月21日至2011年3月20日。

贵谷宴　商标注册证第3810765号。核定使用商品第33类：酒（饮料）、酒精饮料（啤酒除外）、葡萄酒、开胃酒、鸡尾酒、米酒、汽酒、黄酒、果酒（含酒精）、青稞酒。注册人：贵州省仁怀市茅台镇五星酒厂，注册地址：贵州省仁怀市茅台镇，注册有效期自2005年9月7日至2015年9月6日。注册批准单位：国家工商管理总局商标局。国家工商管理总局商标局商标续展注册证明：“兹核准第3810765号商标第33类续展注册，续展注册有效期至2025年9月6日”。2011年8月29日，国家工商管理总局商标局注册商标变更证明：“兹核准第3810765号商标变更注册人名义，变更后为贵州五星酒业集团茅台镇五星酒厂”。

贵鹏　商标注册证第3809788号。核定使用商品第33类：酒（饮料）、酒精饮料（啤酒除外）、葡萄酒、开胃酒、鸡尾酒、米酒、汽酒、黄酒、果酒（含酒精）、青稞酒。注册人：贵州省仁怀市茅台镇五星酒厂，注册地址：贵州省仁怀市茅台镇，注册有效期自2005年10月7日至2015年10月6日。注册批准单位：国家工商管理总局商标局。后经国家工商管理总局商标局核准，第3809788号商标续展注册有效期至2025年10月6日。2011年8月29日，国家工商管理总局商标局核准，第3809788号商标变更注册人名义为贵州五星酒业集团茅台镇五星酒厂。

贵荣　商标注册证第3810652号。核定使用商品第33类：酒（饮料）、酒精饮料（啤酒除外）、葡萄酒、开胃酒、鸡尾酒、米酒、汽酒、黄酒、果酒（含酒精）、青稞酒。注册人：贵州省仁怀市茅台镇五星酒厂，注册地址：贵州省仁怀市茅台镇，注册有效期自2005年9月7日至2015年9月6日。注册批准单位：国家工商管理总局商标局。商标注册续展有效期至2025年9月6日。2011年8月29日，国家工商管理总局商标局核准，第3810652号商标变更注册人名义为贵州五星酒业集团茅台镇五星酒厂。

贵秀　商标注册证第3810766号。核定使用商品第33类：酒（饮料）、酒精饮料（啤酒除外）、葡萄酒、开胃酒、鸡尾酒、米酒、汽酒、黄酒、果酒（含酒精）、青稞酒。注册人：贵州省仁怀市茅台镇五星酒厂，注册地址：贵州省仁怀市茅台镇，注册有效期自2005年9月7日至2015年9月6日。注册批准单位：国家工商管理总局商标局。2011年8月29日，国家工商管理总局商标局核准，第3810766号商标变更注册人名义为贵州五星酒业集团茅台镇五星酒厂。第3810766号商标注册续展有效期至2025年9月6日。

华商同门　商标注册证第10783070号。核定使用商品第33类：果酒（含酒精）、葡萄酒、烈酒（饮料）、酒精饮料原汁、酒精饮料（啤酒除外）、米酒、预先混合的酒精饮料（以啤酒为主的除外）、黄酒、食用酒精、烧酒。注册人：贵州省仁怀市茅台镇五星酒厂，注册地址：贵州省仁怀市茅台镇，注册有效期自2013年6月28日至2023年6月27日。注册批准单位：国家工商管理总局商标局。

华商学兄　商标注册证第13113908号。核定使用商品第33类：果酒（含酒精）、蒸馏饮料、葡萄酒、烈酒（饮料）、酒精饮料原汁、酒精饮料（啤酒除外）、预先混合的酒精饮料（以啤酒为主的除外）、黄酒、食用酒精、烧酒。注册人：贵州五星酒业集团茅台镇五星酒厂，注册地址：贵州省仁怀市茅台镇，注册日期2015年1月28日，有效期至2025年1月27日。注册批准单位：国家工商管理总局商标局。

怀金　商标注册证第1381834号。注册人：仁怀市茅台镇五星酒厂，注册地址：贵州省仁怀市茅台镇。核定使用商品第33类：酒（饮料）。注册有效期自2000年4月7日至2010年4月6日。注册批准单位：国家工商管理总局商标局。2011年5月9日，国家工商管理总局核准第1381834号商标变更注册人名义，变更为贵州省仁怀市茅台镇五星酒厂。2011年5月16日，经国家工商管理总局核准，第1381834号商标续展注册，有效期自2010年4月7日至2020年4月6日。2011年8月29日，经国家工商管理总局商标局核准，第1381834号商标变更注册人名义，变更为贵州五星酒业集团茅台镇五星酒厂。

酱酒之星　商标注册证第12090563号。注册人：贵州五星酒业集团茅台镇五星酒厂，注册地址贵州省仁怀市茅台镇。核定使用商品/服务项目第16类：海报、印刷、出版物、说明书、报纸、期刊、杂志（期刊）、新闻刊物、年画、宣传画。注册日期：2014年7月14日，有效期至2024年7月13日。注册批准单位：国家工商管理总局商标局。

窖底香　商标注册证第1571793号。注册人：贵州省仁怀市茅台镇五星酒厂，注册地址：贵州省仁怀市茅台镇。核定使用商品第33类：酒（饮料）、酒精饮料（啤酒除外）。注册有效期自2001年5月14日至2011年5月13日止。注册批准单位：国家工商管理总局商标局。2011年7月11日，经国家工商管理总局核准第1571793号商标续展注册，有效期自2011年5月14日至2021

年5月13日。2011年8月29日，经国家工商管理总局核准，第1571793号商标变更注册人名义，变更为贵州五星酒业集团茅台镇五星酒厂。

金镇 商标注册证第3886940号。注册人：贵州省仁怀市茅台镇五星酒厂，注册地址：贵州省仁怀市茅台镇。核定使用商品第33类：酒（饮料）、酒精饮料（啤酒除外）、葡萄酒、开胃酒、鸡尾酒、米酒、汽酒、黄酒、果酒（含酒精）、青稞酒。注册有效期自2005年11月28日至2015年11月27日。注册批准单位：国家工商管理总局商标局。经国家工商管理总局核准，第3886940号商标第33类续展注册，有效期至2025年11月27日。2011年8月29日，国家工商管理总局核准第3886940号商标变更注册人名义，变更为贵州五星酒业集团茅台镇五星酒厂。

酒品人生 商标注册证第3289947号。核定使用商品第33类：酒（饮料）、酒精饮料（啤酒除外）。注册人：贵州省仁怀市茅台镇五星酒厂，注册地址：贵州省仁怀市茅台镇。注册有效期自2003年8月28日至2013年8月27日。注册批准单位：国家工商管理总局商标局。2011年8月29日，国家工商管理总局核准第3289947号商标变更注册人名义，变更为贵州五星酒业集团茅台镇五星酒厂。2013年7月8日，经国家工商管理总局核准，第3289947号商标续展注册，有效期自2013年8月28日至2023年8月27日。

老搭档（竖） 商标注册证第4257767号。核定使用商品第33类：酒（饮料）、酒精饮料（啤酒除外）、果酒（含酒精）、鸡尾酒、白兰地、威士忌酒、汽酒、黄酒、烧酒、米酒。注册人：贵州省仁怀市茅台镇五星酒厂，注册地址：贵州省仁怀市茅台镇。注册有效期自2007年2月14日至2017年2月13日。注册批准单位：国家工商管理总局商标局。2011年8月29日，国家工商管理总局核准第4257767号商标变更注册人名义，变更为贵州五星酒业集团茅台镇五星酒厂。经国家工商管理总局核准，第4257767号商标第33类续展注册，有效期至2027年2月13日。

老作坊 商标注册证第4301678号。核定使用商品第33类：酒（饮料）、酒精饮料（啤酒除外）、果酒（含酒精）、鸡尾酒、白兰地、威士忌酒、汽酒、黄酒、烧酒、米酒。注册人：贵州省仁怀市茅台镇五星酒厂，注册地址：贵州省仁怀市茅台镇。注册有效期自2007年3月7日至2017年3月6日。注册批准单位：国家工商管理总局商标局。2011年8月29日，国家工商管理总局核准第4301678号商标变更注册人名义，变更为贵州五星酒业集团茅台镇五星酒厂。经国家工商管理总局核准，第4301678号商标第33类续展注册，有效期至2027年3月6日。

老作坊 商标注册证第4301679号。核定使用商品第33类：酒（饮料）、酒精饮料（啤酒除外）、果酒（含酒精）、鸡尾酒、白兰地、威士忌酒、汽酒、黄酒、烧酒、米酒。注册人：贵州省仁怀市茅台镇五星酒厂，注册地址：贵州省仁怀市茅台镇。注册有效期自2007年3月7日至2017年3月6日。注册批准单位：国家工商管理总局商标局。经国家工商管理总局核准，第4301679号商标第33类续展注册，有效期至2027年3月6日。2011年8月29日，国家工商管理总局核准第4301679号商标变更注册人名义，变更为贵州五星酒业集团茅台镇五星酒厂。

礼仪天下 商标注册证第3746780号。核定使用商品第33类：酒（饮料）、酒精饮料（啤酒除外）。注册人：贵州省仁怀市茅台镇五星酒厂，注册地址：贵州省仁怀市茅台镇。注册有效期自2005年5月7日至2015年5月6日。注册批准单位：国家工商管理总局商标局。经国家工商管理总局核准，第3746780号商标第33类续展注册，有效期至2025年5月6日。2011年8月29

日，国家工商管理总局核准第 3746780 号商标变更注册人名义，变更为贵州五星酒业集团茅台镇五星酒厂。

卢浮宫 商标注册证第 12573218 号。核定使用商品第 33 类：果酒（含酒精）、蒸馏饮料、葡萄酒、烈酒（饮料）、酒精饮料原汁、酒精饮料（啤酒除外）、预先混合的酒精饮料（以啤酒为主的除外）、黄酒、食用酒精、烧酒。注册人：贵州五星酒业集团茅台镇五星酒厂，注册地址：贵州省仁怀市茅台镇。注册日期 2014 年 10 月 14 日至 2024 年 10 月 13 日。注册批准单位：国家工商管理总局商标局。

卢浮宫升 OUVRE 商标注册证第 3809789 号。核定使用商品第 33 类：酒（饮料）、酒精饮料（啤酒除外）、葡萄酒、开胃酒、鸡尾酒、米酒、汽酒、黄酒、果酒（含酒精）、青稞酒。注册人：贵州省仁怀市茅台镇五星酒厂，注册地址：贵州省仁怀市茅台镇。注册有效期自 2005 年 10 月 14 日至 2015 年 10 月 13 日。注册批准单位：国家工商管理总局商标局。经国家工商管理总局核准，第 3809789 号商标第 33 类续展注册，有效期至 2025 年 10 月 13 日。2011 年 8 月 29 日，国家工商管理总局核准第 3809789 号商标变更注册人名义，变更为贵州五星酒业集团茅台镇五星酒厂。

品物斋 商标注册证第 7388316 号。核定使用商品第 33 类：酒精饮料（啤酒除外）、酒（饮料）、果酒（含酒精）、汽酒、清酒、黄酒、鸡尾酒、白兰地米酒。注册人：贵州省仁怀市茅台镇五星酒厂，注册地址：贵州省仁怀市茅台镇。注册有效期自 2010 年 8 月 28 日至 2020 年 8 月 27 日。注册批准单位：国家工商管理总局商标局。2011 年 8 月 29 日，国家工商管理总局核准第 7388316 号商标变更注册人名义，变更为贵州五星酒业集团茅台镇五星酒厂。

企微 商标注册证第 1631519 号。核定使用商品第 33 类：白酒。注册人：贵州省仁怀市茅台镇茆酒厂，注册地址：贵州省仁怀市茅台镇仁怀二中。注册有效期自 2001 年 9 月 7 日至 2011 年 9 月 6 日。注册批准单位：国家工商管理总局商标局。2004 年 6 月 21 日，国家工商管理总局商标局核准第 1631519 号商标转让注册，受让人：贵州省仁怀市茅台镇五星酒厂，受让人地址：贵州省仁怀市茅台镇。经国家工商管理总局核准，第 1631519 号商标第 33 类续展注册，有效期自 2011 年 9 月 7 日至 2021 年 9 月 6 日。2011 年 8 月 29 日，国家工商管理总局核准第 1631519 号商标变更注册人名义，变更为贵州五星酒业集团茅台镇五星酒厂。

黔尊 商标注册证第 3810653 号。核定使用商品第 33 类：酒（饮料）、酒精饮料（啤酒除外）、葡萄酒、开胃酒、鸡尾酒、米酒、汽酒、黄酒、果酒（含酒精）、青稞酒。注册人贵州省仁怀市茅台镇五星酒厂，注册地址贵州省仁怀市茅台镇。注册有效期自 2005 年 9 月 7 日至 2015 年 9 月 6 日。注册批准单位：国家工商管理总局商标局。经国家工商管理总局核准，第 3810653 号商标第 33 类续展注册，有效期至 2025 年 9 月 6 日。

2011 年 8 月 29 日，国家工商管理总局核准第 3810653 号商标变更注册人名义，变更为贵州五星酒业集团茅台镇五星酒厂。

神采飞扬 商标注册证第 12573230 号。核定使用商品第 33 类：果酒（含酒精）、蒸馏饮料、葡萄酒、烈酒（饮料）、酒精饮料原汁、酒精饮料（啤酒除外）、预先混合的酒精饮料（以啤酒为主的除外）、黄酒、食用酒精、烧酒。注册人贵州五星酒业集团茅台镇五星酒厂，注册地址贵州省仁怀市茅台镇。注册日期 2014 年 10 月 14 日，有效期至 2024 年 10 月 13 日。注册批准单位：国家工商管理总局商标局。

神采飞扬 商标注册证第 3746778 号。核定使用商品第 33 类：酒（饮料）、酒精饮料（啤酒除外）。注册人贵州省仁怀市茅台镇五星酒厂，注册地址贵州省仁怀市茅台镇。注册有效期自 2005 年 5 月 7 日至 2015 年 5 月 6 日。注册批准单位：国家工商管理总局商标局。经国家工商管理总局核准，第 3746778 号商标第 33 类续展注册，有效期至 2025 年 5 月 6 日。

2011 年 8 月 29 日，国家工商管理总局核准第 3746778 号商标变更注册人名义，变更为贵州五星酒业集团茅台镇五星酒厂。

九章 商标注册证第 3289946 号。核定使用商品第 33 类：酒（饮料）、酒精饮料（啤酒除外）。注册人贵州省仁怀市茅台镇五星酒厂，注册地址贵州省仁怀市茅台镇。注册有效期自 2003 年 8 月 28 日至 2013 年 8 月 27 日。注册批准单位：国家工商管理总局商标局。

天魂 商标注册证第 10662372 号。核定使用商品第 33 类：果酒（含酒精）、蒸馏饮料、葡萄酒、烈酒（饮料）、酒精饮料原汁、酒精饮料（啤酒除外）、米酒、黄酒、食用酒精、烧酒。注册人贵州五星酒业集团茅台镇五星酒厂，注册地址贵州省仁怀市茅台镇。注册有效期自 2014 年 4 月 7 日至 2024 年 4 月 6 日。注册批准单位：国家工商管理总局商标局。

五星 商标注册证第 1707411 号。核定使用商品第 33 类：酒（饮料）、酒精饮料（啤酒除外）。注册人贵州省仁怀市茅台镇五星酒厂，注册地址贵州省仁怀市茅台镇。注册有效期自 2002 年 1 月 28 日至 2012 年 1 月 27 日。注册批准单位：国家工商管理总局商标局。经国家工商管理总局核准，第 1707411 号商标第 33 类续展注册，有效期自 2012 年 1 月 28 日至 2022 年 1 月 27 日。

2011 年 8 月 29 日，国家工商总局商标局核准第 1707411 号商标核准变更注册人名义，变更为贵州五星酒业集团茅台镇五星酒厂。2011 年 10 月 31 日，国家工商总局商标局核准 1707411 号商标续展注册，有效期自 2012 年 1 月 28 日至 2022 年 1 月 27 日。

五星不老 商标注册证第 1989931 号。核定使用商品第 33 类：酒（饮料）、酒精饮料（啤酒除外）。注册人贵州省仁怀市茅台镇五星酒厂，注册地址贵州省仁怀市茅台镇。注册有效期自 2004 年 7 月 28 日至 2014 年 7 月 27 日。注册批准单位：国家工商管理总局商标局。2011 年 8 月 29 日，国家工商管理总局核准第 1989931 号商标变更注册人名义，变更为贵州五星酒业集团茅台镇五星酒厂。

五星酒典 商标注册证第 3102681 号。核定使用商品第 33 类：酒（饮料）、酒精饮料（啤酒除外）。注册人贵州省仁怀市茅台镇五星酒厂，注册地址贵州省仁怀市茅台镇。注册有效期自 2005 年 5 月 28 日至 2015 年 5 月 27 日。注册批准单位：国家工商管理总局商标局。经国家工商管理总局核准，第 3102681 号商标第 33 类续展注册，有效期至 2025 年 5 月 27 日。

2011 年 8 月 29 日，国家工商管理总局核准第 3102681 号商标变更注册人名义，变更为贵州五星酒业集团茅台镇五星酒厂。

五星麦穗 商标注册证第 1301830 号。核定使用商品第 33 类：白酒。注册人贵州五星酒业集团茅台镇五星酒厂，注册地址贵州省仁怀市茅台镇。注册有效期自 2009 年 8 月 7 日至 2019 年 8 月 6 日。注册批准单位：国家工商管理总局商标局。

2011 年 5 月 9 日，国家工商管理总局商标局核准第 1301830 号商标变更注册人名义，变更为贵州省仁怀市茅台镇五星酒厂。2011 年 8 月 29 日，国家工商管理总局核准第 1301830 号商标变更注册人名义，变更为贵州五星酒业集团茅台镇五星酒厂。

五星小醉仙　商标注册证第 5315608 号。核定使用商品第 33 类：酒（饮料）、酒精饮料（啤酒除外）、果酒（含酒精）、鸡尾酒、白兰地、威士忌酒、黄酒、烧酒、米酒。注册人贵州省仁怀市茅台镇五星酒厂，注册地址贵州省仁怀市茅台镇。注册有效期自 2009 年 4 月 14 日至 2019 年 4 月 13 日。注册批准单位：国家工商管理总局商标局。

2011 年 8 月 29 日，国家工商管理总局核准第 5315608 号商标变更注册人名义，变更为贵州五星酒业集团茅台镇五星酒厂。

五星镇酒　商标注册证第 4525992 号。核定使用商品第 33 类：酒（饮料）、酒精饮料（啤酒除外）、果酒（含酒精）、鸡尾酒、白兰地、威士忌酒、果酒、黄酒、烧酒、米酒。注册人贵州省仁怀市茅台镇五星酒厂，注册地址贵州省仁怀市茅台镇。注册有效期自 2007 年 10 月 21 日至 2017 年 10 月 20 日。注册批准单位：国家工商管理总局商标局。

国家工商管理总局商标局核准第 4525992 号商标续展注册，有效期至 2027 年 10 月 20 日。2011 年 8 月 29 日，国家工商管理总局核准第 4525992 号商标变更注册人名义，变更为贵州五星酒业集团茅台镇五星酒厂。

新镇　商标注册证第 17985250 号。注册人贵州五星酒业集团茅台镇五星酒厂，注册地址贵州省仁怀市茅台镇。注册日期 2016 年 11 月 7 日，有效期至 2026 年 11 月 6 日。注册批准单位：国家工商管理总局商标局。

一枝独秀　商标注册证第 3746777 号。核定使用商品第 33 类：酒（饮料）、酒精饮料（啤酒除外）。注册人贵州省仁怀市茅台镇五星酒厂，注册地址贵州省仁怀市茅台镇。注册有效期自 2005 年 5 月 7 日至 2015 年 5 月 6 日。注册批准单位：国家工商管理总局商标局。经国家工商总局商标局核准第 3746777 号商标续展注册，有效期至 2025 年 5 月 6 日。2011 年 8 月 29 日，国家工商总局商标局核准第 3746777 号商标，变更注册人名义为贵州五星酒业集团茅台镇五星酒厂。

银五星　商标注册证第 3780671 号。核定使用商品第 33 类：酒（饮料）、酒精饮料（啤酒除外）、葡萄酒、开胃酒、鸡尾酒、米酒、汽酒、黄酒、果酒（含酒精）、青稞酒。注册人贵州省仁怀市茅台镇五星酒厂，注册地址贵州省仁怀市茅台镇。注册有效期自 2005 年 7 月 28 日至 2015 年 7 月 27 日。注册批准单位：国家工商管理总局商标局。经国家工商总局商标局核准第 3780671 号商标续展注册，有效期至 2025 年 7 月 27 日。2011 年 8 月 29 日，国家工商总局商标局核准第 3780671 号商标，变更注册人名义为贵州五星酒业集团茅台镇五星酒厂。

银镇　商标注册证第 3886859 号。核定使用商品第 33 类：酒（饮料）、酒精饮料（啤酒除外）、葡萄酒、开胃酒、鸡尾酒、米酒、汽酒、黄酒、果酒（含酒精）、青稞酒。注册人贵州省仁怀市茅台镇五星酒厂，注册地址贵州省仁怀市茅台镇。注册有效期自 2005 年 11 月 28 日至 2015 年 11 月 27 日。注册批准单位：国家工商管理总局商标局。经国家工商总局商标局核准第 3886859 号商标续展注册，有效期至 2025 年 11 月 27 日。2011 年 8 月 29 日，国家工商总局商标局核准第

3886859号商标，变更注册人名义为贵州五星酒业集团茅台镇五星酒厂。

长岗（29类） 商标注册证第18827350A号。核定使用商品第29类：豆腐、豆腐制品、腐竹、豆花。注册人贵州五星酒业集团茅台镇五星酒厂，注册地址贵州省仁怀市茅台镇。注册日期2017年4月21日，有效期至自2027年4月20日。注册批准单位：国家工商总局商标局。

长岗（30类） 商标注册证第18827349号。核定使用商品第30类：糍粑、泡粑、叶儿粑、盒饭、醪糟、年糕、肉馅饼、春卷、包子、饺子。注册人贵州五星酒业集团茅台镇五星酒厂，注册地址贵州省仁怀市茅台镇。注册日期2017年2月14日，有效期至2027年2月13日。注册批准单位：国家工商管理总局商标局。

镇 商标注册证第7014275号。核定使用商品第33类：酒精饮料（啤酒除外）、酒（饮料）、果酒（含酒精）、汽酒、清酒、黄酒、鸡尾酒、白兰地、米酒。注册人贵州省仁怀市茅台镇五星酒厂，注册地址贵州省仁怀市茅台镇。注册有效期自2010年5月28日至2020年5月27日。注册批准单位：国家工商总局商标局。2011年8月29日，国家工商总局商标局核准第7014275号商标，变更注册人名义为贵州五星酒业集团茅台镇五星酒厂。

镇及图 商标注册证第3128484号。核定使用商品第33类：果酒（含酒精）、酒（利口酒）、酒（饮料）、酒精饮料（啤酒除外）、食用酒精。注册人：王晓中，注册地址：四川泸州市龙马潭区小市下大街16号7号楼2单元17号。注册有效期自2003年4月7日至2013年4月6日。注册批准单位：国家工商总局商标局。2013年5月27日，经国家工商总局商标局核准第3128484号商标续展注册，有效期自2013年4月7日至2023年4月6日。

2004年8月28日，国家工商总局商标局核准第3128484号商标转让，受让人：贵州省仁怀市茅台镇五星酒厂，受让人地址：贵州省仁怀市茅台镇。2011年8月29日，国家工商总局商标局核准第3128484号商标，变更注册人名义为贵州五星酒业集团茅台镇五星酒厂。

镇酒·镇天下 商标注册证第11316158号。核定使用商品第33类：果酒（含酒精）、葡萄酒、烈酒（饮料）、酒精饮料原汁、酒精饮料（啤酒除外）、米酒、预先混合的酒精饮料（以啤酒为主的除外）、黄酒、食用酒精、烧酒。注册人贵州五星酒业集团茅台镇五星酒厂，注册地址贵州省仁怀市茅台镇。注册有效期自2014年1月7日至2024年1月6日。注册批准单位：国家工商总局商标局。

镇酒 商标注册证第7575676号。核定使用商品第33类：酒精饮料（啤酒除外）、酒（饮料）、果酒（含酒精）、汽酒、清酒、葡萄酒、黄酒、鸡尾酒、白兰地、米酒。注册人贵州省仁怀市茅台镇五星酒厂，注册地址贵州省仁怀市茅台镇。注册有效期自2010年10月21日至2020年10月20日。注册批准单位：国家工商管理总局商标局。2011年8月29日，国家工商总局商标局核准第7575676号商标，变更注册人名义为贵州五星酒业集团茅台镇五星酒厂。

镇酒坊 商标注册证第15388349号。核定使用商品第33类：开胃酒、葡萄酒、蜂蜜酒、白兰地、威士忌、米酒、清酒、黄酒、烧酒。注册人贵州五星酒业集团茅台镇五星酒厂，注册地址贵州省仁怀市茅台镇。注册有效期自2015年11月14日至2025年11月13日。注册批准单位：国家工商管理总局商标局。

镇中镇 商标注册证第16402284号。核定使用商品第33类：食用酒精、果酒（含酒精）、蒸馏饮料、葡萄酒、烈酒（饮料）、酒精饮料原汁、酒精饮料（啤酒除外）、米酒、预先混合的酒精饮料（以啤酒为主的除外）、白酒。注册人贵州五星酒业集团茅台镇五星酒厂，注册地址贵州省仁怀市茅台镇。注册日期2016年4月21日，有效期至2026年4月20日。注册批准单位：国家工商总局商标局。

最佳搭档 商标注册证第3664059号。核定使用商品第33类：酒（饮料）、酒精饮料（啤酒除外）。注册人贵州省仁怀市茅台镇五星酒厂，注册地址贵州省仁怀市茅台镇。注册有效期自2005年3月28日至2015年3月27日。注册批准单位：国家工商管理总局商标局。2011年8月29日，国家工商总局商标局核准第3664059号商标，变更注册人名义为贵州五星酒业集团茅台镇五星酒厂。国家工商总局商标局核准第3664059号商标第33类续展注册，有效期至2025年3月27日。

醉先知 商标注册证第1454458号。核定使用商品第33类：酒（饮料）。注册人：遵义荣顺古贵酒业有限责任公司，注册人地址：贵州遵义市凉水井十字坳。核定使用商品第33类，酒（饮料）。有效期自2000年10月7日至2010年10月6日，批准注册单位：国家工商管理局商标局。2004年8月28日，国家工商总局商标局核准第1454458号商标转让，受让人：贵州省仁怀市茅台镇五星酒厂，受让人地址：贵州省仁怀市茅台镇。

2010年11月29日，国家工商总局商标局核准第1454458号商标续展注册，有效期自2010年10月7日至2020年10月6日。

2011年8月29日，国家工商总局商标局核准第1454458号商标，变更注册人名义为贵州五星酒业集团茅台镇五星酒厂。

镇酒 商标注册证第9515181号。核定使用商品第33类：果酒（含酒精）、烧酒、鸡尾酒、酒（饮料）、白兰地、威士忌酒、酒精饮料（啤酒除外）、米酒、汽酒、黄酒。注册人贵州五星酒业集团茅台镇五星酒厂，注册地址贵州省仁怀市茅台镇。注册有效期自2012年6月14日至2022年6月13日。批准注册机构：国家工商总局商标局。

二、驰名商标

2013年12月27日，国家工商总局商标局以《商标驰字〔2013〕149号》批复，认定贵州五星酒业集团茅台镇五星酒厂，使用在商品注册用商品和服务国际分类第33类酒（饮料）、酒（利口酒）、酒精饮料（啤酒除外）商品上的第3128484号注册“镇及图”注册商标为驰名商标。五星酒业集团成为贵州省第10枚“中国驰名商标”获得者。

三、贵州省著名商标

2007年7月15日，“镇酒”商标被贵州省工商行政管理局评为“2007—2010年度贵州省著名商标”。

2007 年 7 月 16 日，“镇及图形”商标（注册号：3128484），经贵州省工商行政管理局评审认定为“贵州省著名商标”（有效期限：2007 年 7 月 16 日至 2010 年 7 月 15 日）。

2008 年 9 月 11 日，“五星及图”商标（注册号：1707411），经贵州省工商行政管理局评审，被认定为“贵州省著名商标”。有效期限：2008 年 9 月 11 日至 2011 年 9 月 10 日。

2010 年 10 月 8 日，“镇及图形”商标（注册号：3128484），经贵州省工商行政管理局评审被认定为 2010 年至 2013 年度“贵州省著名商标”。

2010 年 10 月 8 日，“五星图形”商标（注册号：1631519），经贵州省工商行政管理局评审认定为“贵州省著名商标”（有效期限：2010 年 10 月 8 日至 2013 年 10 月 7 日）。

2011 年 11 月 30 日，“五星及图”商标（注册号：1707411），经贵州省工商行政管理局评审，被认定为“贵州省著名商标”。有效期限：2011 年 11 月至 2014 年 11 月。

2012 年 12 月 28 日，“神采飞扬”商标（注册号：3746778），经贵州省工商行政管理局评审认定为“贵州省著名商标”（有效期限：2013 年 1 月 1 日至 2016 年 12 月 31 日）。

2013 年 12 月 27 日，“五星图形”商标（注册号：1631519），经贵州省工商行政管理局评审认定为“贵州省著名商标”（有效期限：2014 年 1 月 1 日至 2017 年 12 月 31 日）。

2013 年 12 月 27 日，“镇及图”商标（注册号：3128484），经贵州省工商行政管理局评审认定为“贵州省著名商标”（有效期限：2014 年 1 月 1 日至 2017 年 12 月 31 日）。

2014 年 12 月 29 日，“老搭档及图”商标（注册号：4257767），经贵州省工商行政管理局评审认定为“贵州省著名商标”（有效期限：2015 年 1 月 1 日至 2018 年 12 月 31 日）。

2014 年 12 月 29 日，“五星及图”商标（注册号：1707411），经贵州省工商行政管理局评审认定为“贵州省著名商标”（有效期限：2015 年 1 月 1 日至 2018 年 12 月 31 日）。

第七章 市场营销

第一节 营销管理

一、制度与理念

1993 年，五星酒厂生产的白酒以散酒形式销售。1996 年，开始生产五星茅台木制盒礼品酒销售。1997 年，五星茅台特制礼盒酒畅销全国，签约代理经销商十多家，开启五星品牌酒销售元年。

2001 年 10 月 3 日，制定了《营销人员管理制度》，11 月 7 日制定了《加强营销人员管理的补充规定》，12 月 24 日制定了《进一步规范营销人员行为的暂行规定》。

2002 年 3 月 4 日，制定了《营销人员职责》《营销人员管理规定》，3 月 6 日制定了《营销人员考评考核实施办法》，4 月 30 日制定了《关于营销人员工资评定及提成分配办法》。

2003 年 2 月 5 日，制定了《关于营销人员工资级别及提成分配办法和片区及片区分类的规定》。一类片区：江苏、上海、浙江、山东、河南、安徽。二类片区：河北、山西、天津、北京、黑龙江、吉林、辽宁、内蒙古（北）。三类片区：湖北、江西、贵州、四川、云南、重庆、宁夏、青海、新疆、内蒙古（西）、陕西、甘肃。

2013 年，五星酒业集团重新推广品牌定位，以“金质小镇酒”为核心战略单品定位，加大了 C 类餐饮的投入力度。“镇酒”止住了销量不断下滑的态势，并在 2014 年整个白酒行业的“寒冬”季节取得了和上年相比 20% 的增长，还在 2015 年白酒行业萧条的环境下，增加了 4 个县级代理商。

2014 年 8 月 2 日，五星酒业集团贵阳营销总公司全体员工到龙里大草原，开展旅游拓展活动，以丰富业余文化生活，增强团队精神和协作意识，全面提高综合素质。

2015 年，五星酒业贵州公司坚持打造贵州小瓶酱香第一品牌战略定位不变，坚持餐饮为先的市场营销策略，坚持做透乡镇、渗透村寨的市场策略不变。在“执行力是成功的关键”的思想指导下，通过厂商的通力合作，真正把金质小镇酒做成贵州销量第一酱香小酒。

二、销售措施

1993 年年初，主要销售散酒。2002 年 5 月，开始筹建贵阳营销公司，有了专门的销售队伍，主要有以下营销措施：一是坚持产品创新，随后开发礼品酒，重点在礼盒的包装开发，引导开发礼盒的市场消费潮流，礼品盒每年更换两次包装款式，至2005年更换包装款式28批次，引导礼盒适应市场潮流。二是舍得放弃，懂得选择。根据销售情况，对连续两年销售量没有提升的客户，舍得砍掉。选择培养销量比较大的客户，把握和培养有前途的销量大户。2005年在全国各地培育的销售大户有200多家，百万元以上的大户有50多家。三是市场聚焦和产品聚焦。把一些不适应市场的产品采用淘汰的方式逐步取消。把适应市场需要的产品作为主要品牌推向市场，“镇酒”就是主推产品。四是做好各类产品的营销工作。重点做好品质营销、公关营销、情感营销、体验营销。五是加强营销人员队伍的管理。营销人员除执行厂的规章制度外，应把销售指标量化到个人，在全省率先实行旬损制度，每旬报告一次产品的市场销量情况。六是对营销人员实行德、能、勤、绩综合考核，每半年进行一次综合考核，按考核的得分多少，冲刺奖惩，实行末位淘汰制。

2007年4月29日，召开镇酒营销工作会议，关于渠道建设：

1. 优化渠道客户、优化产品结构、优化客情关系，重精不图多。对酒店长期不销货且生意不好的要收货，避免跑单，避免浪费人力物力；对酒店生意好，但产品又卖不出去的，要分析原因，优化产品结构；维护好客情关系，优化酒店渠道。

2. 在流通环节渠道的优化上，要加大名烟名酒、商超的铺货，对基本成熟的市场，增大铺市率。要选择低成本商超进场，并做一些推广活动。零售终端和酒店在价格体系上，要有合理的价差，但不宜过大。

3. 要抓好团购，给各片区客户经理下达任务，建立VIP客户档案，在价格上可优惠，过节及其生日时可送礼物，维护好客情关系。另外团购酒可在盒子上印上“VIP贵宾专用酒”，同时提高团购酒品质。

4. 在市场管理上，如产品陈列、客户回访、客情维护等要作为常规工作考核，并要求客户经理每天填写每日工作日志，次日早晨上交备查，从5月份开始，纳入月考核。每日工作日志表由责任经理编制，由公司统一印制，凡不按规定填写的，每份扣5~10分（考核分）。

5. 客户经理工资与销售任务挂钩，半年综合考核时，凡有一次季度销量达不到30%，且半年销售任务达不到50%的，在半年考核时，工资不能晋级。

2008年4月28日至5月3日，五星酒厂在假日营销活动中，开展品尝推广活动。

品尝推广活动安排表

表7-1

活动地点	活动方式	品尝酒数量	赠品数量
遵义农家乐	品尝+买赠	2瓶5年/家/天	消费宴酒以上产品1瓶送太子花生奶1瓶，数量不限
毕节夜市	品尝	100毫升小酒3件	—

续表 7-1

活动地点	活动方式	品尝酒数量	赠品数量
桐梓农家乐	品尝+买赠	2瓶5年/家/天	消费宴酒以上产品1瓶送太子花生奶1瓶，赠品10件
大方夜市	品尝	125毫升3件、5年1件	—
金沙农家乐	品尝+买赠	光瓶2件	消费宴酒以上产品1瓶送鲜橙多1瓶，赠品数量60瓶

2008年6月19—29日，五星酒厂在仁怀市内所有餐饮店，隆重推出买酒送酒、送米、送油促销活动。

促销活动内容安排表

表 7-2　　单位：件、元

品名	购买量	规格	单价	合计	赠　品
五年陈	1	1×6	38	228	价值100元金龙鱼（10斤）或特等珍珠米2包（40斤）
宴酒	1	1×6	25	150	1件送1瓶本品
珍品	1	1×12	18	216	1件送2瓶本品
100毫升	1	1×20	6	120	1件送4瓶本品
125毫升	1	1×24	3.5	84	1件送4瓶本品

镇酒刮刮奖促销方案

为了提高消费者购买兴趣，达到提升销量的目的，经2006年12月27日营销工作会议讨论决定，自2007年1月20日起，在现有镇酒市场开展“刮刮奖”促销活动，具体方案如下：

（一）产品、数量

1. 五年陈酱香镇酒：1000件6000瓶；

2. 十年陈酱香镇酒：500件3000瓶。

（二）刮刮奖奖金总额：74920元。其中：五年陈酱香镇酒29370元，十年陈酱香镇酒45550元。

（三）设奖

1. 五年陈酱香镇酒设6个等级奖金：

一等奖25个，每个200元；二等奖30个，每个100元；三等奖60个，每个50元；四等奖600个，每个10元；五等奖600个，每个5元；六等奖4685个，每个2元。

2. 十年陈酱香镇酒设5个等级奖金：

一等奖20个，每个500元；二等奖20个，每个100元；三等奖250个，每个50元；四等奖500个，每个20元；五奖2210个，每个5元。

（四）市场范围

遵义、绥阳、正安、道真、湄潭、凤岗、仁怀、赤水、毕节、黔西。

（五）兑奖办法：打开酒盒撕下外包装顶盖，刮开刮奖区，当场即可在购买点兑换奖金。

刮刮奖海报内容："镇酒刮刮奖瓶瓶有惊喜""大奖500元等你拿""心动不如行动！只要您行动，好运就会来！"

2007年4月30日，五星酒厂营销公司制定《茅台镇镇酒开瓶费（刮刮奖）兑换管理规定》，主要内容如下：

1. 开瓶费的设置：酱香十年每瓶10元；浓香十年每瓶8元；酱香八年、浓香八年每瓶均为5元；酱香五年、浓香五年每瓶均为5元；珍品酱香镇酒每瓶3元；宴酒每瓶2元。

2. 刮刮奖的设置：共两组合计18万瓶，其中十年陈酱香镇酒6000瓶，五年陈酱香镇酒1.2万元瓶。其中，十年陈酱香镇酒资金设置5个等级，分别为：一等奖20个，每个500元；二等奖20个，每个100元；三等奖250个，每个50元；四等奖500个，每个20元；五等奖2210个，每个5元。五年陈酱香镇酒设6个等级，分别为：一等奖25个，每个200元；二等奖30个，每个100元；三等奖60个，每个50元；四等奖600个，每个10元；五等奖600个，每个5元；六等奖4685个，每个2元。

兑奖方式：由酒店服务员持瓶盖、刮刮奖标志到经销商处兑现，或经销商派业务经理去酒店收瓶盖、刮刮奖标志兑现。

2010年"五一"小长假，镇酒集团在兴义农家乐"万峰第一家"开展免费品尝活动。此次活动黔西南电视台进行了新闻报道。同期，在独山县人民大会堂也举办了"镇酒"五一免费品尝活动。

2010年7月23日至29日，五星酒业在贵阳金阳公司会议中心，举行省内各地级市场24位促销员参加的促销员培训。经培训筛选合格人员20人。

2013年五星酒业集团贵州市场等级规划：

将贵州市场各片区划分为A、B、C、D四级市场，其中A级、B级市场是公司重点投放市场，C级为一般市场，公司作为一般性投入，D级市场公司不进行人力财力的投入。

地级市场：A级包括遵义直销部、贵阳直销部、水城直销部；B级包括毕节市场、都匀市场、凯里市场、铜仁市场、安顺市场；C级是兴义市场。

县级市场：A级包括湄潭、凤岗、正安、南白、德江、白云、仁怀、绥阳、务川、松桃；B级包括余庆、桐梓、习水、赤水、息烽、清镇、思南、花溪、盘县、小河、新幌；C级包括三穗、金沙、黔西、纳雍、开阳、修文、龙里、贵定、瓮安、独山、榕江、天柱、乌当、普定、织金、六枝、镇宁。

D级市场：除以上市场外的其他市场。

2013年度片区经理与市场划分一览表

表7-3

片区经理	市 场	个数
王子军	湄潭、余庆、凤岗、务川、正安、绥阳、桐梓、南白、道真	9
秦应杰	纳雍、黔西、金沙、仁怀、习水、赤水、赫章、威宁	8

续表7-3

片区经理	市　场	个数
张贵林	新晃、松桃、思南、德江、天柱、印江、江口、沿河	8
李　垚	小河、花溪、白云、开阳、息烽、修文、乌当	7
胡　思	普定、织金、兴义、盘县、六枝、镇宁、清镇	7
沈建华	三穗、龙里、贵定、瓮安、榕江、独山、福泉	7
贺孝阳	贵阳市直、遵义直、毕节、铜仁	4
彭　建	水城直、安顺、都匀、凯里	4

2014年，五星酒业聚焦小酒和餐饮、做透乡镇和村落，做民心所向的产品，以应对白酒"严寒期"。发布推出新产品"佳品235毫升""佳品475毫升"，以面对中低价位市场，市场价在10元至20元。

2015年10月1日起，五星酒业送出200万元的荣耀镇酒，消费者通过关注"镇酒直营"官方微信服务号，填写自己姓名、联系方式、收件地址、邀请码（邀请码为6459），支付每瓶23元邮费，价值129元每瓶的荣耀镇酒送货到家。

品酒金质小镇酒促销：

品酒金质小镇酒　一瓶小酒打天下

色香味：金质小镇酒无色清亮，酒体醇厚丰满，口感绵甜爽净，回味悠长，融汇色、香、味三绝之风韵，第一口感觉偏辣，第二口酱香迎鼻，第三口渐入佳境，喉头与小腹开始有微热感觉，舌中后部微微发麻，有酱香味道留存。

定位：金质小镇酒适合工薪阶层、市民中低档消费，主要在餐饮、便利店、超市等场所销售，属于同等价位酒品中的上乘之作。

2015年1月6日至13日，即可到以下地方免费品尝，并领取金质小镇酒一瓶。油榨街：五谷丰豆米火锅店；青云路：老街坊；猫猫坡：五谷元；军区：惠水干锅马肉；二戈寨：岩角饭店；友谊路：夫妻小菜馆；勇烈路：龙记卤肉；小十字：嘉雁豆豉火锅；蟠桃宫：福味鼎罐牛肉；飞行街：正宗重庆饭店；贵慧路：宏旺火锅。

2015年1月至2月，五星酒业开展镇酒感恩回馈消费者"买一送一"活动。遵义市各大超市和部分名烟名酒店，镇酒经典五年、三年、鸿福隆重举行"买一送一"特大活动。

2015年5月18日，五星酒业集团以"携镇酒同行，创成功未来"为主题，在"爽爽的贵阳"隆重召开"2015年度镇酒贵州市场经销商大会"。会议就2015年镇酒战略目标及发展方向进行了深入的探讨交流，对镇酒2015年市场管理办法的实施进行了落实，最终确定了最适合镇酒品牌在市场操作的经营模式。

2015年，是镇酒与成都世鑫商贸有限公司合作，入驻成都红旗连锁10周年。镇酒在成都已有2200多家红旗连锁店铺、商场，镇酒的铺市率达65%以上。

2015年6月10日，五星酒业集团在贵州饭店二楼遵义厅举行"携手五星，共创财富——五星酒业产品订货会"，来自全国各地近100家经销商参与现场订购500余万元。

2015年7月29日，五星酒业集团携“镇酒”“五星”品牌，参加“走遍大地神州，醉美多彩贵州”——2015黔酒中国行全国宣传推介活动第二季在山东济南山东大厦参展。

2015年，贵州各地“镇酒”推销员“摆摊设点”，采取面对面传授白酒知识、零距离展示、设置宣传展架、发放宣传资料、免费品鉴“镇酒”等方式，宣传镇酒品牌。此次活动共发放“镇酒”宣传资料5万余份，接受群众咨询10万余次。宣传员还采取掷飞镖、抽奖等形式多样的活动回馈消费者。

2015年10月25日，百名湄潭市场镇酒终端客户齐聚一堂，在兰江大酒店举办“镇酒湄潭市场2015年度客户答谢会”。同日，镇酒余庆市场经销商组织30余名核心餐饮客户，展开了为期5天4夜的豪华港澳游，在感恩客户对镇酒一如既往支持的同时，也进一步培养了客户对镇酒品牌的忠诚度。

2015年11月19日，五星酒业集团携主营产品“镇酒”系列，与遵义30余家知名白酒企业抱团齐聚京城，参加“2015醉美遵义·白酒神州行”宣传推介活动，共商酱酒发展大计。“镇酒荣耀”受到了京、津、冀主流经销商，全国知名电商和投资人的关注。

2015年12月21日，德江县第一届镇酒核心餐饮客户答谢会在德江县宾馆举行。50余名核心餐饮客户齐聚一堂，现场抽奖、聚餐等活动拉近了镇酒与客户的距离，增进了感情。

2016年，镇酒在贵州各大市场相继开展了“你吃饭，我送酒”活动。

三、销售合同

五星酒厂与经销商签订“镇酒”经销合同：

2010年	内蒙古玉泉区喝了倒糖酒经销店	镇酒系列	任务500万元
2011年	内蒙古玉泉区喝了倒糖酒经销店	镇酒系列	任务500万元
2010年	上海市义博酒业有限公司	镇酒系列	任务1000万元
2011年	上海市义博酒业有限公司	镇酒系列	任务1000万元
2012年	上海市义博酒业有限公司	镇酒系列	任务1000万元
2010年	昆明威诚泰商贸有限公司	镇酒系列	任务3000万元
2011年	昆明威诚泰商贸有限公司	镇酒系列	任务3000万元
2012年	昆明威诚泰商贸有限公司	镇酒系列	任务3000万元
2010年	上海九章贸易有限公司	镇酒系列	任务3500万元
2011年	上海九章贸易有限公司	镇酒系列	任务4800万元
2012年	上海九章贸易有限公司	镇酒系列	任务4200万元
2010年	银川宏利酒业有限公司	镇酒系列	任务2500万元
2011年	银川宏利酒业有限公司	镇酒系列	任务2500万元
2012年	银川宏利酒业有限公司	镇酒系列	任务2500万元
2010年	福建泉州友进贸易有限公司	镇酒系列	任务1300万元
2011年	福建泉州友进贸易有限公司	镇酒系列	任务2000万元
2012年	福建泉州友进贸易有限公司	镇酒系列	任务4000万元

2010 年	淄博邦德商贸有限公司	镇酒系列	任务 5500 万元
2011 年	淄博邦德商贸有限公司	镇酒系列	任务 6000 万元
2012 年	淄博邦德商贸有限公司	镇酒系列	任务 6500 万元
2010 年	南宁市铭宏名烟名酒店	镇酒系列	任务 3800 万元
2011 年	南宁市铭宏名烟名酒店	镇酒系列	任务 5000 万元
2012 年	南宁市铭宏名烟名酒店	镇酒系列	任务 3000 万元
2010 年	广州市吉喆商贸有限公司	镇酒系列	任务 2000 万元
2011 年	广州市吉喆商贸有限公司	镇酒系列	任务 2500 万元
2012 年	广州市吉喆商贸有限公司	镇酒系列	任务 3500 万元
2010 年	南宁市合洋泰商贸有限公司	镇酒系列	任务 4000 万元
2011 年	南宁市合洋泰商贸有限公司	镇酒系列	任务 4000 万元
2012 年	南宁市合洋泰商贸有限公司	镇酒系列	任务 4000 万元
2010 年	大连吉尔瑞商贸有限公司	镇酒系列	任务 6500 万元
2011 年	大连吉尔瑞商贸有限公司	镇酒系列	任务 7000 万元
2012 年	大连吉尔瑞商贸有限公司	镇酒系列	任务 8000 万元
2010 年	成都世鑫商贸有限公司	镇酒系列	任务 6000 万元
2011 年	成都世鑫商贸有限公司	镇酒系列	任务 6500 万元
2012 年	成都世鑫商贸有限公司	镇酒系列	任务 7000 万元
2010 年	乌鲁木齐市兄弟信和商贸有限公司	镇酒系列	任务 7000 万元
2011 年	乌鲁木齐市兄弟信和商贸有限公司	镇酒系列	任务 7500 万元
2012 年	乌鲁木齐市兄弟信和商贸有限公司	镇酒系列	任务 7000 万元
2010 年	长沙市中玉酒业有限公司	镇酒系列	任务 80 万元
2011 年	长沙市中玉酒业有限公司	镇酒系列	任务 180 万元
2012 年	长沙市中玉酒业有限公司	镇酒系列	任务 280 万元
2010 年	呼和浩特市奥睿企业管理有限公司	镇酒系列	任务 600 万元
2011 年	呼和浩特市奥睿企业管理有限公司	镇酒系列	任务 600 万元
2012 年	呼和浩特市奥睿企业管理有限公司	镇酒系列	任务 600 万元
2010 年	青海省美丰青稞酒业有限责任公司	镇酒系列	任务 800 万元
2011 年	青海省美丰青稞酒业有限责任公司	镇酒系列	任务 700 万元
2012 年	青海省美丰青稞酒业有限责任公司	镇酒系列	任务 850 万元
2010 年	郑州陇贵商贸有限责任公司	镇酒系列	任务 500 万元
2011 年	郑州陇贵商贸有限责任公司	镇酒系列	任务 600 万元
2012 年	郑州陇贵商贸有限责任公司	镇酒系列	任务 800 万元
2010 年	南昌市盛威酒业销售有限公司	镇酒系列	任务 600 万元
2011 年	南昌市盛威酒业销售有限公司	镇酒系列	任务 700 万元
2012 年	南昌市盛威酒业销售有限公司	镇酒系列	任务 750 万元

2010 年	淮安恒泽贸易有限公司	镇酒系列	任务 800 万元
2011 年	淮安恒泽贸易有限公司	镇酒系列	任务 800 万元
2012 年	淮安恒泽贸易有限公司	镇酒系列	任务 800 万元
2010 年	西藏亿虎商贸有限公司	镇酒系列	任务 600 万元
2011 年	西藏亿虎商贸有限公司	镇酒系列	任务 650 万元
2012 年	西藏四友商贸有限公司	镇酒系列	任务 800 万元
2010 年	乌鲁木齐鑫联发商贸有限责任公司	镇酒系列	任务 80 万元
2011 年	乌鲁木齐鑫联发商贸有限责任公司	镇酒系列	任务 180 万元
2012 年	乌鲁木齐鑫联发商贸有限责任公司	镇酒系列	任务 280 万元
2010 年	河北省霸州市城区万兴超市	镇酒系列	任务 500 万元
2011 年	河北省霸州市城区万兴超市	镇酒系列	任务 500 万元
2012 年	河北省霸州市城区万兴超市	镇酒系列	任务 500 万元
2010 年	长沙福同商贸有限公司	镇酒系列	任务 80 万元
2011 年	长沙福同商贸有限公司	镇酒系列	任务 180 万元
2012 年	长沙福同商贸有限公司	镇酒系列	任务 280 万元

四、现场销售

2014 年 5 月 6 日，镇酒贵州市场经销商前往长岗包装厂、坛厂镇五星名酒工业园、茅台基酒厂等重要厂区参观，了解五星酒业集团生产情况。

2014 年 12 月 6 日，五星酒业集团出品的优质大坛酱香型原酒，在观澜湖高尔夫球会东莞会所，由深圳联合国际酒类交易中心、深圳九界财富管理有限公司、深圳太公策营销顾问有限公司联合组织的上市商品发布会上上市。发布会特邀中国首位发酵工程学博士后、酱香型白酒专家郭坤亮，深圳酒类协会秘书长杨克建，白酒专家朱先宇，国家一级演员、毛泽东主席扮演者杨慧明等重量级嘉宾参加，吸引了众多高尔夫球会高端会员嘉宾积极参与。本次上市的商品为 10 升装的五星原酒，分别为 2000 年、2005 年、2010 年封坛的三种不同年份的原酒。原定嘉宾 150 人，实到 200 人。达成认购成交量 636 坛，人均 3.2 坛。

2015 年 1 月 10 日，深圳联合国际酒类交易中心联合经纪商湖北名列前茅实业有限公司，在武汉琴台大剧院隆重举办“醉美望族、财富人生，名列前茅——茅台镇酱香原酒品鉴盛宴”，将茅台镇优级酱香五星原酒推向湖北这个大市场。五星原酒一经推出，现场认购 1.17 吨，标志着深酒交易中心挂牌商品五星原酒正式登陆湖北市场。五星酒业集团将 2014 年总出品 10 升装 2000 年・五星原酒 20 吨即 2000 坛，2005 年・五星原酒 100 吨即 10000 坛，2010 年・五星原酒 200 吨即 20000 坛，全部委托深圳联合国际酒类交易中心挂牌销售。

2015 年 5 月 17 日，深圳金传原生态科技有限公司总经理卢彦平携清华大学紫荆同学会一行，参加了“第三届酱酒文化揭秘・多彩贵州酒都之旅”，并和五星酒厂开展了系列酱香型白酒交流学习和现场封坛收藏等活动。清华大学紫月荆同学会一行共封存认购“酱香原浆封坛酒 60 余坛，共计 10 余吨”。五星酒厂为客户提供了封坛酒全额财产险和封坛公证，有效保证了投资者的利益。

2015 年 7 月 26 日，深圳金传原生态科技有限公司总经理卢彦平率清华大学金融班百名同学开展了“第四届醉美贵州之旅·酱酒文化揭秘”系列活动。五星酒业集团高品质、高性价比的原浆基酒封坛珍藏服务，让百名清华大学金融班同学纷纷签署封坛合同，并亲自到万吨酒库填写客户信息、拍照确认，封坛认购并合影留念，现场人头攒动，异常火爆。

第二节　营销方式

一、网络宣传

2007 年 1 月 6 日，五星酒厂与中国酒都商会网签订协议：中国酒都商会网同意五星酒厂在“中国酒都商会网”上注册单位用户名、建立企业网站、推荐企业产品，并提供相应服务，被授予“顾问单位”会员企业证书。五星酒厂支付对方 2800 元会员费。1 月 15 日，鉴于五星酒厂对中国酒都商会网的支持能力，经中国酒都商会网理事评议，正式批准五星酒厂为中国酒都商会网顾问单位，颁发荣誉证书。5 月 23 日，新华社贵州分社新闻信息中心通知：由仁怀市人民政府为五星酒厂订阅的《新华社多媒体数据库：酒业信息专线》新闻信息产品已经开通，可以通过网址登录新华社多媒体数据库浏览，网址：http：//202. 84. 17. 88/rhiy，用户登录名：wxjy01。

2011 年，五星酒业集团完善自身企业网站，与著名网站制作公司贵州中企动力联手，整改企业网站内部结构，增加新功能和网上销售模块。同时，五星酒业集团在淘宝网开设镇酒销售旗舰站，9 月底测试后上线。

2012 年 8 月 31 日 14 时，五星酒业集团董事长焦永权做客新华网贵州频道“天翼高端访谈”，就负责任、讲诚信的白酒企业等话题与网民进行了在线交流。此次访谈由新华网贵州频道主办，贵州信息港、多彩贵州印象网联合直播，旨在聚焦贵州酱香型白酒企业。10 月 14 日，五星酒业集团董事长焦永权做客糖酒快讯网“极智相约、高端访谈”，以酱酒热潮为话题，与糖酒快讯网高端访谈主持人进行深入交流。

2015 年，五星酒业集团不仅有“镇酒直营公司”“贵州醉美酱酒网电子商务有限公司”“五星互联公司”，还有五星官网及官方微博、微信平台等自媒体。同时，还利用互联网在镇酒直营微信平台开展“镇酒荣耀免费送”活动，受到了消费者的欢迎和认可。五星酒业集团在互联网上的发展，已走在了大多数酒企的前面。

2016 年 7 月 12 日，五星酒业集团携镇酒十五年陈酿、镇酒十二年陈酿、镇酒十年陈酿以及金质小镇酒、镇酒珍品酱香和镇酒荣耀等系列产品，参加 2016“多彩贵州风黔酒中国行”在兰州的宣传推介活动。短短几小时，通过现场扫描二维码免费领取“镇酒荣耀”的方式，送出“镇酒荣耀”600 多瓶。

二、参加酒展会

2008 年中国（遵义）酒类博览会仁怀名优白酒参展团五星酒厂参展品牌：十年陈酿镇酒、五年陈酿镇酒、八年陈酿镇酒、酱香镇酒（宴酒）、镇酒（酱香珍酒光瓶）、茅台镇镇酒（100 毫升）、茅台镇镇酒（125 毫升）。

2009 年中国（遵义）酒类博览会，举办时间 2009 年 9 月 22—23 日，“一大十星”企业之一的五星酒厂，邀请客商 100 家参加博览会。

2011 年 8 月 18 日，在中国（贵州）国际酒类酒博会暨贵阳投资贸易洽谈会上，五星酒业集团与山东淄博邦德商贸有限公司签订贸易合同 1 亿元，授予其山东市场的总经销权和管理权，代理公司“镇酒”系列品牌产品。8 月 22 日，中国（贵州）国际酒类酒博会暨贵阳投资贸易洽谈会在贵阳国际生态会议中心落下帷幕，五星酒业集团在本届酒博会上共签约 1. 86 亿元。

2012 年 9 月 8 日，第二届中国（贵州）国际酒类博览会在贵阳召开。五星酒业集团展馆占地面积近 250 平方米，是仁怀参展酒企展馆中首屈一指的大馆。酒博会上五星酒业集团达成销售协议的款项为 2. 26 亿余元，比 2011 年首届贵州酒博会的 1. 86 亿元，增长近 0. 4 亿元。

2013 年 3 月 28—31 日，贵州五星酒业集团有限责任公司参加在成都召开的为期 4 天的第 88 届糖酒会。两大品牌五星镇酒、五星酱酒在糖酒会上亮相。五星酱酒所属国字系列、名衔系列、封藏系列、皇冠系列、大师系列，五星镇酒所属镇酒新 12 年、老坛镇酒、镇酒宴酒、汉藏镇酒、宋藏镇酒两大品牌，包装独特醒目，展位显眼突出，在众多竞争企业中独树一帜。9 月 9 日，五星酒业集团董事长焦永权率镇酒及五香酱酒代表团，参加了在贵阳国际会展中心举办的第三届中国（贵州）国际酒类博览会。五星酒业在此次博览会上全面展示了镇酒及五星酱酒的酿造环境和焦氏世代酿酒工艺、五星产品注重理性消费的品牌内涵、镇酒品牌“农村包围城市”的战略思路及良好的口碑。10 月 4 日，五星酒业集团董事长焦永权携公司销售精英，参加在武汉国际博览中心举行的武汉糖酒会。

2014 年 3 月 22—28 日，第 90 届春季全国糖酒会在成都世纪城国际会议中心举行。五星酒业集团的中国驰名商标“镇酒”、五星封坛酒、五星酱酒等多款新品和核心产品，在锦江宾馆锦江厅 7 号展位亮相。五星酒业集团在 7 天的糖酒会上，接待进店参观、品评体验客商 2 万余人次；洽谈投资及营销合作意向性客户百余人；接受成都电视台、糖酒快讯网、新食品杂志等 10 余家媒体采访；发放宣传资料 5000 份。10 月 12—15 日，第 91 届全国糖酒会在重庆国际博览中心举行。五星酒业集团旗下主力产品茅台镇镇酒系列、年份原浆系列、五星窖藏系列、五星迎宾酒系列、五星王子酒系列、五星礼盒酒系列、定制酒系列、五星封坛酒系列等多款系列酒组团参加，并在重庆希尔顿逸林酒店进行集中展出。五星酒业集团在本次糖酒会上接待进店参观、品评体验客商 1 万余人次，洽谈投资及营销合作意向性客户百余人，发放宣传资料 6000 余份。9 月 9—12 日，贵州五星酒业集团携中国驰名商标“镇酒”、五星封坛酒、五星酱酒等多款新品和核心产品亮相贵州酒博会。从此次酒博会获取的信息看，电商和定制酒已成为白酒行业潮流。12 月 6 日，贵州五星酒业集团出品的优质大坛酱香型原酒在深圳联合国际酒类交易中心上市。本次上市商品为 10 升装的五星原酒，分别为 2000 年、2005 年、2010 年封坛的三种不同年份的原酒。现场认购价分别为：2000 年的原酒为 9600 元每坛，2005 年的原酒为 5600 元每坛，2010 年的原酒为 3600 元每坛。会上达成认购成交量合计 636 坛，约人均 3. 2 坛。

2015 年 6 月 5 日，第十届中部（湖南）糖酒商品交易会在长沙国际会展中心隆重开幕。五星酒业集团携“茅台镇镇酒”“五星王子酒”等多个系列品牌参会。此次活动中，五星酒业集团董事长焦永权以主打产品“茅台镇镇酒”为例，讲述了“镇酒”从贵州著名商标到贵州省名牌产品，最后荣获中国驰名商标的品牌打造历程。7月2—5日，第四届深港澳国际名酒展在深圳国际会展中心隆重举行。五星的宣传人用专注和热忱与客户交流沟通，对五星的企业文化、酱香的酿造工艺、如何品鉴一瓶好的酱酒及招商政策等方面进行了详细的介绍，并邀请客户现场对产品进行品鉴，征询客户意见和建议。9月9—12日，五星酒业集团携镇酒系列、五星酱酒系列、镇酒定制酒系列等上百种酒品，参加在贵阳国际会展中心举行的第五届中国（贵州）国际酒类博览会。在酒博会开幕当日，五星酒业集团就迎来了上万人的客流量，专门慕名而来参观、咨询、品尝、购买的客商络绎不绝，门庭若市。10月23—31日，全国秋季糖酒会在南京举行。五星酒业集团携旗下品牌中国驰名商标茅台镇镇酒、贵州省名牌产品五星系列酒、私属专享镇酒定制酒参展。同时，开展微信“关注微信送大礼”活动，将巨额广告费转化为礼品免费送，消费者只需要关注“镇酒直营微信公众平台”，就能免费领取价值129元的500毫升酱香荣耀镇酒一瓶，只要23元快递费，美酒就能送到家。

2016年1月23日，遵义市第三届精品年货交易会暨迎新春酒博会在遵义国际商贸城开幕。五星酒业为感恩回馈消费者，镇酒5年、镇酒8年、镇酒10年等产品均有“买一送一”优惠，金质小镇酒也有“买二送一”活动。3月21日，五星酒业集团携旗下封藏原浆系列、五星珍藏系列、年份老酒系列、茅台镇镇酒系列等众多产品，参加在成都举行的第94届全国糖酒商品交易会。

第三节　营销网点

一、建立营销网点

2003年，产品销往全国各地，主要营销范围按地区划分，有东北片区、西北片区、华东片区、华南片区、华北片区、西南片区、赣闽片区、鄂湘片区。

2003年2月5日，制定了《关于营销人员工资级别及提成分配办法和片区及片区分类的规定》。一类片区：江苏、上海、浙江、山东、河南、安徽。二类片区：河北、山西、天津、北京、黑龙江、吉林、辽宁、内蒙古（北）。三类片区：湖北、江西、贵州、四川、云南、重庆、宁夏、青海、新疆、内蒙古（西）、陕西、甘肃。

2011年6月22日，五星酒业集团决定，租用仁怀市酒都大酒店门面一间进行装修，设置展示柜，主要展示本厂生产的产品，接待到厂考察客户参观。

2012年，“镇及图”酒销售市场覆盖贵州100%的县份，启动并建立四川、重庆、云南、广西、海南、福建、广东、上海、天津、山东等外省市场。“镇及图”酒2010年销售收入49640万元，缴税2064.34万元，销售4298吨，投入广告1550.8万元，实现利润8257.35万元；2011年销售收入55790万元，缴税2334.96万元，销售4546吨，投入广告1953.7万元，实现利润

9339.85 万元；2012 年销售收入 59540 万元，缴税 2433.32 万元，销售 4870 吨，投入广告 2073.7 万元，实现利润 9733.28 万元。

二、布局营销板块

2014 年，五星酒业集团战略规划：调整营销战略布局；坚持打造“贵州小瓶酱香第一品牌”战略定位不动摇；重点突破、核心聚焦、抢占份额；满足需求，重拾传统渠道客户；创建平台，让英雄有用武之地；执行落到实处、成功方有可能；文化引领，企业才有灵魂和未来；插上金融翅膀、让五星飞得更远。是年，五星酒业集团营销战略布局分为六大板块：贵州镇酒版块、省外品牌酱酒版块、电子商务版块、传统渠道产品版块、OEM（贴牌酒）版块、封坛酒版块。是年，镇酒依托完善的经营模式和团队力量，销售额实现 20% 的增长。在全省 88 个县市区中，镇酒已在 35 个县的 C、D 类餐饮形成销售网点，对核心餐饮的销售渠道建档，并开始进军 B 类餐饮。是年，五星酒业贵州市场逆势增长 20%，其主推产品金质小镇酒占总销售额的 50%。

2015 年春节，五星酒业集团在贵阳、遵义、凯里、铜仁、都匀等各大地州市开展“镇酒感恩大回馈，百万元话费免费送”活动。

2016 年 8 月 1 日，贵州五星酒业集团茅台镇五星酒厂，授权上海立影国际贸易有限公司为“醉美绥德汉酒”“最美米脂婆姨”全国总运营商。

第八章 企业文化

第一节　企业核心价值观

一、企业文化

企业宗旨：做大做强企业，造就造福员工，成就成长客户，打造中国酒都第二酱香品牌。

企业使命：传承工匠精神，带给客户好酒。

企业愿景：做百年老店，树酱香典范。

员工宗旨：一起成长，共同致富。

客户宗旨：用心酿造，五星品质。

社会宗旨：承担责任，造福一方。

经营原则：诚信，双赢。

经营之道：诚实守信、信誉第一，诚感天地、信得人心。

经营之本：以质量求生存，向管理要效益。

企业精神：求真务实、努力创新，以人为本、和谐双赢。

二、企业核心价值观

（一）客户（质量）第一

内涵：客户是天，没天没我。

外延：1. 为客户提供最优质的、高质量的产品，在产品质量和成本有冲突时，永远以质量为先；2. 为客户提供性价比高的产品，不断改进生产工艺，精益求精，以优质产品留住客户；3. 为客户提供最优质的服务，以细心、用心、热心、诚信、真心的态度服务客户，客户需要，是我们永远的追求；4. 力求将客户的利益放在首位，急客户之所急，想客户之所想，哪怕牺牲自身利益或需付出更多也在所不惜；5. 一切从客户需求出发，不论是上班或是下班，始终把客户需求作为最重要的事情去做；6. 力求超越客户的希望，不断为客户创造新的价值；7. 与时俱进，不断提高服务水平，为客户提供既熟练又专业的服务，以满足客户不断提升的需求。

（二）务实

内涵：求真务实、实事求是

外延：1. 诚实守信，以诚待人，以信经商；2. 说老实话、做诚实人、办实在事，不弄虚作假、不报喜藏忧；3. 不驰于空想，不骛于虚声，以务实的态度踏实工作，在诱惑面前经得起考验；4. 认真处理工作中的每个细节，遇事不推三阻四，找客观原因，不敷衍了事；5. 客观公正地评价他人功过是非，不出于私利，不带有主观偏见，真真实实地展现自己的行为举止，不投机取巧，不带半点虚假；6. 实事求是，坚持原则，遇到问题敢于质疑各级人员或权威人士，并开展激烈的讨论，不畏权力。

（三）创新

内涵：努力创新、开拓进取

外延：1. 对传统和现行的工作方式、方法、管理理念、机制、模式、体系等进行改革、改进、修改、完善，与时俱进，使其更加科学、高效；2. 在生产技术方面不断进行试验、实践、更新、改良，使产品质量不断提高，生产成本、营成本不断降低，努力增强产品和品牌的市场竞争力；3. 积极应用与时代跟进的营销手段（诸如电商营销等）、管理方式，提升工作效率，扩大工作成果；4. 善于学习不断总结，勇于突破和改进现有模式，努力提高自身素质、业务水平，更好地适应公司和社会发展的需要；5. 主动把握机遇，不断提升业务，拓展更高空间，努力激发工作激情和潜能，提升思维及想象能力。

（四）敬业

内涵：尽职尽责、天道酬勤

外延：1. 爱岗敬业，热爱本职工作，忠于职守，尽职尽责；2. 不停留在仅仅为获取薪酬而工作，充分挖掘自己的潜能和才干，找到工作的乐趣，做出骄人的业绩，实现自身价值；3. 以高度的责任心对待工作，不找任何借口作为拖延或不完成工作的理由，找借口就会放弃努力，其结果只会与成功无缘；4. 在无人告知、无人监督的情况下，积极主动地完成工作；5. 热爱公司，积极主动维护公司利益和形象，对公司忠诚，热心公司发展，把公司的事当成自己的事来做，公司发展，个人成长；6. 当工作与自身利益发生冲突时，不计较个人得失，有奉献精神，不惜牺牲休息时间；7. 面对艰苦的工作条件和环境，仍能积极、认真对待工作且力求做出优异成绩。

（五）合作

内涵：利他合作、和谐共赢

外延：1. 以利他之心作为人生哲学，凡事先考虑别人的利益，决不损人利己；2. 相互帮扶，共同进步，和谐共赢；3. 彼此信任，默契配合；4. 个人融入团队，不计较个人得失，服从总体安排，不做团队的“短板”；5. 把个人目标、团队目标、公司目标结合在一起，在协助他人的同时完善自己，并提升团队，共享荣誉、共享财富；6. 虽非自身职责或工作内容范畴，但仍主动过问、参与、担当，不视而不见，听而不闻，袖手旁观。

2016 年 3 月 27 日至 28 日，五星酒业集团董事长焦永权作为清华大学二期同学会会长现场宣读了《工匠精神，从我开始——清华大学酒业同学会仰韶宣言》，并表示：五星酒业的发展离不开对酱香酒品质的追求，如今的五星酒业，在不断发扬“工匠精神”的同时，也要生产营养丰富的好酱香，更要酿造品质优良的健康白酒。

2016 年 12 月 17 日，智友会组织成员来到五星酒业集团，为企业发展把脉。智友会是远智百年教育集团发起成立的企业家联盟组织，以“共建、共赢、共享”为组织宗旨，企业互访便是智友会开展的重要活动之一。

2016 年 12 月 17 日，五星酒业集团董事长焦永权以智友会成员身份，携手远智百年教育集团董事长肖龙等多位智友会企业家，共同参加此次龙里县岱林民族小学“远智·智友会”爱心宿舍的竣工典礼，并给孩子们关心和温暖。

2020 年，面对白酒市场的机遇和挑战，贵州五星酒业集团肩负着“传承工匠精神、带给客户好酒”的使命，本着“客户（质量）第一、务实、创新、敬业、合作”的企业核心价值观，切实做到“诚信、双赢”的经营之道，为“做百年老店，树酱香典范”事业做出了不懈努力。

十大准则

标杆准则：功劳第一、苦劳第二、功劳苦劳都有你就是标杆。

服务准则：如果不能让客户满意，我们将无地自容。

沟通准则：有情绪找上级，有信息找下级。

人才准则：吃苦耐劳，坚韧不拔，百折不挠，自强不息。

生存准则：付出终有回报，不是不报，时候未到；时刻一到，加倍回报。

团队准则：乐意奉献，情愿付出，团队第一，个人第二。

行为准则：用结果说话，凭价值交换，靠贡献晋升。

营销准则：不是收客户货款，而是为他们创造价值，营销工作就是价值的传递。

用人准则：能者上，平者让，庸者下。

执行准则：过程留给自己，结果带给公司。

第二节 文化宣传

一、文化活动

2012 年 12 月，五星酱酒国家级专家品评会于成都成功举办。贵州五星酒业集团在成都锦江宾馆汇聚全国著名白酒专家曾祖训、胡永松、赖登燡、李克明、钟杰一行 5 人，共同见证贵州五星酱酒的品质高度。品评会上，5 位国家级白酒泰斗为五星题词“添两星即成北斗，共一水比邻国香”，并给予了极高评价。

“添两星即为北斗，共一水比邻国香”是对五星酒业的最准确定位。北斗，即天体中星球形成的神奇组合，共七星，分别为天枢星、天璇星、天玑星、天权星、玉衡星、开阳星、瑶光星。古代先民把七星联系起来，想象成为古代舀酒的斗形。天枢星、天璇星、天机星、天权星组成为半身，古时叫作魁，天枢星、天璇星、天机星、天权星组成为斗柄，古时叫作杓。北斗星在不同的季节和夜晚不同的时间，出现于天空不同的方位，所以古人就根据初昏时斗柄所指方向来决定季节，斗柄指东即是春天，斗柄指南即是夏天，斗柄指西即是秋天，斗柄指北即是冬天。

北斗七星，循轨迹而定四季，为人间所仰望。“五星酒业”，再努力即为所望。

“国香”指国酒茅台。五星酒业茅台基地，与贵州茅台酒厂共享用赤水河的资源，在国家恒定的酱香酒核心产区15.3平方千米范围内，五星酒厂产品享有茅台酒的共同人文自然资源。

2014年6月12日，五星酒业集团落成典礼仪式上，胡朝政贺诗：“五星璀璨满彩歌改革，廿载辉煌高杯镇酒庆乔迁；十强矫健展翅雄鹰飞广宇，八骏骁腾加鞭快马上通衢。”

2016年3月27日至28日，包括五星酒业集团董事长焦永权在内的20余位清华大学校友会酒业大拿与全国13家媒体代表一道，在河南参加“见证工匠精神·清华大学校友会走进仰韶酒业”活动。

2016年5月12日，“中国酒都百年酱香评酒会暨国际赛酒会”活动颁奖仪式在仁怀市国酒城举行。通过酒企老酒展示、民间老酒鉴宝、酒瓶酒标评选展示、品酒师、勾调师淘汰PK赛、酒礼文艺汇演、民俗民风展示、酒令擂台问答等“斗老酒、斗酒品、斗酒技、斗酒礼、斗酒令”形式多样的活动比拼，五星酒业集团获“专家品评最佳口感奖”“最具文化价值奖”“网络投票评选最具人气奖”“最佳配乐奖”四项大奖。

二、企业宣传

五星解读：区、粮、工、储、调。

企业作风：雷厉风行，落地生根。

与传统的昨天告别，向规范的未来迈进。制造需靠低成本，竞争依赖高品质。优质产品有把握，质量管制人人做。创优质品牌，铸一流企业形象。不收不良品，不做不良品，不出不良品。以质量为生命，以信誉为基础，以效率求生存。信誉源于品质，品质来源于素质。守则守信做事，快乐健康做人。

好酱酒，看五星，一流团队三个统一：思想统一、目标统一、行动统一。

五星基酒都是基酒兑，不是基酒储备都到位。好酱酒看五星，树酱酒酒质五星标杆。

国礼品牌文化研究会会员单位（中国网络新闻集团监制）、世界精英书画艺术研究院创作基地（中国网络新闻集团监制）、2018年6月5日陕西塞为斯电子商务有限公司贵州遵义文化发展分会、名人明星影视演员艺人贵州遵义文化发展分会（第1416个省市分会）、中国文化产业新闻媒体联合会贵州遵义文化发展分会、媒体品牌网络宣传推广贵州遵义文化发展分会（第1416个省市分会）、北京今史艺术学研究院战略合作单位、欧洲联盟文化总署理事合作单位（第1416个省市分会）、北京万豪巨星文化艺术传媒贵州遵义文化发展分会（第1416个省市分会）、中国新闻播报社接待中心（中国网络新闻集团监制）。

2007年8月15日，五星酒厂总经理焦永权请遵义广播电视台制作《五星酒厂专题片》。9月21日，五星酒厂与遵义市红土地文化工作室签订《认刊协议》，五星酒厂在遵义市红土地文化工作室编辑的《西部开发报·魅力酒都·中国酒都文化旅游节会刊》上刊登酒厂广告，认刊1个彩色版面。

2009年4月28日，仁怀市第18个税收宣传月系列活动“百家酒业赞税收”演讲比赛在酒都商业广场举行。来自茅台集团、五星酒厂、市地税局等单位的11名选手参加比赛，五星酒业副总张鹏获演讲比赛三等奖。11月19日，五星酒厂完成贵州日报报业集团、中共遵义市委办公室联合出版《遵义问候共和国》大型特刊入刊登记。

1993 年至 2009 年，累积纳税 2000 余万元，曾获税务机关授予 A 级纳税信用单位。

《遵之醇酒》（周刊），2010 年 10 月 1 日登载有：《镇酒成为消费者最喜爱的贵州白酒》。

《中国酒都报》，2010 年 12 月 28 日登载有：《打造酱香白酒新品牌——五星酒厂废止类似茅台标识》。

2011 年 3 月 28 日，五星酒厂信息资料入编《仁怀统计年鉴》。

2012 年 10 月 25 日，贵州五星酒南京企业家“小杯喝，更健康”倡议活动，在南京正式启动。以“小杯喝”这一稀缺文化理念，倡导健康的饮酒习惯。

2013 年 10 月 29 日，由贵州五星酒业集团协办的多彩贵州行——第六届“听多彩之声说魅力贵州”全国 50 家广播电台著名主持人“走转改”走进赤水大型采访直播活动正式启动。来自全国的 50 家广播电台著名主持人于 10 月 30 日至 11 月 1 日走进赤水河进行采访报道，并于 10 月 31 日至 11 月 1 日，分别在赤水市文化广场和赤水市十丈洞瀑布景区广场参加大型直播活动。五星酒业集团作为此次活动的协办单位，全程参加了活动的直播和采风。

2015 年农历九月九日，茅台古镇 100 周年（1915—2015 年）祭水大典在茅台镇一九一五广场举行。五星酒业集团茅台镇五星酒厂受邀参加。怀着对茅台古镇千百年酿酒历史和养育一方人民的感恩与崇拜，五星酒业集团携茅台镇镇酒系列助势祭水大典，现场开展万人免费品饮茅台镇镇酒活动，用镇酒来感受茅台古镇的脉络，与大家一起追寻酒乡的历史。12 月 31 日，五星酒业集团参赛节目《邀知己 · 醉饮千杯少》，参加在仁怀市会展中心举行的仁怀市酱香文化月斗酒礼文艺会演，以情景剧结合古典宫廷舞作为压轴表演惊艳全场，获得文艺会演“最佳配乐奖”。

2016 年，五星酒业集团利用五星微官网、镇酒直营平台、镇酒定制、五星酒业近千名营销人员，镇酒直营 6000 多名兼职代理以及他们微信朋友圈的好友，共同为餐饮店、烟酒店免费转发镇酒宣传。

2018 年 1 月 19 日，贵州广播电视台公共频道，利用《百姓关注》栏目、“微兔 gogo” App 等强势的新闻资源、电视资源和移动互联网渠道分发资源，全方位、多维度推广贵州优质名优名酒。时尚精美的镇酒五年，厚重大气的镇酒十二年，还有精致小巧的金质小镇酒，共三款优质酱香酒作为镇酒品牌推荐产品进入了“贵州百姓好酒推荐榜”。贵州本土收视率最高的民生类新闻栏目《百姓关注》开通了“贵州百姓好酒推荐榜”新闻专栏，将全面对本次活动进行新闻报道，关于各大白酒品牌的推广展示、活动直播、品牌故事录制等也将陆续展开。9 月 12 日，中央电视台《品质》栏目组将五星省外公司总经理焦琼邀请到了 CCTV 发现之旅《品质》栏目组演播室，对五星集团如何坚守产品品质方面进行了深入的专题采访。

2019 年至 2021 年，“镇酒”已在贵州投放了 38 块高速公路及户外广告，其中包括贵黄高速、绕城高速、贵都高速、贵新高速、黔大高速、贵惠高速、瓮马高速、清镇高速、贵遵高速、机场路、红枫湖、惠兴龙场、镇宁等地，广告辐射范围几乎覆盖贵州总面积 17.62 万平方千米。镇酒 3 年投入 1.5 亿元广告费，借助高杆广告传播效果好、覆盖人群广、可视距离远、亮相频率高、宣传受众精准等优势，将“镇酒”品牌传达给万千旅客，让镇酒“茅台镇公平标准酒”的定位进一步深入人心。

2022年，贵州五星酒业集团旗下品牌“镇酒”在贵州省内进行第二次广告投放宣传，制作15块大型户外广告牌。

三、自办刊物

《茅台镇镇酒报》：主办单位贵州省仁怀市茅台镇五星酒厂，镇酒营销公司出版内部刊物，网址http：//www. mtwxjc. cn，投稿邮箱wan克898jun@163. com，联系电话4006－791－899。

2002年，《镇酒》2002年总第1期（试刊1号）（内刊）发行。主办：贵州五星酒业集团公司；主编：贵州五星酒业集团公司、茅台镇镇酒全国营销中心。编委会主任：焦永权；编委会副主任：谭强、贺孝阳；编委会成员：银文、彭建、罗子涵、王永红、焦琼。总编辑：李轶昊；编辑：《镇酒》编辑部；责任编辑：杨光明、王进；设计：阿光。地址：贵阳市观水路观水兰庭20楼D座。邮编：550002；电话：400－679－1899，0851－5601175；电子邮箱：kbws@163. com。印刷：贵阳精彩印刷有限公司。

开设了《特别报道》《五星动态》《媒体聚焦》《酒界风云》《黔酒论坛》《一线传真》《名人酒事》《古镇茅台》《酒与健康》《财富视界》《营销策略》《另类视点》《社会责任》《史料纪实》《他山之石》《关注民生》《法制天地》等栏目。

2009年4月15日，由贵州省仁怀市茅台镇五星酒厂主办，镇酒营销公司出版的《镇酒报》第1期面世。

2010年5月8日，市场策划部《镇酒报》投稿稿费设定通知：500字以下（含图片）50元、800字以下（含图片）80元、1000字以下（含图片）100元、1500字以下（无图片）150元、1500字以上（有图片）200元。

《镇酒报》，截至2012年5月，已经发行了30期，受到广大读者的追捧。

《镇酒》期刊：是由《镇酒报》拓展、升级、嬗变而成。在各地客户、经销商、消费者与集团员工的一致要求下，特地停止编辑发行《镇酒报》，全力推出《镇酒》内刊。

2012年10月6日，《镇酒》2012年总第2期（内刊）发行（试刊2号）。

2013年1月1日，《镇酒》第3期（内刊）发行。

《酱酒之星》：由《镇酒》杂志全新改版诞生。2013年3月1日出版第1期，主办：贵州五星酒业集团公司；主编：贵州五星酒业集团公司茅台镇镇酒全国营销中心、贵州五星酒业集团五星酱酒全国营销中心。编委会主任：焦永权；编委会成员：银文、彭建、周伟、罗子涵、谭强、贺孝阳、王永红、焦琼。总编辑：李轶昊；编辑：《酱酒之星》编辑部；责任编辑：王进、丁松、李春。五星酒业集团营销总公司地址：贵阳市观水路21号观水兰庭20楼D座。6月1日，第2期《酱酒之星》杂志出版。主办：贵州五星酒业集团全国营销中心；协办：五星酱酒全国营销中心、茅台镇镇酒省外分公司、茅台镇镇酒贵州一公司、茅台镇镇酒贵州二公司；出版：《酱酒之星》编辑部；编委会主任：焦永权；编委会成员：银文、彭建、周伟、王永红、谭强、贺孝阳、焦琼。总编辑：李轶昊；责任编辑：王进、丁松；排版：丁松。总公司网址：www. mtwxjt. com；定制酒网址：www. wx99. cn；酱酒公司网址：www. 克zwxjj. com。地址：贵阳市观水路观水兰庭20楼D座。邮编：550002；电话：0851－5610638；电子邮箱：kbws@163. com。版面设计：五星动态、五星文化、五星视角、成长足迹等。

2014 年 3 月 1 日，《酱酒之星》杂志第 6 期出版。主办：贵州五星酒业集团公司全国营销中心；协办：五星酱酒全国营销中心、茅台镇镇酒省外分公司、茅台镇镇酒贵州一公司、茅台镇镇酒贵州二公司、茅台镇镇酒河南分公司；出版：《酱酒之星》编辑部；编委会主任：焦永权；编委会成员：银文、彭建、谭强、贺孝阳、周伟、王永红、焦琼。总编辑：李轶昊；责任编辑/排版：王进。总公司网址：www. mtwxjt. com；定制酒网址：www. wx99. cn；酱酒公司网址：www. 克zwxjj. com。地址：贵阳市观水路 21 号观水兰庭 20 楼 D 座。邮编：550002；电话：0851－5610638；电子邮箱：kbws@ 163. com。版面设计：特别企划、五星档案、收官视点、行业资讯、年度人物、高端访谈、五星文化、五星寄语、五星璀璨。6 月 1 日至 12 月 1 日，《酱酒之星》杂志出版第 6 期、第 7 期、第 8 期。主办：贵州五星酒业集团。协办：五星酱酒全国营销中心、茅台镇镇酒贵州分公司、茅台镇镇酒河南分公司、茅台镇镇酒省外分公司；出版：《五星营销实践案例》编辑部；编委会主任：焦永权；编委会成员：康劲、银文、彭建、谭强、焦琼、应亚明、贺孝阳、王永红。总编辑：王进；编辑：冯万鹏；排版：柯玉倩。总公司网址：www. mtwxjt. com；定制酒网址：www. wx99. cn；酱酒公司网址：www. 克 zwxjj. com。地址：贵州省仁怀市坛厂镇名酒工业园区。邮编：564500；电话：0852－2231587；电子邮箱：kbws@ 163. com。版面设计：专题策划、五星动态、年会分享、五星声音、五星视角、行业资讯、成长足迹、高端访谈、五星璀璨。

2015 年 3 月 1 日，杂志出版第 9 期《酱酒之星》，出版单位恢复为《酱酒之星》杂志编辑部。版面设计：专题策划、五星动态、五星声音、五星视角、行业资讯、成长足迹、高端访谈、五星璀璨。

主办：贵州五星酒业集团。协办：五星酱酒全国营销中心、茅台镇镇酒省外分公司、茅台镇镇酒贵州一公司、茅台镇镇酒贵州二公司、茅台镇镇酒河南分公司；出版：《酱酒之星》编辑部；编委主任：焦永权；编委成员：银文、彭建、谭强、贺孝阳、周伟、王永红、焦琼。总编辑：李轶昊；责任编辑/排版：王进。总公司网址：www. mtwxjt. com；定制酒网址：www. wx99. cn；酱酒公司网址：www. 克 zwxjj. com。地址：贵阳市观水路 21 号观水兰庭 20 楼 D 座。

四、五星声音

五星酒业集团董事长焦永权关于健康饮酒：“酒是一种精神食粮，喝酒是为了精神放松，愉悦身心，所以要倡导健康饮酒，饮健康酒！”

五星声音：目前白酒产业处于深度调整期，很多人对此表示悲观，你们怎么看？（《酱酒之星》第 7 期）

王礼堂（中国报告文学特约作家）：对于中国人来说，白酒肯定是缺不了的。无酒不成席是自古就有的道理。中国人喜欢聚餐，一桌人不喝点酒，气氛始终不对。所以白酒市场没有多大问题，只要不是公款吃喝，老百姓就没有什么意见了。

张晓龙（军人）：以前喝酒就是喝酒，倒没有多注意什么其他的。最近看到一些酒厂在说喝白酒对身体有些好处，当然他们也强调了是适量饮酒。如果是真的，我觉得白酒还是很有希望的。

偏头痛（网友）：现在的白酒的产品太多了，他们有哪样特点，我们普通消费者简直不晓得，让我们咋个选嘛？现在啥子都流行少而精，白酒企业是不是也少弄些产品，整点能突出自身特点和优势的产品，我想这样要好些。

张鹏（五星酒厂负责人）：这是正常现象。每个行业都可能经历。目前中国白酒和仁怀酱香白酒面临的困难致使企业压缩产量、市场动销有难度，还可能导致部分企业倒闭，我们同时也应该看到，优秀企业将因此获得更大生存空间。

张瑞北（“80后”银行职员）：当前，对白酒产业来讲是挤掉泡沫的时期。之所以会有很多人不适应，是因为习惯了十年高速发展，突然从极端好到逐渐回复正常。这样的反差很自然地会引起不适。

程小畅（报社记者）：我觉得不能轻言乐观或悲观。应该谨慎看待这次调整。目前行业内悲观的人是看不到未来，乐观的人是觉得行业都有起伏，指望着像以往一样，行业又会随着经济好转而上行。现在的环境是必须解决企业和行业自身的问题。不要过多寄希望于高端消费，机会应该在于对消费者进行正确引导。

李耀（贵州贡合正酒业负责人）：对于白酒的明天，我愿意选择用悲观心态去面对。乐观容易让人放松改革动力，认为坐在那里等待，机会就会再次来临。悲观的心态促使我如履薄冰地前进。我相信，这样的心态会让企业每一步走得更扎实。

王朝成（盛初营销咨询有限公司负责人）：我会抱着谨慎乐观的心态。中国白酒拥有广泛的社会认知和基础，其本质是寄生在餐饮文化上的礼仪性道具。中国是礼仪之邦，而白酒则是交际的重要工具，在交际场合，白酒是具有消费传染性的。所以，白酒自身具有较强的内在修复能力。

周佳杰（上海良鉴咨询公司总经理）：我觉得酱酒板块的品牌不必为之悲观，白酒板块深度地调整是件好事情。它打破了长期以来的品牌相对坚实的品牌垄断格局，历史上看每次行业的危机都给行业带来新的生机。比如，1992年白酒大流通年代广告酒模式下催生的秦池、孔府宴酒处在垄断市场地位，市场同质化的广告大战的模式也日趋穷途末路，行业悲观情绪不亚于现在，1998年却被名不见经传的口子窖酒以“酒店盘中盘”模式创新后颠覆，从而引导中国酒业白酒终端运营10年的方向。再比如，当“酒店盘中盘”模式被极大化地推广和同质化时，出现了很多企业认为不做酒店等死的普遍认知，但是做酒店当时已经是烧钱的游戏，中小企业根本没有能力参加酒店运营俱乐部。然而，以洋河为代表的蓝色经典创新式的终端拦截核心消费者的“消费者盘中盘”的模式，彻底击败了口子窖的模式，同样洋河模式也被大家争相模仿，同时洋河从一个不足1亿元的销售收入，直接进入了百亿元级的土豪榜，也创造了洋河辉煌至今的神话！那么，在大环境下当团购模式已经效率低下的今天，新的模式也在催生，相信这一轮同样会成就另一个顶级品牌！“王侯将相宁有种乎？”刘邦的这句话告诉我们没有永远的王者，只有乱世的英雄，行业的洗牌正是成就英雄霸业的时机！这次行业的深度调整对酱香型的酒也是机会很大，无论如何酱酒不再是过去很小的品类，酱酒在上个黄金十年被贵州、全国的品牌教育得非常成功，喝酱香型的酒已是时尚和高端养生的代名词，消费者普遍认知酱香型的酒才是真正的酒，这是酱酒能够长期存在的基本基因。另外，酱酒企业应该依据自身资源创新颠覆过去的运营模式，彻底地抛弃过去简单就能成功的思维模式，走差异化的创新路线，要知道时代变化了，消费者需求变化了，渠道变化了的道理，要顺应变化，满足消费者真正的需求，才能在这一轮竞争中生存和发展！

郑太荣（《酒海观潮》杂志主编）：从宏观上看，这一轮行业调整，是市场发展规律的具体表现，也就是说任何一件事物的发展都是要遵循这个“正弦式”的发展规律，这个规律放在酒类行业也是适用的，中国酒类行业经历了数千年的起伏发展，最近的“中国白酒黄金十年”已经结束，接下来面临的必然是清盘，也是为中国酒类市场走向下一个理性的“黄金十年”作准备，或者讲是“强大前的阵痛”，所以，我对此表示乐观。从微观上说，任何一个企业在最近的“黄金十年”都或多或少享受了行业繁荣带来的幸福，在这个美好的十年间，有些企业胸怀远略，运用现代企业管理制度规范企业、用先进的营销理念贯穿营销的各个环节、以忧患意识规避发展风险，提高企业和品牌的风险抗击力，最大化地强化了企业的实力。对于这一类企业来说，在这个行业深度调整期，他们将会是优胜者。当然，在最近的“黄金十年”，也有一些企业在这个美好的时代沾了不少光，但因企业管理、战略规划、风险抗压等方面的不足或薄弱，当行业面临深度调整来临时，最先淘汰出局的一定是他们。总之，我认为，从社会经济发展大局和趋势来看，这一轮行业调整不仅是必然的，也是必需的，站在对行业负责任的角度，我们要表现的不应该是悲观，而是理性乐观！

五星声音：品牌和销量，哪个更重要？（《酱酒之星》第9期）

五星声音：在市场终端，很大一部分人认为“不管白猫黑猫，能抓到老鼠就是好猫”，也就是说不管是知名品牌还是名不见经传的小品牌，能卖出去就是好东西。在这个销量就是“王道”的片面认识下，品牌也会被淡视。那么，在竞争激烈的终端市场，到底是品牌重要，还是销量重要呢？我们来听听大家的说法。

正方观点：品牌更重要 VS 反方观点：销量更重要

焦永权（五星酒业董事长）：品牌不仅能给产品提高知名度，更能得到消费者认可，实现销售量的提升。没有品牌，哪来销量？（正方）

李佩航（福特4S店经理）：我认为，是先有销售才有品牌，销售量比品牌更重要！销量才是“王道”。只要有销量就不需要讲品牌、做品牌。你再强势的品牌，如果没有销售量，不管怎么说都是白搭。（反方）

张鹏（五星酒厂总经理）：从长远的角度看，品牌肯定比销量重要，品牌建设是一条长远的路子，企业要做长、走远，必须打造品牌；如果只重视短期的利益，不重视品牌建设的企业，必定不会长久，因为没有品牌的企业是经不起风浪的。（正方）

沈阳（服装店老板）：品牌的生命力是销售量决定的。没有销售量，哪有品牌。我们看那些市场上昙花一现的品牌，最后，还是因为销售量没上去，才造成品牌退出市场的。（反方）

银文（五星酒业招商中心总经理）：品牌是消费者对产品系列的认知度，一个产品在品牌建设过程中是漫长的，是用质量、性价比等综合因素来打动和影响客户的。当一个产品系列形成品牌后，她传达给客户的是安全、放心，物超所值，销量自然会增加。而用自断经脉的方式去提高销量，就像武侠小说中的七伤拳，杀伤了别人，也伤害了自己。这种自毁长城的事我是坚决不认同的。（正方）

韩钱龙（餐饮店老板）：有人说，你再说也没用，市场不认可，哪来的销售量。我认为，销售量的增加，一方面可以增加市场覆盖率，另一方面还可以实现消费者对品牌的认知。有了销售

量，品牌才能得到消费者的认可。（反方）

周伟（五星酒业湖南酱酒公司经理）：没有品牌哪来市场，没有品牌哪来销量。我认为，要想上销量，品牌当然显得很重要了。在同等条件下，如果让你自由地去选择品牌，那些名牌，强势品牌肯定是首选，就比如拿一瓶茅台和其他同档次的酒在一起，绝大多数的消费者会选择茅台酒，为什么呢？茅台酒是“国酒”，长期以来在消费者的印象中很高贵，是一种身份的象征。这就是强势品牌带来的品牌效应，你能说品牌不重要吗？（正方）

胡燕（便利超市老板）：我认为销量重要，曾经我卖的某款知名白酒品牌，推出的系列酱香白酒，价格合理，但是销售量一直上不去，按理它牌子响，消费者应该抢着买才是，但却恰恰相反，消费者并不买账，结果，这个品牌退出了本地市场。品牌重要，销量应该上去才是，但最后却因为销售量的问题，品牌没了。所以，再好的牌子，你要没销售量，说破天也是白搭！（反方）

张启芬（家庭主妇）：大米到处都是，是我们每天的主食，普通的大米是两元钱一斤，而我看到的一款大米却值一百多元一斤，几十上百倍的出入，这是什么带来的结果，就是品牌，你没有品牌，名不见经传的大米能卖十块钱一斤，那都是痴心妄想，而上百元一斤的大米消费者却在抢购，如果没有品牌，能够达到这样的效果吗？（正方）

张瑞龙（银行职员）：我认为，不要再说什么销量不要紧。做产品不追求利润，那是胡扯。（反方）

彭建（五星酒业贵州二分公司总经理）：我认为品牌的建设是长久持续的过程，尤其是创建品牌极其重要，创建品牌我们应该从不同的时期来看待，建设初期品牌生于销量，中期维持等同于销量，后期在品牌力的影响下自然会产生销量。（正方）

黄尧（传媒公司总经理）：对于酒企而言，市场份额和销量的重要性不言而喻，2014 年的白酒行业踉跄走过，无论是在舆论的风口浪尖，还是未能完成全年任务，抑或是在行业调整期摸索前行，销量决定了品牌的知名度和影响力。（反方）

奚娟（星力超市奶粉专柜促销员）：我认为，品牌肯定是重于销量的，但是品牌的维持更为重要。三鹿奶粉是大家都知道的知名品牌，但自从“三聚氰氨”门事件之后，一夜之间品牌轰然倒塌，销售量从高峰一下跌入低谷，直到最后黯然退出舞台。要说是销量重要，“三鹿”在没有“出事”之前销量在全国同类排名应该在前几位，但是“出事”之后，虽然“三鹿”也做了公开道歉等一系列补救工作，但是为什么销售量还是直线下降？那就是品牌！失信于消费者的品牌销售量就小，消费者认可的品牌销售量就大。总之，品牌决定销量。（正方）

韦玮（香飘飘奶茶促销员）：把销售做大便是品牌做强的前提，“香飘飘”为了赢得奶茶市场占有率第一目标，不惜花钱在电视台打广告。“香飘飘”广告语也是以体现销量为核心，从“一年卖了三亿杯”到“一年卖了七亿杯”，再到一年销量达到十亿杯，销量在“香飘飘”人的眼里就是衡量成败的唯一标准。随着“香飘飘”销量的快速递增，“香飘飘”的品牌效应也日益凸显，时至今日，“香飘飘”已经实现其品牌就是奶茶的代名词的定位目标。（反方）

中立方观点：品牌和销量同样重要。

皮永胜（五星酒业铜仁市场经销商）：品牌能支撑销量，销量也能造就品牌！

陈小畅（《黔酒周刊》记者）：我认为品牌是因，销量是果，没有品牌又何来销量，没有销售量又哪来品牌？其实，品牌和销售量二者是相辅相成、互为补充的，二者缺一不可。

吴茂凯（凯里 FM930 电台主持人）：不要把销量成就了品牌知名度就误以为是有了销量才有了品牌。你我都不是名人，但不能够说你我就不是品牌。可口可乐是品牌，自来水也是品牌；美国总统是品牌，张三李四同样是品牌。品牌从没有销量之前就已经开始运作，只不过是后来品牌运作好了，得到了消费者或大家的认可，销量也就大了；销量大了，品牌知名度也就大了。

康劲（五星酒业贵州公司总经理）：其实从销售层面来讲“品牌”建设与“销量”完成是相辅相成的，强调“品牌”建设而没有“销量”的品牌不能称其为“品牌”，而从企业营销建设层面来说“品牌”的塑造才是“王道”，短时间的“销量”达成是可以依靠某种战术手段，即促销手段来达成，并且那种只追求“销量”而不顾企业长远利益，甚至采取一些极端方式获得的“销量”来说反而是对“品牌”建设形成伤害，降低和削弱“品牌”的公信力和美誉度，这样的销量是不能持之的，不能延续的，甚至可以说是“短命”的。只有围绕“品牌”建设为核心的前提下，积极开展一些有利于“品牌”形象塑造的提升“销量”的营销手段促进“品牌”的发展，如果非要在这两者之间分出孰轻孰重的话，个人认为还是那句老话，“两手都要抓，两手都要硬”，核心还是围绕“品牌”建设为重，有“品牌”自然有“销量”，“品牌”能促使“销量”的持之和延续，反过来“销量”的提升能促进“品牌”根基更扎实、更坚挺。

周佳杰（良鉴咨询公司总经理）：这个问题很难用哪个重要来评判。品牌，是能够满足消费者某种需求的概念。品牌的形成是市场积累的结果，品牌在没有成功之前只能算是个品种，在品种被品牌化之前，要进行系统的投入塑造，包括品牌规划、产品表现、广告投入、公关投入、渠道投入、团队投入，经过持续的、长时间的打磨最终形成。在品牌塑造过程中，销量是衡量一个品牌价值的最主要的量化指标，可以这样说没有销量作为支撑的品牌算不上是品牌，是假品牌，空品牌。由于品牌的塑造是系统的、长期的，所以单纯地为了做销量而做销量，最终会得不到销量，因为，消费者找不到消费你的品牌的理由，也就是消费者价值点丧失。那么，正确的做法是首先找到品牌的定位，通过媒体渠道告知消费者价值点，打通消费者的心智通道，同时通过营销渠道打通经销商的经营通道，双管齐下，销量就会自然而然地来，最终通过销量的巨大累积，形成百年品牌的基础！

李菲（五星酒业定制酒中心经理）：没有销售量，消费群体就不认可，也很难起到传播作用，因此说，不仅是品牌成就了销售量，销售量也成就了品牌。有许多名不见经传的小品牌，大家开始时并不知道有这个品牌，但是，通过在餐饮流通终端店铺天盖地的销货，一轮接着一轮的实体广告“轰炸”，最后，打开了市场，成就了品牌。在我们身边，先做销售量，后做大品牌的例子也不少见。销量能成就品牌，这是一个市场定律，无论什么行业的领军企业都不会空有品牌知名度，其产品销量也一定遥遥领先于所有同行。世界上绝没有卖不动的产品被称为名牌，也绝没有被消费者认可的名牌产品没有占到绝对优势的市场份额。所以说，品牌、销量、市场是缺一不可，二者是相互关联的。没有品牌，哪来市场，没有市场哪来销量，反之亦然。

小编有话　品牌和销量，二者缺一不可。品牌也罢，销量也罢。第一是要对消费者的尊重，第二是要尊重企业的创造。提供的产品不仅要满足市场，满足消费者多样化的需求，更要品质过硬，价格公道，这样才能赢得市场，得到消费者认可，最终才能成为老字号的品牌。

英雄之蕴，让品位更独特。好酒，在品，更在领悟。领悟酿造背后的信念，领悟品位背后的品牌精髓。每个男儿心中都有一个英雄梦。聪明透出，谓之英；胆力过大，谓之雄。英雄者，有凌云之壮志，气吞山河之势，腹纳九州之量，包藏四海之胸襟！镇酒浑身透露出一种威风凛凛的气度，展耀出一种顶天立地的热血男儿本色，英姿飒爽、临危不惧，威武却不失绅士风度，将酱香英雄的本色完美演绎。品味镇酒品质，自然独具稀贵；品味镇酒人文，自是回味深远。

第九章 知识产权

第一节　专利技术

一、外观设计专利证书

1. 外观设计名称：包装盒（小笑仙酒）。证书号：第 201025 号。设计人：焦永权。专利号：Z 升 01 3 02112. 5。专利申请日：2001 年 2 月 8 日。专利权人：贵州省仁怀市茅台镇五星酒厂。授权公告日：2001 年 9 月 26 日。2001 年 9 月 26 日，中华人民共和国国家知识产权局颁发。

2. 外观设计名称：酒瓶（高尔夫礼品酒）。证书号：第 662811 号。设计人：焦永权。专利号：Z 升 2006 3 0018393. 5。专利申请日：2006 年 8 月 25 日。专利权人：焦永权。授权公告日：2007 年 6 月 20 日。2007 年 6 月 20 日，中华人民共和国国家知识产权局颁发。

3. 外观设计名称：包装盒（高尔夫礼品酒）。证书号：第 645357 号。设计人：焦永权。专利号：Z 升 2006 3 0018390. 1。专利申请日：2006 年 8 月 25 日。专利权人：焦永权。授权公告日：2007 年 5 月 9 日。2007 年 5 月 9 日，中华人民共和国国家知识产权局颁发。

4. 外观设计名称：酒瓶（镇酒）。证书号：第 662868 号。设计人：焦永权。专利号：Z 升 2006 3 0018396. 9。专利申请日：2006 年 8 月 28 日。专利权人：焦永权。授权公告日：2007 年 6 月 20 日。2007 年 6 月 20 日，中华人民共和国国家知识产权局颁发。

5. 外观设计名称：酒瓶（100 毫升镇酒）。证书号：第 734574 号。设计人：焦永权。专利号：Z 升 2007 3 0130633. 5。专利申请日：2007 年 1 月 15 日。专利权人：焦永权。授权公告日：2008 年 1 月 16 日。2008 年 1 月 16 日，中华人民共和国国家知识产权局颁发。

6. 外观设计名称：酒瓶包装盒（老百姓的酒）。证书号：第 142965 号。设计人：汤惠明。专利号：Z 升 99 3 11171. 8。专利申请日：1999 年 8 月 13 日。专利权人：仁怀市茅台镇五星酒厂。2000 年 1 月 22 日，中华人民共和国国家知识产权局颁发。

7. 外观设计名称：包装瓶（笑仙酒）。证书号：第 210888 号。设计人：焦永权。专利号：Z 升 01 3 06656. 0。专利申请日：2001 年 4 月 13 日。专利权人：贵州省仁怀市茅台镇五星酒厂。授权公告日：2001 年 12 月 5 日。2001 年 12 月 5 日，中华人民共和国国家知识产权局颁发。

8. 外观设计名称：酒瓶包装纸（老百姓的酒）。证书号：第 143060 号。设计人：汤惠明。专利号：Z升 99 3 11172.6。专利申请日：1999 年 8 月 13 日。专利权人：仁怀市茅台镇五星酒厂。2000 年 1 月 22 日，中华人民共和国国家知识产权局颁发。

9. 外观设计名称：包装盒（笑仙酒）。证书号：第 211028 号。设计人：焦永权。专利号：Z升 01 3 06657.9。专利申请日：2001 年 4 月 13 日。专利权人：贵州省仁怀市茅台镇五星酒厂。授权公告日：2001 年 12 月 5 日。2001 年 12 月 5 日，中华人民共和国国家知识产权局颁发。

10. 外观设计名称：包装盒（三家醉酒）。证书号：第 196114 号。设计人：焦永权。专利号：Z升 00 3 49245.1。专利申请日：2000 年 12 月 20 日。专利权人：贵州省仁怀市茅台镇五星酒厂。2001 年 6 月 9 日，中华人民共和国国家知识产权局颁发。

二、器具与装置

一种白酒过滤器：2020 年 12 月 1 日，获国家知识产权局颁发的“实用新型专利证书”（证书号：第 12027988 号）。发明人焦永权，专利权人贵州五星酒业集团茅台镇五星酒厂。

一种白酒过滤器专利说明：包括一个安装于白酒出酒位置处的外管，所述外管的内部具有第一内孔、第二内孔和第三内孔，所述第一内孔、第二内孔和第三内孔由左至右设置，且直径逐渐变小，在所述第一内孔内加工有内螺纹，在所述第二内孔内装配有一过滤杯，所述过滤杯的左侧位置处加工有杯沿，所述杯沿限位在所述第一内孔内，所述过滤杯的右端抵住所述第二内孔的孔底，在所述过滤杯的端面上设置有多个过滤孔；本产品可以对白酒进行过滤。

一种白酒渗漏探测装置：2020 年 9 月 8 日，获国家知识产权局颁发的“实用新型专利证书”（证书号：第 11430831 号）。发明人焦永权，专利权人贵州五星酒业集团茅台镇五星酒厂。

一种白酒渗漏探测装置说明：包括乙醇探测器，还包括一顶板，在所述顶板的下部装配有两块可侧向滑动的侧板；所述侧板的下端向外侧弯曲后形成平板部分；在所述侧板的板面上横向贯穿设置有安装孔，在所述侧板的内侧安装有一负压风机，所述负压风机连接处有一个出风管，所述出风管经由所述安装孔后向外延伸，所述负压风机的进风位置处安装有进风装置，进风装置针对产品输送带，所述出风管处装配所述乙醇探测器；本产品可以装配在白酒生产线的末端，针对已经塑封完成的白酒包装瓶进行防渗检测。

一种白酒转运装置：2020 年 11 月 3 日，获国家知识产权局颁发的“实用新型专利证书”（证书号：第 11817962 号）。发明人焦永权，专利权人贵州五星酒业集团茅台镇五星酒厂。

一种白酒转运装置说明：包括安装在装载车斗内的轨道，并通过所述轨道装配有储存罐；所述轨道弯曲后形成一个直条部分，所述轨道与车斗之间配有螺栓；所述储存罐的底部左右对称设置有两块支架板，两块所述支架板之间焊接有一连接杆；所述支架板远离所述连接杆的那一侧设置有滑板部分；本产品可以与车斗之间连接，形成稳定连接。

一种制酒蒸馏装置：2021 年 1 月 5 日，获国家知识产权局颁发的“实用新型专利证书”（证书号：第 12283986 号）。发明人焦永权，专利权人贵州五星酒业集团茅台镇五星酒厂。

一种制酒蒸馏装置说明：包括一加热温度可调节的电加热器，包括一锥形的罩盖，以及储存原料用的罐体，在所述罩盖的底部设置有一环保的卡槽，所述罐体卡入所述卡槽内；在所述罩盖的顶部轴心处有一个导出蒸馏汽用的导出管，在所述罩盖的内部设置有加热部，所述加热部插入所述罐体内，所述加热部的内部具有填充导热油用的空腔；本产品可以增加接触面积，增加加热速度，提高蒸馏效率。

第二节　维权打假

一、生态原产地保护产品认定

2016 年 11 月 9 日至 10 日，经“生态原产地保护产品”现场评定专家组莅临五星酒业集团茅台镇五星酒厂，进行为期两天的审查评定认为，五星酒厂的生产环境、生产流程等均通过“生态原产地保护产品”评定要求，五星酒业通过“生态原产地保护产品”认证，成为仁怀首家获此荣誉的企业，为未来发展奠定了基础，并入列 2019 年仁怀市白酒规模企业名录。

贵州五星酒业集团茅台镇五星酒厂的“五星”“镇”牌酱香型白酒，经国家市场监督管理总局审核评定，符合生态原产地保护的相关规定，予以保护，准予使用生态原产地产品保护标志。保护产品地址：贵州省仁怀市坛厂镇经济开发区。保护产品范围：“五星”“镇”牌酱香白酒。颁发有“生态原产地产品保护证书”，发证日期 2017 年 2 月 23 日，有效期至 2020 年 2 月 22 日。

二、维权打假案件

2015 年 4 月 2 日，贵州省工商行政管理局组织五星酒厂、茅台酒厂、习酒厂、金沙酒厂等名优厂家相关人员在兴义市富康国际酒店会议中心开展了酒类知识产权保护培训。4 月 28 日，经五星酒业集团充分市场调研得知，贵阳市三桥综合批发市场有大量侵犯五星酒业知识产权和进行不正当竞争的侵权产品。随即，五星酒业集团联合贵州省工商管理局牵头开展打假维权工作，制止侵权行为，维护五星酒业集团合法权益。

第十章
环境保护

第一节　环境保护设施

一、取水许可

2003 年 4 月 7 日，贵州省仁怀市茅台镇五星酒厂经仁怀市水利局批准，在仁怀市茅台镇岩滩村岩滩组（茅习公路 1.7 千米西北 50 米处）取地表水的“取水许可证”，年取水量 0.096 万立方米（有效期自 2003 年 4 月 7 日至 2008 年 4 月 7 日）。

2006 年在五星酒厂茅台岩滩厂修建 20 吨/天污水处理设施，2014 年 7 月，将茅台岩滩厂修建的污水处理设施重新修建为 40 吨/天污水处理设施。2007 年修建冠英分厂污水处理设施，2009 年修建桑树分厂污水处理设施。2021 年 1 月 25 日，五星酒厂椿树基地酿造污水进入市政污水管网集中处理。

二、五星酒厂废水处理工艺流程

茅台岩滩自建废水处理工艺流程：

因该废水有机物含量较高，凭借多年的实践经验，同时结合国内外类似废水的处理工艺及处理效果，采用以物化加生化处理为主体的工艺路线，具体先将该生产废水进行物化处理预处理，再进入厌氧处理，以提高废水的处理效率，节约工程造价，降低处理成本，然后进行好氧处理，以满足排放要求。

废水处理工艺流程简述：生产废水经格栅进入调节池，在此通过投加 NaOH，以调节废水的 pH 在中性范围内，再均质均量用泵提升进入物化沉降装置，然后泵入水解酸化池，再泵入 UASB，UASB 出水到 SBR 工艺，SBR 出水经 BAF 深度处理后经过滤器过滤方可达标排放。

物化沉降装置，UASB 是预处理系统中的主体设备，废水中难降解的高分子有机物首先在此进行沉淀降解、酸化水解，形成易于生物降解的低分子有机物，多元酸转化为单元酸，并氧化为氨氮、硫化物和一氧化碳等，继而进入产气阶段，有些单元酸转化为沼气。UASB 出水则自流进入 SBR 进行进一步处理，在此配合投加高效菌种，大幅度地去除废水中的各种有机污染物，SBR 出水进入中间池，再泵入 BAF，在此进行深度处理，BAF 出水再经过滤器进行深度处理，处理后的水经生态清水池，在此种植水生植物，既美观又能净化水，最后进入清水池方可达标排放。

附：五星酒厂废水处理工艺流程图：

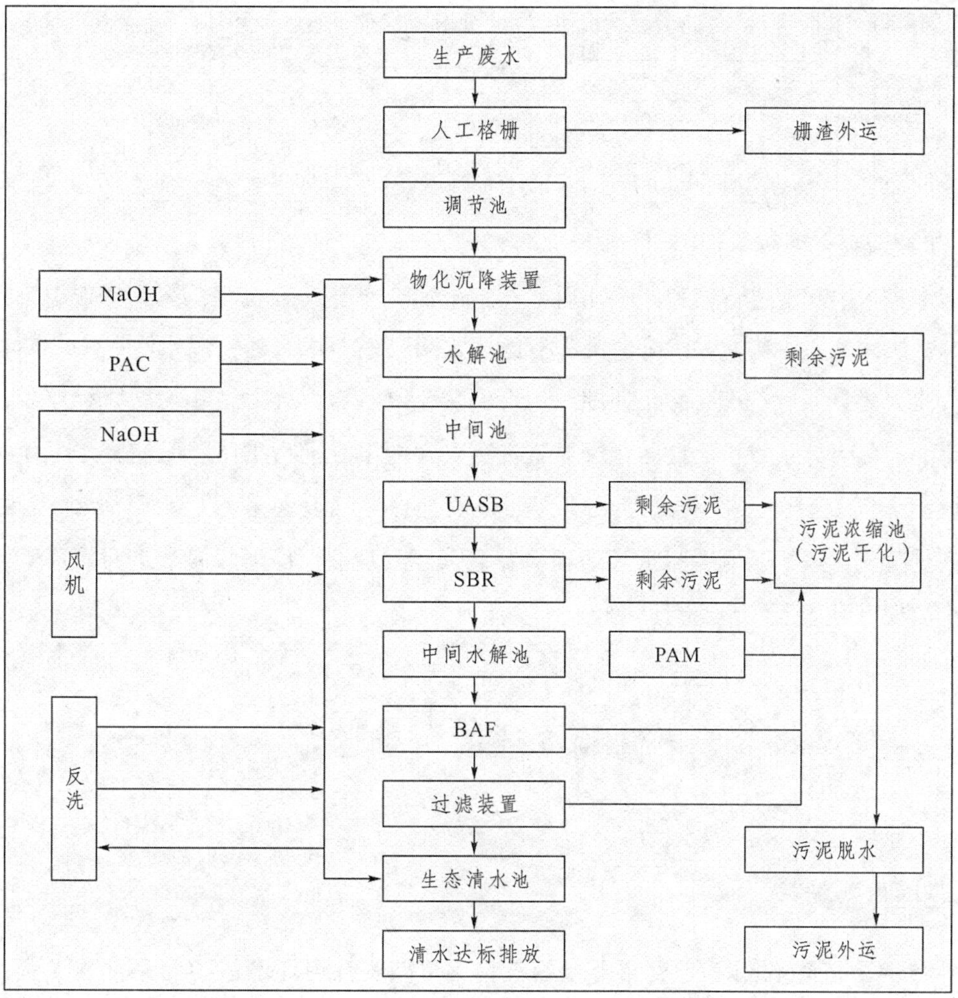

贵州省仁怀市茅台镇五星酒厂污水处理操作规程

（2007年制定）

（一）设备运行

污水处理设备的运行分五个阶段，即进水、曝气、沉淀、排水（排泥）及闲置阶段。工作周期为12小时，曝气4小时，沉淀2小时，排水（排泥）1小时，闲置结束后进入下一个运行周期。

1. 当厌氧后的水自流到储水池（兼预曝气池）顶部下50厘米时，启动曝气泵，曝气泵运行3~4小时后停止曝气，沉淀2小时，启动储水池的水泵。

2. 储水池的水打入SBR曝气处理器进行好氧射流曝气处理，好氧射流曝气3~4小时后停止曝气，沉淀2小时。

3. 好氧射流曝气沉淀2小时后，打开排水阀进入清水池，然后排放。

2008年6月10日，仁怀市环境保护局批复五星酒厂，营运期厂区内所有污水进入污水处理站，采用水解→ 厌氧→生物接触氧化→化学除磷→过滤消毒处理工艺，使污水达到《污水综合排放标准》（GB 8978—1996）一级标准后排放或农灌。

（二）污水处理工艺流程

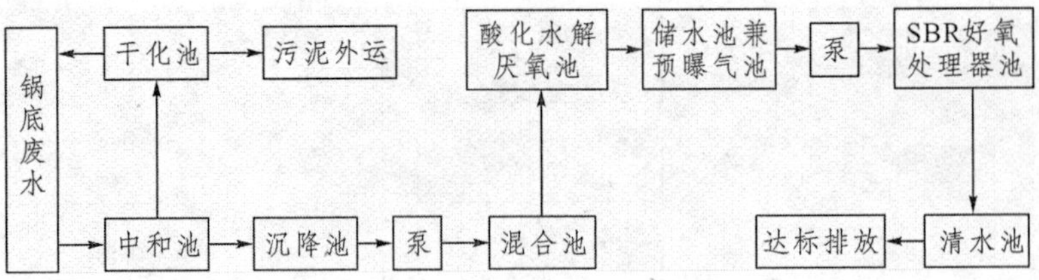

（三）工艺流程说明

锅底污水进入中和池进行中和，中和后 pH 控制为 7，再进入沉淀池沉降，污泥由泵打入干化池干化处理，废液流回中和池，沉降池沉降后的废水由泵送至混合池，混水洗瓶水，调整好废水浓度后，自流入厌氧池进行厌氧酸化处理，污水经酸化水解后，水中易降物质减少较少，而在一些难以生物降解的大分子有机物被转化为易于生物降解的小分子物质，从而使废水生化性降解速率大幅度提高。厌氧后的水自流入储水池（兼曝气池，曝气设备采用潜水曝气机），由泵打入 SBR 好氧气处理器，进行好氧射流曝气处理，好氧曝气处理后，停曝气泵，进行沉降、排放，至此完成一个周期，进入下一个运行周期。

第二节　环境保护监管

一、环境保护机构

2010 年 5 月 28 日，贵州省仁怀市茅台镇五星酒厂获仁怀市环境保护局颁发的《贵州省排放污染物许可证》，法人代表焦永权，地址仁怀市茅台镇，排放污染物包括废水、废气。

2020 年 8 月 8 日至今，贵州五星酒业集团茅台镇五星酒厂委托贵州正天环保产业有限公司组织相应资质的单位（公司）和相关技术人员对年产 530 吨酱香型白酒项目的自行检测，并上传《全国排污许可证管理信息平台公开端》。同时监测锅炉气体排放指标和污水检测指标。

2021 年，委托专业人员杨万对茅台岩滩的污水处理系统进行处理并管理。五星酒厂同时配备环保专业对污水和环保管理进行跟踪管理。

2022 年 12 月 20 日，贵州五星酒业集团茅台镇五星酒厂与仁怀建台水泥厂达成污泥协同处置合作协议。仁怀建台水泥厂对五星酒厂产生的污泥进行处理。

二、环境保护案例

2021 年 8 月 8 日起委托贵州正天环保产业有限公司组织相应资质的单位（公司）和相关技术人员完成五星酒厂锅炉烟气、酿造污水的自行检测，并上传《全国排污许可证管理信息平台公开端》，信息公开。

2022 年，桐梓飞龙水能开发有限公司，为保护电站用水，采取如下环保措施：

（一）针对砂石加工系统生产废水和施工人员生活污水，设计了处理工艺，分别采取沉淀池处理和化粪池处理，生产废水处理后回用，生活污水处理后排入附近农灌渠，不直接排入复兴河，不会对该河流水质造成影响。

（二）针对施工噪声、废气和粉尘对施工人员的影响，采取了配戴口罩、耳塞等防护措施，并对施工区进行洒水降尘，减少废气和粉尘的排放量。

（三）为了保护施工人员及周边居民的健康，拟将生活垃圾集中运往垃圾填埋场处置，并制定了人群健康检疫检查措施和防疫措施。

（四）加强库区水质保护和管理，使水库水质控制在 GB 3838—2002《地表水环境质量标准》Ⅲ类标准范围。

（五）为使工程建设对生态环境的影响和破坏减到最小，制定植被保护、恢复措施及动物保护措施。

（六）针对工程新增的水土流失，设计了相应的工程防护措施，并提出了植被恢复措施，以尽可能地改善区域的生态环境状况，使环境质量优于原有的环境质量。

（七）为确保环境保护措施的实施，环境保护措施必须纳入施工承包招标文件和工程监理之中，拟定环境保护措施实施计划，保证环境保护投资及时到位。

（八）提出了施工期环境监测措施，以便对施工中出现的污染能及时得到处理为工程环境管理提供科学的依据。

第十一章 人力资源管理

第一节 人事任命

一、茅台镇五星酒厂人事任命

1995年1月11日至2009年3月7日，焦启帮为五星酒厂法定代表人。

2009年3月7日起，焦永权为贵州五星酒业集团公司法定代表人。

2000年5月26日，焦永权为贵州仁怀市骄阳贸易有限公司法定代表人。

2000年5月12日，王永红任财务总监兼出纳，焦琼任客户部经理，焦永虎任采购部经理，赵浪任办公室主任。谢明才任会计，白伟志、王维敏为小车驾驶员。

2001年4月14日，根据焦永权总经理明确，张鹏任采购部副经理。

2001年7月15日，王茂权任办公室副主任、张鹏任供应部副经理、焦琼任客户部副经理、刘洪武任总经理助理、谢明才任财务部副经理。开始实行工资改革，以上人员享受部门副经理津贴。

2001年9月15日，王茂权任办公室主任、张鹏任供应部经理、焦琼任客户部经理、谢明才任财务部经理。

2001年12月20日，任命祁德才为茅台镇五星酒厂长岗包装厂副厂长。

2002年2月22日，《关于颜永刚等十六名同志任职的任命》：颜永刚任总厂副总经理，张鹏任总厂副总经理，王永红任总厂财务总监，谷松昭任总厂营销总监，蔡江任总厂生产技术总监，焦琼任总厂客户服务部经理，李远程任总厂生产技术部经理，谢明才任总厂财务部经理，王茂权任总厂办公室主任，章林任长岗包装厂厂长，刘洪武任总厂客户部副经理，卢玉龙任总厂营销部副经理，徐波任总厂营销部副经理，李明德任长岗包装厂礼品包装车间主任（副经理级），李长生任长岗包装厂灌装车间副主任（副经理级）、祁德才任长岗包装厂后勤主任（副经理级）。

2002年2月22日，《关于印发五星酒厂机构设置及人员配置的通知》：办公室文秘李轩洁、刘强；财务部微机操作唐小松，长沙分公司会计张滔；客户服务部业务员陈长杰、李晓军，驾驶员赵立恒，成品保管李明金、李明生；材料供储部材料保管周勤（礼品）、陈腊群（厂区）、王英（烟草站），记账赵浪（兼材料验收把关和长岗办公室工作），采购员赵产跃；生产技术部化验员汪晓婧、质检员李晓军（兼）、业务员陈明泽；营销部片区营销经理（兼业务员）舒代福、白伟志、张钊、张宏、霍刚、刘廷忠、李强、蔡连康、周一林、吴恪；长岗包装厂水电机修刘圣湘、门卫李龙林、方贤义；桑树基酒厂主管王运坤、保管王长春、酒师邓少奇；冠英基酒厂主管王永怀（兼保管）、酒师张伟；合马基酒厂保管李龙堂。

2002 年 7 月 5 日，《关于朱瑞生等三同志任职的任命》：朱瑞生任副总经理兼长岗包装厂厂长，李明金任长岗包装厂瓶装酒车间主任，李泽刚任材料供储部副经理。

2002 年 9 月 20 日，五星酒厂人事任命：李清华任总经理助理，兼品牌专销部经理；谷松昭任总经理助理，兼营销部经理；赵浪任材料供储部经理。免去：颜永刚副总经理职务、谷松昭营销总监职务、蔡江生产技术总监职务、章林长岗包装厂厂长职务。

2003 年 1 月 24 日，在贵阳成立五星酒厂品牌营销公司，隶属于贵州省仁怀市茅台镇五星酒厂控股、独立核算、自负盈亏的专业营销股份有限公司。公司董事长、总经理由焦永权担任，林辉为公司顾问，公司营销副总经理李清华，行政副总经理王昭勇。

2003 年 9 月 27 日，五星酒厂任命：潘正轩任总厂副总经理（分管生产、安全工作）；龙则河任总厂总工程师；李明德任长岗包装厂副厂长兼礼品车间主任；赵清权任总厂办公室主任；李远程任生产技术部经理。

2004 年 2 月 6 日，五星酒厂关于龙则河等任职的通知，任命：龙则河任总厂副总经理；赵清权任生产总务部经理；李明德任生产物品部经理；李远程任生产技术部经理；朱瑞生任长岗包装厂厂长兼包装车间主任；李长生任长岗包装厂灌装车间主任；张鹏任总厂副总经理（分管供应）；赵浪任供应部经理；赵产跃任综合采购部经理；焦永权兼任营销公司总经理；林辉任营销公司副总经理（分管行政）；谷松召任营销公司副总经理（分管业务）；王昭勇任营销公司副总经理（分管企划）；李清华任营销公司副总经理（分管江苏办事处）；焦琼任营销公司副总经理（分管客户服务部）；潘正轩任总厂办公室主任；谢明才任财务部经理；王永怀任冠英基酒厂负责人；李龙芳任桑树基酒厂负责人。

2004 年 5 月 6 日，五星酒厂人事任命：薛远明任五星酒厂营销公司总经理，龚远见任总经理助理兼办公室主任。

2004 年 8 月 28 日，五星酒厂人事任命：龚远见任总厂常务副总经理（分管生产）；龙泽河任总厂生产技术顾问；王仁强任总厂办公室主任；熊寿贵任生产技术部副经理、勾兑组组长；冯进任包装车间主任；袁茂生任桑树基酒厂负责人；谢明义任冠英基酒厂负责人。

2004 年 10 月 21 日，五星酒厂人事任命：龚远见兼任长岗包装厂厂长；朱瑞生任长岗包装厂总务主任。

2005 年 3 月 14 日，五星酒厂人事任命：龚远见任总厂行政副总经理；龙则河任总厂总工程师兼生产副总经理；张鹏任总厂供应副总经理；薛远明任贵阳营销公司总经理；林辉任总厂顾问兼贵阳营销公司行政副总经理；焦琼任贵阳营销公司副总经理兼客户服务经理；王召勇任贵阳营销公司副总经理兼品牌策划管理部经理；王永红任总厂财务总监；邱庆国任财务部经理；谢明才任财务部副经理；王仁强任办公室主任；赵浪任包装材料采购部经理；赵产跃任综合材料采购部经理；朱瑞生任总务部主任；李明德任物品部经理；李远程任技术质量部经理；熊寿贵任勾储车间主任；李长生任灌装车间主任；冯进任包装车间主任；王永怀任桑树基酒厂厂长；谢明义任冠英基酒厂厂长；赵清权任桐梓火焰电站项目经理。

2005年6月15日，五星酒厂人事任命：朱瑞生任总经理助理；龙则河任长岗包装厂总务部主任（兼）。

2006年7月7日，五星酒厂任命：李小兵任厂总工程师兼生产部副总经理；熊寿贵任勾储车间主任。

2006年9月6日，五星酒厂任免：仇飞任行政部副总经理兼生产部副总经理；免去李小兵生产部副总经理职务，免去王昭勇行政部副总经理职务。

2006年11月9日，五星酒厂任命：原桑树基酒厂厂长王永怀，调茅台基酒厂任厂长；原长岗办公室主任王朝坤，调桑树基酒厂任厂长；原茅台基酒厂厂长蒋坤志，调综合采购部任采购员；原供应部采购员赵产跃，调财务部任比价员；原计划储运部王小娅，调财务部任出纳员；王安明任桑树基酒厂保管员兼出纳；熊洪伟任茅台基酒厂保管员兼出纳；张先良任桑树基酒厂酒师；张秋芳任茅台基酒厂酒师；杨朝兴任生产部副部经理兼长岗办公室主任。

2007年3月24日，五星酒厂人事任命：熊寿贵任副总工程师兼勾储车间主任（享受副总待遇）；赵清权任项目实业部副总；李龙堂任桑树基酒厂厂长；李龙刚任冠英基酒厂厂长；王朝坤任长岗办公室主任；林辉兼任贵阳办公室主任；王晓丹任贵阳办公室副主任；李远程任生产技术部副经理；赵产跃任开发部副经理；李明金任勾储车间副主任；陈荣超任中枢办公室副主任；赵浪任储运部经理；焦琼兼任客户服务部经理。

2007年5月2日，《关于任命罗从先同志为财务部副经理的通知》，经总经理办公室研究决定：罗从先任财务部副经理（享受部门副经理待遇），主管财务三级账核算工作。

2007年8月31日，五星酒厂人事任命：林辉任总厂顾问并代理行政部分管贵阳办公室；林明礼任财务部副总经理；崔东南任贵阳办公室主任；王晓丹任客户部副经理。

2007年10月18日，《关于李明德任免职的通知》，经研究决定：免去赵浪储运部经理职务，吴小刚茅台开发部经理职务；任命李明德为总经理助理兼物品部经理（享受副总级待遇，行政上接受生产副总的领导，分管长岗包装厂）；张伟任酿酒副总工（享受副总级待遇，行政上接受生产副总领导）负责各基酒厂酿酒技术；赵浪任茅台开发部经理；李远程任生产技术部经理；赵产跃任开发部副经理（享受部门经理待遇）；王晓丹任客户部经理；罗从先任财务部经理，主管财务三级账核算；庞黔临任储运部经理。

2008年3月31日，《关于张鹏等任职的通知》，经2008年3月25日总经理办公室研究决定任命：张鹏任供应部副总经理；杨朝兴任生产部副总经理；焦琼任计划部副总经理兼礼品酒营销部副总经理兼客户部经理；赵清泉任项目部副总经理兼桐梓电站站长；向光荣任品牌酒营销部副总经理；林辉任公司顾问兼贵阳行政部副总经理；仇飞任行政财务部副总经理；李明德任总助兼长岗包装厂厂长兼物品部经理（享受副总级工资待遇、行政上接受生产副总领导）；熊寿贵任工程师（享受副总级工资待遇，行政上接受生产副总的领导），主要负责公司生产技术工作及半成品基酒勾兑技术质量把关和技术创新工作；张伟任酿酒工程师（享受副总级工资待遇，行政上接受生产副总领导）负责各基酒厂酿酒技术工作；赵浪任总助兼茅台开发部经理（享受副总级工资待遇，行政上接受供应副总领导）；朱瑞生任总助兼五粮液开发部经理（享受副总级工资待遇、行政上接受供应副总领导）；王仁强任中枢办公室主任；赵产跃任开发部副经理（享受经理级工资待遇）；冯进任采购部经理；罗从先任物料核算部经理；张明松任勾储车间主任；李长生任包装车间主任；李远程任质量技术部经理兼长岗办公室主任；李明金任物品部副经理（兼成品保管、出纳，工资享受经理级待遇）；王永怀任茅台基酒厂厂长；李龙堂任冠英基酒厂厂长；李龙刚任桑树基酒厂厂长；崔东南任贵阳办公室主任兼贵阳人力资源部经理；庞黔临任储运部经理；程连中任桐梓电站副站长；舒代福任中原片区经理；刘跃星任华南片区经理；臧涛任东北片区经理；刘涛任华北片区经理；李强任华东片区经理；王艺任西部片区经理；彭明功任中南片区经理；焦元兼任遵义直销部经理，贺孝阳任直销部副经理兼片区经理，雷文飞任直销部两城区（餐饮）片区经理；蔡立荣任绥、正、道、湄、凤、务片区经理；王浩任仁、赤、习、桐片区经理；田德军任毕节市片区经理；赵海鑫任黔、大、金、织片区经理；朱天雄任六盘水市开发片区经理；王元任安顺市片区经理；李永富任贵阳周边县（市）片区经理；王军任市场部经理兼安顺市开发片区经理；王永红任财务总监。

2009 年 3 月 7 日，《关于焦永权同志任职的通知》，根据五星酒厂投资人决定，焦启帮因年老多病，不能对五星酒厂的持续发展实施有效的管理，免去焦启帮五星酒厂法定代表人职务，由焦永权出任五星酒厂法定代表人。

2009 年 3 月 8 日，《关于镇酒营销公司领导任职的通知》，经镇酒营销公司总经理办公会议研究决定：向光荣任公司常务副总经理（兼营销总监），代管贵阳销售分公司；贺孝阳任第一销售分公司总经理；谭强任第二销售分公司总经理；焦元任遵义直销部经理；蔡贤兵任贵阳直销部经理。

（一）公司职能部门：彭健任市场监察部经理；王军任品牌策划部经理；田德军任市场管理部经理（兼贵阳直销部副经理）。

（二）第一销售分公司

1. 片区经理：陈文华、雷文飞任遵义直销部片区经理；蔡立荣任绥正道湄凤务余片区经理；王浩任仁赤习桐片区经理；赵海鑫任毕节周边片区经理（兼毕节市区片区经理）；王仕庆任安顺周边片区经理（代理安顺市区片区经理）；王鹏任六枝盘县片区经理（代理六盘水市区片区经理）。

2. 业务主管：张阳勇任遵义南白市场业务主管；李萍任仁怀市场业务主管；余太琴任习水市场业务主管；刘宇任桐梓市场业务主管；胡芬任绥阳市场业务主管；安玲任凤岗市场业务主管；王红梅任黔西市场业务主管；谭松任金沙市场业务主管；张贵林任安顺市市场业务主管；唐睿任关岭市场业务主管；曾灿任六盘水市区市场主管；刘鹏任盘县市场业务主管；赵平任大方市场业务主管；张天洪任六盘水市乡镇市场业务主管；吴家佳任六盘水市商超大店业务主管。

（三）第二销售分公司

1. 片区经理：罗杰任都匀周边片区经理（代理都匀市区片区经理）；沈建华任都匀市区实习片区经理；唐云彬任铜仁市区片区经理；朱天雄任铜仁周边片区经理；卢华任凯里周边片区经理（代理凯里市区片区经理）；冯宁任兴义市区（实习）片区经理；周开江任兴义周边片区经理（代理兴义市区片区经理）。

2. 业务主管：李大宇任凯里市区市场主管；李波任都匀市区市场商超大店主管；杨诺任铜仁市区商超大店业务主管；刘航宇任思南市场业务主管；王先芝任印江市场业务主管。

（四）贵阳公司

1. 片区经理：袁敏、何权、张勇任贵阳直销部（实习）片区经理；李永富任修开息清片区经理；邱春任白花小乌（实习）片区经理。

2. 业务主管：刘俊任小河市场业务主管；梁伟任清镇市场业务主管；王松涛任修文市场业务主管；吴开发任开阳市场业务主管。

2009 年 3 月 20 日，《关于 2009 年五星酒厂行政管理人员任职的通知》，经 2009 年 3 月 19 日公司办公会研究决定，五星酒厂行政管理人员任职通知如下：

（一）供应部副总经理张鹏；采购部经理冯进，副经理赵产跃；采购员蒋坤志；茅台开发部总助兼经理赵浪，保管彭廷禄；五粮液开发部总助兼经理朱瑞生。

（二）生产部副总经理杨朝兴，总工程师熊寿贵，酿酒工程师张伟，长岗包装厂总助兼厂长李明德。茅台基酒一厂厂长王永怀，主管杨昌成，保管员李龙光，酒师张伟（兼）；茅台基酒二厂副厂长李光友，保管员李明生，酒师张伟（兼）；冠英基酒厂厂长李龙堂，保管员王远友，酒师张伟（兼）；桑树基酒厂厂长李龙刚，保管员王安明，酒师张先良；包装车间主任李长生，主管李明发；勾储车间主任张明松，转酒班班长袁友，员工陈明胜、任远航；质量技术部经理李明金，技术员何承洋；长岗办公室主任李明金（兼），员工陈友财、刘圣湘、袁国良、龙林；物品部经理李明德（兼），保管员兰永琴、陈华伟、胡丛林，枫香保管王英，大车驾驶员赵立恒、李正友。

（三）礼品酒营销部副总经理焦琼（兼）。北部片区经理臧涛，西部片区经理王艺，东部片区经理李强，南部片区经理刘跃星。

（四）镇酒营销公司总经理焦永权（兼），常务副总经理兼营销总监向光荣；其他部门及人员另行文。

（五）计划部副总经理焦琼。客户部经理焦琼（兼），副经理王兴尧，员工卢红、冯会霞；储运部经理庞黔临。

（六）综合管理部副总经理赵清权。中枢办公室主任赵浪（兼），驾驶员陈均、郑周明，员工丁玲、吕强；财务核算一组邱庆国；财务核算二组谢明才、段家荣，出纳陈慧娟；物料核算及比价部经理罗从先，记账员周勤；桐梓电站站长程连中，副站长黎开霞，员工周明素。

（七）贵阳行政部副总经理洪福明，财务总监王永红，顾问林辉；贵阳办公室副主任陈程，员工王英，驾驶员任胜涛；人力资源部副经理张娅。

2009 年 5 月 6 日，刘鹏任盘县、六枝市场（实习）片区经理；张贵林任盘县市场客户经理；伍明祥任镇宁市场客户经理；唐睿任安顺城区主管。

2009 年 5 月 11 日，《关于王玉林同志任职的通知》，2009 年 5 月 9 日总经理办公会议决定，同意赵清权的辞职申请，同时免去其综合管理部副总经理职务，任命王玉林为综合管理部副总经理。

2009 年 11 月 1 日，《关于李光友同志任职的通知》，原茅台二分厂副厂长李光友是从最基层的优秀生产工人中选拔出来的管理干部，通过近年的努力工作，不但能胜任本职工作，而且成绩表现突出。经2009年11月1日总经理办公会研究决定，任命李光友为茅台二分厂厂长。

2010年4月5日，《关于2010年五星酒厂各部门人员编制情况的通知》，经2010年4月3日总经理办公会研究决定，五星酒厂集团公司机构设置情况及各部门人员编制情况通知如下：

1. 总经理焦永权。

2. 财务总监王永红。

3. 供应部副总经理张鹏。采购部经理冯进；工程部经理李龙刚；采购员赵产跃、蒋坤志。

4. 基酒生产部副总经理杨朝兴，酿酒工程师张伟。

（1）茅台基酒一厂厂长王永怀，技术员杨昌成，保管员李明发。（2）茅台基酒二厂厂长李光友，保管员李明生。（3）冠英基酒厂厂长李龙堂，保管员何健，管理维修张启鑫。（4）桑树基酒厂厂长王远友，保管员王安明，酒师张先良。

5. 包装生产部副总经理李明德，总工程师熊寿贵。

（1）包装车间主任朱瑞生，员工胡贵连。（2）灌装车间主任李长生，员工张方烈。（3）勾储车间主任张明松，保管及管理员王英、任远航、徐相彬、刘林。（4）质量技术部经理李明金，技术员沈阳。（5）物品部经理周勤，保管员兰永琴、陈华伟、胡从林，大车驾驶员赵立恒、李正友。（6）总务部经理李明德（兼），后勤陈友财，机修袁友，门卫袁国良、李龙林。

6. 行政部副总经理王玉林。

办公室主任赵浪，驾驶员陈均、郑周明，秘书吕强，财务部经理王玉林（兼），财务核算一组会计邱庆国，财务核算二组会计谢明才、段家荣，出纳龚登霞，桐梓电站站长程连中，副站长黎开霞，员工周明素、李高佩。

2010年8月9日，《关于人事变动的通知》，根据基酒厂的工作需要，经2010年8月4日总经理办公会议决定：桑树基酒厂厂长王远友调茅台二厂任厂长；冠英基酒厂厂长李龙堂调桑树基酒厂任厂长；茅台二厂厂长李光友调冠英基酒厂任厂长。

2010年11月2日，《关于张鸿同志任职的通知》，根据2010年11月2日总经理办公会研究决定：免去王玉林同志财务部经理的职务；任命张鸿同志为财务部经理。

2010年11月4日，《关于李长生等同志任免职的通知》，根据2010年11月4日总经理办公会研究决定：免去李长生同志灌装车间主任的职务；免去王永怀同志茅台基酒一厂厂长的职务；免去李光友同志冠英基酒厂厂长的职务；任命张方烈同志为灌装车间主任，职务工资对应代理经理；任命李光友同志为茅台基酒一厂厂长；任命李长生同志为冠英基酒厂厂长。

二、贵州五星酒业集团人事任命

2011年3月31日，《关于我厂组织机构设置及人员任职的通知》，五星酒业2011年组织机构设置及各部门人员任职如下：

总经理焦永权，常务副总经理张鹏，供应部副总经理张鹏（兼）。采购部经理冯进，工程部经理李龙刚，采购员赵产跃。基酒生产部副总经理杨朝兴，酿酒工程师张伟。茅台基酒一厂厂长李光友，保管员蒲青亮，基酒厂管理员曾金方。茅台基酒二厂厂长王远友，保管员李明生。冠英基酒厂厂长李长生，保管员李龙芳，基酒厂管理员李渠，水电工张启鑫。桑树基酒厂厂长李龙堂，酿酒师张先良，保管员王安明。包装生产部副总经理李明德，总工程师熊寿贵。包装车间主任朱瑞生，车间主管胡贵连。灌装车间主任张方烈，车间主管杨学峰。勾储车间主任张明松，副主任李明金，勾储基酒保管员王英，转酒班班长王英（兼），勾兑转酒工刘林、熊于仲、袁光明。质量技术部经理李明金（兼），副经理徐相彬。物品部经理周勤，物料保管员兰永琴、陈华伟、钟方伦。总务部经理李明德（兼），总务后勤陈友财，水电机修袁友，门卫袁国良、李龙林。行政部副总经理王玉林，办公室主任赵浪，驾驶员陈均、郑周明，文员罗曦。财务部经理张鸿，核算会计段家荣，出纳龚登霞。

2011 年 5 月 9 日，《关于张伟同志任职的通知》，根据总经理办公会决定：免去杨朝兴基酒生产部副总的职务；任命张伟为基酒生产部副总。

2011 年 11 月 12 日，《关于秦应杰、鞠雄飞及后备干部、内部讲师的人事任命决定》，根据公司发展所需，结合《五星酒业集团关于后备干部的制度》《公司内部培训师（讲师）暂行管理办法》和公司 2011 年半年会的相关会议精神，现做出以下人事任命决定：

（一）片区经理、城市经理：原毕节城市经理秦应杰晋升为毕节、六盘水片区经理，原都匀市场主管鞠雄飞晋升为安顺市场城市经理。

（二）后备干部：贵阳直销部业务员江波为公司后备主管，贵阳直销部业务员鲁志欣为公司后备主管，遵义直销部业务员余河星为公司后备主管，凯里市场业务员骆金生为公司后备主管，思南市场业务员徐建军为公司后备主管。

（三）内部讲师：湄潭市场主管王文波为公司内部讲师团讲师，都匀市场城市经理张学品为公司内部讲师团讲师，凯里市场主管余茂国为公司内部讲师团讲师，仁怀市场主管李萍为公司内部讲师团讲师。

2012 年 1 月 1 日，《关于黎开霞同志任职的通知》，经总经理办公会议研究决定，任命黎开霞为桐梓火焰洞电站站长。

2012 年 3 月 1 日，《关于李明生等同志任职的通知》，经总经理办公会议研究决定：李龙堂不再担任桑树基酒厂厂长职务，调坛厂基建工地任基建主管，负责现场施工管理工作；任命李明生担任桑树基酒厂厂长；免去周勤物品部经理职务，任命王远友担任物品部经理。

2012 年 6 月 7 日，《关于行管人员任职的通知》，经 2012 年 6 月 7 日总经理办公会研究决定，各部门行管人员任职如下：

董事长焦永权，财务总监王永红，总经理张鹏。

供应部副总经理张鹏（兼），包装材料采购部经理冯进，综合采购部经理李龙刚，采购员李龙利（实习）。

项目部副总经理王玉林，茅台工程部经理朱瑞生，技术员张卫强。坛厂工程部经理李龙堂，保管李龙光。桐梓电站站长黎开霞，总工程师程连忠，员工李高佩、娄方贵、梁建泽、梁小敏。

基酒生产部副总经理兼酿酒工程师张伟，茅台基酒一厂厂长李光友，保管员蒲青亮，管理员曾泾方。茅台基酒二厂厂长李长生。冠英基酒厂厂长王远友，保管员李龙芳，水电维修工张启鑫。桑树基酒厂厂长李明生，酒师张先良，保管员王安明。

包装生产部副总经理李明德，总工程师熊寿贵。包装车间主任张方烈，包装主管胡贵连，灌装主管杨学峰；勾储车间主任李明金，基酒保管员周建修，勾兑转酒工袁光明、李杰、张勤（实习）；质量技术部经理徐相彬，化验员陈强（实习）；总务部经理王英，保管员兰永琴、周洪、钟方伦；后勤陈友财，机修袁友，门卫袁国良、李龙林。

行政部副总经理赵浪，办公室主任赵浪（兼），驾驶员郑周明、赵湖，文员周仲举；财务部经理张鸿，核算会计段家荣，出纳龚登霞。

2012 年 3 月 1 日，《关于公司职能部门及各分公司相关人员人事任命决定》，经公司研究决定对贺孝阳、谭强等 20 余人作如下人事任命：

贺孝阳为贵州分公司总经理；谭强为河南分公司总经理；银文为省外分公司总经理；王永红为销售总公司财务中心总监；焦琼为销售总公司客服中心总监；彭建为销售总公司审计中心总监；李轶昊为销售总公司策划中心总监；罗子涵为销售总公司行政中心总监；任命王仕庆为河南分公司郑州直销公司总经理；司胜福为河南分公司豫北公司总经理；韩竹川为河南分公司豫南公司总经理。

严茂权为贵州分公司绥阳、正安、务川、凤冈、湄潭、余庆、桐梓、仁怀、习水、赤水片区经理；王子军为贵州分公司铜仁、松桃、思南、德江、印江、三穗、天柱、凯里片区经理；秦应杰为贵州分公司开阳、息烽、南白、金沙、黔西、毕节（大方）、纳雍、修文（扎佐）片区经理；沈建华为贵州分公司龙里、贵定、福泉（马场坪）、都匀、瓮安、榕江、独山、小河、花溪、惠水片区经理；张贵林为贵州分公司白云、乌当、清镇（平坝）、安顺、普定、织金、兴义、盘县片区经理；张朝霞为贵州分公司贵阳直销部经理。

冯宁为省外分公司东部片区经理；黄文为省外分公司南部片区经理；何贤友为省外分公司西部片区经理；谢宏伟为省外分公司北部片区经理；何勇伟为省外分公司广东、海南片区经理。

王鹏为河南分公司郑州公司渠道部经理；温浩为河南分公司新乡市场地区经理；李永富为河南分公司南阳市区、南召、社旗、唐河、桐柏地区经理；刘鹏为河南分公司信阳市场地区经理；严旭为河南分公司濮阳市场地区经理；刘辉峰为河南分公司安阳市场地区经理；刘宏选为河南分公司漯河地区经理；齐金星为河南分公司邓州新野、内乡、淅川、西峡市场地区经理；李大宇为河南分公司鹤壁市场地区经理；丁亚涛为河南分公司许昌市场地区经理。

徐恒为贵州分公司凯里市场城市经理；张学品为贵州分公司都匀市场城市经理；陈清富为贵州分公司六盘水市场城市经理；李垚为贵州分公司贵阳直销部城市经理；尤元刚为贵州分公司毕节市场城市经理；陈林为贵州分公司遵义市场城市经理。

孙攀为河南分公司巩义市场主管；郑宏伟为河南分公司新密市场主管；陈利多为贵州分公司仁怀市场主管；鞠雄飞为贵州分公司都匀市场主管；李萍为贵州分公司毕节市场主管；杨光林为贵州分公司清镇市场主管；王显林为贵州分公司赤水市场主管；刘昌琴为贵州分公司遵义市场主管；黄红英为贵州分公司南白市场主管；张发春、王冬云为贵州分公司铜仁市场主管；刘定祥为贵州分公司小河市场主管；周全甲为贵州分公司白云市场主管；余茂国为贵州分公司凯里市场主管；王文波为贵州分公司湄潭市场主管；李明山为贵州分公司凤岗市场主管；桂志军为贵州分公司瓮安市场主管；伍方祥、张清松为贵州分公司安顺市场主管；吴喜林为贵州分公司盘县市场主管；蔡国庆、陈余东为贵州分公司六盘水市场主管；刘明松为贵州分公司贵阳直销部市场主管；张彩平为贵州分公司兴义市场主管。

2012 年 4 月 11 日，《关于调整都匀市场张学品、鞠雄飞岗位职务的决定》，经公司研究决定：任命鞠雄飞为都匀市场城市经理；免去张学品都匀市场城市经理的职务，任命为都匀市场市场主管。

2012 年 4 月 28 日，《关于对职能部门相关人员的人事任命决定》，经公司研究决定：王兴芫为营销总公司客服中心客服经理，协助客服总监开展日常客服管控工作；庞黔临为营销总公司客服中心储运经理，协助客服总监开展物流管控工作；董英为办公室主任，负责公司综合后勤管理、公务外联等工作；罗子涵兼人力资源部经理，负责公司人力资源管理工作；王军为策划中心策划部经理；杨静为审计监察中心审计部经理。

2012 年 6 月 5 日，《关于对河南分公司孙攀、王鹏、李永福的人事任命决定》，经公司研究决定对河南分公司孙攀、王鹏、李永福三人作如下人事任命：孙攀为郑州直销部地区经理，负责郑州直销部流通渠道日常业务；王鹏为南阳市场地区经理，负责南阳市场日常业务；李永福为平顶山市场地区经理，负责平顶山日常业务。

2012 年 7 月 4 日，《关于贵州分公司相关人员人事任命的决定》，经集团销售总公司研究，决定对贵州分公司相关人员作如下人事任命：徐恒为安顺市场城市经理，周昌盛为凯里市场市场主管，严营为兴义市场市场主管，余河星为遵义直销部市场主管。

2012 年 8 月 1 日，《关于对陈余东的人事任命决定》，经公司研究决定：任命原贵州分公司六盘水直销部主管陈余东（男，2011 年 7 月入职，初在公司策划部，后调至六盘水市场）为六盘水直销部城市经理。

2012 年 8 月 24 日，《关于再次调整河南分公司部分人员人事职务的决定》，经集团销售总公司研究，决定对河南分公司相关人员再次调整如下：任命原河南分公司业务副总司胜福为河南分公司郑州直销部总经理，在河南分公司总经理领导下开展郑州直销部业务工作，其原河南分公司业务副总工作职责由河南分公司总经理承担。河南分公司总经理不再兼管河南分公司郑州直销部。

2012 年 10 月 6 日，《关于对王仕庆的人事任命决定》，经集团营销总公司研究，决定作出如下人事任命：从 2012 年 10 月 1 日起，原省外分公司招商部提级为营销总公司招商中心，在总经理领导下开展招商工作。任命原河南分公司招商副总王仕庆为招商中心招商总监，在总经理的领导下开展招商工作。

2012 年 10 月 16 日，《关于对李大宇的人事任命决定》，经集团营销总公司研究，决定作出如下人事任命：从 2012 年 11 月 1 日起，任命原河南分公司地区经理李大宇为河南分公司策划经理（二星），在河南分公司总经理领导下开展策划工作。

2013 年 2 月 28 日，《关于对河南分公司相关人员的人事任命决定》，经公司研究决定，对 2013 年河南公司相关人员作如下人事任命：李永富为濮阳、安阳、新乡的片区经理；李伟光为许昌、商丘的片区经理；刘辉峰为焦作、三门峡、洛阳的片区经理；刘红选为鹤壁、开封的片区经理；刘鹏为信阳、驻马店、周口的片区经理；王鹏为漯河、平顶山、南阳的片区经理。

2013 年 3 月 1 日，《关于各公司及职能部门相关人员人事任命决定》，经公司办公会研究决定对贺孝阳、谭强等二十余人作如下人事任命：

贺孝阳为贵州一公司总经理；彭建为贵州二公司总经理；谭强为河南公司总经理；银文为省外公司总经理；周伟为五星酱酒公司总经理；王永红为营销总公司财务中心总监；焦琼为营销总公司客服中心总监；李轶昊为营销总公司策划中心总监；罗子涵为营销总公司行政中心总监。

龙安仁为五星酱酒公司海南、四川、重庆市场大区总监；钟勇为五星酱酒公司广西、贵州大区总监；卢德山为五星酱酒公司湖南、湖北、云南市场大区总监；殷文强为五星酱酒公司广东、江西市场大区总监；黎韬为五星酱酒公司安徽、河南市场大区总监；林文锦为五星酱酒公司福建、浙江市场大区总监；张荣为五星酱酒公司江苏、上海市场大区总监；杜来春为五星酱酒公司山东、北京、天津、内蒙古市场大区总监；何居星为五星酱酒公司辽宁、吉林、黑龙江、河北市场大区总监；王明为五星酱酒公司陕西、新疆、甘肃、山西市场大区总监。

陈余东为五星酱酒公司办公室主任；王子军为贵州一公司遵义外围片区经理；张贵林为贵州一公司铜仁外围片区经理；秦应杰为贵州一公司毕节外围片区经理；沈建华为贵州二公司都匀外围片区经理；李垚为贵州二公司贵阳外围片区经理；胡恩为贵州二公司安顺外围片区经理。

李永富为河南公司濮阳、安阳、新乡市场为片区经理；李伟光为河南公司许昌、商丘市场片区经理；刘辉峰为河南公司焦作、三门峡、洛阳市场片区经理；刘红选为河南公司鹤壁、开封市场片区经理；刘鹏为河南公司信阳、驻马店、周口市场片区经理；王鹏为河南公司漯河、平顶山南阳市场片区经理；李建琼为河南公司办公室主任。

冯宁为省外公司东部片区经理；黄文为省外公司中部片区经理；何贤友为省外公司西部片区经理；陈昌平为省外公司北部片区经理；何勇伟为省外公司南部片区经理。

杨静为营销总公司财务中心财务部经理；王兴芫为营销总公司客服中心客服部经理；董英为营销总公司行政中心办公室主任；张林为营销总公司行政中心人力资源部经理；王进为营销总公司策划中心策划部经理。

张朝霞为贵州一公司贵阳直销部经理；陈林为贵州一公司遵义直销部城市经理；徐恒为贵州一公司铜仁市场城市经理；尤元刚为贵州一公司毕节市场城市经理；周全甲为贵州二公司水城直销部城市经理；鞠雄飞为贵州二公司都匀市场城市经理。

刘明松、赵红梅为贵州一公司贵阳直销部市场主管；何炼、余河星为贵州一公司遵义直销部市场主管；王文波为贵州一公司湄潭市场主管；李明山为贵州一公司凤岗市场主管；陈利多为贵州一公司仁怀市场主管；周晓兵为贵州一公司赤水市场主管；张发春为贵州一公司铜仁市场主管；黄红英为贵州一公司南白市场主管；王冬云为贵州一公司松桃市场主管；周昌盛为贵州二公司凯里市场主管，主持凯里市场工作；余茂国为贵州二公司凯里市场主管；吴泽贵为贵州二公司小河市场主管；桂志军为贵州二公司瓮安市场主管；张青松为贵州二公司安顺市场主管，主持安顺市场工作；伍方祥为贵州二公司安顺市场主管；严营为贵州二公司兴义市场主管；陈付益、雷光远为贵州二公司水城市场主管；刘清全为贵州二公司白云市场主管。

2013 年 4 月 15 日，《关于曹廷泮等人员任免职的通知》，总经理办公会于 2013 年 4 月 15 日研究决定，对曹廷泮等人员任免如下：免去王玉林项目部副总经理职务、朱瑞生茅台工程部经理职务。任命曹廷泮为项目部副总经理，全面负责茅台工程部、坛厂工程部工作。陈雪枫任五星集团中枢办事处办公室主任，全面主持办公室工作。王安明任茅台基酒二厂厂长，负责茅台基酒二厂厂务。李长生任桑树基酒厂厂长，负责桑树基酒厂厂务。行政部副总经理赵浪兼任桐梓电站项目经理，全面负责桐梓电站管理工作。

2013 年 5 月 21 日，《关于行管人员任职的通知》，经 2013 年 5 月 21 日总经理办公会研究决定，对各部门行管人员任职如下：

董事长焦永权，财务总监王永红，总经理张鹏。

供应部副总经理张鹏（兼）。（1）包装材料采购部经理冯进。（2）综合采购部经理李龙刚，采购员李龙利。

项目部副总经理曹廷泮，坛厂工程部经理李龙堂，保管员吕玉良。

基酒生产部副总经理兼酿酒工程师张伟。（1）茅台基酒一厂厂长李光友，保管员李龙光、陈雁林，管理员曾泾芳，水电工张斌。（2）茅台基酒二厂厂长王安明，保管员王彬。（3）冠英基酒厂厂长王远友，保管员李龙芳，水电维修兼污水处理张启鑫。（4）桑树基酒厂厂长李长生，保管员简新，车间主管兼污水处理杨学锋。

包装生产部副总经理李明德；总工程师熊寿贵。（1）包装车间主任张方烈，包装主管胡贵连，灌装主管胡永东。（2）勾储车间主任李明金，基酒保管员周建修，勾兑转酒工袁光明、李强、李明付。（3）质量技术部经理徐相彬，化验员李杰。（4）总务部经理王英，保管员兰永琴、周洪、钟方伦，机修袁友，门卫袁国良、李龙林。

行政部副总经理赵浪。（1）办公室主任陈雪枫，文员母应梅，绩效专员周仲举，驾驶员郑周明、赵湖、陈均（兼招商专员）。（2）财务部经理张鸿，核算会计段家荣，出纳龚登霞。（3）桐梓电站站长黎开霞，助理工程师程连忠，员工李高佩、娄方贵、梁建泽、梁小敏。

2014 年 3 月 13 日，《关于行管人员任职的通知》，经 2014 年 3 月 13 日总经理办公会研究决定，对各部门行管人员任职如下：

董事长焦永权；总经理张鹏；总工程师熊寿贵；财务总监王永红。

供应部副总经理冯进。（1）包装材料采购部经理冯进（兼），采购员周仲举。（2）综合采购部经理李龙刚，采购员李龙利 。

基酒生产部副总经理兼酿酒工程师张伟。（1）茅台基酒厂厂长李光友，保管员李龙光、陈雁林，管理员曾泾芳，水电工张斌。（2）鲁班基酒厂厂长王安明，保管员王安明（兼）。（3）冠英基酒厂厂长王远友，保管员李龙芳，水电维修兼污水处理张启鑫。（4）桑树基酒厂厂长李长生，保管员简新，管理员陈盛。

包装生产部副总经理李明德。（1）长岗包装车间主任张方烈，车间主管胡永东、申学坤。（2）坛厂包装车间主任李明德（兼），车间主管胡贵连，水电机修陈敬开。（3）物品部经理王英，大车驾驶员赵立恒、李正友，长岗保管员周洪、钟方伦、兰永琴，坛厂保管员赵蒙，长岗后勤办公室主任吴选涛（实习），水电机修袁友，门卫袁国良、汪定江。

勾储部副总经理李明金。（1）长岗勾储车间主任徐相彬，基酒保管员周建修，勾兑转酒工袁光明、李强、李明付、陈宗元、蒲青禹。（2）坛厂勾储车间主任李明金（兼），基酒保管员吕玉良。

质量技术部副总经理熊寿贵（兼）。（1）长岗质量办主任张宣松，质检化验员徐伟、李杰。（2）坛厂质量办主任熊寿贵（兼）。

行政部副总经理赵浪。（1）办公室主任田少飞（实习），文员黄敏，办事员王珊，驾驶员郑周明、赵湖、陈均（兼招商专员）。（2）财务部经理张鸿，核算会计邱庆国、段家荣、熊青龙，出纳龚登霞。（3）总务部经理李龙堂，厨师向小华，厨房助理彭秋玲，炊事员冯正红，保安陈英红、李明全、李龙林。（4）桐梓电站站长黎开霞，助理工程师程连忠，员工李高佩、娄方贵、梁建泽、梁小敏。

2014 年 3 月 31 日，《关于康劲等人职务任命的决定》，经总经理办公会研究就定，对康劲等人作如下任命：

康劲为贵州公司总经理；谭强为河南公司总经理；周伟为酱酒公司总经理；焦琼为省外公司总经理；银文为招商中心总经理；贺孝阳为贵州一分公司总经理；彭建为贵州二分公司总经理；王永红为营销总公司财务中心总监；焦琼为营销总公司客服中心总监；李轶旻为营销总公司策划中心总监；应亚明为营销总公司行政中心总监。徐恒为贵州公司一片区经理；胡恩为贵州公司二片区经理；张贵林为贵州公司三片区经理；黄文为贵州公司四片区经理；李垚为贵州公司五片区经理；梁中午为贵州公司招商经理。陈昌平为省外公司北部片区经理；冯宁为省外公司东部片区经理；陈涛为省外公司西部片区经理；何勇伟为省外公司南部片区经理；袁若愚为省外公司中部片区经理。陈勇为招商中心招商部经理；杨静为财务中心审核部经理；王兴芫为客服中心客服部经理；陈大荣为客服中心贴牌管理部经理；王进为策划中心策划部经理；董英为行政中心办公室主任；张林为行政中心人力资源部经理。张朝霞为贵州一分公司贵阳直销部经理；刘明松为贵州一分公司贵阳直销部城市经理；陈林为贵州一分公司遵义直销部城市经理；张青松为贵州一分公司铜仁市场城市经理；周全甲为贵州二分公司水城直销部城市经理；尤元刚为贵州二分公司毕节市场城市经理；周昌盛为贵州二分公司凯里市场城市经理。赵红梅、吴正梅为贵州一分公司贵阳直销部主管；何炼为贵州一分公司遵义直销部主管；张发春为一分公司铜仁市场主管；李家群为一分公司绥阳市场主管；李明山为一分公司凤冈市场主管；杨敏为一分公司务川市场主管；高应兰为一分公司德江市场主管；成云为一分公司正安市场主管；钟大勇为二分公司水城直销部主管；李萍为二分公司毕节市场主管；余茂国为二分公司凯里市场主管；桂志军为二分公司都匀市场主管（主管都匀市场工作）；鞠雄飞为二分公司都匀市场主管；刘云为二分公司安顺市场主管（主管安顺市场工作）；余冬梅为二分公司兴义市场主管；瞿娟为二分公司盘县市场主管；陈利多为一片区仁怀市场主管；周晓兵为一片区赤水市场主管；游开洪为三片区松桃市场主管；刘清全为五片区白云市场主管；吴泽贵为五片区小河市场主管。

2014 年 5 月 10 日，《关于王进职务任命的通知》，经公司研究决定，任命王进为营销总公司策划中心总监。

2014 年 9 月 29 日，人事任命：李长生任长岗厂厂长，王安明任桑树基酒厂厂长，钟方伦任长岗包装车间主管。

2015 年 3 月 30 日，《关于康劲等人职务任命的通知》，经总经理专题办公会议研究决定任命：

康劲为贵州公司总经理；谭强为河南公司总经理；焦琼为省外公司总经理；银文为招商及品

牌酒管理中心总经理；黄天佑为醉美酱酒网公司总经理；王永红为营销总公司财务总监；王进为营销总公司策划总监兼定制酒中心运营部经理；焦琼为营销总公司客服总监；应亚明为营销总公司行政总监；贺孝阳为贵州公司副总经理兼一片区经理；彭建为贵州公司副总经理兼市场督导部经理；李菲为定制酒中心副总经理兼营销部经理。徐恒为贵州公司二片区经理；张贵林为贵州公司三片区经理；李垚为贵州公司四片区经理；黄文为贵州公司五片区经理；冯宁为省外公司南部大区经理；陈昌平为省外公司北部大区经理；袁若愚为省外公司东部大区经理；岑松为省外公司西部大区经理。王兴芫为客服中心客服部经理；陈大荣为客服中心贴牌管理部经理；张林为行政中心人力资源部经理；刘庆为行政中心后勤经理；李大富为醉美酱酒网公司办公室主任；张朝霞为贵州公司贵阳直销部经理；刘明松为贵州公司贵阳直销部餐饮部经理；陈林为贵州公司遵义直销部经理；周昌盛为贵州公司凯里市场城市经理；张青松为贵州公司铜仁市场城市经理；尤元刚为贵州公司毕节市场城市经理；周全甲为贵州公司水城市场城市经理；吴治德为贵州公司招商经理；杨志诚为贵州公司招商经理；高鹏为招商及品牌管理中心南部大区经理；刘安徽为招商及品牌管理中心北部大区经理；杜晓坤为定制酒中心推广一部经理；徐伟为定制酒中心推广二部经理。

2015 年 5 月 6 日，《关于行管人员任职的通知》，经总经理办公会研究决定，生产中心机构设置及各部门行管人员任职如下：

董事长焦永权，总经理张鹏，总工程师熊寿贵，财务总监王永红。

供应部副总经理冯进。(1) 包装材料采购部经理焦伟，采购员黄敏。(2) 综合材料采购部经理冯进（兼），采购员李龙利。

基酒生产部副总经理张伟。(1) 茅台基酒厂厂长李光友，基酒保管员李龙光、陈雁林，管理员曾泾芳，水电机修工张斌。(2) 冠英基酒厂厂长王远友，基酒保管员袁永江。(3) 桑树基酒厂厂长李龙刚，酒师兼基酒保管张先良，水电维修兼污水处理张启鑫。

坛厂包装生产部副总经理李明德。(1) 坛厂包装车间主任王英，包装车间主管胡贵连，水电机修陈敬开。(2) 物品部经理李明德（兼），成品保管员赵蒙，材料保管员兰永琴。

长岗包装生产部副总经理李长生。(1) 总务部经理李长生（兼），大车驾驶员赵立恒、蔡思贵，长岗保管员钟方伦、张启旭，安全保卫袁国良、余大利（实习）。(2) 长岗包装车间主任张方烈，车间主管蔡广（实习），水电机修陈跃（实习）。

勾储部副总经理李明金。(1) 长岗勾储车间主任徐相彬，基酒保管员袁光明，勾兑转酒员李强、陈宗元、蒲青禹。(2) 坛厂勾储车间主任李明金（兼），勾储车间主管周建修，基酒保管员吕玉良，勾兑转酒员李明付、陈盛、陈涛（实习）。

质量技术部副总经理熊寿贵（兼）。(1) 长岗质量办主任张宣松，质检化验员徐伟。(2) 坛厂质量办主任熊寿贵（兼），质检化验员李杰、钟晓琴。

行政部副总经理赵浪。(1) 办公室主任田少飞，副主任赵端，小车司机郑周明、张伦刚，安全保卫陈英红、谭吉挺、汪定江。(2) 财务部经理张鸿，总会计师邱庆国，核算会计段家荣、熊青龙、汪平素（实习），出纳龚登霞。(3) 总务部经理李龙堂，厨师汪仕彬，炊事员冯正红、刘朝琴，环卫王运琴、李明全。(4) 桐梓电站站长黎开霞，值班员工娄方贵、梁建泽、梁小敏、王常伟、杨朋，设备维护娄必贵。

2016 年 3 月，《关于康劲等人职务任命的通知》，经总经理专题办公会议研究决定任命：

康劲任贵州公司总经理；焦琼任省外公司总经理兼营销总公司客服中心总监；谭强任河南公司总经理兼镇酒直营河南市场总监；黄天佑任醉美酱酒网公司总经理；王开江任五星互联公司总经理；王进任营销总公司策划中心总监；王永红任营销总公司财务中心总监；应亚明任营销总公司行政中心总监；贺孝阳任贵州公司副总经理兼三片区经理；张贵林任贵州公司副总经理兼四片区经理；银文任镇酒直营公司副总经理兼市场三部总监；李垚任镇酒直营公司市场二部总监；谢晓东任镇酒直营公司市场一部总监；刘宇辉任五星互联公司副总经理；张林任五星互联公司副总经理。张朝霞任贵州公司一片区经理；张青松任贵州公司二片区经理；徐恒任贵州公司五片区经理；朱旭任贵州公司六片区经理；黄文任贵州公司七片区经理。冯宁任省外公司招商部经理；陈昌平任省外公司北部片区经理；袁若愚任省外公司中部片区经理；岑松任省外公司西部片区经理；刘安辉任省外公司东部片区经理。刘明松任贵州公司二片区白云市场城市经理；陈林任贵州公司三片区遵义市场城市经理，犹忠琼任贵州公司三片区遵义市场城市经理；段仕利任贵州公司四片区铜仁市场城市经理；尤元刚任贵州公司五片区毕节市场城市经理；周昌盛任贵州公司六片区凯里市场城市经理；冯万鹏任营销总公司策划中心策划部经理；王兴芫任营销总公司客服中心快递物流部经理兼客服部经理；陈大荣任营销总公司行政中心接待部经理；刘庆任营销总公司行政中心后勤部经理。王冬云任贵州公司铜仁市场主管；张发春任贵州公司松桃市场主管；申秀娟任贵州公司务川市场主管；李明山任贵州公司凤冈市场主管；李家群任贵州公司绥阳市场主管；罗来芬任贵州公司德江市场主管；聂梅任贵州公司正安市场主管；徐元吉任贵州公司南白市场主管；李萍任贵州公司毕节市场主管；覃梦梅任贵州公司都匀市场主管；廖云龙任贵州公司湄潭市场主管；吴利强任贵州公司清镇市场主管；安世禄任贵州公司白云市场主管；吴泽贵任贵州公司小河市场主管；杨艳任贵州公司瓮安市场主管；吴正梅任贵州公司贵阳市场主管；蒋文虎任贵州公司贵阳市场主管；何炼任贵州公司遵义市场主管；李卫星任贵州公司思南市场主管；王娅任贵州公司石阡市场主管；柯玉倩任营销总公司策划中心策划主管；薛艳任营销总公司客服中心客服主管；宋泽洪任营销总公司客服中心储运主管；冯兴莉任营销总公司财务中心镇酒直营财务主管；杨国玉任营销总公司财务中心五星互联财务主管；甘小桢任营销总公司行政中心人事主管；苏付宾任镇酒直营微商服务部主管；胡胜兰任镇酒直营客户服务部主管。

2016 年 4 月 20 日，《五星酒厂关于行政管理人员任职的通知》，经总经理办公会研究决定，生产中心机构设置及各部门行管人员任职如下：

董事长焦永权，总经理张鹏，总工程师熊寿贵，财务总监王永红。

供应部副总经理张鹏（兼）。（1）总经理助理焦伟。（2）材料采购部经理焦伟（兼），采购员黄敏、李龙利。

基酒生产部副总经理张伟。（1）茅台基酒厂厂长李光友，基酒保管员李龙光、陈雁林，管理员曾泾芳，水电机修工张斌。（2）冠英基酒厂厂长陈兵志，基酒保管员袁永江，水电维修张启鑫（兼）。（3）桑树基酒厂厂长李龙刚，酒师兼基酒保管张先良，水电维修兼污水处理张启鑫。

坛厂包装生产部副总经理李明德。（1）坛厂包装车间主任王英，坛厂包装车间主管胡贵连，水电机修陈敬开。（2）物品部经理李明德（兼），成品保管员赵蒙，材料保管员兰永琴 。（3）物流配送主管刘德海，配送员李明旺、杨浩、陈黔。

长岗包装生产部副总经理李长生。（1）长岗总务部经理李长生（兼），大车驾驶员蔡思贵，成品保管员钟方伦，材料保管员张启旭，安全保卫袁国良、余大利。（2）长岗包装车间主任张方烈，车间主管李明付，水电机修邓少权。

勾储部副总经理李明金。（1）长岗勾储车间主任徐相彬，基酒保管员袁光明，勾兑转酒员陈宗元、肖兴乔（实习）、肖夕燚（实习）。（2）坛厂勾储车间主任李明金（兼），勾储车间主管周建修，基酒保管员吕玉良，勾兑转酒员陈盛、李明杰、李明愿（实习），大车驾驶员赵立恒。

质量技术部副总经理冯发军。（1）长岗质量办主任张宣松，质检化验员张宣松（兼）。（2）坛厂质量办主任冯发军（兼），质检化验员钟晓琴、周安容（实习）。

行政部副总经理赵浪。（1）企业管理办公室主任田少飞，文员赵小丽（实习），安全保卫陈英红、谭吉挺、汪定江。（2）对外协调办公室主任赵端，小车司机郑周明、张伦刚。（3）财务部经理张鸿，总会计师邱庆国，核算会计段家荣、熊青龙、汪平素，出纳龚登霞。（4）坛厂总务部经理李龙堂，厨师汪仕彬，炊事员冯正红、刘朝琴，保洁王运琴、王昌义。（5）桐梓电站站长黎开霞，值班员工娄方贵、梁建泽、梁小敏、杨朋、梁隆福，设备维护刘彬彬。

2016 年 6 月 15 日，《关于机构调整及人事任命的通知》，根据镇酒直营公司实际，经研究决定，从 2016 年 6 月 1 日起，原营销总公司服务中心下属的快递物流部，与镇酒直营客户服务组合并为镇酒直营客服物流部。王兴茪任镇酒直营物流客户部经理，不再担任营销总公司客服中心客服部经理；薛艳任营销总公司客服中心客服部经理；胡胜兰任镇酒直营物流客户部客户组主管。

2016 年 7 月 8 日，《关于贵州公司张青松等人职务任命的通知》，根据贵州公司片区划分并从实际工作需要出发，经总经理专题办公会议研究决定：张青松任一片区经理，免去其二片区经理职务；黄文任二片区经理兼任水城、安顺市场经理，免去其七片区经理职务；蒋文虎任一片区流通部城市经理兼管乌当市场，免去其贵阳市场主管职务；吴正梅任一片区餐饮部城市经理，免去其贵阳市场主管职务；王娟任一片区流通部主管；申素蓉任三片区务川市场主管；李碧翠任四片区德江市场主管；敖德翠任四片区铜仁市场主管；周乾红任五片区赤水市场主管；吴勇任六片区凯里市场主管；张朝霞因身体状况，不再担任一片区经理职务。

2016 年 12 月 5 日，《关于银文等人职务任免的通知》，经总经理专题办公会议研究决定：银文任五星互联公司副总经理，免去其镇酒直营公司市场三部总监职务（薪随岗变）。刘宇辉任镇酒直营公司市场三部总监，免去其五星互联公司副总经理职务（薪随岗变）。

2017 年 2 月 6 日，《关于刘宇辉等人职务任命的通知》，经总经理专题办公会议研究决定：刘宇辉任五星直营贵州一公司总经理；李垚任五星直营贵州二公司总经理；银文任五星直营山东公司总经理；谭强任五星直营河南公司总经理。

2017 年 2 月 17 日，《关于王兴茪等人职务任职的通知》，经总经理办公会研究决定：王兴茪任总公司物流部经理；张发富、杨再猛任总公司物流部物流专员；杨国玉任总公司财务中心直营财务部主管；陈永炼、廖永梅任直营财务专员，邹进任直营财务出纳；冯兴莉任总公司财务中心主管；曹兰任直营公司客服数据部主管（主持工作）；胡胜兰任直营公司客服数据部主管；刘芳、吴洁、李家佳任直营公司客服数据部客服专员；苏付宾任直营微商组主管；马婷婷任直营微商专员；李如君任总公司行政专员（负责直营行政库管工作）；陈英任直营贵州二公司行政人事主管；刘洪美任直营贵州二公司客服专员；欧阳任直营贵州二公司财务出纳；龙俊任直营贵州二公司库管兼前台；范兴旭任直营山东公司营销组长；查涛任直营山东公司营销代组长；任豪爽任直营山东公司营销代组长；张赢任直营河南公司营销代组长；周俊任直营河南公司营销代组长。原镇酒直营公司、五星互联公司的其他人员，分别归属直营贵州一公司、直营贵州二公司，其岗位不变。

2017 年 2 月 27 日，《关于付红霞等人职务任免的通知》，经总经理办公会研究决定：付红霞任直营公司财务专员；欧阳任直营公司客服数据专员，免去直营贵州二公司财务出纳；李家佳任直营贵州二公司出纳，免去直营公司客服专员。

2017 年 2 月 28 日，《关于应亚明等人职务任免的通知》，经总经理办公会研究决定：应亚明兼任酱酒网公司总经理；黄天佑任酱酒网公司运营总监，免去酱酒网公司总经理职务。

2017 年 3 月 7 日，《关于彭建钧任职的通知》（贵五酒销〔2017〕6 号），根据醉美酱酒网公司发展需要，经总经理专题办公会议研究决定任命：彭建钧为酱酒网运营部经理，负责酱酒网公司运营工作。

2017 年 3 月 23 日，《五星酒厂关于行政管理人员任职的通知》，经总经理办公会研究决定，生产中心机构设置及各部门行管人员任职如下：

董事长焦永权，总经理张鹏，总工程师熊寿贵，财务总监王永红。

供应部副总经理张鹏（兼）。(1) 总经理助理焦伟。(2) 材料采购部经理焦伟（兼），采购员黄敏、李龙利。

基酒生产部副总经理张伟。(1) 茅台基酒厂厂长李光友，基酒保管员李龙光、陈雁林，管理员曾泾芳，水电机修工张斌。(2) 冠英基酒厂厂长陈兵志，基酒保管员袁永江，水电维修张启鑫（兼）。(3) 桑树基酒厂厂长李龙刚，酒师兼基酒保管张先良，水电维修兼污水处理张启鑫。

坛厂包装生产部副总经理李明德。(1) 坛厂包装车间主任王英，坛厂包装车间主管胡贵连，水电机修陈敬开。(2) 物品部经理李明德（兼），成品保管员赵蒙，材料保管员兰永琴。

长岗包装生产部副总经理李长生。(1) 长岗总务部经理李长生（兼），大车驾驶员蔡思贵，成品保管员钟方伦，材料保管员肖兴乔，安全保卫袁国良、余大利。(2) 长岗包装车间主任张方烈，车间主管李明付，水电机修邓少权。

勾储部副总经理李明金。(1) 长岗勾储车间主任徐相彬，勾储车间主管袁光明，基酒保管员袁光明（兼），勾兑转酒员陈宗元、杨浩、肖夕焱。(2) 坛厂勾储车间主任李明金（兼），勾储车间主管周建修，基酒保管员吕玉良，勾兑转酒员李明杰、李明愿、王震，大车驾驶员赵立恒。

质量技术部副总经理冯发军。(1) 长岗质量办主任冯发军（兼），质检化验员梁龙香。(2) 坛厂质量办主任张宣松，质检化验员周安容。

行政部副总经理赵浪。(1) 办公室主任田少飞，文员葛娇，小车司机郑周明、张伦刚，安全保卫陈英红、谭吉挺、汪定江。(2) 财务部经理张鸿，总会计师邱庆国，核算会计段家荣、熊青龙，出纳龚登霞，坛厂总务部经理李龙堂，厨师汪仕彬，炊事员冯正红、刘朝琴，环卫王运琴、王昌义。(3) 桐梓电站站长黎开霞，值班员工娄方贵、梁建泽、梁隆福、李春香、李春权。

2017 年 4 月 14 日，《关于贺孝阳等人职务任命的通知》，根据公司 2017 年创新变革的发展战略目标，经总经理专题办公会议研究决定任命：

贺孝阳任镇酒一公司总经理兼一片区经理；张贵林任镇酒二公司总经理兼六片区经理；焦琼任营销总公司物流中心总经理兼传统渠道公司总经理；应亚明任营销总公司行政中心总经理兼酱酒网公司总经理；刘宇辉任直营贵州一公司总经理兼销售二部部长；李垚任直营贵州二公司总经理兼卓越部部长；谭强任直营河南公司总经理；银文任直营山东公司总经理；王进任营销总公司策划中心总经理；王永红任营销总公司财务中心总经理；张林任营销总公司行政中心人力资源部总监；焦阳任酱酒网公司总经理助理。刘明松任镇酒公司二片区经理；徐恒任镇酒公司三片区经理；黄文任镇酒公司四片区经理；张青松任镇酒公司五片区经理；陈昌平任传统渠道公司北部大区经理；冯宁任传统渠道公司南部大区经理；袁若愚任传统渠道公司东部大区经理；岑松任传统渠道公司西部大区经理。吴正梅任镇酒公司贵阳市场城市经理；犹中琼任镇酒公司遵义市场城市经理；尤元刚任镇酒公司毕节市场城市经理；段仕利任镇酒公司铜仁市场城市经理；朱旭任镇酒公司都匀市场城市经理；周昌盛任镇酒公司凯里市场城市经理；刘廷忠任传统渠道公司招商部经理；彭建钧任酱酒网公司运营部经理；卢涛任直营贵州一公司营销一部部长；陆兴融任直营贵州二公司雄鹰部部长；冯万鹏任营销总公司策划中心策划部经理；王兴尧任营销总公司物流中心物流部经理；薛艳任营销总公司物流中心客服部经理；刘庆任营销总公司行政中心后勤部经理；陈大荣任营销总公司行政中心接待部经理。柯玉倩任营销总公司策划中心设计部主管；冯兴莉任营销总公司财务中心财务主管；甘小桢任营销总公司行政中心人力资源部招聘主管；宋泽洪任营销总公司物流部储运主管；林静任酱酒网公司运营部运营主管；吴文静任酱酒网公司运营部美工主管；李轩洁任酱酒网公司客服部售前主管；邓小艳任酱酒网公司客服部售后主管；杨希莉任酱酒网公司财务主管；杨国玉任直营公司财务部主管；曹兰任直营公司数据客服部主管（主持工作）；苏付宾任直营公司微商部主管；胡胜兰任直营公司数据客服部主管。罗明翠任直营贵州一公司营销一部一组组长；周鹏任直营贵州一公司营销一部二组组长；龙汉明任直营贵州一公司营销一部三组组长；梁黔林任直营贵州一公司营销一部四组组长；高华俊任直营贵州一公司营销一部五组组长；陈胜任直营贵州一公司营销二部一组组长；杨槐任直营贵州一公司营销二部二组组长；邓从壹任直营贵州二公司雄鹰部一组组长；李荣江任直营贵州二公司雄鹰部二组组长；甘婷任直营贵州二公司雄鹰部三组组长；胡定波任直营贵州二公司雄鹰部四组组长；杨秀森任直营贵州二公司卓越部一组组长；涂庄营任直营贵州二公司卓越部二组组长；肖飞任直营贵州二公司卓越部三组组长；张赢任直营河南公司营销部一组组长；周俊任直营河南公司营销部二组组长；任豪爽任直营山东公司营销部一组组长；查涛任直营山东公司营销部二组组长；范兴旭任直营山东公司营销部三组组长。

2017 年 6 月 29 日，《关于人员调整的通知》，经总经理办公会研究决定，对部分管理人员岗位进行如下调整：坛厂物品部成品保管赵蒙调到长岗物品部担任成品保管，岗位工资不变。实习人员杨元华担任坛厂物品部成品保管。长岗物品部成品保管钟方伦调到桑树基酒厂，协助车间管理和负责污水处理管理工作。桑树基酒厂电工张启鑫调到长岗包装生产部担任水电机修工。

2017 年 11 月 14 日，《关于岗位调整的通知》，经总经理办公会决定，长岗包装车间分为一车间和二车间，一车间主任由张方烈担任，二车间主任由陈兵志担任。陈兵志的工资按照车间主任三星执行。从 2017 年 10 月 1 日起执行。将原长岗包装车主管李明付调到坛厂勾储车间担任转酒工，工资按照转酒工三星执行。

2017 年 12 月 23 日，《关于镇酒公司司胜福任职的通知》，根据贵州公司现状及下一步发展目标，经研究决定：任命司胜福为贵阳市场片区经理，自 2017 年 12 月 23 日起履行片区经理职责。

2018 年 4 月 21 日，《五星酒厂关于行政管理人员任职的通知》，经总经理办公会研究决定，生产中心机构设置及各部门行管人员任职如下：

董事长焦永权，总经理张鹏，总工程师熊寿贵，财务总监王永红。

供应部副总经理张鹏（兼）。（1）总经理助理焦伟。（2）材料采购部经理焦伟（兼），采购员葛娇、李龙利。（3）工程项目部经理李龙堂，材料物资保管员及施工监督员兼安全管理员王玉发。

基酒生产部副总经理张伟。（1）茅台基酒厂厂长李光友，基酒保管员李龙光、陈燕林，管理员曾泾方。（2）冠英基酒厂保管员兼管理人员袁永江。（3）桑树基酒厂厂长李龙刚，酒师兼基酒保管张先良，基酒保管兼污水处理钟方伦，水电维修张启鑫（兼）。

坛厂包装生产部副总经理李明德。（1）坛厂包装车间主任王英，坛厂包装车间主管胡贵连，水电机修陈敬开。（2）物品部经理李明德（兼），成品保管员杨元华，材料保管员兰永琴。

长岗包装生产部副总经理李长生。（1）长岗总务部经理李长生（兼），大车驾驶员蔡思贵，成品保管员赵蒙，材料保管员兰明婵，安全保卫袁国良。（2）长岗包装一车间主任张方烈。（3）长岗包装二车间主任陈兵志，水电机修张启鑫。

勾储部副总经理李明金。（1）长岗勾储车间主任徐相彬，车间主管袁光明，基酒保管员袁光明（兼），勾兑转酒员陈宗元、王震、肖夕焱、吕永林（实习）。（2）坛厂勾储车间主任李明金（兼），勾储车间主管周建修，基酒保管员吕玉良，勾兑转酒员李明愿、李明付，大车驾驶员赵立恒。

质量技术部副总经理冯发军。（1）长岗质量办主任冯发军（兼），质检化验员梁龙香。（2）坛厂质量办主任张宣松，质检化验员周安容。

行政部副总经理赵浪。（1）办公室主任田少飞，行政主管丁本波，文员丁本波（兼），小车司机郑周明、李杰，安全保卫张光友、谭吉廷、汪定江。（2）财务部经理张鸿，总会计师邱庆国，核算会计段家荣、熊青龙、易国琴，出纳龚登霞。（3）坛厂总务部经理李龙堂（兼），厨师龚登芹，炊事员陈敏权、刘朝芹，环卫王运琴、王昌义。（4）桐梓电站站长黎开霞，值班员工娄方贵、梁建泽、李春香、李春权、梁隆福。

2018 年 3 月 1 日，《关于贺孝阳等人职务任命的通知》，根据公司坚持坚守赢战 2018 年的战略目标，经总经理专题办公会议研究决定任命：

贺孝阳任镇酒一公司总经理；张贵林任镇酒二公司总经理；焦琼任营销总公司客服中心总经理兼传统渠道公司总经理；银文任山东直营公司总经理；谭强任河南直营公司总经理；王进任营销总公司策划中心总经理；王永红任营销总公司财务中心总经理；应亚明任营销总公司行政中心总经理兼酱酒网公司总经理；李垚任直营创客中心总监；彭建均任酱酒网运营总监兼运营部经理；梁黔林任贵州直营公司总经理助理；任豪爽任山东直营公司总经理助理。司胜福任镇酒公司贵阳直销部经理；刘明松任镇酒公司一片区经理；徐恒任镇酒公司二片区经理；黄文任镇酒公司三片区经理；张青松任镇酒公司四片区经理；陈昌平任传统渠道公司北部大区经理；岑松任传统渠道公司南部大区经理；袁若愚任传统渠道公司东部大区经理；李永富任传统渠道公司西部大区经理；冯宁任传统渠道公司招商部经理；吴正梅任镇酒公司贵阳市场城市经理；张开琴、罗汪任镇酒公司遵义市场城市经理；尤元刚任镇酒公司毕节市场城市经理；段仕利任镇酒公司铜仁市场城市经理；冯万鹏任营销总公司策划中心策划部经理；王曼任营销总公司财务中心财务部经理；薛艳任营销总公司客服中心客服部经理；陈大荣任营销总公司行政中心接待部经理；曹兰任直营公司综合部经理；李轩洁任直营呼叫中心经理。柯玉倩任营销总公司策划中心设计部主管；邱千任营销总公司策划中心运营部主管；邓小艳任酱酒网公司客服部主管；杨希莉任酱酒网公司财务主管；陈芝英任营销总公司财务中心财务主管；冯洁任山东直营公司人事主管；腾树明任河南直营公司人事主管；王娟、蒋盼任镇酒公司贵阳市场主管；安世禄、李贵任镇酒公司白云市场主管；吴泽贵任镇酒公司小河市场主管；蒋文虎任镇酒公司花溪市场主管；吴利强任镇酒公司清镇市场主管；申素蓉任镇酒公司务川市场主管；李明山任镇酒公司凤岗市场主管；李家群任镇酒公司绥阳市场主管；张兵任镇酒公司桐梓市场主管；成云任镇酒公司正安市场主管；程新新任镇酒公司德江市场主管；金中丽任镇酒公司赤水市场主管；陆静静任镇酒公司金沙市场主管；徐元吉任镇酒公司南白市场主管；王冬云、敖德翠任镇酒公司铜仁市场主管；鞠雄飞任镇酒公司都匀市场主管；吴勇任镇酒公司凯里市场主管；罗明翠任贵州直营公司一组组长；李江涛任贵州直营公司二组组长；陈胜任贵州直营公司三组组长；胡定波任贵州直营公司四组组长；陈金凤任贵州直营公司五组组长；李荣江任贵州直营公司六组组长；杨秀森任贵州直营公司七组组长；孙乐乐任山东直营公司一组组长；兰丽红任山东直营公司二组组长；范兴旭任山东直营公司三组组长；张勇任直营山东公司四组组长；任文文任山东直营公司六组组长；孟蕾任山东直营公司七组组长。周俊任河南直营公司一组组长；潘明静任河南直营公司二组组长；黄双红任河南直营公司三组组长。

2018年4月21日，《关于黄敏同志工作调动的通知》，将原供应部采购员黄敏调到招商中心工作。

2019年4月16日，《关于贺孝阳等人任职的通知》，经总经理专题办公会议研究决定任命：

贺孝阳任镇酒一公司总经理；张贵林任镇酒二公司总经理；焦琼任传统渠道公司总经理、营销总公司客服中心总经理；银文任山东公司总经理；谭强任河南公司总经理；田娜任北京公司总经理；王进任直营公司总经理、营销总公司策划中心总经理；李垚任体验馆营销一部总经理；李轶浩任体验馆营销二部总经理；王永红任营销总公司财务中心总经理；应亚明任营销总公司行政中心总经理、酱酒网公司总经理；彭建均任酱酒网运营总监兼运营部经理；冯万鹏任营销总公司策划中心总监兼品宣部经理；任豪爽任山东公司总经理助理。熊光营任镇酒公司贵阳市场片区经理；刘明松任镇酒公司一片区片区经理；徐恒任镇酒公司二片区片区经理；段仕利任镇酒公司三片区片区经理；张青松任镇酒公司四片区片区经理。陈昌平任传统渠道公司北部大区经理；岑松任传统渠道公司南部大区经理；袁若愚任传统渠道公司东部大区经理；李永富任传统渠道公司西部大区经理；冯宁任传统渠道公司招商部经理。罗汪任镇酒公司遵义市场城市经理；黄文任镇酒公司铜仁市场城市经理；吴勇任镇酒公司凯里市场城市经理；李轩洁任直营公司体验馆经理；李荣江任直营公司直销部经理；王漫任营销总公司财务中心财务部经理；薛艳任营销总公司客服中心客服一部经理；曹兰任营销总公司客服中心客服二部经理；赵月萍营销总公司客服中心客服三部经理；柯玉倩任营销总公司策划中心设计部经理；陈大荣任营销总公司行政中心后勤经理。邱千任营销总公司策划中心运营部主管；袁利萍任营销总公司人力资源部人事主管；陈芝英任营销总公司财务中心财务主管；陈荣兰任营销总公司客服中心开单录入组主管；邓小艳任酱酒网公司客服部主管；曾德红任酱酒网公司美工主管；张琴任直营公司直销部主管；冯洁任山东公司人事主管；腾树明任河南公司人事主管；王娟任镇酒公司贵阳市场主管；何炼、田洪霞任镇酒公司遵义市场主管；李明山任镇酒公司凤冈市场主管；申素容任镇酒公司务川市场主管；成云任镇酒公司正安市场主管；李家群任镇酒公司绥阳市场主管；张兵任镇酒公司桐梓市场主管；江小金任镇酒公司南白市场主管；金中丽任镇酒公司赤水市场主管；敖德翠任镇酒公司铜仁市场主管；王冬云任镇酒公司铜仁市场主管；吴泽贵任镇酒公司小河市场主管；安世禄任镇酒公司白云市场主管；蒋文虎任镇酒公司花溪市场主管；程新新任镇酒公司德江市场主管；李红磊任北京公司招商主管；田广雷任北京公司直营部主管。任豪吉任山东公司一组组长；兰丽红任山东公司二组组长；王拓任山东公司三组组长；任文任山东公司六组组长。

2019 年 4 月 29 日，五星酒厂关于行政管理人员任职的通知：

董事长焦永权，总经理张鹏，总工程师熊寿贵，财务总监王永红。

供应部副总经理张鹏（兼）。总经理助理焦伟，材料采购部经理王英，采购员葛娇、李龙利，项目部经理李龙堂（兼），物资保管员王玉发。

基酒生产部副总经理张伟。茅台基酒厂厂长李光友，基酒保管兼出纳李龙光，酒师兼基酒保管员张先良，锅炉操作员曾泾芳，污水管理员曾泾芳（兼），水电机修工汪安杰，桑树基酒厂厂长李龙刚，基酒保管兼污水处理袁永江，水电维修张启鑫（兼）。

坛厂包装生产部副总经理李明德。坛厂包装车间主任陈兵志，坛厂包装车间主管胡贵连，水电机修陈敬开。物品部经理李明德（兼），成品保管员吕玉良，材料保管员兰永琴。

长岗包装生产部副总经理李长生。长岗总务部经理李长生（兼），大车驾驶员蔡思贵，成品保管员赵蒙，材料保管员赵华杰，安全保卫袁国良、谭吉礼。长岗包装车间主任张方烈，长岗包装车间主管李明付，水电机修张启鑫。勾储部副总经理李明金。长岗勾储车间主任徐相彬，车间主管袁光明，基酒保管员袁光明（兼），勾兑转酒员陈宗元、郭记东、先忠定（实习）、浦忠怀（实习）；坛厂勾储车间主任李明金（兼），勾储车间主管周建修，基酒保管员周建修（兼），勾兑转酒员张启武、吕永林（实习）、胡明波（实习），大车驾驶员赵立恒。质量技术部副总经理冯发军。长岗质量办主任冯发军（兼），质检化验员肖夕焱；坛厂质量办主任张宣松，质检化验员周安容。行政部副总经理赵浪。办公室主任田少飞，行政专员刘青玉，文员赵润英，小车司机晏跃忠、李勇，安全保卫张光友、谭吉挺、汪定江；财务部经理张鸿，总会计师邱庆国，核算会计段家荣、熊青龙、易国琴，出纳龚登霞；坛厂总务部经理本定堂；相梓电站站长黎开霞，值班员娄方贵、李春香、梁隆福、梁建泽、李春权。

2020 年 3 月 1 日，《关于贺孝阳等人任职的通知》，因新型冠状病毒感染疫情，2020 年开局公司经营状况面临着严峻的考验，公司各级领导是迎接挑战战胜困难的中坚力量，经总经理专题办公会议研究决定，任命：

贺孝阳任贵州公司总经理；焦琼任传统渠道公司总经理；应亚明任酱酒网公司总经理；宋万宏任五星酱品牌公司总经理；李垚任体验馆招商部总经理；李铁昊任仁怀销售拓展部总经理；张鹏任仁怀接待招商部总经理（兼）；银文任山东公司总经理；田广娜任北京公司总经理；焦琼任营销总公司客服中心总经理（兼）；王永红任营销总公司财务中心总经理；应亚明任营销总公司行政中心总经理（兼）；冯万鹏任营销总公司策划中心总监；李轩洁任直营公司总监；彭建钧任酱酒网运营总监兼运营部经理；林荣任仁怀接待招商部总监；任豪爽任山东公司总经理助理。

2020 年 3 月 31 日，贵州五星酒业集团营销总公司二级机构人事任命：

熊光营任贵州公司贵阳市场片区经理；刘明松任贵州公司一片区片区经理；徐恒任贵州公司二片区片区经理；段仕利任贵州公司三片区片区经理；张青松任贵州公司四片区片区经理；袁若愚任东部大区经理；岑松任南部大区经理；李永富任西部大区经理；柯玉倩任策划中心设计部经理；薛艳任客服中心客服一部经理；曹兰任客服中心客服二部经理；赵月萍任客服中心客服三部经理；王漫任财务中心财务部经理；罗国林任行政中心人力资源部经理；陈大荣任行政中心行政后勤接待部经理；罗汪任贵州公司遵义市场城市经理；吴勇任贵州公司凯里市场城市经理；敖德翠任贵州公司铜仁市场城市经理；陈芝英任财务中心财务主管；袁利苹任人力资源部人事主管；谢继美任行政后勤接待部行政主管；吴廷廷任客服中心客服一部主管；陈荣兰任客服中心开单录入组主管；邓小艳任酱酒网客服主管；曾德红任酱酒网美工主管；杨再孟任酱酒网物流主管；冯洁任山东公司人事主管；王娟任贵州公司贵阳市场主管；陈琳任贵州公司贵阳市场主管；田洪霞任贵州公司遵义市场主管；王冬云任贵州公司铜仁市场主管；吴泽贵任贵州公司小河市场主管；蒋文虎任贵州公司花溪市场主管；黄义江任贵州公司金阳市场主管；黄文任贵州公司龙里市场主管；李家群任贵州公司绥阳市场主管；申素蓉任贵州公司务川市场主管；李明山任贵州公司凤岗市场主管；李现辉任贵州公司正安市场主管；毛茂花任贵州公司德江市场主管；吴满妹任贵州公司松桃市场主管；江小金任贵州公司南白市场主管；金中丽任贵州公司赤水市场业务主管；苟庚任贵州公司金沙市场主管；任豪吉任山东公司一组组长；兰丽红任山东公司二组组长；王拓任山东公司三组组长；任文文任山东公司六组组长。

2020 年 8 月 5 日，集团公司人事调整：张先良调整为茅台一厂制曲车间主任，全权负责制曲车间的生产管理和基酒化验工作。

2021 年 3 月 27 日，《关于贺孝阳等人任职的通知》，经总经理专题办公会议研究决定任命：

贺孝阳任贵州公司总经理；焦琼任传统渠道公司总经理；应亚明任酱酒网公司总经理；银文任山东公司总经理；田广娜任北京公司总经理；张鹏任仁怀接待招商部总经理；李铁昊任仁怀销售拓展部总经理；宋万洪任五星酱品牌公司总经理；焦琼任营销总公司客服中心总经理；王永红任营销总公司财务中心总经理；应亚明任营销总公司行政中心总经理；李垚任五星酒号招商一部总经理；李轩洁任五星酒号招商二部总经理；史峰任五星酒号运营中心运营总监；林荣任仁怀接待招商部总监；彭建钧任酱酒网运营总监；冯万鹏任营销总公司策划中心总监；王漫任营销总公司财务中心总监；任豪爽任山东公司总经理助理；徐恒任贵州公司二片区片区经理；段仕利任贵

州公司三片区片区经理；张青松任贵州公司四片区片区经理；刘明松任贵州公司一片区片区经理；熊光营任贵州公司贵阳市场片区经理；袁若愚任东部大区经理；岑松任南部大区经理；李永富任西部大区经理；蔡立荣任北部大区经理；方思桥任行政中心办公室主任；袁利苹任行政中心人力资源部经理；薛艳任客服中心客服一部经理；曹兰任客服中心客服二部经理；赵月萍任客服中心客服三部经理；罗汪任贵州公司遵义市场城市经理；敖德翠任贵州公司铜仁市场城市经理；柯玉倩任策划中心设计部主管；张俊任策划中品宣部主管；陈芝英任财务中心财务主管；吴廷廷任客服中心客服一部主管；陈荣兰任客服中心开单录入组主管；曾德红任酱酒网美工主管；杨再猛任酱酒网物流主管；谢继美任行政后勤接待部行政主管；冯洁任山东公司人事主管；王娟、吴正梅任贵州公司贵阳市场主管；田洪霞任贵州公司遵义市场主管；王冬云任贵州公司铜仁市场主管；吴泽贵任贵州公司小河市场主管；黄文任贵州公司龙里市场主管；李家群任贵州公司绥阳市场主管；张玉芳任贵州公司务川市场主管；杜家发任贵州公司桐梓市场主管；吴满妹任贵州公司松桃市场主管；金中丽任贵州公司赤水市场主管；马黔英任都匀市场主管；任豪吉任山东公司一组组长；兰丽红任山东公司二组组长；王拓任山东公司三组组长；任文文任山东公司六组组长。

2021 年 3 月 27 日，《五星酒厂关于行政管理人员任职的通知》：

董事长焦永权，总经理张鹏，总工程师熊寿贵，财务总监王永红。

供应部副总经理焦伟。材料采购部经理王英，采购员葛娇、李龙利。

基酒生产部副总经理张伟。(1) 茅台基酒厂厂长李光友，基酒保管陈宗元、袁永江、张国品（试用），出纳陈宗元，制曲车间主任张先良，锅炉操作员曾泾芳，污水管理员曾泾芳（兼），水电机修工黄安坤。(2) 椿树基酒厂厂长陈兵志，基酒保管兼出纳周光洋，水电机修张良，锅炉操作员焦兴敖。(3) 合马基酒厂厂长张启鑫，水电机修工陈永飞（试用），锅炉操作员张启鑫（兼），基酒保管兼出纳李龙光。

坛厂包装生产部副总经理李明德。(1) 坛厂包装车间主任李明德（兼），坛厂包装车间主管胡贵连、陈尚友，水电机修徐龙俊。(2) 物品部经理李明德（兼），成品保管员赵华杰，材料保管员兰永琴，快递物流王永保。

长岗包装生产部副总经理李长生。(1) 长岗总务部经理李长生（兼），大车驾驶员蔡思贵，成品保管兼出纳员赵蒙，材料保管员向尧碧，安全保卫张光友、张廷忠。(2) 长岗包装车间主任张方烈，长岗包装车间主管李明付。

勾储部副总经理李明金。(1) 长岗勾储车间主任徐相彬，车间主管袁光明，基酒保管员袁光明（兼），勾兑转酒员舒万友、李明伟、徐万乾、王定国（试用）。(2) 坛厂勾储车间主任李明金（兼），勾储车间主管周建修，基酒保管员吕玉良，勾兑转酒员郭记东、刘召强，大车驾驶员赵立恒，桑树基酒保管员汪定江。

质量技术部副总经理冯发军。(1) 长岗质量办主任冯发军（兼），质检化验员肖夕焱。(2) 坛厂质量办主任张宣松，质检化验员周安容。

行政部副总经理赵浪。(1) 办公室主任田少飞，行政专员陈鹏（试用），文员吴春英，小车司机陈意、邹华勇，安全保卫袁国良、谭吉礼、赵汝维。(2) 财务部经理张鸿，总会计师邱庆国，核算会计段家荣、熊青龙、易国琴，出纳龚登霞。(3) 坛厂总务部经理李龙堂。(4) 桐梓电站站长黎开霞，值班员娄方贵、李春香、梁隆福、梁建泽、李春权。

2021年5月1日，《关于徐相彬等同志任职的通知》，经总经理办公会研究决定任命：徐相彬为勾储部勾调工程师，享受副总经理二星薪酬待遇，由勾储副总李明金负责考核；陈鹏为行政办公室副主任，享受部门经理一星薪酬待遇，由办公室主任负责考核。

2021年7月2日，《关于合马基酒厂邹华勇的调岗通知》，根据合马基酒厂、坛厂勾储部的实际情况，通过临时办公室讨论决定，将合马基酒厂员工邹华勇调到坛厂勾储部担任勾兑员。

2021年10月8日，《关于郭纪东同志岗位调整的通知》，将勾储部转酒员郭纪东的岗位调整为勾储部勾兑员，执行勾兑员的薪酬待遇。

2021年10月8日，《关于陈尚友同志岗位调整的通知》，将坛厂包装车间主管陈尚友的岗位调整为坛厂包装车间副主任，执行车间副主任的薪酬待遇。

2022年3月1日，《关于机构及岗位调整的通知》，经总经理办公室讨论决定，对有关岗位进行调整：

冯发军任五星酒厂制曲及大曲酱香技术总工程师兼质量技术部副总经理；张宣松任质量技术部技术总监；张启鑫任椿树基酒厂厂长；舒万友任椿树基酒厂一车间主管兼保管及化验员；罗永海任椿树基酒厂二车间车间主管兼保管及食堂主管；王松任椿树基酒厂三车间主管兼保管员及出纳；郭家伟任椿树基酒厂四车间主管兼保管员；肖帅任椿树基酒厂水电机修工兼安全管理员；胡书军任椿树基酒厂环保专员兼机修助理员（配合水电机修工开展工作）；聂忠林任椿树基酒厂厂区卫生员兼低值易耗品管理员；陈兵志任合马基酒厂厂长；长岗包装厂不再设立勾储车间，设立储酒转酒班，袁光明任班长，徐万乾任基酒保管员，龚飞岗位不变；徐相彬、王定国、李焦林调坛厂勾储车间。

2022年3月11日，《关于贺孝阳等人任职的通知》，经总经理专题办公会议研究决定任命：

贺孝阳任贵州一公司总经理；史峰任贵州二公司总经理；焦琼任传统渠道公司总经理；应亚明任酱酒网公司总经理；银文任山东公司总经理；田娜任北京公司总经理；宋万洪任五星酱品牌公司总经理；李轩洁任贵阳品牌酒招商部总经理；杨梦生任上海品牌酒公司总经理；常诚任广东品牌酒公司总经理；张鹏任仁怀接待招商中心顾问；林荣任仁怀接待招商中心总经理；李轶昊任仁怀销售拓展部总经理；李垚任品牌策划管理中心总经理；焦琼任营销总公司客服中心总经理；王永红任营销总公司财务中心总经理；应亚明任营销总公司行政顾问；方思桥任营销总公司行政中心总监；彭建钧任酱酒网运营总监；冯万鹏任品牌策划管理中心策划总监；王漫任营销总公司财务中心总监；任豪爽任山东公司总经理助理；袁若愚任传统渠道公司东部大区经理；岑松任传统渠道公司南部大区经理；李永富任传统渠道公司西部大区经理；蔡立荣任传统渠道公司北部大区经理；熊光营任贵州公司贵阳市场片区经理；蔡贤任贵州公司遵义市场片区经理；刘明松任贵州公司一片区片区经理；徐恒任贵州公司二片区片区经理；段仕利任贵州公司三片区片区经理；张青松任贵州公司四片区片区经理；李佐方任贵州公司五片区片区经理；敖德翠任贵州公司铜仁市场城市经理；杨胜荣任贵州公司凯里片区招商经理；唐家磊任山东公司招商总监；袁利苹任营销总公司行政中心人力资源部经理；薛艳任营销总公司客服中心客服一部经理；曹兰任营销总公司客服中心客服二部经理；赵月萍任营销总公司客服中心客服三部经理；柯玉倩任品牌策划管理

中心设计部主管；高明任品牌策划管理中心策划部主管；陈芝英任财务中心财务主管；吴廷廷任营销总公司客服中心客服一部主管；陈荣兰任营销总公司客服中心开单录入组主管；谢继美任营销总公司行政中心后勤部行政主管；曾德红任酱酒网美工主管；杨再猛任酱酒网物流主管；冯洁任山东公司行政主管；王娟、吴正梅任贵州公司贵阳市场主管；田洪霞任贵州公司遵义市场主管；王冬云任贵州公司铜仁市场主管；吴泽贵任贵州公司小河市场主管；黄文任贵州公司龙里市场主管；李家群任贵州公司绥阳市场主管；张玉芳任贵州公司务川市场主管；杜家发任贵州公司桐梓市场主管；邓利霞任贵州公司正安市场主管；吴满妹任贵州公司松桃市场主管；金中丽任贵州公司赤水市场主管；马黔英任贵州公司都匀市场主管；程美任贵州公司南白市场主管；苟庚任贵州公司金沙市场主管。

2022 年 3 月 21 日，《贵州五星酒业集团茅台镇五星酒厂管理干部任职通知》，贵州五星酒业集团茅台镇五星酒厂管理干部任职：

焦永权任董事长，张鹏任总经理，熊寿贵任总工程师，王永红财务总监。赵浪任行政部副总经理，田少飞任办公室主任、陈鹏任安委办主任兼办公室副主任，财务部任张鸿经理、熊青龙任副经理、邱庆国任总会计师；李龙堂任坛厂总务部经理；黎开霞任桐梓电站站长；供应部焦伟任副总经理、王英任综合材料采购部经理、葛娇任包装材料采购部经理；冯发军任制曲及大曲酱香酒生产技术总工程师；基酒生产部张伟任副总经理，李光友任茅台岩滩基酒厂厂长、张先良任制曲车间主任、张启鑫任茅台椿树基酒厂厂长、陈兵志任合马基酒厂厂长；坛厂包装生产部李明德任副总经理，李明付任坛厂包装车间主任、胡贵连任物品部经理兼车间主管；长岗包装生产部李长生任副总经理，张方烈任长岗包装车间主任、李长生任长岗总务部经理（兼）、李长生任长岗物品部经理（兼）；勾储部李明金任副总经理，徐相彬（总监级）任勾调工程师、徐相彬任勾调车间主任（兼）；质量技术部冯发军任副总经理（兼），张宣松任质量技术部总监、张宣松任质量办公室主任（兼）。

2022 年 3 月 21 日，《贵州五星酒业集团茅台镇五星酒厂岗位人员编制》，经总经理办公会研究决定，贵州五星酒业集团茅台镇五星酒厂生产中心人员编制如下：

行政部：（1）办公室：行政专员刘青玉、文员吴春英，小车司机蔡思贵、陈意，安全保卫袁国良、赵汝维、谭吉礼、敖向阳。（2）财务部：核算会计段家荣、易国琴，出纳龚登霞。（3）总务部：食堂工作人员陈旺、刘朝琴、胡从敏、陈敏权，保洁员王运琴、王昌义；桐梓电站值班人员娄方贵、李春香、梁隆福、梁建泽、李春权。

供应部：（1）综合材料采购员李龙利。（2）包装材料采购部工作人员余芩芳（试用）。

基酒生产部：（1）茅台岩滩基酒厂：一车间主管兼制曲车间保管兼基酒保管袁永江，老车间主管兼基酒保管张明，三车间主管兼基酒保管张国品，出纳张国品（兼），锅炉操作员曾泾芳，水电机修工黄安坤，门卫兼环卫贺子伦。（2）茅台椿树基酒厂：一车间主管兼基酒保管舒万友，二车间主管兼基酒保管罗永海，三车间主管兼基酒保管王松，四车间主管兼基酒保管郭家伟，出纳王松（兼），水电机修工肖帅，锅炉工焦兴熬，化验员舒万友（兼），环保专员及机修助理员胡书军，厂区卫生员兼低值易耗品管理员聂忠林。（3）合马基酒厂：水电机修工陈建强，锅炉操作员张国雍，基酒保管兼出纳李龙光。

坛厂包装生产部：坛厂包装车间主管：胡贵连（兼），水电机修徐龙俊，成品保管员赵华杰，材料保管员兰永琴，快递物流工永保。

长岗包装生产部：成品保管兼出纳员赵蒙，材料保管员向尧碧，水电机修工罗军宝（实习），安全保卫张光友、张廷忠，食堂工作人员肖光英。

勾储部：（1）勾储车间：坛厂勾储车间主管周建修，勾兑品酒员郭记东，基酒保管员吕玉良，勾兑转酒员刘召强、李明伟、蔡连军、赵广、王定国、李焦林，大车驾驶员赵立恒。（2）桑树基酒保管员汪定江。（3）长岗转酒班主管袁光明，基酒保管员徐万乾，转酒员龚飞。

质量技术部：（1）坛厂质量办质检化验员：周安容。（2）长岗质量办质检化验员肖夕焱。

2022 年 5 月 5 日，《关于李光友同志任职以及工作岗位调整的通知》，根据 2022 年 4 月 28 日总经理办公会决定，任命李光友同志为基酒厂生产部生产总监兼任椿树基酒厂厂长，享受副总待遇，负责椿树基酒厂基酒生产管理工作。张启鑫同志任茅台镇岩滩基酒厂厂长，不再担任椿树基酒厂厂长，负责茅台镇岩滩基酒厂生产管理工作。

2022 年 12 月 9 日，《关于杨涛等同志任职的通知》，任命：杨涛为办公室副主任，陈兵志为正安基酒厂厂长。

2023 年 3 月 4 日，《关于刘有才等人任职的通知》任命：

刘有才任营销总公司执行总经理兼品牌酒运营中心总经理；贺孝阳任贵州一公司总经理；史峰任贵州二公司总经理；焦琼任直属系列酒公司总经理兼营销总公司客服中心总经理；应亚明任酱酒网公司总经理兼营销总公司行政顾问；银文任山东系列酒公司总经理；田娜任北京、河南系列酒公司总经理；宋万洪任五星酱品牌公司总经理；李轩洁任贵州品牌酒公司总经理；杨梦生任上海品牌酒公司总经理；常诚任广东品牌酒公司总经理；赵永波任河南品牌酒公司总经理；林荣任仁怀接待中心总经理；张鹏任仁怀接待中心顾问；李轶昊任仁怀销售拓展部总经理；李垚任品牌策划管理中心总经理；王永红任营销总公司财务中心总经理；方思桥任营销总公司行政中心总监；孟凡民任直属系列酒公司副总经理兼东部大区经理；彭建钧任酱酒网运营总监；冯万鹏任品牌策划管理中心策划总监；王漫任营销总公司财务中心总监；吴志讯任品牌运营中心北方区销售总监。

石林任品牌运营中心大区经理；岑松任直属系列酒公司南部大区经理；李永富任直属系列酒公司西部大区经理；张盈任直属系列酒公司北部大区经理；冯宁任直属系列酒公司中部大区经理；陈大荣任仁怀接待中心经理。

任豪爽任山东系列酒公司总经理助理；唐家磊任山东系列酒公司招商总监；魏广生任北京、河南系列酒公司——河南分公司招商部副总经理；史东辉任北京、河南系列酒公司——河南分公司招商部副总经理田广雷任北京、河南系列酒公司——北京分公司招商部副总经理；韩文艺任北京、河南系列酒公司——河南体验馆招商部副总经理。

白如冰任品牌运营中心省级经理；李风华任品牌运营中心省级经理；曾建林任品牌运营中心省级经理；张传发任品牌运营中心省级经理；马利英任五星酱品牌公司省区经理；赵树恒任五星

酱品牌公司省区经理；张青松任贵州一公司遵义市场片区经理；蔡贤任贵州一公司一片区片区经理；刘明松任贵州一公司二片区片区经理；李佐方任贵州一公司三片区片区经理；熊光营任贵州二公司贵阳市场片区经理；徐恒任贵州二公司四片区片区经理；段仕利任贵州二公司五片区片区经理；彭建任贵州公司督查部经理；敖德翠任贵州二公司铜仁市场城市经理；袁利苹任营销总公司行政中心人力资源部经理；薛艳任营销总公司客服中心客服一部经理；赵月萍任营销总公司客服中心客服二部经理；马巍松任品牌策划管理中心设计部经理。

柯玉倩任品牌策划管理中心设计部主管；高明任品牌策划管理中心策划部主管；陈芝英任财务中心财务主管；吴廷廷任营销总公司客服中心客服一部主管；陈荣兰任营销总公司客服中心开单录入组主管；曾德红任酱酒网美工主管；杨再猛任酱酒网物流主管；冯洁任山东系列酒行政主管；田洪霞任贵州一公司遵义市场主管；施学飞任贵州一公司湄潭市场主管；张玉芳任贵州一公司务川市场主管；唐全华任贵州一公司凤冈市场主管；李家群任贵州一公司绥阳市场主管；邓利霞任贵州一公司正安市场主管；杜家发任贵州一公司桐梓市场主管；金中丽任贵州一公司赤水市场主管；苟庚任贵州一公司金沙市场主管；程美任贵州一公司南白市场主管；汪金任贵州一公司小河市场主管；田念念任贵州二公司沿河市场主管；吴满妹任贵州二公司松桃市场主管；何念任贵州二公司石阡市场主管；皮勇任贵州二公司铜仁市场主管；王娟、吴正梅、文荣翠任贵州二公司贵阳市场主管；漆坤任贵州二公司瓮安市场主管；马黔英任贵州二公司都匀市场主管。

2023 年 3 月 4 日，《贵州五星酒业集团茅台镇五星酒厂管理干部任职通知》，根据企业的业务发展需要，经总经理办公会研究决定，各部门管理干部任职如下：

董事长焦永权，总经理张鹏，总工程师熊寿贵，财务总监王永红。

行政部副总经理赵浪。办公室主任田少飞，安全管理办主任田少飞（兼）；财务部经理张鸿，副经理熊青龙，总会计师邱庆国；坛厂总务部经理李龙堂；桐梓电站站长黎开霞。

人力资源部副总经理张鹏（兼）。

供应部副总经理焦伟。综合材料采购部经理王英；包装材料采购部经理葛娇。

基酒生产一部副总经理张伟。茅台岩滩基酒厂厂长张启鑫；外协基酒厂厂长陈兵志；茅台制曲车间主任张先良；桑树制曲车间主任张先良（兼）。

基酒生产二部副总经理李光友。椿树基酒厂厂长李光友（兼）。

坛厂包装生产部副总经理李明德。坛厂包装车间主任李明付；坛厂物品部经理胡贵连。

长岗包装生产部副总经理李长生。长岗包装车间主任张方烈；长岗总务部经理李长生（兼）；长岗物品部经理李长生（兼）。

勾储部副总经理李明金。勾调工程师徐相彬（总监级）；勾储车间主任徐相彬（兼）。

质量技术部总监张宣松。质量办公室主任张宣松（兼）。

2023 年 3 月 4 日，贵州五星酒业集团茅台镇五星酒厂生产中心人员编制：

行政部：（1）办公室：行政专员：程华川（实习）文员：吴春英；小车司机：陈意、李勇；安全保卫：袁国良、赵汝维、谭吉礼、敖向阳。（2）财务部：核算会计：段家荣、易国琴、焦开霞；出纳：龚登霞。(3) 安全专员：陶阳（实习）。(4) 总务部：食堂工作人员：陈旺、刘朝琴、胡从敏、陈敏权；保洁员：王运琴、王昌义。(5) 桐梓电站：值班专员：娄方贵、李春香、梁隆福、梁建泽、李春权。

人力资源部：人力资源专员：饶丽沙（实习）。

供应部：(1) 综合材料采购员：李龙利；货车司机：蔡思贵。(2) 包装材料采购部工作人员：余苓芳。

基酒生产一部：(1) 茅台岩滩基酒厂：一车间、三车间主管兼基酒保管兼成品曲保管：袁永江；二车间、老车间主管兼基酒保管兼成品曲保管：李鑫；原材料保管兼出纳：张国品；锅炉操作员：曾泾芳；水电机修工：陈定国（实习）；门卫兼环卫：贺子伦。(2) 外协基酒厂：车间主管兼出纳：李龙光；锅炉操作员：张培亚、聂中林；基酒保管：李小港（实习）。(3) 桑树制曲厂：原材料保管兼成品曲保管员：汪定江。

基酒生产二部：茅台椿树基酒厂：一车间主管兼基酒保管：舒万友；二车间主管兼基酒保管：罗永海；三车间主管兼基酒保管：彭正开；四车间主管兼基酒保管：郭家伟；出纳：张国雍（兼）；水电机修工：许仕林；锅炉工：焦兴熬；化验员：舒万友（兼）；环保专员及机修助理员：胡书军。

坛厂包装车间：坛厂包装车间主管：胡贵连（兼）；水电机修：徐龙俊；成品保管员：赵华杰；材料保管员：兰永琴；快递物流兼叉车：王永保。

长岗包装车间：长岗包装车间主管：余艳飞；成品保管兼出纳员：赵蒙；材料保管员：向尧碧；水电机修工：罗军宝；安全保卫：张光友、张廷忠；食堂工作人员：肖光英。

勾储部：(1) 勾储车间：坛厂勾储车间主管：周建修；勾兑品酒员：郭记东；基酒保管员：吕玉良；勾兑转酒员：刘召强、李明伟、蔡连军、王定国、李交林；大车驾驶员：赵立恒。(2) 长岗转酒班：主管：袁光明；基酒保管员：徐万乾；转酒员：龚飞。

质量技术部：(1) 坛厂质量办质检化验员：周安容。(2) 长岗质量办质检化验员：肖夕焱。

五星酒业部门经理以上人员任职情况表

表 11-1

序号	姓　名	任职情况
1	焦永权	1993 年创办五星酒厂，任五星酒厂、五星酒业公司、五星酒庄公司、桐梓飞龙公司董事长，法定代表人。五星酒业集团总裁
2	王永红	1993 年创办五星酒厂，任出纳；2002 年 2 月 22 日任财务总监；营销总公司财务总经理；福祥公司法定代表人，董事长、总经理
3	焦　琼	2000 年任客户部经理；2004 年 2 月 6 日任营销公司副总经理（分管客户服务部）；2005 年 3 月 14 日任贵阳营销公司副总经理兼客户服务部经理；2007 年 3 月 24 日兼任客户服务部经理；2008 年 3 月 25 日任计划部副总经理兼礼品酒营销部副总经理兼客户部经理；2017 年至今任传统渠道公司总经理

续表 11-1

序号	姓　名	任职情况
4	李长生	1993 年 3 月 20 日入职五星酒厂酿酒技师；1999 年长岗包装厂车间主任；2002 年 2 月 22 日任长岗包装灌装车间副主任；2004 年 2 月 6 日任长岗包装厂灌装车间主任；2005 年 3 月 14 日任灌装车间主任；2008 年 3 月 25 日任包装车间主任；2014 年 9 月 29 日任长岗包装厂厂长；2010 年 4 月 3 日任灌装车间主任；2010 年 11 月 4 日任冠英基酒厂厂长；2012 年 6 月 7 日茅台基酒二厂厂长；2013 年 4 月 15 日任桑树基酒厂厂长；2015 年 5 月 15 日任长岗包装生产部副总经理兼长岗总务部经理；2022 年 3 月 21 日至今长岗包装生产部副总经理兼长岗总务部经理兼长岗物品部经理
5	焦永虎	2000 年至 2001 年 7 月，任供应部经理
6	谢明才	2001 年 7 月 15 日任财务部副经理；2001 年 9 月 15 日任财务部经理；2004 年 2 月 6 日任财务部经理；2005 年 3 月 14 日至 2010 年 5 月任财务部副经理
7	赵　浪	2000 年 5 月 12 日任办公室主任；2002 年 9 月 20 日任材料供储部经理；2004 年 2 月 6 日任供应部经理；2005 年 3 月 14 日任包装材料采购部经理；2007 年 3 月 24 日任储运部经理；2007 年 10 月 18 日任茅台品牌开发部经理；2008 年 3 月 25 日任总经理助理兼茅台品牌开发部经理；2009 年 3 月 19 日任总经理助理兼茅台品牌开发部经理兼办公室主任；2010 年 4 月 3 日任办公室主任；2012 年 6 月 7 日任行政部副总经理兼办公室主任；2014 年 3 月 13 日至今任行政部副总经理
8	李明德	2002 年 2 月 22 日任长岗包装厂礼品酒包装车间副主任；2003 年 9 月 27 日任长岗包装厂副厂长兼礼品车间主任；2004 年 2 月 6 日任物品部经理；2007 年 10 月 18 日任总经理助理兼物品部经理；2008 年 3 月 25 日任长岗包装厂厂长兼物品部经理；2010 年 4 月 3 日包装生产部副总经理兼总务部经理；2014 年 3 月 13 日任包装生产部副总经理兼坛厂包装车间主任；2015 年 5 月 15 日任坛厂包装生产副总经理兼物品部经理；2020 年 4 月 30 日任坛厂包装生产部副总经理兼坛厂包装车间主任兼物品部经理；2022 年 3 月 21 日至今任坛厂包装生产部副总经理
9	张　伟	1999 年 3 月 28 日进厂在桑树基酒厂任酒师；2004 年 5 月 16 日任基酒生产总工程师，负责茅台基酒厂，冠英基酒厂，鲁班基酒厂，桑树基酒厂，茅台弟娃基酒厂生产。2007 年 10 月 1 日任酿酒副总工程师；2008 年 3 月 25 日任酿酒工程师；2011 年 5 月 9 日任基酒生产部副总；2011 年 6 月 18 日任基酒厂生产部副总兼总工程师；2012 年 6 月 7 日任基酒生产部副总兼酿酒工程师；2015 年 5 月 6 日至今任基酒生产部副总经理
10	张　鹏	2001 年 4 月 14 日任供应部副经理；2001 年 9 月 15 日任供应部经理；2002 年 2 月 6 日任总厂副总经理（分管供应）；2011 年 3 月 31 日任常务副总经理兼供应部副总经理；2014 年 3 月 13 日至 2023 年 3 月任总经理
11	蔡　江	2002 年 2 月 20 日至 9 月任生产技术总监
12	刘洪武	2001 年 7 月 15 日，任总经理助理；2002 年 2 月 22 日至 2004 年 5 月任客户部副经理

续表 11-1

序号	姓　名	任职情况
13	颜永刚	2002 年 2 月 22 日至 2003 年 9 月，任生产副总经理
14	熊寿贵	2004 年 8 月 28 日任生产技术部副经理、勾兑组组长；2005 年 3 月 14 日任勾储车间主任；2008 年 3 月 25 日任工程师；2010 年 4 月 3 日任总工程师；2014 年 3 月 13 日任总工程师兼质量技术部副总经理兼坛厂质量办主任；2015 年 5 月 6 日任总工程师兼质量技术部副总经理兼坛厂质量办主任；2016 年 4 月 20 日至今任总工程师
15	李明金	2002 年任长岗包装厂瓶装酒车间主任；2007 年 3 月 24 日任勾储车间副主任；2008 年 3 月 25 日任物品部副经理；2010 年 4 月 3 日任质量技术部经理；2014 年 3 月 13 日任勾储部副总经理兼坛厂勾储车间主任；2015 年 5 月 15 日任勾储部副总经理兼坛厂勾储车间主任；2022 年 3 月 21 日至今任勾储部副总经理
16	徐相彬	2009 年 8 月任转酒员和转酒班班长；2010 年 4 月任化验员；2012 年 3 月任质量技术部经理；2013 年 4 月任勾兑车间主任；2012 年 6 月 7 日任质量技术部经理；2014 年 3 月 13 日任长岗勾储车间主任；2021 年 5 月 1 日任勾储部勾储工程师；2022 年 3 月 21 日至今任勾调工程师（总监级）兼勾调车间主任
17	李光友	1998 年 10 月入五星基酒生产线从事基酒生产工作；2008 年从冠英调到岩滩村五星基酒厂任厂长；2009 年 11 月 1 日任茅台二分厂厂长；2010 年 4 月 3 日任茅台基酒二厂厂长；2010 年 11 月 4 日任茅台基酒一厂厂长；2014 年 3 月 13 日任茅台基酒厂厂长；2022 年 3 月 21 日任茅台岩滩基酒厂厂长；2022 年 5 月 5 日至今任基酒生产部生产总监兼椿树基酒厂厂长
18	邱庆国	2003 年 5 月至 2005 年 3 月 14 日任财务部经理；2007 年 8 月 31 日至 2010 年 4 月任财务部副总经理。2010 年 4 月至今任总会计师
19	张　鸿	2010 年 11 月 2 日至今任财务部经理
20	张方烈	2010 年 11 月 4 日任灌装车间主任；2012 年 6 月 7 日任包装车间主任；2014 年 3 月 13 日任长岗包装车间主任；2017 年 11 月 14 日任长岗包装一车间主任；2019 年 4 月 23 日至今任长岗包装车间主任
21	王茂权	2001 年 7 月 15 日任办公室副主任；2001 年 9 月 15 日至 2003 年 9 月任办公室主任
22	潘正轩	2003 年 9 月 27 日任总厂副总经理（分管生产、安全工作）；2004 年 2 月 6 日至 2004 年 8 月 28 日任总厂办公室主任
23	祁德才	2001 年 12 月 20 日任长岗包装厂安全副厂长；2002 年 2 月 22 日至 2003 年 12 月任长岗包装厂后勤主任
24	赵产跃	2004 年 2 月 6 日任综合材料采购部经理；2005 年 3 月 14 日任综合材料采购部经理；2007 年 3 月 24 日任开发部副经理；2007 年 10 月 18 日任开发部副经理；2008 年 3 月 25 日任开发部副经理
25	王永怀	2005 年 3 月 14 日任桑树基酒厂厂长；2006 年 11 月 6 日任茅台基酒厂厂长；2010 年 4 月 3 日至 11 月 4 日任茅台基酒一厂厂长

续表 11－1

序号	姓　名	任职情况
26	李龙堂	2007 年 3 月 24 日任桑树基酒厂厂长；2008 年 3 月 25 日任冠英基酒厂厂长；2011 年 3 月 31 日任桑树基酒厂厂长；2012 年 6 月 7 日任坛厂工程部经理；2014 年 3 月 13 日任坛厂总务部经理；2018 年 4 月 21 日任工程项目部经理兼坛厂总务部经理；2019 年 4 月 29 日任坛厂总务部经理兼项目部经理；2020 年 4 月 29 日至今任坛厂总务部经理
27	李龙刚	2007 年 3 月 24 日任冠英基酒厂厂长；2008 年 3 月 25 日任桑树基酒厂厂长；2010 年 4 月 3 日任工程部经理；2011 年 3 月 31 日任工程部经理；2012 年 6 月 7 日任综合采购部经理；2015 年 5 月 15 日至 2021 年 1 月任桑树基酒厂厂长
28	谢明利	2005 年 3 月 14 日至今任冠英基酒厂厂长
29	李远程	2002 年 2 月 22 日任生产技术部经理；2004 年 8 月 28 日任总厂生产技术顾问；2005 年 3 月 14 日任技术质量部经理；2007 年 3 月 24 日任生产技术部副经理；2007 年 10 月 18 日任生产技术部经理；2008 年 3 月 25 日至 2009 年 3 月任质量技术部经理兼长岗办公室主任
30	龙泽河	2003 年 9 月 27 日任总工程师；2004 年 2 月 6 日任总厂副总经理（分管生产、技术、安全、物品、总务）；2005 年 6 月 15 日兼长岗包装厂总务部主任。2005 年 3 月 14 日至 2006 年 7 月 7 日任总厂总工程师兼生产副总经理
31	赵清权	2003 年 9 月 27 日任总厂办公室主任；2004 年 2 月 6 日任生产总务部经理；2005 年 3 月 14 日任桐梓火焰洞电站项目经理；2007 年 3 月 24 日任项目实业部副总；2008 年 3 月 25 日至 2009 年 5 月任项目部副总经理兼桐梓电站站长
32	龚远见	2004 年 5 月 6 日任总经理助理兼总厂办公室主任；2004 年 8 月 28 日任总厂常务副总经理；2004 年 10 月 21 日兼任长岗包装厂厂长；2005 年 3 月 14 日任总厂行政副总经理
33	王仁强	2004 年 8 月 28 日至 2008 年 6 月任总厂办公室主任
34	罗从先	2007 年 5 月 2 日任财务部副经理；2007 年 5 月 2 日任财务部副经理；2007 年 10 月 18 日任财务部经理；2008 年 3 月 25 日任物料核算部经理
35	王朝坤	2007 年 3 月 24 日任长岗办公室主任；2006 年 11 月 6 日任桑树基酒厂厂长
36	仇　飞	2008 年 3 月 25 日任行政财务部副总经理
37	朱瑞生	2004 年 2 月 6 日长岗包装厂厂长兼包装车间主任；2004 年 10 月 21 日任长岗包装厂总务部主任；2005 年 3 月 14 日任总务部主任；2005 年 6 月 15 日任总经理助理；2008 年 3 月 25 日任总助兼五粮液开发部经理；2010 年 4 月 3 日任包装车间主任；2012 年 6 月 7 日至 2013 年 4 月 15 日任茅台工程部经理
38	吴小刚	2006 年 3 月至 2007 年 10 月 18 日任茅台开发部经理
39	林明礼	2007 年 8 月 31 日至 11 月任财务部副总经理

续表 11-1

序号	姓　名	任职情况
40	冯　进	2004 年 8 月 28 日任包装车间主任；2008 年 3 月 25 日任采购部经理；2012 年 6 月 7 日任包装材料采购部经理；2014 年 3 月 13 日任供应部副总经理兼包装材料采购部经理；2015 年 5 月 6 日至 9 月任供应部副总经理兼综合材料采购部经理
41	杨朝兴	2006 年 11 月 6 日任生产部副总经理兼长岗办公室主任；2011 年 3 月 31 日任基酒生产部副总经理
42	李小兵	2006 年 7 月 7 日至 2007 年 2 月任厂总工程师兼生产部副总经理
43	张明松	2008 年 3 月 25 日至 2012 年 4 月 27 日任勾储车间主任
44	王晓丹	2007 年 3 月 24 日任贵阳办公室副主任；2007 年 10 月 18 日任客户部经理
45	陈荣超	2007 年 3 月 24 日至 6 月任办公室副主任
46	李　讯	2008 年 6 月至 2009 年 2 月任办公室主任
47	杨朝兴	2008 年 3 月 25 日至 2011 年 5 月任生产部副总经理
48	王玉林	2009 年 5 月 9 日任综合管理部副总经理；2010 年 4 月 3 日任行政部副总经理兼财务部经理；2011 年 3 月 31 日任行政部副总经理；2012 年 6 月 7 日至 2013 年 2 月 4 日任项目部副总经理
49	王安明	2013 年 4 月 15 日任茅台基酒二厂厂长；2014 年 3 月 13 日任鲁班基酒厂厂长；2014 年 9 月 29 日任桑树基酒厂厂长
50	王远友	2010 年 4 月 3 日任桑树基酒厂厂长；2011 年 3 月 31 日任茅台基酒二厂厂长；2012 年 3 月 1 日任物品部经理；2012 年 6 月 7 日至 2015 年 6 月任冠英基酒厂厂长
51	周　勤	2010 年 4 月 3 日至 2012 年 2 月任物品部经理
52	王　英	2011 年 6 月 4 日任包装车间主任；2012 年 6 月 7 日任总务部经理；2014 年 3 月 13 日任物品部经理；2015 年 5 月 15 日任坛厂包装车间主任；2021 年 3 月 27 日任材料采购部经理；2022 年 3 月 23 日至今任综合材料采购部经理
53	程连中	2008 年 3 月 25 日任桐梓电站副站长；2009 年 3 月 19 日至 2011 年 12 月任桐梓火焰洞电站站长；2012 年 1 月 1 日任总工程师；2013 年 5 月 21 日至 2015 年 2 月 28 日任桐梓电站助理工程师
54	黎开霞	2009 年 3 月 19 日任桐梓火焰洞电站副站长；2012 年 1 月 1 日至今任桐梓火焰洞电站站长
55	李明生	2012 年 6 月 7 日至 2013 年 5 月任桑树基酒厂厂长
56	曹廷洋	2013 年 4 月 15 日至 9 月任项目部副总经理
57	陈雪枫	2013 年 4 月 1 日至 2014 年 3 月 1 日任办公室主任
58	吴选涛	2014 年 3 月 13 日至 10 月任长岗后勤办公室主任

续表 11-1

序号	姓　名	任职情况
59	张宣松	2014年3月13日任长岗质量办主任；2017年3月23日任坛厂质量办主任；2022年3月1日任质量技术部技术总监；2022年3月21日至今任质量技术部技术总监兼质量办公室主任
60	田少飞	2014年3月13日任办公室主任；2016年4月20日任企业管理办公室主任；2017年3月23日至今任办公室主任
61	焦　伟	2015年5月6日任包装材料采购部经理；2016年4月20日任总经理助理兼采购部经理；2020年4月30日至今任供应部副总经理
62	赵　端	2015年5月6日任办公室副主任；2016年4月20日至10月任对外协调办公室主任
63	陈兵志	2015年6月任冠英基酒厂厂长；2017年11月14日任长岗包装二车间主任；2019年4月29日至2020年4月14日任坛厂包装车间主任；2021年3月27日任椿树基酒厂厂长；2022年3月1日至2023年11月任合马基酒厂厂长；2022年12月9日至今任正安基酒厂厂长
64	冯发军	2016年4月20日任质量技术部副总经理兼坛厂质量办主任；2017年3月23日任质量技术部副总经理兼长岗质量办主任；2022年3月1日至4月15日任制曲及大曲酱香技术总工程师兼质量技术部副总经理
65	李明付	2022年3月21日至今任坛厂包装车间主任
66	张先良	2014年6月任桑树基酒厂酒师；2014年8月任茅台岩滩基酒厂任酒师兼化验；2020年10月任制曲车间负责人；2022年3月至今任制曲车间主任
67	张启鑫	2021年3月27日任合马基酒厂厂；2022年3月1日任椿树基酒厂厂长；2022年5月5日至今任岩滩基酒厂厂长
68	陈　鹏	2021年5月1日任办公室副主任；2022年3月2日至10月任安委办主任兼办公室副主任
69	熊青龙	2022年3月21日至今任财务部副经理
71	葛　娇	2022年3月23日至今任包装材料采购部经理
72	胡贵连	2022年3月21日至今坛厂物品部经理兼车间主管
73	杨　鹏	2022年12月9日至2023年2月1日任办公室副主任

营销总公司职务与任职年限统计表

表 11-2

单位	职务	姓名	任职年限
营销总公司	董事长、总裁	焦永权	2002年12月至今
营销总公司	财务总经理	王永红	2002年12月至今
营销总公司	总经理	刘有才	2022年4月至今

续表 11-2

单位	职务	姓名	任职年限
营销总公司	客服总经理	焦　琼	2002 年 12 月至今
品牌营销公司	营销总监	谷松昭	2002 年 2—9 月
品牌营销公司	总经理助理，兼营销部经理	谷松昭	2002 年 9 月—2004 年 2 月
品牌营销公司	副总（分管业务）	谷松昭	2004 年 2 月—2005 年 3 月
品牌营销公司	总经理助理，兼品牌专销部经理	李清华	2002 年 9 月—2003 年 1 月
品牌营销公司	营销副总	李清华	2003 年 1 月—2005 年 2 月
品牌营销公司	顾问	林　辉	2003 年 1 月—2004 年 2 月
品牌营销公司	顾问兼行政副总	林　辉	2004 年 3 月—2009 年 3 月
品牌营销公司	顾问	林　辉	2009 年 3 月—2010 年 3 月
品牌营销公司	行政副总	王召勇	2003 年 1 月—2008 年 3 月
品牌营销公司	贵阳营销公司副总经理兼品牌策划管理部经理	王召勇	2005 年 3 月 14 日至今
品牌营销公司	贵阳行政部副总经理	洪福明	2009 年 3 月 20 日—2010 年 3 月
品牌营销公司行政部	办公室主任	崔东南	2007 年 8 月 31 日—2008 年 3 月 25 日
品牌营销公司行政部	办公室主任兼人力资源部经理	崔东南	2008 年 3 月 25 日—2009 年 4 月
品牌营销公司行政部	办公室副主任	陈　程	2009 年 3 月—2010 年 3 月
品牌营销公司行政部	人力资源部副经理	张　娅	2009 年 3 月—2010 年 3 月
品牌营销公司	贵阳营销公司总经理	薛远明	2004 年 5 月—2008 年 2 月
品牌营销公司	营销部副总经理	向光荣	2008 年 3 月—2009 年 3 月
品牌营销公司	镇酒公司常务副总经理（兼营销总监）	向光荣	2009 年 3 月至今
礼品酒营销部	华南片区经理	卢玉龙	2001 年 6 月—2002 年 3 月
礼品酒营销部	华东片区经理	白伟志	2000 年 11 月—2002 年 3 月
礼品酒营销部	华南片区经理	白伟志	2002 年 3 月—2004 年 7 月
礼品酒营销部	西北片区经理	吴　恪	2001 年 5 月—2002 年 10 月
礼品酒营销部	东北片区经理	霍　刚	2001 年 5 月—2004 年 5 月
礼品酒营销部	中原片区经理	舒代福	2001 年 3 月—2009 年 3 月
礼品酒营销部	华北片区经理	徐　波	2001 年 6 月—2004 年 5 月
礼品酒营销部	华东片区经理	李　强	2002 年 3 月—2009 年 3 月

续表11—2

单位	职务	姓名	任职年限
礼品酒营销部	西北片区经理	朱明华	2006年3月—2009年3月
礼品酒营销部	中南片区经理	石继业	2006年3月—2008年3月
礼品酒营销部	东北片区经理	臧　涛	2006年3月—2009年3月
礼品酒营销部	西部片区经理	王　艺	2006年3月—2009年3月
礼品酒营销部	华南片区经理	吕　新	2006年3月—2008年3月
礼品酒营销部	遵义片区经理	刘星跃	2006年3月—2009年3月
礼品酒营销部	都匀片区经理	朱天雄	2006年3月—2008年3月
礼品酒营销部	铜仁片区经理	郭义平	2006年3月—2008年3月
礼品酒营销部	凯里片区经理	胡顺福	2006年3月—2008年3月
礼品酒营销部	北部片区经理	臧　涛	2009年3月—2010年3月
礼品酒营销部	西部片区经理	王　艺	2009年3月—2010年3月
礼品酒营销部	东部片区经理	李　强	2009年3月—2010年3月
礼品酒营销部	南部片区经理	刘跃星	2009年3月—2010年3月
省外分公司	东部片区经理	冯　宁	2012年3月—2015年3月
省外分公司	南部片区经理	黄　文	2012年3月—2014年3月
省外分公司	南部片区经理	何勇伟	2014年3月—2015年3月
省外分公司	西部片区经理	何贤友	2012年3月—2014年3月
省外分公司	西部片区经理	陈　涛	2014年3月—2015年3月
省外分公司	北部片区经理	谢宏伟	2012年3月—2014年3月
省外分公司	北部片区经理	陈昌平	2014年3月—2015年3月
省外分公司	广东、海南片区经理	何勇伟	2012年3月—2014年3月
省外分公司	中部片区经理	袁若愚	2014年3月—2015年3月
遵义直销部	经理	焦　元	2008年3月至今
遵义直销部	副经理兼片区经理	贺孝阳	2008年3月—2009年3月
遵义直销部	两城区（餐饮）片区经理	雷文飞	2008年3月—2009年3月
遵义直销部	两城区片区经理	雷文飞	2008年3月—2009年3月
绥正道湄凤务片区	片区经理	蔡立荣	2008年3月—2009年3月
仁赤习桐片区	片区经理	王　浩	2008年3月—2009年3月
毕节市片区	片区经理	田德军	2008年3月—2009年3月
黔大金织片区	片区经理	赵海鑫	2008年3月—2009年3月

续表11－2

单位	职务	姓名	任职年限
六盘水市开发片区	片区经理	朱天雄	2008年3月—2009年3月
安顺市片区	片区经理	王　元	2008年3月—2009年3月
贵阳周边县（市）片区	片区经理	李永富	2008年3月—2009年3月
安顺市开发片区	市场部经理兼安顺市开发片区经理	王　军	2008年3月—2009年3月
贵阳直销部	经理	蔡贤兵	2009年3月—2014年3月
贵阳直销部	经理	张朝霞	2014年3月至今
五星酱酒公司	总经理	周　伟	2013年3月—2015年3月
营销总公司职能部门	策划经理	王　军	2007年9月—2012年6月
营销总公司职能部门	策划总监	李轶昊	2011年3月—2014年5月
营销总公司职能部门	策划部经理	王　进	2013年10月—2016年3月
营销总公司职能部门	策划总监	王　进	2016年3月—2017年3月
营销总公司职能部门	策划总经理	王　进	2017年4月—2019年7月
营销总公司职能部门	策划部经理	冯万鹏	2016年4月—2018年4月
营销总公司职能部门	策划总监	冯万鹏	2018年5月至今
营销总公司职能部门	品牌策划中心总经理	李　垚	2022年3月至今
营销总公司职能部门	设计部经理	柯玉倩	2018年5月—2021年4月
营销总公司职能部门	设计部经理	马巍松	2022年6月—12月
营销总公司职能部门	行政总监	罗子涵	2011年8月—2013年8月
营销总公司职能部门	办公室主任	董　英	2009年5月—2014年7月
营销总公司职能部门	行政总监	应亚明	2013年10月—2017年3月
营销总公司职能部门	行政总经理	应亚明	2017年4月—2022年3月
营销总公司职能部门	行政顾问	应亚明	2022年4月至今
营销总公司职能部门	人资经理	张　林	2013年10月—2015年12月
营销总公司职能部门	人事总监	张　林	2017年3月—2018年3月
营销总公司职能部门	贴牌经理	陈大荣	2014年4月—2021年2月
营销总公司职能部门	行政经理	刘　庆	2016年6月—2017年5月
营销总公司职能部门	行政总监	罗　勇	2017年7月—2018年3月
营销总公司职能部门	人力资源部经理	罗国林	2019年4月—2020年6月
营销总公司职能部门	办公室主任	方思桥	2021年2月—2022年3月

续表11 —2

单位	职务	姓名	任职年限
营销总公司职能部门	行政总监	方思桥	2022 年 4 月至今
营销总公司职能部门	人力资源部经理	袁利苹	2021 年 4 月至今
营销总公司职能部门	审计总监	彭　建	2008 年 9 月—2013 年 3 月
营销总公司职能部门	审计部经理	杨　静	2009 年 9 月—2014 年 4 月
营销总公司职能部门	财务部经理	王　漫	2018 年 4 月—2022 年 3 月
营销总公司职能部门	财务部总监	王　漫	2022 年 4 月至今
营销总公司职能部门	储运部经理	庞黔临	2007 年 10 月—2012 年 6 月
营销总公司职能部门	客户服务部经理	王兴芜	2007 年 6 月—2017 年 9 月
营销总公司职能部门	客户服务部一部经理	薛　艳	2016 年 6 月至今
营销总公司职能部门	客户服务部二部经理	曹　兰	2016 年 2 月—2022 年 4 月
营销总公司职能部门	客户服务部三部经理	赵月萍	2019 年 1 月至今
贵州五星酒品牌运营中心	执行总经理	刘有才	2022 年 4 月至今
贵州五星酒品牌运营中心	省级经理	石　林	2022 年 4 月至今
贵州五星酒品牌运营中心	省级经理	张传发	2022 年 5 月至今
贵州五星酒品牌运营中心	省级经理	窦建国	2022 年 5 月至今
贵州五星酒品牌运营中心	省级经理	李风华	2022 年 5 月至今
贵州五星酒品牌运营中心	省级经理	白如冰	2022 年 6 月至今
贵州公司	总经理	贺孝阳	2009 年 3 月至今
贵州公司	总经理	彭　建	2013 年 4 月—2015 年 9 月
贵州公司	总经理	康　劲	2015 年 11 月—2016 年 7 月
贵州公司	总经理	张贵林	2016 年 3 月—2019 年 2 月
贵州公司	总经理	史　峰	2021 年 9 月至今
贵州公司	城市经理	张朝霞	2011 年 8 月—2016 年 7 月
贵州公司	城市经理	李　垚	2009 年 3 月—2013 年 4 月
贵州公司	片区经理	李　垚	2013 年 4 月—2016 年 3 月
贵州公司	城市经理	陈　林	2010 年 8 月—2016 年 11 月

续表11—2

单位	职务	姓名	任职年限
贵州公司	城市经理	陈余东	2011年7月—2013年
贵州公司	片区经理	严茂权	2009年6月—2013年
贵州公司	片区经理	王子军	2009年11月—2014年4月
贵州公司	片区经理	秦应杰	2009年9月—2013年
贵州公司	城市经理	尤元刚	2011年9月—2018年7月
贵州公司	片区经理	沈建华	2008年11月—2013年
贵州公司	城市经理	鞠雄飞	2009年8月—2014年7月
贵州公司	片区经理	张贵林	2008年12月—2016年3月
贵州公司	副总经理兼四片区经理	张贵林	2016年3月—2019年3月
贵州公司	城市经理	陈清付	2009年9月—2012年7月
贵州公司	城市经理	徐　恒	2009年9月—2012年7月
贵州公司	城市经理	徐　恒	2013年3月—2015年2月
贵州公司	片区经理	徐　恒	2015年3月—2022年12月
贵州公司	城市经理	周全甲	2009年11月—2016月
贵州公司	片区经理	胡　恩	2012年7月—2014年6月
贵州公司	城市经理	刘明松	2014年5月—2017年2月
贵州公司	片区经理	刘明松	2017年3月至今
贵州公司	城市经理	张青松	2014年5月—2016年2月
贵州公司	片区经理	张青松	2016年3月至今
贵州公司	城市经理	周昌盛	2014年5月—2018年3月
贵州公司	片区经理	黄　文	2014年4月—2018年6月
贵州公司	城市经理	黄　文	2018年7月—2020年2月
贵州公司	城市经理	朱　旭	2015年4月—2017年12月
贵州公司	城市经理	犹中琼	2016年4月—2017年12月
贵州公司	城市经理	吴正梅	2016年6月—2018年1月
贵州公司	城市经理	蒋文虎	2016年6月—2017年2月
贵州公司	城市经理	段仕利	2016年3月—2018年6月
贵州公司	片区经理	段仕利	2018年7月—2022年12月
贵州公司	片区经理	司胜福	2017年12月—2018年10月
贵州公司	城市经理	罗　汪	2017年12月—2022年6月

续表11—2

单位	职务	姓名	任职年限
贵州公司	城市经理	张开琴	2017年12月—2018年11月
贵州公司	城市经理	何　炼	2018年12月—2019年5月
贵州公司	城市经理	王　娟	2018年10月—2019年4月
贵州公司	城市经理	熊光营	2018年10月—2019年2月
贵州公司	片区经理	熊光营	2019年3至今
贵州公司	城市经理	吴　勇	2019年5月—2020年8月
贵州公司	城市经理	敖德翠	2020年3至今
贵州公司	片区经理	蔡　贤	2021年9至今
贵州公司	城市经理	李佐方	2021年6月—9月
贵州公司	片区经理	李佐方	2021年10月至今
贵州公司	招商经理	杨胜荣	2022年2月至今
河南分公司	总经理	谭　强	2008年1月—2020年2月
河南分公司	副总经理	司胜福	2009年1月—2013年4月
河南分公司	副总经理	王仕庆	2012年3月—2013年4月
河南分公司	办公室主任	曾祥飞	2011年8月—2013年4月
河南分公司	片区经理	李永富	2013年5月—2016年2月
河南分公司	片区经理	刘辉峰	2013年5月—2016年2月
河南分公司	片区经理	刘红选	2013年5月—2016年2月
河南分公司	片区经理	王　鹏	2013年5月—2016年2月
河南分公司	片区经理	刘　鹏	2013年5月—2016年2月
仁怀招商接待中心	总经理	银　文	2010年3月—2016年2月
仁怀招商接待中心	招商总经理	焦　琼	2017年3月—2019年6月
仁怀招商接待中心	总经理	张　鹏	2019年6月—2022年4月
仁怀招商接待中心	顾问	张　鹏	2022年4至今
仁怀招商接待中心	招商总监	李轶昊	2019年7月—2020年2月
仁怀招商接待中心	招商总监	林　荣	2020年3月—2022年2月
仁怀招商接待中心	总经理	林　荣	2022年3至今
仁怀招商接待中心	招商经理	冯　宁	2008年8年1至今
仁怀招商接待中心	招商经理	陈大荣	2021年3至今
仁怀招商接待中心	招商经理	张　盈	2022年3至今

续表11 —2

单位	职务	姓名	任职年限
传统渠道公司	总经理	焦　琼	2017年3至今
传统渠道公司	大区经理	何贤友	2012年3月—12月
传统渠道公司	大区经理	何勇伟	2012年3月—2014年6月
传统渠道公司	大区经理	黄　文	2010年10月—2014年3月
传统渠道公司	大区经理	陈昌平	2012年7月—2020年2月
传统渠道公司	大区经理	谢宏伟	2012年3月—7月
传统渠道公司	大区经理	韩竹川	2009年8月—2012年7月
传统渠道公司	大区经理	陈　涛	2014年2月—2015年
传统渠道公司	大区经理	高　鹏	2014年10月—2015年6月
传统渠道公司	大区经理	袁若愚	2014年2月—2022年6月
传统渠道公司	大区经理	岑　松	2015年3月—2022年8月
传统渠道公司	大区经理	李永富	2018年3至今
传统渠道公司	大区经理	蔡立荣	2020年5至今
酱酒分公司	办公室主任	陈余东	2011年7月—2015年3月
酱酒分公司	大区经理	张　荣	2011年7月—2015年3月
酱酒分公司	大区经理	王　明	2011年7月—2015年3月
酱酒分公司	大区经理	殷文强	2011年7月—2015年3月
酱酒分公司	大区经理	林文锦	2011年7月—2015年3月
酱酒分公司	大区经理	龙安仁	2011年7月—2015年3月
酱酒分公司	大区经理	卢德山	2011年7月—2015年3月
酱酒分公司	大区经理	黎　韬	2011年7月—2015年3月
酱酒分公司	大区经理	何春芳	2011年7月—2015年3月
酱酒分公司	大区经理	杜来春	2011年7月—2015年3月
酱酒网公司	总经理	黄天佑	2015年3月—2017年2月
酱酒网公司	总经理助理	焦　阳	2016年11月—2017年9月
酱酒网公司	总经理	应亚明	2017年2至今
酱酒网公司	运营部经理	彭建钧	2017年3月—2018年3月
酱酒网公司	运营总监兼运营部经理	彭建钧	2018年3月—2021年3月
酱酒网公司	运营总监	彭建钧	2021年3月至今
酱酒网公司	店长	林　静	2015年4月至今

续表11 —2

单位	职务	姓名	任职年限
酱酒网公司	店长	岑加勇	2021 年 3 月至今
定制酒中心	总监	李　菲	2014 年 12 月—2015 年 12 月
定制酒中心	经理	杜晓坤	2015 年 2 月—12 月
定制酒中心	经理	徐　伟	2015 年 3 月—12 月
五星互联公司	总经理	王开江	2016 年 3 月—2018 年 3 月
五星互联公司	行政总监	张　林	2015 年 12 月—2016 年 2 月
五星互联公司	副总经理	张　林	2016 年 3 月—2017 年 2 月
五星互联公司	营销副总	刘宇辉	2016 年 3 月—2017 年 2 月
直营一公司	总经理	刘宇辉	2017 年 3 月—2018 年 3 月
直营一公司	总经理助理	梁黔林	2017 年 3 月—2018 月
镇酒直营公司	总经理	银　文	2016 年 3 月—2017 年 2 月
镇酒直营公司	市场一部总监	谢晓东	2016 年 3 月—2017 年 2 月
镇酒直营公司	片区经理	李　垚	2016 年 3 月—11 月
镇酒直营公司	销售总监	李　垚	2016 年 11 月—2017 年 2 月
直营二公司	总经理	李　垚	2017 年 3 月—2019 年 2 月
任镇酒二公司	总经理	张贵林	2019 年 3 月至今
体验馆营销一部	招商一部经理	李　垚	2019 年 3 月—2020 年 2 月
体验馆招商部	总经理	李　垚	2020 年 3 月—2021 年 2 月
五星酒号招商一部	总经理	李　垚	2021 年 3 月—2022 年 2 月
山东公司	总经理	银　文	2017 年 3 至今
山东公司	总经理助理	任豪爽	2017 年 11 至今
山东公司	招商总监	唐家磊	2022 年 3 至今
呼叫中心	总经理助理	焦　阳	2017 年 10 月—2018 年 4 月
呼叫中心	售后销售经理	王心芫	2017 年 9 月—2018 年 4 月
呼叫中心	群呼销售经理	李轩洁	2017 年 10 月—2018 年 4 月
直营体验馆	直营副总	王　进	2018 年 5 月—2019 年 2 月
直营体验馆	直营总经理	王　进	2019 年 3 月—7 月
直营体验馆	销售经理	李轩洁	2018 年 5 月—2020 年 2 月
直营公司	直营公司总监	李轩洁	2020 年 3 月—2021 年 2 月
五星酒号招商二部	总经理	李轩洁	2021 年 3 月—2022 年 2 月

续表11－2

单位	职务	姓名	任职年限
贵阳品牌酒招商部	总经理	李轩浩	2022年3至今
五星酒号运营中心	运营总监	史　峰	2020年11月—2021年8月
体验馆营销一部	招商二部经理	李轶浩	2019年3月—7月
仁怀销售拓展部	总经理	李轶浩	2020年3至今
北京公司	总经理	田广娜	2018年9至今
五星酱品牌公司	总经理	宋万洪	2020年3至今
五星酱品牌公司	城市经理	马利英	2021年5至今
上海品牌酒招商部	总经理	杨梦森	2021年9至今
上海品牌酒招商部	行政经理	任炳霖	2021年9至今
广州品牌酒招商部	总经理	常　诚	2022年3至今
广州品牌酒招商部	销售总监	黄保辉	2022年4至今

第二节　职工考核

一、考核制度

半年考核管理制度

（五星酒厂制定2005年10月22日）

1. 考核时间规定。上半年考核时间规定为中秋节以后；下半年考核时间规定为春节以后。

2. 考核内容及占分比例规定。德能：100分，占总分的10%；智能：100分，占总分的20%；勤能：100分，占总分的30%；绩能：100分，占总分的40%（综合考核占20%、目标考核占20%）。

3. 考核地域划分规定。（1）生产部（含各基酒厂）。（2）办事处（含总部各部门）。（3）营销部。

4. 参加考核人员规定。全厂人员都要参加考核（除领固定工资的员工外）；考核人员和被考核人员是：（1）同一地域或同一班组的人员。（2）与被考核人员有工作联系或有业务往来的人员。

5. 按职务分类考核规定。第一类：副总、大部门经理；第二类：部门经理、主任、主管；第三类：普通员工。

6. 记分比例分配规定。（1）领导打分，占60%；（2）员工互打分，占40%。

7. 领导打分和员工互打分规定：

副总、大部门经理。总经理打分记为：领导分；其他员工打分记为：员工互打分。

部门经理、主任、主管。总经理、副总经理、大部门经理打分加总的平均分数记为：领导分；其他员工打分记为：员工互打分。

普通员工。直接副总经理，直接经理和与工作有联系的经理打分加总的平均分数记为：领导分；其他员工打分记为：员工互打分。

8. 考核等级规定。考核等级分为优、良、一般、差四个等级。

考核等级最低等级按职务分为：（1）副总最低等级评到“良”；（2）经理最低等级评到“一般”；（3）普通员工最低等级评到“差”（最后一名）。

9. 考核等级按比例分配规定。“优”占15%，“良”占70%，“一般”占15%，“差”为普通员工最后一名。

10. 考核奖励规定。考核被评为“优”的，颁发荣誉证书和发给一次性奖金（奖金标准另定）。连续四次被评为“优”，晋升一级工资。连续六次被评为“良”，晋升一级工资。

11. 考核处罚规定。考核评为“差”的员工，转为临时工或辞退。

半年度综合考核管理办法

（贵州省仁怀市茅台镇五星酒厂2009年10月16日制定）

1. 考核的原则。公平、公正，真实反映出员工的德、能、勤、绩。

2. 考核时间规定。上半年考核时间为中秋节后；下半年考核时间为春节以后。

3. 考核内容及占分比例规定。品行：100分，占总分的20%；能力：100分，占总分的20%；出勤：100分，占总分的10%；业绩：100分，占总分的50%（综合业绩考核占25%、月目标考核占25%），目标考核，以员工每月目标考核的平均数为月目标考核成绩。

4. 考核地域划分规定。（1）中枢办总部（含宜宾和桐梓）；（2）生产部；（3）贵阳办事处行政人员、礼品酒营销人员；（4）品牌酒营销人员（注：品牌酒营销人员考核办法另定）。

5. 参加考核人员规定。全厂人员都要参加考核（除领固定工资员工和临时人员外）；考核人员和被考核人员是：（1）同一地域或同一班组的人员；（2）与被考核人员有工作联系或有业务往来的人员。

6. 按职务分类考核规定。第一类：副总；第二类：部门经理、主任、厂长；第三类：普通员工。

7. 记分比例分配规定：

行政人员。考核副总级员工：直接上级打分记50分，平级打分记15分；直接下级打分记25分，间接下级打分记10分。考核经理级员工：直接上级打分记50分，间接上级打分记15分，平级打分记15分。同一考核区域的下级打分记20分。考核普通员工：直接上级打分记50分，间接上级打分记30分，平级打分记20分。

营销人员（另定）。

8. 行政人员考核等级规定。（1）考核等级：优、良、一般、差四个等级。（2）考核等级最低等级按职务分为：副总级最低等级评到“良”，经理级最低等级评到“一般”，普通员工最低等级评到“差”。

9. 行政人员考核等级按比例分配规定。“优”占40%，“良”占50%，“一般”占10%，“差”为普通员工最后一名。

10. 行政人员考核奖励规定。考核被评为“优”的，颁发荣誉证书和发给一次性奖金（奖金标准另定）；连续三次被评为“优”，且在连续三次“优”期间没有调整过职务工资和技术工资的可自然升资一级；连续四次被评为“良”，且在连续四次“良”期间没有调整过职务工资和技术工资的可自然升资一级；年满三年基础工资为500元，且没有调整过职务工资和技术工资的可自然升资一级；凡是基础工资有过调整的，凡是享受了升职加薪或调整过技术工资的，从调资之日起对每半年考核的结果重新连续计算；凡基础工资已达到最高标准的员工，按以上条件可晋升基础工资的，每次上浮100元。

11. 行政人员考核处罚规定。部门经理级员工考核为一般的，诫勉谈话提出警告或降级；普通员工考核为“一般”的，诫勉谈话提出警告；普通员工考核为“差”的，培训合格后再上岗，培训不合格转为临时工或辞退。

半年度综合考核管理办法

（五星酒厂2010年4月1日修订）

1. 考核的原则。公平、公正，真实反映出员工的德、能、勤、绩。

2. 考核时间规定。上半年考核时间规定为中秋节后，下半年考核时间规定为春节以后。

3. 考核内容及占分比例规定。德：100分，占总分的20%；能：100分，占总分的20%；勤：100分，占总分的10%；绩：100分，占总分的50%（其中：综合业绩考核占25%，月目标考核占25%），目标考核，以员工每月目标考核的平均数为月目标考核成绩。

4. 考核地域划分规定。中枢办总部、长岗包装厂、各基酒厂。

5. 参加考核人员规定。全厂人员都要参加考核（除领固定工资员工和临时人员外）。考核人员和被考核人员是：同一地域的人员；与被考核人员有工作联系或有业务往来的人员。

6. 按职务分类考核规定。第一类：副总；第二类：部门经理、主任、厂长；第三类：普通员工。

7. 记分比例分配规定：

考核副总级员工：直接上级打分记50分，平级打分记15分。直接下级打分记25分，间接下级打分记10分。考核经理级员工：直接上级打分记50分，间接上级打分记15分，平级打分记15分。同一考核区域的下级打分记20分。考核普通员工：直接上级打分记50分，间接上级打分记30分，平级打分记20分。

8. 行政人员考核等级规定。考核等级：优、良、一般、差四个等级。

考核等级最低等级按职务分为：副总级最低等级评到“良”；经理级最低等级评到“一般”；普通员工最低等级评到“差”。

9. 行政人员考核等级按比例分配规定。“优”占有率：40%；“良”占有率：50%；“一般”占有率：10%；“差”：考核为一般的普通员工最后一名。

10. 行政人员考核奖励规定。考核被评为“优”的，颁发荣誉证书和发给一次性奖金（奖金标准另定）。连续三次被评为“优”，且在连续三次“优”期间没有调整过职务工资和技术工资的可自然升资一级。连续四次被评为“良”，且在连续四次“良”期间没有调整过职务工资或技术工资的可自然升资一级。年满虚三年基础工资为500元，没有调整过职务工资或技术工资的可自然升资一级。凡是基础工资有过调整的，享受了升职加薪或调整过技术工资的，从调资之日起对每半年考核的结果重新连续计算。凡是基础工资已达到最高标准的员工，按以上条件可晋升基础工资的，每次上调100元。

11. 行政人员考核处罚规定。部门经理级员工考核为一般的，诫勉谈话提出警告或降级。普通员工考核为“一般”的，诫勉谈话提出警告。普通员工考核为“差”的，培训合格后再上岗，培训不合格转为临时工或辞退。

长岗、坛厂包装生产部年度奖励考核方案

（五星酒厂2021年5月15日制定）

主要考核项目：生产任务完成情况，产品质量问题市场投诉率，现场卫生和规范管理，设备保养和消防安全管理。

考核操作：1. 生产任务完成情况：总分100分，占综合分比50%。①总件数坛厂完成40万件记80分，每上升10%加5分，长岗完成52万件，每上升10%加5分。工人数量在去年基础上有增减按同比例增减总数量。②当月任务完成是按客户部下达时间按时交货，无明显延迟情况，迟一天扣2分。2. 产品质量市场投诉率，总分100分，占综合分比15%。①质量部在厂内抽查发现明显质量问题，1次扣2分。②发现市场投诉经核实确认为包装质量问题一次扣5分。3. 现场卫生和规范管理，总分100分，占综合比10%。①在巡察组巡查时被质疑脏乱差一次扣5分，被参观客户投诉脏乱一次扣10分。②坛厂要求着装统一，未统一着装一次扣2分。4. 设备保养和消防安全管理，总分100分，占综合比例25%。①随时对各类设备提前保养，做记录，如因设备不能正常使用，明显影响生产的一次扣5分。②做好各个环节安全隐患排查整改工作，如有事故发生，小事故一次扣5分，中事故一次扣10分，大事故一次扣30分，事故界定按公司安全文件标准。5. 总单数在去年基础上上升10%的，综合总分加3分。

年度综合考评总分在90分以上，按一等奖励，80～89分按二等奖励，70～79分按三等奖励，考评总分低于70分无奖励。

附表：年度奖金标准一览表

年度奖金标准一览表

表11－3

级别	等级	标准/元
副总	一等奖	12000
	二等奖	9000
	三等奖	6000
车间主任	一等奖	8000
	二等奖	6000
	三等奖	4000
主管及其他员工（含保管和电工）	一等奖	6000
	二等奖	5000
	三等奖	3000

二、考核结果

茅台镇五星酒厂行管人员2003年上半年考核结果。1. 评为“优秀”的员工：朱瑞生、赵立恒、李长生、李远程、张鹏共5人。2. 评为“称职”的员工：贾红梅、卢定远、李明德、赵浪、李泽刚、陈腊群、李明金、刘圣湘、邓从刚、赵清权、李明生、李小军、焦琼、刘洪武、刘廷忠、朱进、李龙林、赵产跃、谢明义、王英、胡跃、谢明才、王茂权、李龙堂、葛光燕、李卫民、周勤共27人。3. 评为“一般”的员工：陈伟、李正友、袁国良共3人。

茅台镇五星酒厂行管人员2003年下半年考核结果。1. 评为“优秀”的员工：张鹏、龙泽河、赵浪、谢明才、李远程、张立恒、刘圣湘、陈腊群、周勤、李明生、李明金、胡跃、卢定远共13人。2. 评为“称职”的员工：袁国良、朱瑞生、李长生、李正友、李龙方、李龙林、李小军、赵清权、朱进、王英、张伟、李龙堂、李明德、李泽纲、谢明义、陈道举、王永怀、葛光燕、白伟志、赵产跃、李卫民、陈伟、李轩洁共23人。

2004年1月14日，《关于表彰2003年度先进员工决定的通知》。先进管理人员：张鹏、龙泽河、赵浪、谢明才、李远程、李明金、赵立恒、刘圣湘、陈腊群、周勤、李明生、卢定远、胡跃；先进班组长：罗章应、丁仿琴、蔡小叶、胡贵连、王支强、李光友；先进工人：陈勇、廖长分、陈明胜、王孝琼、李正仙、丁秋、李明素、杨存连、李小容、母应端、赵连伟、严洪强、胡泽权、冯沛良、王迎春。

《关于对2004年上半年员工考核考评结果进行公布的通知》。优秀（8人）：李远程、龚远见、李明德、李明生、李明金、朱瑞人、赵立恒、卢定远。良好（20人）：李小军、周勤、李长生、赵产跃、张鹏、刘圣湘、李龙堂、李正友、王永怀、赵浪、焦琼、李轩洁、王英、陈明胜、陈正茂、赵清权、兰永琴、袁瑞、张伟、陈腊群。一般（6人）：白伟志、葛光燕、朱晋、陈道举、袁国良、李龙林。

《关于对2004年年度先进个人和先进班长进行表彰的通知》。先进行管人员：张鹏、李明德、赵立恒、卢定远、周勤、邱庆国、李明金；先进工人：母明容、廖长芬、龙彩、肖光英、张丽、徐兴会、王孝群、全国容、蔡帮霞、王玲、汪安静、王运聪；先进班长：杨优会、胡贵连、张同明。

《关于对2005年下半年综合考核结果进行公布的通知》。优秀：张鹏、李长生、赵立恒、陈荣超、卢定远、赵晓芸；良好：朱瑞生、王仁强、邱庆国、龙则河、冯进、李明德、王永怀、李远程、李龙堂、赵浪、赵产跃、丁玲、罗从先、朱晋、谢明利、葛光燕、李轩洁、袁瑞、李正友、王英、李明金、张伟、陈明胜、李明生、兰永琴、王安明、袁友；一般：熊寿贵、周勤、刘圣湘；差：李福勇。

2006年茅台镇五星酒厂行管人员名单（按入厂日期先后排列）：李长生、李明生、王永怀、李龙林、李明德、李明金、张伟、谢明才、赵产跃、周勤、王英、刘圣湘、李龙堂、赵浪、焦琼、张鹏、卢定远、袁国良、朱晋、赵立恒、李轩洁、张韬、谢明利、朱瑞生、林辉、王昭勇、陈明胜、李正友、兰永琴、李远程、龙则河、袁瑞、唐碧涛、薛远明、王仁强、熊寿贵、冯静、邱庆国、袁友、李福勇、王安明、罗从先、张莉莎、陈荣超、丁玲、张在勇、吴小刚、李进、王晓丹、李小兵、王朝坤、赵清权、陈涛、唐小松。共54人。

2006年茅台镇五星酒厂营销人员名单（按入厂日期先后排列）：舒代福、李强、朱天雄、王艺、朱明华、石继业、吕新、臧涛、刘跃星、周文、何应军、钱德强、田德军、蔡哲、胡顺福、郭义平、王国发、唐文彬、张兴江、杨元洪、程鹏、胡雪、左朝明。共23人。

《关于对2006年上半年综合考核结果进行公布的通知》。优秀：张鹏、赵清权、李长生、李明德、朱瑞生、赵产跃、张伟、赵立恒、李正友、陈涛、卢定远。良好：邱庆国、焦琼、王永怀、李龙堂、李远程、吴小刚、王仁强、张丽、冯进、王英、袁友、周勤、赵晓芸、李明金、张再勇、王安明、袁国良、陈明胜、李福勇、兰永琴、李明生、罗从先、段家荣、李轩洁、袁瑞。一般：熊寿贵、王朝坤、刘圣湘、丁玲、陈美利。

《关于对2007年下半年综合考核结果进行公布的通知》。优秀：张鹏、赵清权、王永怀、李明金、张伟、朱瑞生、李明德、赵浪、庞黔临、赵立恒、刘圣湘、张明松、王英、赵晓芸、彭廷禄、杨义彬、王兴芫、郑周明、周勤、张先良。良好：张朝鑫、仇飞、李龙刚、李远程、李长生、李龙堂、熊寿贵、崔东南、王仁强、罗从先、冯进、赵产跃、陈慧娟、卢定远、段家荣、兰永琴、袁友、陈明胜、邬小波、袁国良、熊洪伟、冯会霞、刘明霞、张娅。一般：李明生、王安明、刘明丽。

2008年2月2日，《关于表彰张丽等23名优秀班长、先进生产者的决定》。优秀班长（5人）：陈宗刚、张同明、胡泽权、张丽、徐兴会。先进生产者（17人）：沈仕凯、李强、张强、曾金方、罗安龙、王坤、杨优凤、全国容、母明容、陈丽、李怀碧、刘娥、陈泽梅、全小芬、李元芳、李太琼、张进华。先进生产者发给踏花被一床，荣誉证书一本。

2008年3月31日，《关于表彰2007年下半年行政人员中优秀员工及行政人员考核晋升工资的决定》。根据2007年下半年综合考核结果，经研究予以表彰。优秀员工：张鹏、赵清权、王永怀、李明金、张伟、朱瑞生、李明德、赵浪、庞黔临、赵立恒、刘圣湘、张明松、王英、赵晓芸、彭廷禄、杨义彬、王兴芫、郑周明、周勤、张先良。发给个人奖金300元，荣誉证书一本。晋升基本工资的员工：赵立恒、袁国良、段家荣、周勤，于2006年上半年至2007年下半年综合考核连续评为良以上，根据有关文件晋升一级基本工资。

2008年3月31日，《关于2007年下半年五星酒厂营销公司营销人员综合考核考评表彰及薪酬调整的通知》。2007年下半年营销人员综合考核工作于2008年3月14日结束，考核结果经考核小组按照（仁五通〔2008〕02号）文件精神，评审核定后，报总经理审核批准，现公布于后：

（一）礼品酒片区经理。综合考核第一名：刘跃星发给奖金1000元，荣誉证书一个。

（二）品牌酒片区经理。综合考核第一名：田德军发给奖金1000元，荣誉证书一个。

（三）品牌酒客户经理。综合考核第一名：冉茂益发给奖金500元，荣誉证书一个。

（四）销售任务完成且比例最高奖。（1）礼品酒片区经理刘跃星发给奖金500元，荣誉证书一个。（2）品牌酒片区经理朱天雄发给奖金500元，荣誉证书一个。（3）品牌酒客户经理冉茂益发给奖金300元，荣誉证书一个。

（五）2007年下半年市场进步最快奖（金沙市场）。罗杰发给奖金300元，荣誉证书一个。

（六）2007年下半年市场管理等级奖。（1）陈列等级最佳奖：许刚发给奖金300元，荣誉证书一个。（2）客情等级最佳奖：田德军发给奖金300元，荣誉证书一个。（3）宣传等级最佳奖：唐云彬发给奖金300元，荣誉证书一个。

（七）营销人员工资评定。（1）礼品酒片区经理：刘跃星原片区一星级现升为片区四星级月工资1600元；李强原片区一星级现升为片区三星级月工资1400元；王艺原片区三星级现降为片区二星级月工资1200元；舒代福原片区四星级现降为片区一星级月工资1000元；臧涛、刘涛原片区一星级保持不变，月工资1000元。（2）品片酒片区经理：王军、蔡立荣原片区三星级保持不变，月工资1700元；朱天雄、赵海鑫、李永富原片区二星级保持不变，月工资1400元；田德军、贺孝阳原片区一星级现升为片区二星级月工资1400元；王浩原客户二星现升为片区一星级月工资1200元；雷文飞原客户二星级现升为片区一星级月工资1200元；王元原客户一星级现升为片区一星级月工资1200元。（3）品牌酒客户经理：唐云彬 原客户二星级现升为客户三星级月工资1250元；冉茂益、李萍、许刚、胡艳琼、王仕庆、李文江、原客户二星级保持不变，月工资1000元；罗杰、沈季兰、姜昌群、张阳勇原客户一星级现升为客户二星级月工资1000元；曾灿、王先芝原客户一星级保持不变，月工资800元；杜贵达原客户一星级现降为三星级业务员，月工资800元；王鹏、杜斌、金品惠、王美兰、苏建英、文劲松、张春权等新进员工实习期间按一星级客户经理的工资发放。

2008年3月31日，《关于2007年下半年行政人员考核结果的通知》（仁五通〔2008〕04号）。2007年下半年五星酒厂行政人员考核工作于2008年3月25日结束，考核情况对照（仁五通〔2008〕02号）文件，经厂办公会研究决定，公布如下：

考核为优秀的员工：张鹏、赵清泉、王永怀、李明金、张伟、朱瑞生、李明德、赵浪、庞黔临、赵立恒、刘圣湘、张明松、王英、赵晓芸、彭廷禄、杨义彬、王兴芫、郑周明、周勤、张先良。

考核为良好的员工：杨朝兴、仇飞、李龙刚、李远程、李长生、李龙堂、熊寿贵、崔东南、王仁强、罗从先、冯进、赵产跃、陈慧娟、卢定远、段家荣、兰永琴、袁友、陈明胜、邬小波、袁国良、熊洪伟、冯会霞、刘明霞、张娅。

考核为一般的员工：李明生、王安明、刘明丽。

《关于对2008年上半年综合考核结果公布的通知》。优秀：张鹏、杨朝兴、王永怀、张伟、李明金、李明德、张明松、冯进、罗从先、朱瑞生、王远友、张先良、赵立恒、李明发、兰永琴、刘圣湘、袁友、郑周明、彭廷禄、黎开霞（桐梓电站）、段家荣。良好：仇飞、赵清权、李龙堂、李龙刚、熊寿贵、李长生、赵浪、赵产跃、熊洪伟、王安明、王英、袁国良、陈明胜、陈华伟、陈友财、任远航、卢定远、周勤、陈慧娟、刘明丽、丁玲、娄东升（桐梓电站）、周明素（桐梓电站）、程连中（桐梓电站）。一般：邬小波、娄素容（桐梓电站）。

2009年3月20日，《关于2008年下半年考核结果的通知》。考核为优秀的员工：张鹏、杨朝兴、李长生、李明德、罗从先、朱瑞生、王永怀、张明松、郑周明、赵立恒、丁玲、冯进、段家荣、陈华伟、李明发、袁友、刘圣湘、王远友、张先良（发给荣誉证书一本，奖金300元）。考核为良的员工：周勤、陈慧娟、陈均、吕强、彭廷禄、袁国良、任远航、胡丛林、兰永琴、王英、何承洋、杨昌成、李明生、王安明、李龙光、李明金、熊寿贵、赵浪、赵产跃、张伟、李龙刚、李龙堂、李光友、仇飞、赵清权。考核为一般的员工（诫勉谈话）：陈友财、陈明胜。连续三次考核评为优升资的员工：李明德、朱瑞生、王永怀。连续四次考核评为良以上升资的员工：赵清权、熊寿贵、陈慧娟、赵产跃、郑周明。

2009年关于表彰长岗先进生产者的决定。先进生产者（班长）：张丽、袁光明、全小芬。先进生产者（工人）：张婷婷、杨优群、文从芬、陈云会、周艳、母明容、李贵芹、肖光平、汪定莲、张羽、蒲元丽、母先学、全国容、李怀碧、马德勇、刘娥、石广素、陈泽梅、罗章莲、苏双、王云兰、罗永琴、陈静、马素、张攀国。

关于2009年下半年考核结果的通知。考核为优秀的员工：张鹏、赵浪、李明金、李明德、朱瑞生、李龙刚、王永怀、陈均、吕强、兰永琴、王英、袁友、徐相彬、胡贵连、王安明、张启鑫、王远友。考核为良的员工：杨朝兴、王玉林、冯进、熊寿贵、张明松、李长生、李光友、李龙堂、张伟、郑周明、段家荣、周勤、赵产跃、陈友财、袁国良、沈阳、胡从林、刘林、陈华伟、李明发、李明生、张先良、杨昌成。考核为一般的员工：任远航。连续考核为三优或四良上调一级基础工资的员工：张鹏、李龙刚、赵浪、周勤、李明发、袁国良。

关于2010年上半年考核结果的通知。考核为优秀的员工：张鹏、王玉林、赵浪、朱瑞生、李明金、李光友、张伟、陈均、郑周明、张鸿、胡贵连、王英、张方烈、徐相彬、张先良、王安明、张启鑫。考核为良的员工：李明德、杨朝兴、李龙刚、冯进、熊寿贵、张明松、李长生、王永怀、李龙堂、王远友、周勤、罗曦、段家荣、龚登霞、赵产跃、陈友财、袁友、袁国良、刘林、兰永琴、陈华伟、李明生、蒲青亮、曾金方。连续考核为三优或四良上调一级基础工资的员工：杨朝兴、陈均、李明金、李长生、李光友、李明生。

2010年度考核为优秀员工名单。长岗包装厂：1. 包装车间：优秀班长：全小分、王开琼；优秀员工：徐兴会、罗永琴、李元芳、蒲元朋、张羽、刘英、杨迪、蔡邦霞、全国容、刘娥、马素、余仕容。2. 灌装车间：优秀班长：杨优群、全国容；优秀员工：肖光平、文丛分、张利、王老六、杨存禹、苏国英。3. 卸装工人：张建华。基酒厂：1. 茅台一厂：郭加伟、王代伟。2. 冠英厂：优秀班长：罗安龙；优秀员工：许兴龙、胡泽权、章荣甫、吕林祥、吕玉凤。3. 茅台二厂：优秀员工：李光华、王维。4. 桑树厂：优秀班长：冯文兴；优秀员工：冯仕华、赵明强、王支强、李茂、陈宗洪。

关于2010年下半年考核结果的通知。考核为优秀的员工：王玉林、张鹏、赵浪、冯进、李明金、张方烈、张明松、张伟、李光友、陈均、郑周明、胡贵连、王英、熊于仲、杨学峰、袁友、李明生、蒲青亮、王安明。考核为良的员工：李明德、杨朝兴、张鸿、李龙刚、朱瑞生、周勤、熊寿贵、李龙堂、王远友、李长生、罗曦、赵产跃、龚登霞、段家荣、袁光明、袁国良、徐相彬、兰永琴、刘林、陈友财、钟方伦、张先良、张啟鑫、曾金方、李龙芳。考核为一般的员工：陈华伟、李渠。

关于2011年上半年考核结果的通知。考核为优秀的员工：张鹏、李明德、赵浪、李龙刚、李明金、王英、张明松、李龙堂、李光友、郑周明、龚登霞、胡贵连、熊于仲、袁友、兰永琴、袁光明、张启鑫、张先良、蒲青亮。考核为良的员工：王玉林、张伟、张鸿、朱瑞生、冯进、张方烈 、熊寿贵、周勤、李长生、王远友、赵湖、段家荣、赵产跃、陈友财、袁国良、杨学峰、徐相彬、刘林、周建修、陈华伟、王安明、李明生、曾金方、李渠。考核为一般的员工：周仲举、钟方伦、李龙芳。

2011年度优秀员工表彰名单。长岗包装厂：1. 包装车间：优秀班长：全小分、王开琼；优秀员工：黄余秀、皮明容、石广素、石广美、刘玉珍、张金翠、马素、李怀碧、刘娥、李元芳。2. 灌装车间：优秀班长：张利；优秀员工：全国荣、王老六、陈云会、陆学芳、李洪美、母明容；3. 卸装工人：汪丛洋。基酒厂：1. 茅台基酒厂：优秀班长：李光华；优秀员工：王维、古汉华。2. 冠英基酒厂：优秀班长：吕玉凤；优秀员工：许明全、梁朝元、李龙光、吕玉良、童荣甫、刘朝强。3. 桑树基酒厂：优秀班长：陈宗刚；优秀员工：赵明强、冯仕华、严春强、陈宗洪、陈宗维、蒋仁勇。

关于2011年下半年考核结果的通知。考核为优秀的员工：张鹏、李明德、赵浪、张鸿、李明金、张方烈、李龙堂、李光友、郑周明、龚登霞、周仲举、胡贵连、周建修、袁友、兰永琴、袁光明、徐相彬、张启鑫、王安明、蒲青亮。考核为良的员工：王玉林、张伟、李龙刚、朱瑞生、冯进、王英、熊寿贵、王远友、李长生、李明生、赵湖、段家荣、张卫强、袁国良、李杰、杨学锋、熊于仲、钟方伦、陈友财、周洪、曾金方、张先良、李龙芳。

2012年度优秀员工表彰通知。长岗包装厂：1. 优秀班长：王开琼、徐兴会、张利。2. 优秀员工：张金翠、陆美兰、谢尚旭、刘娥、王旭美、王雪琴、杨优会、赵连秀、刘玉珍、蔡帮霞、张婷、马素、杨优群、陈泽梅、杨存禹、王老六、肖光平、全国容、陆学芳、陈云会、舒宗容、万明英、胡贵芹、孙超、汪定琪。基酒厂：1. 茅台基酒厂：优秀班长：李光华；优秀员工：王维、熊代强。2. 冠英基酒厂：优秀班长：吕玉凤；优秀员工：梁朝元、吕林祥、刘超强、许正权。3. 桑树基酒厂：优秀班长：钟正才；优秀员工：邓龙、李茂、肖光芹、王仕江。

关于2012年度考核结果的通知。考核为优秀的员工：赵浪、李明德、王英、李明金、李龙堂、李光友、王安明、王远友、李龙刚、郑周明、龚登霞、赵湖、胡贵连、周建修、兰永琴、袁光明、张启鑫、李龙光、吕玉良。考核为良的员工：张伟、曹廷洋、熊寿贵、张鸿、冯进、陈雪枫、张方烈、徐相彬、李长生、李明生、周仲举、段家荣、李龙利、母应梅、陈均、袁国良、李杰、杨学锋、钟方伦、周洪、李龙林、袁友、李强、李明付、胡永东、曾泾芳、李龙芳、陈雁林、张彬、王彬、简新。

2013年上半年考核结果通报。被评为优秀的员工：赵浪、李明德、李明金、张方烈、王安明、王远友、李龙堂、冯进、吕玉良、郑周明、周仲举、胡贵连、周建修、钟方伦、袁光明、张启鑫、张彬、曾泾芳。被评为良的员工：张伟、熊寿贵、李龙刚、张鸿、陈雪枫、王英、徐湘彬、李光友、李长生、龚登霞、李龙利、赵湖、段家荣、母应梅、陈均、兰永琴、周洪、李杰、李强、胡永东、袁友、李明付、袁国良、李龙林、王彬、简新、李龙光、陈雁林、李龙芳。

关于对2013年度优秀员工进行表彰的通知。长岗包装厂：优秀班长：王开琼、王雪芹、阮忠芬；优秀员工：王爱鹏、彭玉英、张婷婷、李小丽、黄余秀、陆华仙、张艳、李光丽、孙超、刘会芹、马素、汪婷婷、陆学芳、李洪美、李伦秀、王家莉、舒忠荣。基酒厂：（1）茅台基酒厂：优秀班长：李光华；优秀员工：王代权、刘德齐。（2）冠英基酒厂：优秀班长：吕玉奉；优秀员工：梁朝元、吕玉登、许正权。（3）桑树基酒厂：优秀班长：陈宗刚；优秀员工：李茂、沈仕凯。

关于对2013年度电站考核结果进行通报和表彰的通知。考核优秀的员工：黎开霞、李高佩。考核为良的员工：程连忠、娄方贵、梁建泽、梁小敏。

关于对2014年度优秀员工进行表彰通知。长岗包装厂：优秀班长：王开琼、李洪美、徐兴会；优秀员工：舒宗荣、母明荣、母明芹、陆学芳、石海燕、阮忠芬、黄余秀、马素、杨优群、张元、张莎莎、刘娥、倪单、陈静、李思琴。坛厂包装厂：优秀班长：王正玉、梁敏；优秀员工：王运梅、简加菊、罗兴容、王倩、汤华琴、彭明青、黄荣凤、陈大美、罗金容、袁小丽。基酒厂：（1）茅台基酒厂：优秀班长：王金强；优秀员工：郭家伟、杨飞、杨松。（2）冠英基酒厂：优秀班长：吕玉奉；优秀员工：梁朝元、许正权。（3）桑树基酒厂：优秀班长：姜小华；优秀员工：李茂。

关于2014年半年度考核结果的通知。考核为优秀的员工：李明德、李明金、李龙堂、张鸿、李光友、张方烈、王英、郑周明、龚登霞、李龙利、周仲举、张启鑫、李龙光、胡贵连、吕玉良、李杰、周建修、赵蒙、袁光明、李明付。考核为良的员工：熊寿贵、张伟、赵浪、冯进、李长生、李龙刚、田少飞、王远友、王安明、张宣松、徐相彬、黄敏、段家荣、焦伟、张伦刚、熊青龙、钟方伦、陈敬开、兰永琴、蒲青禹、徐伟、李强、袁友、汪定江、陈宗元、张先良、陈燕林、陈盛、张彬、赵立恒、李正友、向小华、冯正红、刘朝芹、王运琴、谭吉挺、李龙林、李明权、陈英洪。考核为一般的员工：王珊、曾泾方、袁国良。考核为差的员工：周洪、李龙方。

关于对2014年上半年电站考核结果进行通报和表彰的通知。考核优秀的员工：黎开霞、娄方贵。考核为良的员工：程连忠、李高佩、梁建泽、梁小敏。

贵州五星酒业集团生产中心关于对2014年下半年度考核结果进行通报和表彰的通知。考核为优秀的员工（先进工作者）：李明金、熊寿贵、李长生、李龙堂、王英、张方烈、李光友、郑周明、黄敏、李龙利、张伦刚、胡贵连、赵蒙、钟方伦、兰永琴、吕玉良、李杰、周建修、袁光明、张启鑫、李龙光、张彬、梁小敏、梁建泽。考核为良的员工：李明德、赵浪、张伟、冯进、张鸿、田少飞、徐相彬、张宣松、李龙刚、王远友、龚登霞、段家荣、焦伟、熊青龙、钟小琴、李明付、徐伟、蒲青禹、李强、陈盛、陈宗元、张启绪、陈敬开、汪定江、袁国良、曾泾方、袁永江、张先良、陈燕林、赵立恒、蔡思贵、冯正红、刘朝芹、王运琴、谭吉挺、李明权、陈英洪、黎开霞、娄方贵。考核为差的员工：袁友。

贵州五星酒业集团生产中心关于对2015年上半年度考核结果进行通报和表彰的通知。考核为优秀的员工（先进工作者）：李明金、李明德、赵浪、李龙堂、王英、张宣松、张鸿、李光友、郑周明、黄敏、李龙利、张伦刚、龚登霞、段家荣、胡贵连、张启绪、赵蒙、吕玉良、李杰、徐伟、周建修、袁光明、张启鑫、李龙光、袁永江、黎开霞、娄方贵。考核为良的员工：熊寿贵、冯进、李长生、张伟、张方烈、田少飞、赵端、焦伟、徐相彬、李龙刚、陈宗元、钟小琴、李明付、蒲青禹、李强、陈盛、陈燕林、张先良、曾泾方、张彬、兰永琴、钟方伦、余大力、陈敬开、袁国良、熊青龙、汪定江、谭吉挺、陈英洪、李明权、王运琴、赵立恒、蔡思贵、冯正红、刘朝芹、梁建泽、梁小敏。

贵州五星酒业集团生产中心关于对2015年度考核结果和表彰的通知。考核为优秀的员工（先进工作者）：李明金、李明德、李长生、李龙堂、焦伟、陈兵志、徐相彬、张方烈、郑周明、黄敏、李龙利、龚登霞、汪定江、吕玉良、李明付、周建修、袁光明、胡贵连、张启绪、赵蒙、张启鑫、李龙光、袁永江、钟芳伦、杨朋、梁建泽。考核为良的员工：张伟、熊寿贵、赵浪、张鸿、田少飞、赵端、段家荣、张伦刚、汪平素、陈英洪、熊青龙、谭吉挺、王英、陈敬开、兰永琴、邓少权、袁国良、余大力、张宣松、陈盛、钟小琴、陈宗元、李龙刚、李光友、张先良、张彬、陈燕林、曾泾方。

贵州五星酒业集团生产中心关于对2016年上半年度考核结果和表彰的通知。考核为优秀的员工（先进工作者）：李明金、李长生、李明德、李龙堂、田少飞、陈兵志、张宣松、张方烈、郑周明、黄敏、段家荣、龚登霞、李龙利、吕玉良、周建修、陈宗元、袁光明、赵蒙、胡贵连、钟芳伦、李明付、张启鑫、张先良、陈燕林、黎开霞、娄方贵。考核为良的员工：张伟、熊寿贵、冯发军、赵浪、焦伟、张鸿、赵端、张伦刚、汪平素、汪定江、陈英洪、熊青龙、谭吉挺、王英、陈敬开、兰永琴、邓少权、袁国良、肖兴乔、李明杰、周安容、李明愿、肖夕焱、李龙刚、李光友、李龙光、袁永江、张彬、曾泾方、杨浩、陈黔。

关于对2017年度优秀员工进行表彰通知。长岗包装厂：优秀班长：一班：王开琴、张建华；二班：肖登容；优秀员工：一班：全国容、母明容、罗洪容、刘娥、赵永群、周吉庆；二班：母先学、母芹、余艳飞、钱其美、舒国英、舒宗宏。坛厂包装厂：优秀班长：罗兴容；优秀员工：杨子嶙、张兰会、王运梅、程先、李光霞、简加菊、李光丽、张元、石海燕、肖仕芹。基酒厂：（1）茅台基酒厂：优秀班长：王金强；优秀员工：杨飞、王维。（2）冠英基酒厂：优秀班长：吕玉奉；优秀员工：梁朝元、张正端。（3）桑树基酒厂：优秀员工：张迪碧。

贵州五星酒业集团生产中心关于对2016年下半年度考核结果和表彰的通知。考核为优秀的员工（先进工作者）：李明金、李明德、赵浪、李龙堂、田少飞、陈兵志、张宣松、王英、郑周明、葛娇、黄敏、段家荣、龚登霞、吕玉良、周建修、陈宗元、袁光明、周安容、赵蒙、胡贵连、钟方伦、李明付、张启鑫、张先良、陈燕林、黎开霞、娄方贵。考核为良的员工：张伟、熊寿贵、冯发军、李长生、焦伟、张鸿、张方烈、李龙刚、李光友、徐相彬、李龙利、张伦刚、汪定江、陈英洪、熊青龙、谭吉挺、陈敬开、兰永琴、邓少权、袁国良、肖兴乔、梁龙香、李明杰、李明愿、肖夕焱、李龙光、袁永江、张斌、曾泾方、杨浩、陈黔。

贵州五星酒业集团生产中心关于对2017年上半年度考核结果和表彰的通知。考核为优秀的员工（先进工作者）：李明金、李明德、冯发军、李龙堂、陈兵志、徐相彬、王英、郑周明、黄敏、龚登霞、李龙利、吕玉良、周建修、周安容、袁光明、胡贵连、陈敬开、李明付、张启鑫、张先良、陈燕林、李龙光、黎开霞、李春权。考核为良的员工：张伟、熊寿贵、李长生、赵浪、焦伟、张鸿、田少飞、葛娇、熊青龙、段家荣、汪定江、谭吉挺、张方烈、兰永琴、赵蒙、袁国良、陈黔、兰明婵、杨远华、张宣松、梁龙香、李明愿、肖夕焱、陈宗元、王震、李龙刚、李光友、袁永江、钟方伦、张斌、曾泾方、张光友、李勇、易国琴。

五星酒厂生产中心关于对2017年度优秀员工进行表彰的通知。长岗包装厂：优秀班长：一班：王开琴、张建华；二班：肖登容；优秀员工：一班：全国容、母明容、罗洪容、刘娥、赵永群、周吉庆；二班：母先学、母明芹、余艳飞、钱其美、舒国英、舒宗容。坛厂包装厂：优秀班长：罗兴容；优秀员工：杨子嶙、张兰会、王运梅、程先、李光霞、简加菊、李光丽、张元、石海燕、肖仕芹。基酒厂：优秀班长：王知强；优秀员工：沈仕凯。

贵州五星酒业集团生产中心关于对2017年下半年度考核结果和表彰的通知。考核为优秀的员工（先进工作者）：李明金、李明德、李长生、李龙堂、王英、张宣松、李龙刚、郑周明、葛娇、黄敏、段家荣、龚登霞、吕玉良、周建修、袁光明、周安容、赵蒙、胡贵连、兰永琴、张启鑫、张先良、陈燕林、梁建泽、梁隆福。考核为良的员工：张伟、熊寿贵、冯发军、赵浪、焦伟、张鸿、田少飞、张方烈、陈兵志、李光友、徐相彬、李龙利、王玉发、易国琴、李杰、张光友、汪定江、熊青龙、谭吉挺、陈敬开、杨元华、袁国良、兰明婵、梁龙香、肖夕焱、陈宗元、李明愿、王震、李明付、钟方伦、袁永江、李龙光、曾泾方、黎开霞、娄方贵、李春权、李春香。

贵州五星酒业集团生产中心关于对2018年上半年度考核结果和表彰的通知。考核为优秀的员工（先进工作者）：李明金、李明德、李长生、李龙堂、王英、张方烈、徐相彬、李光友、郑周明、李龙利、段家荣、龚登霞、葛娇、吕玉良、周建修、袁光明、胡贵连、兰永琴、张启鑫、赵蒙、张先良、陈燕林、黎开霞、李春权。考核为良的员工：冯发军、熊寿贵、赵浪、张伟、焦伟、张鸿、田少飞、陈兵志、张宣松、李龙刚、王玉发、熊青龙、易国琴、张光友、汪定江、谭吉挺、晏跃中、周安容、李明付、李明愿、肖夕焱、杨元华、陈敬开、袁国良、赵华杰、冯时兴、钟方伦、袁永江、李龙光、曾泾方、梁建泽、梁隆福、李春香、娄方贵。

五星酒厂生产中心关于对2018年度优秀员工进行表彰的通知。基酒厂：优秀班长：胡伟；优秀员工：郭家伟、罗斌、张元书。坛厂包装车间：优秀班长：陈尚友；优秀员工：李光霞、李光丽、许仕琼、王运梅、汤华芹、刘玉珍、石海燕。长岗包装厂：优秀班长：王开芹；优秀员工：肖登容、张莎莎、张羽、母明芹、黄余秀、钱其美、杨优琼、舒宗容、余艳飞、马金素、李洪美、全国容。

贵州五星酒业集团生产中心关于对2018年下半年度考核结果和表彰的通知。考核为优秀的员工（先进工作者）：李明金、李明德、张伟、李龙堂、田少飞、李光友、徐相彬、周建修、周安容、袁光明、陈宗元、兰永琴、胡贵连、张启鑫、赵华杰、张先良、李龙光、葛娇、龚登霞、李龙利、段家荣、汪定江、梁隆福、梁建泽。考核为良的员工：冯发军、熊寿贵、赵浪、李长生、焦伟、张鸿、王英、陈兵志、张方烈、张宣松、李龙刚、王玉发、熊青龙、易国琴、张光友、晏跃中、谭吉挺、刘青玉、李明付、李明愿、肖夕焱、吕玉良、杨元华、陈敬开、袁国良、赵蒙、冯时兴、袁永江、陈燕林、曾泾方、黎开霞、李春权、李春香、娄方贵。

五星酒厂生产中心关于对2019年度优秀员工进行表彰的通知。茅台基酒厂：优秀班长：张元书；优秀员工：郭家伟、李道权、王维、王代权、胡德阶、刘小飞、牟明利、王思发、祖光友。桑树基酒厂：优秀班长：王支强；优秀员工：李茂、李强。坛厂包装车间：优秀班长：罗兴容；优秀员工：杨子嶙、彭明香、王运梅、赵举容、李光丽、周光芹、邓存群、刘玉珍、罗金容、汤华芹、王明先、黄秀英。长岗包装厂：优秀班长：肖登容、张建华；优秀员工：王开琴、钱其美、舒宗容、马金素、李洪美、母明芹、余艳飞、陈丹丹、罗洪容、杨存芬、黄余秀、陈丽芬、全国容、陆学芬、母先学、刘仕琴。

桐梓电站2019年度上半年考核优秀员工为：李春权、黎开霞。桐梓电站2019年度下半年考核优秀员工为：梁隆福、娄方贵。

贵州五星酒业集团生产中心关于对2019年度考核结果和表彰的通知。考核为优秀的员工（先进工作者）：李龙利、龚登霞、段家荣、张启武、熊青龙、李光友、张先良、曾泾方、徐相彬、周建修、吕玉良、张方烈、胡贵连、赵华杰、袁光明、陈宗元、张启鑫、赵蒙、李明付、李明金、李长生、冯发军、李龙堂、田少飞。考核为良的员工：李明德、熊寿贵、赵浪、张伟、焦伟、张鸿、王英、陈兵志、张宣松、李龙刚、兰永琴、陈敬开、易国琴、刘黔皖、葛娇、谭吉挺、刘青玉、肖夕焱、陈敬开（同名）、袁国良、袁永江、李龙光、郭纪东、先忠定、徐万乾、谭吉礼、张光友、向尧碧、汪定江、胡明波、吕永林、周安容。

五星酒厂生产中心2020年度五星忠诚奖获得者。副总以上级：张鹏、赵浪、张伟、李长生、李明德、李明金。部门经理级：王英、李龙堂、李光友、黎开霞。员工级：龚登霞、段家荣、袁国良、胡贵连、兰永琴、赵立恒、曾泾方、娄方贵、梁建泽。

贵州五星酒业集团生产中心关于对2021年度考核结果和表彰的通知。考核为优秀的员工（先进工作者）：李长生、李明金、冯发军、李龙堂、王英、张启鑫、徐相彬、张方烈、李龙利、熊青龙、葛娇、龚登霞、段家荣、张先良、曾泾方、袁永江、周建修、吕玉良、周安容、赵华杰、胡贵连、袁光明、肖夕焱、李明付、向尧碧、李春权、梁隆福。考核为良的员工：李明德、熊寿贵、赵浪、张伟、焦伟、张鸿、田少飞、陈鹏、陈意、易国琴、蔡思贵、刘青玉、吴春英、谭吉礼、赵汝维、袁国良、敖相阳、李光友、舒万友、王松、张国品、李龙光、黄安坤、汪定江、张宣松、刘召强、郭纪东、蔡连军、李明伟、兰永琴、徐龙俊、王永保、徐万乾、李交林、王定国、龚飞、赵蒙、张光友、张廷忠。

五星酒厂生产中心2021年度五星忠诚奖获得者。副总以上级：张鹏、赵浪、张伟、李长生、李明德、李明金、熊寿贵。部门经理级：王英、李龙堂、张鸿、张方烈、李光友、徐相彬、张启鑫、黎开霞。员工级：李龙利、龚登霞、段家荣、袁国良、熊青龙、胡贵连、兰永琴、李明付、周建修、吕玉良、袁光明、赵立恒、曾泾方、袁永江、李龙光、娄方贵、梁建泽。

贵州五星酒业集团生产中心关于对2022年度考核结果予以公布并对优秀员工进行表彰的通知。考核为优秀员工（先进工作者）：李明金、李长生、李明德、李龙堂、王英、徐相彬、张方烈、李明付、陈兵志、黎开霞、龚登霞、李龙利、李勇、吴春英、段家荣、周建修、吕玉良、周安容、赵华杰、袁光明、赵蒙、罗军宝、李龙光、罗永海、袁永江、许仕林、梁建泽。考核为良的员工：熊寿贵、赵浪、张伟、焦伟、张宣松、李光友、张鸿、田少飞、胡贵连、熊青龙、葛娇、张启鑫、张先良、陈意、易国琴、焦开霞、余苓芳、蔡思贵、谭吉礼、赵汝维、袁国良、敖相阳、舒万友、彭正开、郭家伟、张国品、张国雍、曾泾方、张培亚、汪定江、刘召强、郭纪东、蔡连军、李明伟、兰永琴、徐龙俊、王永保、徐万乾、李交林、王定国、龚飞、张光友、张廷忠、肖夕焱、向尧碧、余艳飞、李春权、梁隆福、娄方贵、李春香。

五星酒厂生产中心2022年度五星忠诚奖获得者。副总以上级：张鹏、赵浪、张伟、李长生、李明德、李明金、熊寿贵、徐相彬、李光友。部门经理级：王英、李龙堂、张鸿、张方烈、胡贵连、张启鑫、黎开霞。员工级：李龙利、龚登霞、段家荣、袁国良、赵蒙、兰永琴、周建修、吕玉良、袁光明、汪定江、赵立恒、曾泾方、袁永江、李龙光、娄方贵、梁建泽。

第十二章
党建　社会组织

第一节　五星酒业集团党支部

一、支部建立

2012 年 6 月 1 日，经仁怀市非公有制经济工作委员会批复，同意成立“中共贵州五星酒业集团支部委员会”，设支部委员 3 人，焦永权、朱瑞生、赵浪、彭建 4 人为支部委员会候选人。

2012 年 6 月 11 日，经中共仁怀市非公有制经济委员会批复，同意赵浪、焦永权、彭建 3 人为中共贵州五星酒业集团支部委员会委员。赵浪任支部书记，焦永权任宣传委员，彭建任组织委员。

根据公司党支部会议要求，要加大力度培养公司的先进工作者入党，壮大公司的党员队伍，鼓励党员在工作中大胆工作，将不怕苦、不怕累的精神发扬光大，运用党员的传帮带培养新员工，发挥党员的模范带头作用。

二、支部活动

2012 年 11 月，在五星酒业集团公司党支部的帮助下，集团公司向长岗镇大石村大石板村民捐助 2 万元，用于危房改造移民工程。

2014 年，市非公有制经济党工委确定五星酒业集团党支部为年度仁怀市基层党建示范点。

2014 年 7 月，五星酒业党支部书记赵浪获仁怀市委“十佳企业党组织书记”称号。

2015 年 6 月 15 日，五星酒业党支部批准张鹏、李明金、张鸿 3 人为中共预备党员。并向上级党组织报批和备案。

2016 年 4 月 26 日，由中共贵州五星酒业集团支部委员会、贵州五星酒业集团工会委员会、贵州五星酒业集团茅台镇五星酒厂，联合举办坛厂包装车间全体员工参加的迎“五一”员工劳动技能竞赛，竞赛分系飘带、进小盒、打铆钉 3 个项目，对每个项目比赛成绩前三名的员工进行了表彰。系飘带前三名：第一名熊青青，第二名杨子嶙，第三名汪旭、简梅（二人并列）。进小盒前三名：第一名陈正香、第二名刘洪英、第三名程先。打铆钉前三名：第一名陈云丽、第二名陈银海、第三名黄秀英。

2016年6月20日，五星酒业党支部批准张鹏、李明金、张鸿3人为中共正式党员。并向上级党组织报批和备案。

2016年，五星酒业集团党支部着力培养入党积极分子，发展发展党员3名，有预备党员9名。有党员20名（含预备党员）。11月24日，新党员举行了入党宣誓，老党员重温入党誓词。

2016年9月22日，五星酒业党支部批准王英、李龙利、郑周明、徐相彬、田少飞、赵端、周建修、兰永琴、李明付9人为中共预备党员。并向上级党组织报批和备案。

2017年9月22日，五星酒业党支部批准王英、李龙利、郑周明、徐相彬、田少飞、赵端、周建修、兰永琴、李明付9人为中共正式党员。并向上级党组织报批和备案。

2018年11月17日，五星酒业集团党支部组织全体党员集中学习习近平总书记在民营企业座谈会上的重要讲话。

2020年10月，五星酒业组织党员及干部职工34人，向新型冠状病毒感染灾区捐款7200元。

2021年3月22日，五星酒业党支部书记赵浪当选为中共仁怀市经开区综合党委委员。

三、支部荣誉

2013年4月17日，五星酒业党支部被中共仁怀市非公有制经济工作委员会表彰为先进基层党组织。

2014年4月15日，五星酒业党支部获中共仁怀市非公有制经济工作委员会“2013年度先进党支部”表彰。

2015年4月，五星酒业党支部被仁怀市非公有制经济党工委评为2014年度“先进基层党组织”。

2021年7月，五星酒业党支部被仁怀市经济开发区党工委评为2014年度“先进基层党组织”。

第二节 工 会

一、组织建设

2009年8月1日，五星酒厂工会会员名单（32人）：焦永权、张鹏、邱庆国、赵浪、冯世伟、吕强、陈均、周勤、段家荣、郑周明、丁玲、兰永琴、李明德、陈友财、熊寿贵、李长生、张明松、李明金、刘圣湘、袁友、陈友财、任远航、胡从林、袁国良、王英、李明发、陈华伟、李龙林、龙李刚、王安明、张先良、符俊。

2010 年 1 月 11 日，仁怀市总工会对五星酒厂第一届工会委员会选举结果的批复：

工会主席：张鹏；副主席：吕强、李明德；委员：赵浪、陈友财、段家荣、李龙刚。

2010 年，五星酒业在《镇酒报》第 18 期起，连续刊登员工生日明细表，员工可以发短信祝福！增进团结和友谊。

2012 年 7 月，《镇酒》（季刊）总第一期，刊登 40 位员工 2012 年 3 月至 6 月生日一览。董事长焦永权贺词："每一个生日都无比精彩！感谢各位为五星酒业作出的贡献，请接受我最真心的祝愿，祝你们生日快乐、身体健康、工作顺利、阖家欢乐、万事如意。"

2015 年 11 月 27 日，贵州五星酒业集团召开第二届工会委员会选举大会。选举结果：工会主席赵浪，副主席李长生、李明德、张伟，委员田少飞、赵端、张鸿、焦伟、黄敏、段家荣、龚登霞。

2016 年 1 月 16 日，仁怀市总工会对五星酒业集团工会选举结果的批复：

工会主席：赵浪；副主席：李长生、李明德、张伟、黄敏；委员：田少飞、赵瑞、张鸿、焦伟、段家荣、龚登霞、汪平素、张姣姣。

女职工委员会主任：黄敏；委员：龚登霞、汪平素、张姣姣。

劳动保护监督委员会主任：李明德；委员：焦伟、田少飞。

工会经审委员会主任：张鸿；委员：段家荣。

二、工会活动

公司工会，结合实际，搭建"两个平台"（青少年活动平台。家长墙训平台）、实现"三个结合"（家庭教育活动、企业教育活动、社会教育活动相结合），推动"三项活动"进社区、进农村、进家庭的工作经验。工会在推进工作的过程中，主要培养和发掘基层典型，通过总结推广典型经验，评选了"十大镇酒感动人物"。每年评选 2 次先进，对优秀员工的奖励资金一年 15 万元，同时颁发荣誉证书。

2016 年 4 月 26 日，由中共贵州五星酒业集团五星酒厂委员会、贵州五星酒业集团工会委员会带着组织的"迎五一，员工劳动技能竞赛"在坛厂包装车间举行，竞赛以"五一劳动节，劳动最光荣"为主旨。五星酒厂生产中心，坛厂包装厂全体员工参加。员工通过参加系飘带、进小盒、打铆钉的数量和质量进行竞赛，最终评选出 10 位优胜者。

2016 年 5 月 14 日，五星酒业员工身着 DIY 印有五星酒业商标的服装，在红色横幅"徒步游贵阳，镇酒与您健康同行"的带领下，在观山湖区参加"贵阳首届城市徒步活动——2016 徒步游贵阳"活动。

2016 年 5 月，五星酒业集团坛厂包装车间获仁怀市总工会"五一巾帼标兵岗"称号。

第十三章 社会公益

第一节　公益事业

一、指定专用白酒

2005 年 6 月，“镇酒”荣获国家体育总局、贵州省体育局、中国拳击冠军争霸赛组委会举办“中国拳击冠军争霸赛”大赛唯一指定专用白酒。

二、捐助社会

2006 年 5 月，五星酒厂赞助长岗堰塘坎村“四在农家”工程 5 万元。

2007 年 4 月，赞助长岗镇“河沙洞饮水改造”工程 10 万元。是年 8 月 31 日，《中国酒都报》报道“宗教界人士、五星酒厂”为贫困大学生捐资。家住长岗镇井坝村堰坎组，仁怀一中毕业后考入贵阳中医学院的杨远前，成为五星酒厂第一个赞助上大学并签订《2007 年“爱心助学子”公益活动协议书》的贫困大学生，从 2007 年起五星酒厂每年为杨远前提供 5000 元的学费，一直到她大学毕业。在捐赠仪式上，五星酒厂总经理焦永权表示，为回报社会，以后每年出资 5000 元解决 1 名品学兼优的贫困大学生上学难的问题，一直到大学毕业。

2008 年 6 月，四川汶川大地震捐赠镇酒为主救灾物资折合人民币 10 万元。

2009 年 4 月 18 日，五星酒厂成立第 18 个税收宣传月活动领导小组，由焦永权担任组长，杨朝兴、张鹏、王玉林、李明德、邱庆国为副组长，熊寿贵、张伟、李长生、李明金、张明松、冯进、罗从先、李龙刚、吕强、李萍、丁玲、赵浪为成员。4 月，五星酒厂工会倡议，全体员工向患脑颅出血症的本厂品牌部员工彭廷禄募捐 11190 元。8 月，五星酒厂在建军节慰问官兵资金 1000 元。9 月，赞助遵义市名酒博览会 10 万元等多项捐赠和赞助。

2010 年 3 月，由五星酒业人事部发起，向身患肿瘤的本公司开阳市场业务员皮木妍募集善款 11000 元。4 月，五星酒厂为仁怀发生百年不遇的旱灾捐款 5 万元。

2012 年 7 月，在市委统战部、市工商联组织的“百企助村帮户”活动中，五星酒业为长岗镇堰塘坎村人饮工程投资 2 万元，焦永权为教育发展基金捐赠 5 万元。8 月，由五星酒业集团赞助定制球衣及提供其他帮助的仁怀市酒都高中篮球队，参加在铜仁举行的“贵州省中学生篮球运动会”。

2013 年 7 月 31 日，五星酒业集团响应市政府号召，向旱区人民捐出 1 万元。8 月 1 日，参加遵义市酒类发展管理局组织向干旱灾区送水救援活动，向仁怀市受灾最严重的沙滩乡美酒河村送去安全饮用水 20 吨。

2013 年 11 月 10 日，由贵州五星酒业集团冠名赞助的“遵义市足球协会成立暨镇酒 2013—2014 遵义市足球超级联赛开幕仪式”，在汇川体育馆拉开序幕。由遵义市党政机关、企事业单位及遵义县、绥阳县和凤岗县等地区组成的 20 支足球队进行比赛。

1993 年至 2011 年，五星酒业集团感恩社会，感恩消费者，先后出资 100 多万元支援灾区、赞助公益事业和扶持贫困大学生完成学业，解决大中专毕业生、无业市民、农村剩余劳动力、退伍军人 900 余人就业，为社会减轻了就业压力。

2019 年，赞助茅台镇椿树村焦氏祠堂修建 30 万元。

2020 年 11 月，贵州五星酒业集团向仁怀市慈善总会捐款 10 万元。

2021 年 7 月 31 日，贵州五星酒业集团载着捐赠的空调、电脑、口罩、牛奶等价值 100 余万元的物资卡车，顺利抵达因强降水引发自然灾害的河南郑州二七区金水源社区。

2022 年 2 月，慰问后山苗族布依族乡新山村贫困村民，捐赠 2 万元。5 月 11 日，赞助茅台镇椿树村修建村级公路共 40 万元。8 月，支持新山村辣椒种植基地 3 万元。

2022 年，资助椿树村沟沟组修建公路 12 万元。

2023 年 1 月 16 日，到后山新山村开展慰问退伍军人和现役军人家属。给多户退伍军人和现役军人家属送去白酒、大米和菜籽油，为他们送上关怀和温暖，感谢他们为国防事业做出的贡献。

第二节　爱国拥军

一、慰问武警消防官兵

2012 年 8 月 1 日，五星酒业集团一行来到驻地某武警支队，了解官兵工作和生活等方面情况，并送上慰问品以表达对全体官兵的崇高敬意，官兵们对此表示由衷的感谢。

2013 年 7 月 31 日，在“八一”建军节来临之际，五星酒业集团到武警二支队参观慰问，送上五星的形象产品“十年镇酒”。是日，五星酒业集团到仁怀市消防支队慰问，为消防官兵送上节日的祝福和慰问品。

2014 年，五星酒业集团慰问组一行，先后来到承担省委警卫任务的“双拥共建”单位贵阳市武警二支队二中队、贵阳市武警二支队六中队开展八一慰问活动，送上“十年镇酒”，与官兵共叙军民鱼水情。

2015 年 7 月 31 日，五星酒业集团五星酒厂生产中心总经理张鹏、行政副总经理赵浪一行，前往仁怀市消防大队慰问，为消防官兵带去“经典五年镇酒”作为慰问品，与坚守一线的消防官兵进行亲切交流。在对贵阳市武警二支队六中队慰问中，为武警官兵带去“十年镇酒”作为慰问品，与坚守一线执勤的官兵进行亲切的交流。

2016 年 7 月 28 日，五星酒业集团组织慰问团分别前往贵阳市观山湖区消防大队、贵阳市武警二支队六中队，开展“八一”慰问活动，为武警官兵送去“镇酒八年”作为慰问品，共叙军民鱼水情。

二、录用军队人才

自 2011 年武警二支队和五星酒业集团成为共建单位以来，五星酒业集团多个岗位已招收录用多名退役军人，为军人退役后的就业问题尽一份绵薄之力。

第十四章
人　物

一、人物传

焦焕章

焦焕章（1916～1978），名正文，男，汉族，中共党员，焦洪坤之子，出生地为茅台镇星宿坎。生于敏，勤于学。及长，入赘沙坎余家。居数载，正文便携德配余氏，去遵义老城杨柳街，经营百货生意。生育焦启康、焦启帮。经营有年，有了积蓄，生活美满，不料余氏突染病疾，身故。焦焕章一边带年幼的启康、启帮，又要经营商业，异常艰难，经友人介绍与鲁班陈氏相识。陈氏不愿去遵义城，焦焕章便转让货物，来到鲁班与陈氏结婚并定居鲁班。因焦焕章有较强的经济理念和经营经验，被鲁班富户聘为管家，直至1949年。解放后，积极投身农协会和清匪反霸工作，不久，加入中国共产党。1952年8月至1956年3月，任鲁班乡党委书记。1962年5月至1968年5月，任鲁班公社党委副书记，1962年5月至1963年7月任鲁班公社社长。1968年5月至1970年4月，任鲁班公社革委会副主任。1976年10月至1976年11月任鲁班乡党委副书记。

二、人物简介

焦启帮

焦启帮，男，汉族，中共党员，初中文化，1940年11月22日生于贵州省仁怀市茅台镇沙坎村，1964年8月与仁怀市盐津街道办事处盐津村李龙先结婚，生育焦永权、焦元、焦伟、焦琼三男一女。1964年12月进遵义县氮肥厂工作，任机修班班长，工作兢兢业业，勤勤恳恳，为遵义氮肥厂培养了不少机修专业人才。1993年12月退休。退休时，其长子焦永权已创立了五星酒坊，由于当时焦永权还在审计局上班，由焦启帮代为打理五星酒坊的日常经营，焦启帮起早贪黑，尽心尽责。酒坊什么事都亲自动手干，连搬运工作都是亲力亲为，为五星酒厂创业初期立下了汗马功劳。2009年5月，由于身体原因才卸任五星酒厂负责人，在家安度晚年。焦启帮一生踏实做人，勤奋工作，性情急躁，性格耿直，心地善良，乐于助人。

李龙先

李龙先，女，汉族，1944年4月13日生于仁怀市盐津街道办事处盐津村，识字不多，知书达理，一生务农，和睦乡邻。1964年8月18日与焦启帮结婚，生育焦永权、焦元、焦伟、焦琼三男一女。由于丈夫在遵义县工作，长期分居两地，李龙先一人在家抚养4个子女，早年还要参加生产队出工劳动，土地落实承包到户后，一个人白天下地干活，整地种庄稼，晚上回到家里还要做家务煮第二天吃的饭，非常艰辛和劳累。含辛茹苦把4个子女抚养成人。李龙先一生勤劳朴实，为人友善，待人真诚，以良心办事，乐善好施，是在鲁班冠英白果寺修建的主要出资赞助人之一。教育子女踏踏实实做人做事，要求子女诚实守信，勤俭持家，孝顺长辈，与人为善，并为子女们做出了榜样。

焦永权

焦永权，男，汉族，中共党员，1967 年 2 月 25 日出生，贵州仁怀人，1988 年毕业于贵州广播电视大学财务管理专业，大专学历。高级酿酒工程师，贵州省黔酒大师，贵州省白酒评委，仁怀市政协委员，遵义市第三、四届政协委员，贵州省食品工业协会副会长，贵州白酒企业商会副会长，遵义市酒业协会副会长，仁怀市酒业协会副会长，仁怀市（茅台）酒文化研究会副会长，贵州五星酒业集团董事长、总裁。

1988 年，大学毕业分配到仁怀县审计局工作。1990 年在税收、财务、物价大检查工作中被评为“先进工作者”。1992 年获得助理审计师资格。1993 年将老家的房子建成一间酒作坊开始创业创办五星酒厂。1995 年获得审计师资格。1996 年荣获全省审计系统先进工作者荣誉称号。1996 年生产开发出中国白酒市场最早的手提式木盒礼品酒，被业内誉为“礼品酒先驱”“礼品酒教父”。1997 年至 2018 年，任仁怀市人大常委会财经工委科员。2006 年 5 月获贵州省第二届创业之星荣誉称号。2010 年 6 月获贵州省第四届创业之星荣誉称号。2012 年获得中级酿酒工程师资格。2015 年获得高级酿酒工程师资格。2016 年成为贵州省白酒评委，9 月获贵州省首届“黔酒大师”称号。2017 年 1 月获“中国酱香酒酿酒大师”“贵州省白酒评委”。2018 年 9 月获“贵州食品行业十大贡献人物”；11 月，焦永权出品公益微电影《为生命负责》荣获“第六届亚洲微电影艺术节金海棠奖——十佳制片人出品人”。2019 年被评为“中国酒都 · 仁怀酒业改革开放 40 年 40 人榜样人物。

王永红

王永红，女，汉族，1967 年 5 月 24 日出生，大专文化，贵州省仁怀市福祥贸易有限责任公司法定代表人，茅台镇五星酒厂创始人之一，从事教育工作十余年后投身于企业管理，是一个敢闯敢拼，勤劳肯干，懂经营、善管理，具有较强的组织指挥能力，并得到公司上下员工的好评，公认为守信用、有创造力的一位巾帼企业领头人。1986 年 9 月至 1989 年 7 月就读于遵义师范专科学校。1989 年 9 月至 1992 年 7 月在仁怀市第四中学任教。1992 年 9 月至 1997 年 7 月在仁怀市第一中学任教。1997 年 9 月至 2000 年 2 月在仁怀市城南中学任教。2000 年 3 月至今在贵州五星酒业集团茅台镇五星酒厂任财务总监。2004 年创建贵州省仁怀市福祥贸易有限责任公司，任董事长兼总经理。

三、人物名录

（一）五星酒业集团职工获奖名录

五星酒业集团职工获奖名录

表 14－1

序号	资质荣誉名称	颁发单位	获得人员	获得时间
1	贵州省第二届创业之星	贵州省经济贸易委员会、贵州省农业办公室、贵州省劳动和社会保障厅、贵州省非公有制经济办公室、贵州省人民政府研究室、贵州省乡镇企业局、贵州省工商业联合会、贵州省劳动力资源开发促进会	焦永权	2006 年 5 月
2	贵州省第四届创业之星	贵州省经济和信息化委员会、贵州省农业委员会、贵州省人力资源和社会保障厅、贵州省人民政府研究室、贵州省扶贫开发办公室、中国共产主义青年团、贵州省妇女联合会、贵州省工商业联合会、贵州省人力资源开发促进会	焦永权	2010 年 6 月
3	贵州省高级专业技术职务资格	贵州省人力资源和社会保障厅、贵州省工商业联合会	焦永权	2015 年 7 月 31 日
4	中国贵州首届酒业大师黔酒大师	贵州省酿酒工业协会	焦永权	2016 年
5	贵州省白酒评委	贵州省食品工业协会	焦永权	2016 年 12 月 21 日
6	中国酱香酒酿酒大师	遵义市酒业协会、仁怀市酒业协会	焦永权	2017 年 1 月 12 日
7	红高粱奖诚信经营奖	仁怀市酒业协会	焦永权	2017 年 1 月 12 日
8	贵州省食品行业十大贡献人物	中国食品文化遗产委员会	焦永权	2018 年 9 月
9	中国酒都仁怀酒业改革开放 40 年 40 人榜样人物	遵义市酒业协会、仁怀市酒业协会	焦永权	2019 年 1 月 29 日
10	企业首席质量官	仁怀市质量技术监督局	张鹏	2014 年 6 月
11	酿造工程师	遵义市人力资源社会保障局	张鹏	2014 年 12 月
12	第五届执行委员	仁怀市工商联	张鹏	2016 年
13	中国酱香酒优秀企业家	遵义市酒业协会、仁怀市酒业协会	张鹏	2017 年 1 月
14	酿造高级工程师	遵义市人力资源社会保障局	张鹏	2021 年 3 月 30 日

续表14—1

序号	资质荣誉名称	颁发单位	获得人员	获得时间
15	第六届执行委员	仁怀市工商联	张鹏	2021
16	爱企业的优秀员工	遵义市总工会、遵义市人力资源和社会保障局、遵义市工商联（商会）、遵义市企业家联合会	赵浪	2011年4月
17	酿酒工程师	贵州省食品行业专业技术职务评审委员会	赵浪	2012年12月
18	企业首席质量官	仁怀市质量技术监督局	赵浪	2014年6月
19	十佳企业党组织书记	中共仁怀市委	赵浪	2014年7月
20	优秀共产党员	中共仁怀市委	赵浪	2015年6月
21	高级工程师	贵州省人力资源和社会保障厅、贵州省工商业联合会	赵浪	2015年7月
22	优秀共产党员	中共仁怀市委	赵浪	2016年7月
23	中国酱香酒文化使者	遵义市酒业协会、仁怀市酒业协会	赵浪	2016年12月
24	注册酿酒品酒师	中国酿酒工业协会、贵州省酿酒工业协会	李明金	2006年2月
25	贵州省白酒评委	贵州省酿酒工业协会、贵州省食品工业协会	李明金	2010年12月
26	品酒师（二级）	中国酿酒工业协会、中国轻工业职业技能鉴定指导中心	李明金	2011年7月
27	酿酒工程师	贵州省食品行业专业技术职务评审委员会	李明金	2011年9月
28	仁怀市酱香白酒评估认证专家库成员	仁怀市人民政府	李明金	2015年10月
29	贵州省白酒评委	贵州省食品工业协会	李明金	2016年12月
30	高级工程师	贵州省人力资源和社会保障厅、贵州省工商业联合会	李明金	2016年12月
31	仁怀市酱香白酒专家库成员	仁怀市人民政府	李明金	2020年8月
32	仁怀市十佳酿酒之星	仁怀市人民政府	李明金	2020年10月
33	遵义市酒业专家委员会委员、仁怀市酒业专家委员会委员	遵义市酒业协会、仁怀市酒业协会	李明金	2021年1月
34	优秀专家	遵义市酒业协会、仁怀市酒业协会	李明金	2021年3月

续表14－1

序号	资质荣誉名称	颁发单位	获得人员	获得时间
35	贵州省白酒评委	贵州省食品工业协会	李明金	2021 年 6 月
36	优秀专家	遵义市酒业协会、仁怀市酒业协会	李明金	2022 年 1 月
37	注册酿酒品酒师	中国酿酒工业协会、贵州省酿酒工业协会	熊寿贵	2006 年 2 月
38	品酒师（二级）	中国酿酒工业协会、中国轻工业职业技能鉴定指导中心	熊寿贵	2011 年 7 月
39	酿酒工程师	贵州省食品行业专业技术职务评审委员会	熊寿贵	2012 年 12 月
40	高级工程师	贵州省人力资源和社会保障厅、贵州省工商业联合会	熊寿贵	2015 年 7 月
41	酿酒工程师	遵义市人力资源和社会保障局、遵义市工商业联合会	张宣松	2014 年 12 月
42	优秀车间主任	遵义市酒业协会、仁怀市酒业协会	张宣松	2022 年 3 月
43	品酒师（二级）	中国酿酒工业协会、中国轻工业职业技能鉴定指导中心	徐相彬	2016 年 3 月
44	贵州省白酒资格评委	遵义市人力资源和社会保障局	徐相彬	2020 年 11 月
45	酿酒工程师	遵义市人力资源和社会保障局	徐相彬	2021 年 4 月
46	酿酒工程师	贵州省食品行业专业技术职务评审委员会	张先良	2012 年 12 月
47	优秀制曲师	遵义市酒业协会、仁怀市酒业协会	张先良	2021 年 3 月
48	优秀营销经理	遵义市酒业协会、仁怀市酒业协会	冯宁	2021 年 3 月
49	优秀营销经理	遵义市酒业协会、仁怀市酒业协会	郑周明	2022 年 3 月
50	2008 年度“优秀员工”	遵义市总工会、遵义市人力资源和社会保障局、遵义市工商联（商会）、遵义市企业家联合会	兰永琴	2009 年 4 月

（二）管理和销售人员员工名录

2010 年 11 月，五星酒厂在册职工名单：焦永权、张鹏、王永红、冯进、赵产跃、朱瑞生、赵浪、郑周明、陈均、段家荣、周勤、王玉林、杨朝兴、李明德、兰永琴、陈华伟、王英、赵立恒、李明金、熊寿贵、张明松、袁友、李长生、陈友财、袁国良、李龙刚、王安明、张先良、李龙堂、王远友、张伟、王永怀、李光友、李明生、刘林、胡贵连、徐相彬、张启鑫、张方烈、罗曦、张鸿、龚登霞、蒲青亮、曾金方、黎开霞、李高佩、娄方贵、梁建泽（共 48 人）。

2022 年 3 月 21 日至 2023 年 5 月 6 日，贵州五星酒业集团茅台镇五星酒厂各部门管理人员名单 106 人：

1. 董事长：焦永权　总经理：张鹏　总工程师：熊寿贵　财务总监：王永红。

2. 行政部：赵浪（副总）、田少飞（主任）、陈鹏（副主任）、杨涛（副主任）、刘青玉、吴春英、张琴琴、赵贵芳、蔡思贵、陈意、李勇、程华川、陶阳、陈祖璇、袁国良、赵汝维、谭吉礼、敖向阳、张鸿（经理）、熊青龙（副经理）、段家荣、易国琴、龚登霞、李龙堂（经理）、陈旺、刘朝琴、胡从敏、陈敏权、王运琴、王昌义、黎开霞（站长）、娄方贵、李春香、梁隆福、梁建泽、李春权。

3. 供应部：焦伟（副总）、葛娇（经理）、王英（经理）、李龙利、余苓芳。

4. 基酒生产部：张伟（副总）、李光友（厂长）、张启鑫（厂长）、陈兵志（厂长）、袁永江、张明、张国品、曾泾芳、黄安坤、贺子伦、舒万友、罗永海、王松、郭家伟、肖帅、许仕林、焦兴敖、舒万友、胡书军、聂忠林、陈建强、张国雍、李龙光、傅涛、韦刚、李鑫、刘德伟、李明松、胡定明。

5. 坛厂包装生产部：李明德（副总）、李明付（主任）、陈尚友（副主任）、胡贵连（经理）、徐龙俊、赵华杰、兰永琴、王永保。

6. 长岗包装生产部：李长生（副总）、张方烈（主任）、赵蒙、向尧碧、罗军宝、张光友、张廷忠、肖光英。

7. 勾储部：李明金（副总）、徐相彬（总监）、周建修、郭记东、吕玉良、刘召强、李明伟、蔡连军、赵广、王定国、李交林、赵立恒、汪定江、袁光明、徐万乾、龚飞。

8. 质量技术部：冯发军（副总）、张宣松（总监）、周安容、肖夕燚、陈雨琪、罗芳玉。

9. 人力资源部：饶丽沙。

2022 年 12 月 31 日，贵州五星酒业集团营销总公司职工名单 226 人：

财务中心：王漫（总监）、张黔、陈芝英、叶菲。

客服中心：焦琼（总监）、薛艳、吴廷廷、刘洪美、赵月萍、胡胜兰、张红艳、陈荣兰、周爱林。

品牌策划管理中心：李垚（总经理）、冯万鹏（总监）、马巍松、柯玉倩、高明、邹坤圆、张俊、冉源。

行政中心：应亚明（行政顾问）、方思桥（总监）、袁利苹、谢继美、吴云、龙菊。

贵州一公司：贺孝阳（总经理）、蔡贤、田洪霞、王应会、陈江、毛天会、米应霞、王瑞娟、宋俊枚、徐志会、钟厚方、徐恒、田茂霞、施学飞、张玉芳、覃凯丽、申秀娟、李正婵、唐全华、甘支芬、李家群、余定琴、杨洪敏、邓利霞、黎显丽、聂梅、杜家发、蒲小文、金武义、汪位、段仕利、苏红林、张印杰、龚分、田念念、田秀娟、张燕、王会、吴满妹、贺福仙、石宗山、何念、罗忠永、吴世银、施小琴、杜晓慧、夏桂芬、张青松、金中丽、刘帮英、聂光芬、苟庚、徐启梅、袁启霞、程美、张先琼、胡廷叔、钟林琼、李春桃、敖德翠、皮勇、隋芳、李春艳、罗贤敏。

贵州二公司：史峰（总经理）、熊光营、王娟、陈发琼、黄敏、文荣翠、吴正梅、周进碧、杨会、白洁、何春琼、陈小霞、张龙、汪金、刘明松、黄文、吴泽贵、龙海燕、杨华英、吴敏、吴喜林、赵仕菊、漆坤、彭飞、冯远平、吴飞艳、张焱、田贵芬、马黔英、莫汝梅、文庆桃、李佐方、梁丽春、伍晓霞、杨胜荣、汪栩竹、杨真四、姚东东、余茂国。

贵州醉美酱酒网电子商务有限公司：彭建钧（总监）、张雪、廖永梅、王德梅、杨再猛、林静、黄莉娟、岑加勇、曾德红、吴涵睿、任玺、梁清河、陈城、邓小艳、吴勇、刘娇娇、张洪军、胡祥龙、冯砚、姜曼瑶、杜亚林、路振娅、韩影、吴江维、王杏花、杨丁苏、张婷、谢薰、殷选梅、杨文璇。

传统渠道公司：岑松、李永富、蔡立荣。

五星酱品牌公司：宋万洪（总经理）、马利英。

贵阳品牌酒招商部：李轩洁（总经理）、苏付宾、李荣江、陈胜、徐义权、罗兵兵、杨明、夏媛媛。

山东公司：银文（总经理）、冯洁、陈珂、任豪爽、张国强、唐家磊、李明超。

仁怀销售拓展部：李轶昊（总经理）、崔平、徐忠辉、唐云落、罗永川。

仁怀接待招商中心：林荣（总经理）、冯宁、陈大荣、张盈、刘庭、罗映洪、李明洪、赵元飞、吴群芬。

贵州五星酒品牌运营中心：刘有才（执行总经理）、石林、张传发、陈周德、窦建国、李风华、白如冰、张以彬、曾建林、朱东领、敖永波。

广东品牌酒公司：常城（总经理）、黄保辉、张利明、杨巧玲、程鹏、陈梅燕。

上海品牌酒公司：杨梦生（总经理）、任炳霖、韩宜迪、孙景凯、杨军。

北京公司：田广娜、田广雷、李媛媛、白林、田记合、李宏磊、史东辉、何雨沫、田改成、魏广生。

"镇酒"荣获驰名商标

国家工商总局商标局关于认定第3128484号商标为驰名商标的批复

商标驰字〔2013〕149号

贵州省工商行政管理局：

你局《关于贵州五星酒业集团茅台镇五星酒厂在案件中申请认定"镇及图"商标为驰名商标的请示》（黔工商〔2013〕239号）及相关材料收悉，根据《商标法》《商标法实施条例》及《驰名商标认定和保护规定》的有关规定，经审查研究，认定贵州五星酒业集团茅台镇五星酒厂使用在商标注册用商品和服务国际分类第33类酒（饮料）、酒（利口酒）、酒精饮料（啤酒除外）商品上的第3128484号注册商标为驰名商标。

请你局依据有关法律规定并结合案件具体情况，指导立案机关对相关案件予以处理。

国家工商总局商标局

2013年12月27日

五星酒厂荣获中国酒都首届十强民营企业荣誉称号

仁怀市人民政府关于授予中国酒都十强民营白酒企业荣誉称号的决定

仁府发〔2005〕28号

各乡镇人民政府、街道办事处，市政府各工作部门：

近年来，我市白酒企业不断发展壮大，主导产业地位进一步提高，涌现了一批体制健全、管理规范、创新能力强、市场效益好、产品质量优异的民营白酒企业，为加快我市农业化、工业化和城镇化进程，促进全市经济社会的健康协调发展作出了积极的贡献，经"中国酒都首届十强民营白酒企业评审委员会"评审通过，经市人民政府同意，决定授予贵州省仁怀市茅台镇五星酒厂（略）为"中国酒都首届十强民营白酒企业"荣誉称号。

希望被授予荣誉称号的企业再接再厉，勇于竞争，当好排头兵，再做新贡献。其他企业艰苦努力，奋起直追，共同为我市地方经济的发展而奋斗。

仁怀市人民政府

2005年10月10日

五星酒厂获表彰为2008年度“十星”名优白酒企业

遵义市人民政府办公室关于表彰2008年度“十星”名优白酒企业的通知

遵府办发〔2009〕13号

各县、自治县、区（市）人民政府，市人民政府有关工作部门，有关企业：

根据《中共遵义市委遵义市人民政府关于重点扶持一批名优白酒企业发展的意见》（遵发〔2007〕9号）精神，市白酒工业发展协调领导小组对全市白酒企业进行了认真评选，经市人民政府研究，决定命名贵州茅台酒厂（集团）习酒有限责任公司等10家企业为2008年度“十星”名优白酒企业（名单附后），现予以公布表彰。希望荣获表彰的“十星”名优白酒企业再接再厉，为我市白酒产业持续健康发展做出更大贡献。

附：2008年度“十星”名优白酒企业名单

贵州省仁怀市茅台镇五星酒厂

（略）

遵义市人民政府办公室

2009年2月9日

拜师贴

梁邦昌师父：

师道，大矣哉！古之学者必有师，师者传道授业解惑也！

兹有拜师人焦永权，久慕师父德艺双馨，称誉白酒行业，学生甚为仰慕，并愿效之，愿拜师父门下为徒。承蒙师父允纳门下为入室弟子，愿执弟子之礼，谨道师教，精进修学，诚信奉行，团结同道，传承工匠技艺，弘扬白酒文化。诚具名贴，情出本心，以证笃诚，恭行拜师大礼！

见证人：吕玉华

2021年4月28日

后 记

为总结五星酒业集团30周年的发展历程，激励全体员工奋进新征程，再创新辉煌，贵州五星酒业集团董事长办公会议决定编纂《贵州五星酒业集团志》，并于2023年举行建厂30周年庆典上一同展示。2022年1月19日，五星酒业集团成立志书编纂工作领导小组，组建编辑部。

2022年2月22日，编辑部制定编纂方案，及时启动编纂工作。编辑人员通过查阅档案资料，收集各部门资料、图片，走访相关人员，开始编写长编资料。10月18日，走访了茅台岩滩分厂、茅台椿树分厂、长岗包装厂、坛厂桑树分厂。10月19日，走访了桐梓县飞龙水能开发有限公司。通过实地走访，全面收集地形地貌、企业生产、历史人文等相关资料。

是年11月5日，编辑人员前往贵州营销总公司，收集有关志书编纂资料，同时将志书长编资料送交五星酒业集团董事长焦永权阅审，焦董当即对志书编写工作进行现场指导。是年12月20日，完成志书初稿送五星酒业集团初审。

2023年1月11日，志稿通过初审；1月28日通过复审；4月3日通过终审。

在五星酒业集团的坚强领导下，编纂工作得到集团各部门、各相关人员的大力支持和帮助，在此深表谢意。由于本志书时间跨度长，资料收集难度大，所收资料内容难免存在错漏，加之编纂水平有限，存在问题在所难免，敬请五星酒业集团全体员工及其读者、方家给予批评指正！

《贵州五星酒业集团志》编辑部

2023年5月3日